国語施策年表（漢字関係）

◆告示・訓令　◇答申　◎報告等　・その他

西暦	年	漢字	
		漢字全般	教育（学習）漢字
1950	昭和20年代	◇昭和17年6月　**標準漢字表**(常用1,134字、準常用1,320字、特別74字、計2,528字) ・昭和17年12月　**標準漢字表**を修正発表（種別廃止し、計2,669字） ◆昭和21年11月　**当用漢字表**(1,850字) ⇨ **p.118** ◆昭和23年2月　**当用漢字音訓表**	◆昭和23年2月　**当用漢字別表**(881字)
1960	30年代		◇昭和31年5月　**教育漢字学年配当** ◆昭和33年10月　学習指導要領告示。**学年別漢字配当表**記載（881字）
1970	40年代	◆昭和48年6月　[illegible]字)	・昭和43年7月　学年別漢字配当表に「備考」漢字（115字）が添えられる
1980	50年代		◆昭和52年7月　学年別漢字配当表996字となる
	60年代		
1990	平成元年		◆平成元年3月　学年別漢字配当表1,006字となる ・平成3年3月　**音訓の小・中・高等学校段階別割り振り表**
2000	10年代		・平成10年12月　学年別漢字配当表の1,006字について、書くことは配当の次学年までかけて習得することとする
2010	20年代	◆平成22年11月　**常用漢字表**（改定、2,136字）⇨ **p.5**	・平成23年3月　常用漢字表改定にともない音訓の小・中・高等学校段階別割り振り表一部補訂 ◆平成29年3月　学年別漢字配当表1,026字となる⇨ **p.161**　・**音訓の小・中・高等学校段階別割り振り表変更** ⇨ **p.(2)**
2020	令和元年		

2色刷

新しい国語表記ハンドブック【第九版】

三省堂編修所 編

三省堂

当用漢字表　昭和二一年一一月一六日内閣告示第三二号。「日常使用する漢字の範囲」を一八五〇字に制限した。

当用漢字音訓表　①昭和二三年二月一六日内閣告示第二号。「当用漢字表の各字について、字音と字訓との整理を行い、今後使用する音訓を示したものである。」

②昭和四八年六月一八日内閣告示第一号。①の「表示した音訓以外は使用しない」という制限的な考え方を改め、「一般の社会生活において、『当用漢字表』に掲げる漢字によって現代の国語を書き表す場合の音訓使用の目安を示すものである。」

当用漢字字体表　昭和二四年四月二八日内閣告示第一号。「漢字を使用する上の複雑さは、その数の多いことや、その読みかたの多様であることによるばかりでなく、字体の不統一や字画の複雑さにももとづくところが少くないから、当用漢字表制定の趣旨を徹底させるためには、さらに漢字の字体を整理して、その標準を定めることが必要である。(同日付内閣訓令第一号)」

常用漢字表　①昭和五六年一〇月一日内閣告示第一号。「法令・公用文書・新聞・雑誌・放送など、一般の社会生活において、現代の国語を書き表す場合の漢字使用の目安を示すもの」で、字種(一九四五字)・字体・音訓・語例等を総合的に示した表である。(この告示により、「当用漢字表」「当用漢字音訓表」「当用漢字字体表」は廃止された。112ページ参照。)

②平成二二年一一月三〇日内閣告示第二号。①同様の性格を持ち、字種(二一三六字)・音訓等を総合的に示した表である。この表では「当用漢字字体表」で行われたような字体の整理はされなかった。(この告示により、①の昭和五六年一〇月一日内閣告示第一号「常用漢字表」は廃止された。102ページ参照。)

教育漢字　「当用漢字別表」(昭和二三年二月一六日内閣告示第一号)の漢字で、「義務教育の期間に、読み書きともにできるように指導することが必要である」もの。計八八一字。(今は、次項の「学年別漢字配当表」に吸収されている。)

学年別漢字配当表　平成二九年三月文部科学省告示「小学校学習指導要領」(令和二年四月施行)に掲げられている表。一〇二六字の漢字を小学校各学年に配当して学習させようとするもの。その学年に配当されている漢字を読み、その大体を書くことができるように指導する。(この表の漢字を学習漢字・教育用漢字・教育漢字などと呼ぶ。名称は統一されていない。)

標準字体　右の表に示されている字体。「漢字の指導においては、学年別漢字配当表に示す漢字の字体を標準とすること」とされている。

現代仮名遣い　昭和六一年七月一日内閣告示第一号(平成二二年一部改正)。「現代かなづかい」(昭和二一年内閣告示)を改定したもので、「一般の社会生活において、現代の国語を書き表すための仮名遣いのよりどころを示すものである。」

送り仮名の付け方　昭和四八年六月一八日内閣告示第二号(昭和五六年、平成二二年に一部改正)。「送りがなのつけ方」(昭和三四年七月一一日内閣告示第一号)を改定したもので、「一般の社会生活において、「常用漢字表」の音訓によって現代の国語を書き表す場合の送り仮名の付け方のよりどころを示すものである。」

外来語の表記　平成三年六月二八日内閣告示第二号。「一般の社会生活において、現代の国語を書き表すための「外来語の表記」のよりどころを示すものである。」

前書き

子どもから大人まで、日常的に文書や文章を読み書きする人にも、また、日本語を学習している人にも、だれにとっても読みやすく通じやすい日本語の表記を示すものとして、「常用漢字表」や「送り仮名の付け方」の制定など、多くの国語施策が行われています。

この本は、それらをいつでも手軽に調べて確認できるように編集したものです。

内閣告示・旧文部省告示・旧国語審議会報告、その他、現代日本語の表記法の目安・よりどころとなる資料を原文のまま収録し、それぞれが、いつ、どんな目的で出されたものかを注記し、わかりやすく示してあります。

「敬語の指針」や「人名用漢字」、三省堂編修所で作成した「書き間違いやすい漢字」「同音異義語の使い分け」なども収めてあります。

令和三年三月、現代における公用文の位置づけを捉えなおし、伝わりやすい文書作成の考え方をも示した「新しい「公用文作成の要領」に向けて（報告）」が発表されましたので、これを抜粋収録し、新たに第九版として刊行します。

日本語の書き表し方の手引きとして、さまざまにご活用いただければ幸いです。

令和三年五月

三省堂編修所

目次

常用漢字表

・平成二二年一一月三〇日内閣告示第二号。
・内容は、平成一七年文部科学大臣諮問第一五号「情報化時代に対応する漢字政策の在り方について」に対する答申「改定常用漢字表」(平成二二年六月七日文化審議会)によっている。これは、文化審議会国語分科会において検討・報告された「『新常用漢字表(仮称)』に関する試案」(平成二一年一月)、「『改定常用漢字表』に関する試案」(平成二一年一一月)に各方面からの意見を含めて討議され、作成されたものである。
・この告示により、昭和五六年一〇月一日内閣告示第一号「常用漢字表」は廃止された。昭和五六年版からの変更点については、102ページを参照されたい。
・原文は横書き。

(三省堂編修所注)

前書き

1　この表は、法令、公用文書、新聞、雑誌、放送など、一般の社会生活において、現代の国語を書き表す場合の漢字使用の目安を示すものである。

2　この表は、科学、技術、芸術その他の各種専門分野や個々人の表記にまで及ぼそうとするものではない。ただし、専門分野の語であっても、一般の社会生活と密接に関連する語の表記については、この表を参考とすることが望ましい。

3　この表は、都道府県名に用いる漢字及びそれに準じる漢字を除き、固有名詞を対象とするものではない。

4　この表は、過去の著作や文書における漢字使用を否定するものではない。

5　この表の運用に当たっては、個々の事情に応じて適切な考慮を加える余地のあるものである。

表の見方及び使い方

1　この表は、「本表」と「付表」とから成る。

2　「本表」には、字種二一三六字を掲げ、字体、音訓、語例等を併せ示した。

3　漢字欄には、字種と字体を示した。字種は字音によって五十音順に並べた。同音の場合はおおむね字画の少ないものを先にした。字音を取り上げていないものは、字訓によった。

4　字体は文字の骨組みであるが、便宜上、明《みん》朝体のうちの一種を例に用いて「印刷文字における現代の通用字体」を示した。

5　「しんにゅう／しょくへん」に関係する字のうち、「辶／飠」の字形が通用字体である字については、「⻌／食」の字形を角括弧に入れて許容字体として併せ示した。当該の字に関して、現に印刷文字として許容字体を用いている場合、通用字体である「辶／飠」の字形に改める必要はない。これを「字体の許容」と呼ぶ。

なお、当該の字の備考欄には、角括弧に入れたものが許容字体であることを注記した。また、通用字体の「謎」における

「謎」についても「しんにゅう／しょくへん」の扱いに準じるものとして、同様の注記を加えてある。

6　丸括弧に入れて添えたものは、いわゆる康熙《き》字典体である。これは、明治以来行われてきた活字の字体とのつながりを示すために参考として添えたものであるが、著しい差異のないものは省いた。

7　音訓欄には、音訓を示した。字音は片仮名で、字訓は平仮名で示した。一字下げで示した音訓は、特別なものか、又は用法のごく狭いものである。なお、一字下げで示した音訓のうち、備考欄に都道府県名を注記したものは、原則として、当該の都道府県名にのみ用いる音訓であることを示す。

8　派生の関係にあって同じ漢字を使用する習慣のある次のような類は、適宜、音訓欄又は例欄に主なものを示した。

けむる	煙る	わける	分ける
けむり	煙	わかれる	分かれる
けむい	煙い、煙たい、煙たがる	わかる	分かる
		わかつ	分かつ

なお、次のような類は、名詞としてだけ用いるものである。

しるし	印	こおり	氷

9　例欄には、音訓使用の目安として、その字の当該音訓における使用例の一部を示した。なお、「案じる」「信じる」「力む」等のように字音を動詞として用いることのできるものについては、特に必要な場合を除き、示していない。

10　例欄の語のうち、副詞的用法、接続詞的用法として使うものであって、紛らわしいものには、特に〔副〕、〔接〕という記号を付けた。

11　他の字又は語と結び付く場合に音韻上の変化を起こす次のような類は、音訓欄又は備考欄に示しておいたが、全ての例を尽くしているわけではない。

納得（ナットク）　格子（コウシ）
手綱（タヅナ）　金物（カナモノ）
音頭（オンド）　夫婦（フウフ）
順応（ジュンノウ）　因縁（インネン）
春雨（ハルサメ）

12　備考欄には、個々の音訓の使用に当たって留意すべき事項などを記した。

(1)異字同訓のあるものを適宜⇔で示し、また、付表にある語でその漢字を含んでいるものを注記した。

(2)都道府県名については、音訓欄に「一字下げで掲げた音訓」が、原則として、当該の都道府県名を表記するために掲げた音訓であることを明示する場合に、「埼玉県」「栃木県」のように注記した。

　また、都道府県名に用いられる漢字の読み方が、当該の音訓欄にない場合（例えば、大分県の「分」、愛媛県の「愛」「媛」など）、その都道府県の読み方を備考欄に「大分（おおいた）県」「愛媛（えひめ）県」という形で注記した。

　したがって、全ての都道府県名を備考欄に掲げるものではない。

(3)備考欄にある「＊」は、「（付）字体についての解説」「第2 明朝体と筆写の楷書との関係について」の「3 筆写の楷書字形と印刷文字字形の違いが、字体の違いに及ぶもの」の中に参照すべき具体例があることを示す。当該字が具体例として挙げられている場合は、＊の後に、［(付)第2の3参照］と掲げたが、具体例が挙げられていない場合は［(付)第2の3【剝】参照］のように、同様に考えることができる具体例を併せ掲げた。

また、しんにゅうの字、及びしんにゅうを構成要素として含む字のうち通用字体が「辶」で示されている字については、上記「第2 明朝体と筆写の楷書との関係について」の「1 明朝体に特徴的な表現の仕方があるもの」の中に「辶・辶―辶」が示され、「辶」も筆写では「辶」と同様に「辶」と書くことから、上の「3 筆写の楷書字形と印刷文字字形の違いが、字体の違いに及ぶもの」の例に準じて、備考欄に「＊」を付し、＊の後に、［(付)第2の1参照］と掲げた。

なお、「＊」の付いた字の多くは、昭和五六年の制定当初から常用漢字表に入っていた字体とは、「臭⇔嗅」「歩⇔捗」「狭⇔頬」「道⇔遡」「幣⇔蔽」などのように、同じ構成要素を持ちながら、通用字体の扱いに字体上の差異があるものである。

13 「付表」には、いわゆる当て字や熟字訓など、主として一字の音訓としては挙げにくいものを語の形で掲げた。便宜上、その読み方を平仮名で示し、五十音順に並べた。

付 情報機器に搭載されている印刷文字字体の関係で、本表の通用字体とは異なる字体（通用字体の「頰・賭・剝」に対する「頬・賭・剥」など）を使用することは差し支えない。

(付)字体についての解説

第1 明朝体のデザインについて

常用漢字表では、個々の漢字の字体（文字の骨組み）を、明朝体のうちの一種を例に用いて示した。現在、一般に使用されている明朝体の各種書体には、同じ字でありながら、微細なところで形の相違の見られるものがある。しかし、各種の明朝体を検討してみると、それらの相違はいずれも書体設計上の表現の差、すなわちデザインの違いに属する事柄であって、字体の違いではないと考えられるものである。つまり、それらの相違は、字体の上からは全く問題にする必要のないものである。以下に、分類して、その例を示す。

なお、ここに挙げているデザイン差は、現実に異なる字形がそれぞれ使われていて、かつ、その実態に配慮すると、字形の異なりを字体の違いと考えなくてもよいと判断したものである。すなわち、実態として存在する異字形を、デザインの差と、字体の差に分けて整理することがその趣旨であり、明朝体字形を新たに作り出す場合に適用し得るデザイン差の範囲を示したものではない。また、ここに挙げているデザイン差は、おおむね「筆写の楷書字形において見ることができる字形の異なり」と捉えることも可能である。

1 へんとつくり等の組合せ方について

(1) 大小、高低などに関する例

↓硬↓硬　↓吸↓吸　↓頃↓頃

(2) はなれているか、接触しているかに関する例

睡睡　異異　挨挨

2　点画の組合せ方について

(1) 長短に関する例

雪雪雪　満満　無無　斎斎

(2) つけるか、はなすかに関する例

発発　備備　奔奔　溺溺
空空　湿湿　吹吹　冥冥

(3) 接触の位置に関する例

岸岸　家家　脈脈脈
蚕蚕　印印　蓋蓋

(4) 交わるか、交わらないかに関する例

聴聴　非非　祭祭
存存　孝孝　射射

(5) その他

芽芽芽　夢夢夢

3　点画の性質について

(1) 点か、棒(画)かに関する例

帰帰　班班　均均　麗麗　蔑蔑

(2) 傾斜、方向に関する例

考考　値値　望望

(3) 曲げ方、折り方に関する例

勢勢　競競　頑頑頑　災災

(4) 「筆押さえ」等の有無に関する例

芝芝　更更　伎伎
八八八　公公公　雲雲

(5) とめるか、はらうかに関する例

環環　泰泰　談談
医医　継継　園園

(6) とめるか、ぬくかに関する例

耳－耳　邦－邦　街－街　餌－餌

(7) はねるか、とめるかに関する例

四－四　配－配　換－換　湾－湾

(8) その他

→次－次　→姿－姿

4　特定の字種に適用されるデザイン差について

「特定の字種に適用されるデザイン差」とは、以下の(1)～(5)それぞれの字種にのみ適用されるデザイン差のことである。したがって、それぞれに具体的な字形として示されているデザイン差を他の字種にまで及ぼすことはできない。

なお、(4)に掲げる「叱」と「𠮟」は本来別字とされるが、その使用実態から見て、異体の関係にある同字と認めることができる。

(1) 牙・牙・牙

(2) 韓・韓・韓

(3) 茨・茨・茨

(4) 𠮟・叱

(5) 栃・栃

第2　明朝体と筆写の楷書との関係について

常用漢字表では、個々の漢字の字体(文字の骨組み)を、明朝体のうちの一種を例に用いて示した。このことは、これによって筆写の楷書における書き方の習慣を改めようとするものではない。字体としては同じであっても、1、2に示すように明朝体の字形と筆写の楷書の字形との間には、いろいろな点で違いがある。それらは、印刷文字と手書き文字におけるそれぞれの習慣の相違に基づく表現の差と見るべきものである。

さらに、印刷文字と手書き文字におけるそれぞれの習慣の相違に基づく表現の差は、3に示すように、字体(文字の骨組み)の違いに及ぶ場合もある。

以下に、分類して、それぞれの例を示す。いずれも「明朝体―手書き(筆写の楷書)」という形で、上(原文は左側)に明朝体、下(原文は右側)にそれを手書きした例を示す。

1　明朝体に特徴的な表現の仕方があるもの

(1) 折り方に関する例

衣－衣　去－去　玄－玄

(2) 点画の組合せ方に関する例

人－人　家－家　北－北

(3)「筆押さえ」等に関する例

芝―芝　史―史

入―入　八―八

(4)曲直に関する例

子―子　手―手　了―了

(5)その他

辶・辶―辶　⺮―⺮　心―心

2　筆写の楷書では、いろいろな書き方があるもの

(1)長短に関する例

雨―雨雨　戸―戸戸戸

無―無無

(2)方向に関する例

風―風風　比―比比

仰―仰仰

糸―糸糸　ネ―ネネ　衤―衤衤

主―主主　言―言言言

年―年年年

---

(3)つけるか、はなすかに関する例

又―又又　文―文文

月―月月

条―条条　保―保保

(4)はらうか、とめるかに関する例

奥―奥奥　公―公公

角―角角　骨―骨骨

(5)はねるか、とめるかに関する例

切―切切切　改―改改改

酒―酒酒　陸―陸陸陸

穴―穴穴穴

木―木木　来―来来

糸―糸糸　牛―牛牛

環―環環

(6)その他

令―令令　外―外外外

女―女女　叱―叱叱叱

3　筆写の楷書字形と印刷文字字形の違いが、字体の違いに及ぶもの

以下に示す例で、括弧内は印刷文字である明朝体の字形に倣って書いたものであるが、筆写の楷書ではどちらの字形で書いても差し支えない。なお、括弧内の字形の方が、筆写字形としても一般的な場合がある。

(1) 方向に関する例

淫―淫（淫）　恣―恣（恣）
煎―煎（煎）　嘲―嘲（嘲）
溺―溺（溺）　蔽―蔽（蔽）

(2) 点画の簡略化に関する例

葛―葛（葛）　嗅―嗅（嗅）
僅―僅（僅）　餌―餌（餌）
箋―箋（箋）　塡―填（塡）
賭―賭（賭）　頰―頬（頰）

(3) その他

惧―惧（惧）　稽―稽（稽）
詮―詮（詮）　捗―捗（捗）
剝―剥（剝）　喩―喩（喩）

本表

● 「本表」および「付表」には、三省堂編修所で次のように手を加えた。

1　漢字の字種の上に、見やすいように見出し仮名(三文字分)をつけた。

2　平成二二年一一月三〇日の内閣告示第二号により追加・変更された漢字や音訓、付表の語には◉印をつけた。また、昭和五六年告示の「常用漢字表」によって「当用漢字(音訓)表」から増えた漢字や音訓には❖をつけた。

3　「学年別漢字配当表」の漢字は色にし、数字で配当学年を示した。二〇二〇年より変更になった字は矢印➔を付して新旧の学年を示した。

4　一字下げの音訓は、「特別なもの又は用法のごく狭いもの」(6ページ「7」参照)である。

5　備考欄に★をつけたものは「「異字同訓」の漢字の使い分け例」に掲載されているものである。

● 本表について個々の字体を明朝体で示した。書体設計上の表現の差・デザインの違いとして妥当な範囲である書体を採用したが、微細なところに形の相違が見られる場合がある。詳しくは7ページ「(付)字体についての解説」を参照されたい。

● 「例」欄の送り仮名は、「送り仮名の付け方」の「本則」「例外」及び「通則7」に準じている。

(三省堂編修所注)

漢字		音訓	例	備考
亜《ア》(亞)		ア	亜流　亜麻　亜熱帯	
哀《アイ》		アイ	哀愁　哀願　悲哀	
		あわれ	哀れ　哀れな話　哀れがる	
		あわれむ	哀れむ　哀れみ	
挨◎		アイ	挨拶	
愛	4	アイ	愛情　愛読　恋愛	愛媛(えひめ)県
曖◎		アイ	曖昧	
悪《アク》(惡)	3	アク	悪事　悪意　醜悪	
		オ	悪寒　好悪　憎悪	
		わるい	悪い　悪さ　悪者	
握		アク	握手　握力　掌握	
		にぎる	握る　握り　一握り	
圧《アツ》(壓)	5	アツ	圧力　圧迫　気圧	
扱《あつか》		あつかう	扱う　扱い　客扱い	
宛《あてる》◎		あてる	宛てる　宛先	⇔当てる、充てる★
嵐《あらし》◎		あらし	嵐　砂嵐	
安《アン》	3	アン	安全　安価　不安	
		やすい	安い　安らかだ	
案	4	アン	案文　案内　新案	
暗	3	アン	暗示　暗愚　明暗	
		くらい	暗い　暗がり	
以《イ》	4	イ	以上　以内　以後	
衣	4	イ	衣服　衣食住　作業衣	浴衣(ゆかた)
		ころも	衣　羽衣	
位	4	イ	位置　第一位　各位	「三位一体」「従三位」は、「サンミイッタイ」「ジュサンミ」。
		くらい	位　位取り　位する	
囲(圍)	4→5	イ	囲碁　包囲　範囲	
		かこむ	囲む　囲み	
		かこう	囲う　囲い	
医(醫)	3	イ	医学　医療　名医	
依		イ	依頼　依拠　依然	
		エ	帰依	
委	3	イ	委任　委員　委細	
		ゆだねる◎	委ねる	
威		イ	威力　威圧　示威	
為(爲)		イ	為政者　行為　作為	為替(かわせ)
畏◎		イ	畏敬　畏怖	
		おそれる	畏れる　畏れ	⇔恐れる★
胃	4→6	イ	胃腸　胃酸　胃弱	
尉		イ	尉官　一尉　大尉	
異	6	イ	異論　異同　奇異	
		こと	異にする　異なる	
移	5	イ	移転　移民　推移	
		うつる	移る　移り変わり	
		うつす	移す	
萎◎		イ	萎縮	
		なえる	萎える	
偉		イ	偉大　偉人　偉観	
		えらい	偉い　偉ぶる	

椅《イ》⊙	イ	椅子	
彙⊙	イ	語彙	*［（付）第2の3【剝】参照］
意 3	イ	意見　意味　決意	意気地（いくじ）
違	イ	違反　違法　相違	
	ちがう	違う　違い　間違う	
	ちがえる	違える　見違える　間違える	
維	イ	維持　維新　繊維	
慰	イ	慰安　慰問　慰労	
	なぐさめる	慰める　慰め	
	なぐさむ	慰む　慰み	
遺 6	イ	遺棄　遺産　遺失	
	ユイ	遺言	「遺言」は、「イゴン」とも。
緯	イ	緯度　北緯　経緯	
域《イキ》 6	イキ	域内　地域　区域	
育《イク》 3	イク	育児　教育　発育	
	そだつ	育つ　育ち	
	そだてる	育てる　育て親	
	はぐくむ⊙	育む	
一《イチ》 1	イチ	一度　一座　第一	一日（ついたち） 一人（ひとり）
	イツ	一般　同一　統一	
	ひと	一息　一筋　一月目	
	ひとつ	一つ	
壱（壹）	イチ	壱万円	
逸《イツ》（逸）	イツ	逸話　逸品　逸する	
茨《いばら》⊙ →4	いばら		茨城県

芋《いも》	いも	芋　里芋　焼き芋	
引《イン》 2	イン	引力　引退　索引	
	ひく	引く　字引	⇕弾く★
	ひける	引ける	
印 4	イン	印刷　印象　調印	
	しるし	印　目印　矢印	
因 5	イン	因果　原因　要因	
	よる	因る　……に因る	
咽⊙	イン	咽喉	
姻	イン	姻族　婚姻	
員 3	イン	満員　定員　社員	
院 3	イン	院内　議院　病院	
淫⊙	イン	淫行　淫乱	*［（付）第2の3参照］
	みだら	淫らだ	
陰	イン	陰気　陰性　光陰	
	かげ	陰　日陰	⇕影★
	かげる	陰る　陰り	
飲 3	イン	飲料　飲食　痛飲	
	のむ	飲む　飲み水	
隠（隱）	イン	隠居　隠忍　隠語	
	かくす	隠す	
	かくれる	隠れる　雲隠れ	
韻	イン	韻律　韻文　音韻	
右《ウ》 1	ウ	右岸　右折　右派	
	ユウ	左右　座右	

漢字	学年	音訓	例	備考
		みぎ	右　右手	
宇《ウ》	6	ウ	宇宙　気宇　堂宇	
羽	2	ウ	羽毛　羽化　羽翼	
		は	白羽の矢　一羽(わ)　三羽(ば)　六羽(ぱ)	「羽(は)」は、前に来る音によって「わ」「ば」「ぱ」になる。
		はね	羽　羽飾り	
雨	1	ウ	雨量　降雨　梅雨	五月雨(さみだれ)　時雨(しぐれ)　梅雨(つゆ)　「春雨」「小雨」「霧雨」などは、「はるさめ」「こさめ」「きりさめ」。
		あめ	雨　大雨	
		あま	雨雲　雨戸　雨具	
唄《うた》◎		うた	小唄　長唄	⇔歌★
鬱《ウツ》◎		ウツ	憂鬱	
畝《うね》		うね	畝　畝間　畝織	
浦《うら》		うら	浦　津々浦々	
運《ウン》	3	ウン	運動　運命　海運	
		はこぶ	運ぶ	
雲	2	ウン	雲海　風雲　積乱雲	
		くも	雲　雲隠れ	
永《エイ》	5	エイ	永続　永久　永遠	
		ながい	永い　日永	⇔長い★
泳	3	エイ	泳法　水泳　背泳	
		およぐ	泳ぐ　泳ぎ	
英	4	エイ	英雄　英断　俊英	
映	6	エイ	映画　上映　反映	
		うつる	映る　映り	⇔写る★
		うつす	映す	⇔写す★
		はえる	映える　夕映え	⇔栄える★
栄(榮)	4	エイ	栄枯　栄養　繁栄	
		さかえる	栄える　栄え	
		はえ	栄えある　見栄え　出来栄え	⇔映え★
		はえる❖	栄える	⇔映える★
営(營)	5	エイ	営業　経営　陣営	
		いとなむ	営む　営み	
詠		エイ	詠嘆　詠草　朗詠	
		よむ	詠む	⇔読む★
影		エイ	影響　陰影　撮影	
		かげ	影　影絵　人影	⇔陰★
鋭		エイ	鋭利　鋭敏　精鋭	
		するどい	鋭い　鋭さ	
衛(衞)	5	エイ	衛生　護衛　守衛	
易《エキ》	5	エキ	易者　貿易　不易	
		イ	容易　安易　難易	
		やさしい	易しい　易しさ	★
疫		エキ	疫病　悪疫　防疫	
		ヤク	疫病神	
益	5	エキ	有益　利益　益する	
		ヤク	御利益	
液	5	エキ	液体　液状　血液	
駅(驛)	3	エキ	駅長　駅伝　貨物駅	
悦《エツ》		エツ	悦楽　喜悦	

越《エツ》		エツ	越境　超越　優越	
		こす	越す　年越し	⇔超す★
		こえる	越える　山越え	⇔超える★
謁（謁）		エツ	謁見　拝謁　謁する	
閲		エツ	閲覧　閲歴　校閲	
円《エン》（圓）	1	エン	円卓　円熟　一円	
		まるい	円い　円さ　円み	⇔丸い★
延	6	エン	延長　延期　遅延	
		のびる	延びる	⇔伸びる★
		のべる	延べる　延べ	⇔伸べる★
		のばす	延ばす	⇔伸ばす★
沿	6	エン	沿海　沿線　沿革	
		そう	沿う　川沿い	⇔添う★
炎		エン	炎上　炎天　火炎	
		ほのお	炎	
怨◎		エン	怨恨	
		オン	怨念	
宴		エン	宴会　宴席　酒宴	
媛◎	→4	エン	才媛	愛媛（えひめ）県
援		エン	援助　応援　声援	
園	2	エン	園芸　公園　楽園	
		その	学びの園　花園	
煙		エン	煙突　煙霧　喫煙	
		けむる	煙る	
		けむり	煙	
		けむい	煙い　煙たい　煙たがる	
猿❖		エン	野猿　類人猿　犬猿の仲	
		さる	猿	
遠	2	エン	遠近　永遠　敬遠	
		オン	久遠	
		とおい	遠い　遠出　遠ざかる	
鉛		エン	鉛筆　亜鉛　黒鉛	
		なまり	鉛　鉛色	
塩（鹽）	4	エン	塩分　塩酸　食塩	
		しお	塩　塩辛い	
演	5	エン	演技　演奏　講演	
縁（緣）		エン	縁故　縁日　血縁	「因縁」は、「インネン」。
		ふち	縁　縁取り　額縁	
艶（艷）◎		エン	妖艶	
		つや	艶　色艶	
汚《オ》		オ	汚点　汚物　汚名	
		けがす	汚す	
		けがれる	汚れる　汚れ	
		けがらわしい	汚らわしい	
		よごす	汚す　口汚し	
		よごれる	汚れる　汚れ　汚れ物	
		きたない	汚い　汚らしい	
王《オウ》	1	オウ	王子　帝王	「親王」「勤王」などは、「シンノウ」「キンノウ」。
凹❖		オウ	凹凸　凹面鏡　凹レンズ	凸凹（でこぼこ）

央《オウ》	3	オウ	中央	
応(應)	5	オウ	応答　応用　呼応	「反応」「順応」などは、「ハンノウ」「ジュンノウ」。
		こたえる◎	応える	⇕答える★
往	5	オウ	往復　往来　既往症	
押		オウ	押収　押印　押韻	
		おす	押す　押し	⇕推す★
		おさえる	押さえる　押さえ	⇕抑える★
旺◎		オウ	旺盛	
欧(歐)		オウ	欧文　西欧　渡欧	
殴(毆)		オウ	殴打	
		なぐる	殴る	
桜(櫻)	5	オウ	桜花　観桜	
		さくら	桜　桜色　葉桜	
翁		オウ	老翁	
奥(奧)		オウ	奥義　深奥	「奥義」は、「おくギ」とも。
		おく	奥　奥底　奥さん	
横(橫)	3	オウ	横断　横領　専横	
		よこ	横　横顔　横たわる	
岡《おか》◎	→4	おか		岡山県、静岡県、福岡県
屋《オク》	3	オク	屋上　屋外　家屋	
		や	屋根　花屋　楽屋	母屋(おもや)　部屋(へや)　⇕家★
億	4	オク	億万　一億	
憶		オク	記憶　追憶	
臆◎		オク	臆説　臆測　臆病	「臆説」「臆測」は、「憶説」「憶測」とも書く。
虞《おそれ》		おそれ	虞	★
乙《オツ》		オツ	乙種　甲乙	乙女(おとめ)
俺《おれ》◎		おれ	俺	
卸《おろす》		おろす	卸す	⇕下ろす、降ろす★
		おろし	卸　卸商	
音《オン》	1	オン	音楽　発音　騒音	「観音」は、「カンノン」。
		イン	福音　母音	
		おと	音　物音	
		ね	音　音色	
恩	5→6	オン	恩情　恩人　謝恩	
温(溫)	3	オン	温暖　温厚　気温	
		あたたか	温かだ	⇕暖か★
		あたたかい	温かい	⇕暖かい★
		あたたまる	温まる	⇕暖まる★
		あたためる	温める	⇕暖める★
穏(穩)		オン	穏和　穏当　平穏	「安穏」は、「アンノン」。
		おだやか	穏やかだ	
下《カ》	1	カ	下流　下降　落下	下手(へた)
		ゲ	下水　下車　上下	
		した	下　下見	
		しも	下　川下	
		もと	下　足下	⇕元、本、基★
		さげる	下げる	⇕提げる★

漢字	音訓	例	備考
	さがる	下がる	
	くだる	下る　下り	
	くだす	下す	
	くださる	下さる	
	おろす	下ろす　書き下ろす	⇕卸す、降ろす★
	おりる	下りる	⇕降りる★
化 3	カ	化石　化学　文化	
	ケ	化粧　化身　権化	
	ばける	化ける　お化け	
	ばかす	化かす	
火 1	カ	火災　灯火　発火	
	ひ	火　火花　炭火	⇕灯
	ほ	火影	
加 4	カ	加入　加減　追加	
	くわえる	加える	
	くわわる	加わる	
可 5	カ	可否　可能　許可	
仮（假） 5	カ	仮面　仮定　仮装	仮名（かな）
	ケ	仮病	
	かり	仮の住まい　仮に　仮処分	
何 2	カ	幾何学	
	なに	何　何者　何事	
	なん	何本　何十　何点	
花 1	カ	花弁　花壇　落花	
	はな	花　花火　草花	⇕華★

漢字	音訓	例	備考
佳	カ	佳作　佳人　絶佳	
価（價） 5	カ	価値　価格　評価	
	あたい	価	⇕値★
果 4	カ	果実　果断　結果	果物（くだもの）
	はたす	果たす　果たして〔副〕	
	はてる	果てる	
	はて	果て	
河 5	カ	河川　河口　運河	河岸（かし）　河原（かわら）
	かわ	河	⇕川
苛◎	カ	苛酷　苛烈	
科 2	カ	科学　教科　罪科	
架	カ	架橋　架空　書架	
	かける	架ける	⇕掛ける、懸ける、賭ける★
	かかる	架かる	⇕掛かる、懸かる★
夏 2	カ	夏季　初夏　盛夏	
	ゲ	夏至	
	なつ	夏　夏服　真夏	
家 2	カ	家屋　家庭　作家	
	ケ	家来　本家　分家	
	いえ	家　家柄　家元	
	や	家主　借家	母屋（おもや）　⇕屋★
荷 3	カ	出荷　入荷	
	に	荷　荷物　初荷	
華	カ	華美　繁華　栄華	

見出し	漢字	学年	音訓	例	備考
			ケ	香華　散華	
			はな	華やかだ　華やぐ　華々しい	⇕花★
カ	菓		カ	菓子　製菓　茶菓	
	貨	4	カ	貨物　貨幣　通貨	
	渦❖		カ	渦中	
			うず	渦　渦潮　渦巻く	
	過	5	カ	過度　過失　通過	
			すぎる	過ぎる　昼過ぎ	
			すごす	過ごす	
			あやまつ	過つ	
			あやまち	過ち	
	嫁		カ	再嫁　転嫁　嫁する	
			よめ	嫁　花嫁	
			とつぐ	嫁ぐ　嫁ぎ先	
	暇		カ	余暇　休暇　寸暇	
			ひま	暇　暇な時	
	禍（禍）		カ	禍福　禍根　災禍	
	靴❖		カ	製靴	
			くつ	靴　靴下　革靴	
	寡		カ	寡黙　寡婦　多寡	
	歌	2	カ	歌曲　唱歌　短歌	
			うた	歌	⇕唄★
			うたう	歌う	⇕謡う★
	箇		カ	箇条　箇所	
	稼❖		カ	稼業　稼働	
			かせぐ	稼ぐ　稼ぎ	
	課	4	カ	課　日課　課する	
か	蚊		か	蚊　蚊柱　やぶ蚊	蚊帳（かや）
ガ	牙◎		ガ	牙城　歯牙	
			ゲ	象牙	
			きば	牙	
	瓦◎		ガ	瓦解	
			かわら	瓦　瓦屋根	
	我	6	ガ	我流　彼我　自我	
			われ	我　我々　我ら	
			わ	我が国	
	画（畫）	2	ガ	画家　図画　映画	
			カク	画期的　計画　区画	
	芽	4	ガ	発芽　麦芽　肉芽	
			め	芽　芽生える　新芽	
	賀	5→4	ガ	賀状　祝賀　賀する	
	雅		ガ	雅趣　優雅　風雅	
	餓		ガ	餓死　餓鬼　飢餓	
カイ	介		カイ	介入　紹介　介する	
	回	2	カイ	回答　転回　次回	
			エ	回向	
			まわる	回る　回り　回り道	⇕周り★
			まわす	回す　手回し	
	灰	6	カイ	灰白色　石灰	
			はい	灰　灰色　火山灰	

カイ

漢字	学年	音訓	例	備考
会（會）	2	カイ	会話　会計　社会	
		エ	会釈　会得　法会	
		あう	会う	⇕合う、遭う★
快	5	カイ	快活　快晴　明快	
		こころよい	快い	
戒		カイ	戒心　戒律　警戒	
		いましめる	戒める　戒め	
改	4	カイ	改造　改革　更改	
		あらためる	改める　改めて〔副〕	
		あらたまる	改まる	
怪		カイ	怪談　怪物　奇怪	
		あやしい	怪しい　怪しげだ	⇕妖しい★
		あやしむ	怪しむ	
拐❖		カイ	拐帯　誘拐	
悔（悔）		カイ	悔恨　後悔	
		くいる	悔いる　悔い	
		くやむ	悔やむ　お悔やみ	
		くやしい	悔しい　悔しがる	
海（海）	2	カイ	海岸　海水浴　航海	海女・海士（あま）
		うみ	海　海鳴り	海原（うなばら）
界	3	カイ	境界　限界　世界	
皆		カイ	皆無　皆勤　皆出席	
		みな	皆　皆さん	
械	4	カイ	機械	
絵（繪）	2	カイ	絵画	
		エ	絵本　絵図　口絵	
開	3	カイ	開始　開拓　展開	
		ひらく	開く　川開き	
		ひらける	開ける	
		あく	開く	⇕空く、明く★
		あける	開ける　開けたて	⇕空ける、明ける★
階	3	カイ	階段　階級　地階	
塊		カイ	塊状　山塊	
		かたまり	塊	
楷◎		カイ	楷書	
解	5	カイ	解決　解禁　理解	
		ゲ	解脱　解熱剤　解毒剤	
		とく	解く	⇕溶く★
		とかす	解かす	⇕溶かす★
		とける	解ける	⇕溶ける★
潰◎		カイ	潰瘍	
		つぶす	潰す	
		つぶれる	潰れる	
壊（壞）		カイ	壊滅　破壊　決壊	
		こわす	壊す	
		こわれる	壊れる	
懐（懷）		カイ	懐中　懐古　述懐	
		ふところ	懐　懐手　内懐	
		なつかしい	懐かしい	
		なつかしむ	懐かしむ	

漢字	音訓	例	備考
	なつく	懐く	
	なつける	懐ける	
諧《カイ》⊙	カイ	俳諧	
貝《かい》 1	かい	貝　貝細工　ほら貝	
外《ガイ》 2	ガイ	外出　海外　除外	
	ゲ	外科　外題　外道	
	そと	外　外囲い	
	ほか	外　その外	⇔他★
	はずす	外す　踏み外す	
	はずれる	外れる　町外れ	
劾	ガイ	弾劾	
害 4	ガイ	害悪　被害　損害	
崖⊙	ガイ	断崖	
	がけ	崖　崖下	
涯❖	ガイ	生涯	
街 4	ガイ	街頭　市街　商店街	
	カイ	街道	
	まち	街　街角	⇔町★
慨（慨）	ガイ	慨嘆　憤慨　感慨	
蓋⊙	ガイ	頭蓋骨	
	ふた	蓋　火蓋	
該	ガイ	該当　該博　当該	
概（槪）	ガイ	概念　大概　概して	
骸⊙	ガイ	形骸化　死骸	
垣《かき》❖	かき	垣　垣根	
柿⊙	かき	柿	
各《カク》 4	カク	各自　各種　各位	
	おのおの	各	「各々」とも書く。
角 2	カク	角度　三角　頭角	
	かど	角　街角　四つ角	
	つの	角　角笛	
拡（擴） 6	カク	拡大　拡張　拡声器	
革 6	カク	革新　改革　皮革	
	かわ	革　革靴	⇔皮★
格 5	カク	格式　規格　性格	
	コウ	格子	
核	カク	核心　核反応　結核	
殻（殼）❖	カク	甲殻　地殻	
	から	殻　貝殻	
郭	カク	城郭　外郭　輪郭	
覚（覺） 4	カク	覚悟　知覚　発覚	
	おぼえる	覚える　覚え	
	さます	覚ます　目覚まし	★
	さめる	覚める　目覚め	★
較	カク	比較	
隔	カク	隔離　隔月　間隔	
	へだてる	隔てる　隔て	
	へだたる	隔たる　隔たり	
閣 6	カク	閣議　閣僚　内閣	
確 5	カク	確定　確認　正確	

		たしか	確かだ　確かさ	
		たしかめる	確かめる	
獲《カク》		カク	獲得　捕獲　漁獲高	
		える	獲る　獲物	⇔得る
嚇		カク	威嚇	
穫		カク	収穫	
学《ガク》（學）	1	ガク	学習　科学　大学	
		まなぶ	学ぶ	
岳（嶽）		ガク	岳父　山岳	
		たけ	○○岳	
楽（樂）	2	ガク	楽隊　楽器　音楽	神楽（かぐら）
		ラク	楽園　快楽　娯楽	
		たのしい	楽しい　楽しさ　楽しげだ	
		たのしむ	楽しむ	
額	5	ガク	額縁　金額　前額部	
		ひたい	額	
顎◎		ガク	顎関節	
		あご	顎	
掛《かける》		かける	掛ける	⇔懸ける、架ける、賭ける★
		かかる	掛かる	⇔係る、懸かる、架かる★
		かかり	掛	⇔係
潟《かた》❖	→4	かた	干潟　○○潟	
括《カツ》		カツ	括弧　一括　包括	
活	2	カツ	活動　活力　生活	
喝（喝）❖		カツ	喝破　一喝　恐喝	
渇（渴）		カツ	渇望　渇水	
		かわく	渇く　渇き	⇔乾く★
割	6	カツ	割愛　割拠　分割	
		わる	割る	
		わり	割がいい　割合　割に　五割	
		われる	割れる　ひび割れ	
		さく	割く	⇔裂く★
葛◎		カツ	葛藤	*［（付）第2の3参照］
		くず	葛　葛湯	
滑		カツ	滑走　滑降　円滑	
		コツ◎	滑稽	
		すべる	滑る　滑り	
		なめらか	滑らかだ	
褐（褐）❖		カツ	褐色　茶褐色	
轄		カツ	管轄　所轄　直轄	
且《かつ》		かつ	且つ	
株《かぶ》	6	かぶ	株　株式	
釜《かま》◎		かま	釜	★
鎌◎		かま	鎌　鎌倉時代	
刈《かる》		かる	刈る　刈り入れ	
干《カン》	6	カン	干渉　干潮　若干	
		ほす	干す　干し物	
		ひる	干上がる　干物　潮干狩り	
刊	5	カン	刊行　発刊　週刊	
甘		カン	甘言　甘受　甘味料	

カン

漢字	学年	音訓	例	備考
		あまい	甘い　甘み	
		あまえる	甘える	
		あまやかす	甘やかす	
汗		カン	汗顔　発汗	
		あせ	汗　汗ばむ	
缶（罐）❖		カン	缶　缶詰　製缶	
完	4	カン	完全　完成　未完	
肝		カン	肝臓　肝胆　肝要	
		きも	肝　肝っ玉	
官	4	カン	官庁　官能　教官	
冠		カン	冠詞　王冠　栄冠	
		かんむり	冠	
巻（卷）	6	カン	巻頭　圧巻　一巻	
		まく	巻く　巻き貝	
		まき	巻の一	
看	6	カン	看護　看破　看板	
陥（陷）		カン	陥落　陥没　欠陥	
		おちいる	陥る	
		おとしいれる	陥れる	
乾		カン	乾燥　乾杯　乾電池	
		かわく	乾く	⇕渇く★
		かわかす	乾かす	
勘		カン	勘弁　勘当	
患		カン	患者　疾患	
		わずらう	患う　長患い	⇕煩う★
貫		カン	貫通　縦貫　尺貫法	
		つらぬく	貫く	
寒	3	カン	寒暑　寒村　厳寒	
		さむい	寒い　寒がる　寒空	
喚		カン	喚問　召喚　叫喚	
堪		カン	堪忍　堪能	「堪能」は、「タンノウ」とも。
		たえる	堪える	⇕耐える★
換		カン	換気　換算　交換	
		かえる	換える	⇕代える、替える、変える★
		かわる	換わる	⇕代わる、替わる、変わる★
敢		カン	敢然　果敢　勇敢	
棺		カン	棺おけ　石棺　出棺	
款		カン	定款　借款　落款	
間	2	カン	間隔　中間　時間	
		ケン	世間　人間	
		あいだ	間　間柄	
		ま	間　間違う　客間	
閑		カン	閑静　閑却　繁閑	
勧（勸）		カン	勧誘　勧奨　勧告	
		すすめる	勧める　勧め	⇕進める、薦める★
寛（寬）		カン	寛大　寛容　寛厳	
幹	5	カン	幹線　幹事　根幹	
		みき	幹	
感	3	カン	感心　感覚　直感	
漢（漢）	3	カン	漢字　漢語　門外漢	

カン

漢字	学年	音訓	例	備考
慣	5	カン	慣例　慣性　習慣	
		なれる	慣れる　慣れ	
		ならす	慣らす	
管	4	カン	管理　管制　鉄管	
		くだ	管	
関（關）	4	カン	関節　関係　関する	
		せき	関　関取　関の山	
		かかわる◎	関わる　関わり	
歓（歡）		カン	歓迎　歓声　交歓	
監		カン	監視　監督　総監	
緩		カン	緩和　緩慢　緩急	
		ゆるい	緩い	
		ゆるやか	緩やかだ	
		ゆるむ	緩む　緩み	
		ゆるめる	緩める	
憾		カン	遺憾	
還		カン	還元　生還　返還	
館	3	カン	館内　旅館　図書館	
		やかた◎	館	
環		カン	環状　環境　循環	
簡	6	カン	簡単　簡易　書簡	
観（觀）	4	カン	観察　客観　壮観	
韓◎		カン	韓国	
艦		カン	艦船　艦隊　軍艦	
鑑		カン	鑑賞　鑑定　年鑑	
		かんがみる◎	鑑みる	

ガン

漢字	学年	音訓	例	備考
丸	2	ガン	丸薬　弾丸　砲丸	
		まる	丸　丸太　丸洗い	
		まるい	丸い　丸み　丸さ	⇕円い★
		まるめる	丸める	
含		ガン	含有　含蓄　包含	
		ふくむ	含む　含み	
		ふくめる	含める	
岸	3	ガン	岸壁　対岸　彼岸	河岸（かし）
		きし	岸　向こう岸	
岩	2	ガン	岩石　岩塩　火成岩	
		いわ	岩　岩場	
玩◎		ガン	玩具　愛玩	
眼	5	ガン	眼球　眼力　主眼	眼鏡（めがね）
		ゲン	開眼	
		まなこ	眼　どんぐり眼　血眼	
頑❖		ガン	頑強　頑健　頑固	
顔	2	ガン	顔面　童顔　厚顔	笑顔（えがお）
		かお	顔　横顔　したり顔	
願	4	ガン	願望　祈願　志願	
		ねがう	願う　願い　願わしい	

キ

漢字	学年	音訓	例	備考
企		キ	企画　企図　企業	
		くわだてる	企てる　企て	
伎◎		キ	歌舞伎	
危	6	キ	危険　危害　安危	

漢字	学年	音訓	例	備考
		あぶない	危ない　危ながる	
		あやうい	危うい　危うく	
		あやぶむ❖	危ぶむ	
机	6	キ	机上　机辺	
		つくえ	机	
気(氣)	1	キ	気体　気候　元気	意気地(いくじ)　浮気(うわき)
		ケ	気配　気色ばむ　火の気	
岐	→4	キ	岐路　分岐　多岐	岐阜(ぎふ)県
希	4	キ	希望　希少　希薄	
忌		キ	忌避　忌中　禁忌	
		いむ	忌む	
		いまわしい	忌まわしい	
汽	2	キ	汽車　汽船　汽笛	
奇		キ	奇襲　奇数　珍奇	数奇屋(すきや)
祈(祈)		キ	祈願　祈念	
		いのる	祈る　祈り	
季	4	キ	季節　四季　雨季	
紀	4→5	キ	紀行　紀元　風紀	
軌		キ	軌道　広軌　常軌	
既(旣)		キ	既成　既婚　既往症	
		すでに	既に	
記	2	キ	記入　記号　伝記	
		しるす	記す	
起	3	キ	起立　起源　奮起	
		おきる	起きる　早起き	
		おこる	起こる	⇕興る★
		おこす	起こす	⇕興す★
飢		キ	飢餓	
		うえる	飢える　飢え	
鬼		キ	鬼神　鬼才　餓鬼	
		おに	鬼　鬼ごっこ　赤鬼	
帰(歸)	2	キ	帰還　帰納　復帰	
		かえる	帰る　帰り	⇕返る★
		かえす	帰す	⇕返す★
基	5	キ	基礎　基準　基地	
		もと	基　基づく	⇕下、元、本★
		もとい	基	
寄	5	キ	寄宿　寄贈　寄港	数寄屋(すきや)
		よる	寄る　近寄る　身寄り	最寄り(もより)
		よせる	寄せる　人寄せ	寄席(よせ)
規	5	キ	規則　規律　定規	
亀(龜)◎		キ	亀裂	
		かめ	亀	
喜	4→5	キ	喜劇　悲喜　歓喜	
		よろこぶ	喜ぶ　喜び　喜ばしい	
幾		キ	幾何学	
		いく	幾つ　幾ら　幾日	
揮	6	キ	揮発油　指揮　発揮	
期	3	キ	期間　期待　予期	
		ゴ	最期　この期に及んで	

漢字	学年	音訓	例	備考
棋		キ	棋士　棋譜　将棋	
貴	6	キ	貴重　貴下　騰貴	
		たっとい	貴い	⇔尊い★
		とうとい	貴い	⇔尊い★
		たっとぶ	貴ぶ	⇔尊ぶ★
		とうとぶ	貴ぶ	⇔尊ぶ★
棄		キ	棄権　放棄　遺棄	
毀◎		キ	毀損　毀誉	
旗	4	キ	旗手　旗艦　国旗	
		はた	旗　旗色　手旗	
器（器）	4	キ	器量　器用　陶器	
		うつわ	器	
畿◎		キ	畿内　近畿	
輝		キ	輝石　光輝	
		かがやく	輝く　輝き　輝かしい	
機	4	キ	機械　機会　危機	
		はた	機　機織り	
騎		キ	騎士　騎馬　一騎当千	
技	5	ギ	技術　技師　特技	
		わざ	技	⇔業★
宜		ギ	適宜　便宜	
偽（僞）		ギ	偽名　真偽　虚偽	
		いつわる	偽る　偽り	
		にせ	偽　偽物　偽札	
欺		ギ	詐欺	
		あざむく	欺く	
義	5	ギ	義理　意義　正義	
疑	6	ギ	疑念　疑問　容疑	
		うたがう	疑う　疑い　疑わしい	
儀		ギ	儀式　威儀　地球儀	
戯（戲）		ギ	戯曲　遊戯　児戯	
		たわむれる	戯れる　戯れ	
擬		ギ	擬音　擬人法　模擬	
犠（犧）		ギ	犠牲　犠打	
議	4	ギ	議論　会議　異議	
菊		キク	菊　菊花　白菊	
吉		キチ	吉日　吉例　大吉	「吉日」は，「キツジツ」とも。
		キツ	吉報　不吉	
喫		キツ	喫煙　満喫　喫する	
詰		キツ	詰問　難詰　面詰	
		つめる	詰める　詰め物	
		つまる	詰まる　行き詰まる	
		つむ	詰む　詰み	
却		キャク	却下　退却　売却	
客	3	キャク	客間　客車　乗客	
		カク	客死　主客　旅客	
脚		キャク	脚部　脚本　三脚	
		キャ	脚立　行脚	
		あし	脚　机の脚	⇔足★
逆	5	ギャク	逆上　逆転　順逆	

漢字	学年	音訓	例	備考
		さか	逆立つ　逆さ　逆さま	
		さからう	逆らう	
虐《ギャク》		ギャク	虐待　虐殺　残虐	
		しいたげる	虐げる	
九《キュウ》	1	キュウ	九百　三拝九拝	
		ク	九分九厘　九月	
		ここの	九日　九重	
		ここのつ	九つ	
久	5	キュウ	永久　持久　耐久	
		ク	久遠	
		ひさしい	久しい　久々	
及		キュウ	及第　追及　普及	
		およぶ	及ぶ　及び腰	
		および	及び〔接〕	
		およぼす	及ぼす	
弓	2	キュウ	弓道　弓状　洋弓	
		ゆみ	弓　弓矢	
丘		キュウ	丘陵　砂丘	
		おか	丘	
旧（舊）	5	キュウ	旧道　新旧　復旧	
休	1	キュウ	休止　休憩　定休	
		やすむ	休む　休み	
		やすまる	休まる	
		やすめる	休める　気休め	
吸	6	キュウ	吸収　吸入　呼吸	
		すう	吸う	
朽		キュウ	不朽　老朽　腐朽	
		くちる	朽ちる	
臼◎		キュウ	臼歯　脱臼	
		うす	石臼	
求	4	キュウ	求職　要求　追求	
		もとめる	求める　求め	
究	3	キュウ	究明　研究　学究	
		きわめる	究める	⇔窮める、極める★
泣	4	キュウ	号泣　感泣	
		なく	泣く　泣き沈む	
急	3	キュウ	急速　急務　緊急	
		いそぐ	急ぐ　急ぎ	
級	3	キュウ	等級　上級　階級	
糾		キュウ	糾弾　紛糾	
宮	3	キュウ	宮殿　宮廷　離宮	
		グウ	宮司　神宮　東宮	
		ク		「宮内庁」などと使う。
		みや	宮　宮様	
救	4→5	キュウ	救助　救援　救急	
		すくう	救う　救い	
球	3	キュウ	球形　球技　地球	
		たま	球	⇔玉、弾★
給	4	キュウ	給水　配給　月給	
嗅◎		キュウ	嗅覚	＊〔（付）第2の3参照〕

漢字	学年	音訓	例	備考
		かぐ	嗅ぐ	
窮《キュウ》		キュウ	窮極　窮屈　困窮	
		きわめる	窮める	⇕究める、極める★
		きわまる	窮まる	⇕極まる★
牛《ギュウ》	2	ギュウ	牛馬　牛乳　闘牛	
		うし	牛	
去《キョ》	3	キョ	去年　去就　除去	
		コ	過去	
		さる	去る　去る○日	
巨		キョ	巨大　巨匠　巨万	
居	5	キョ	居住　居室　住居	居士(こじ)
		いる	居る　芝居	
拒		キョ	拒絶　拒否	
		こばむ	拒む	
拠(據)		キョ	拠点　占拠　根拠	
		コ	証拠	
挙(擧)	4	キョ	挙手　挙国　壮挙	
		あげる	挙げる　挙げて〔副〕	⇕上げる、揚げる★
		あがる	挙がる	⇕上がる、揚がる★
虚(虛)		キョ	虚無　虚偽　空虚	
		コ	虚空　虚無僧	
許	5	キョ	許可　許諾　特許	
		ゆるす	許す　許し	
距		キョ	距離	
魚《ギョ》	2	ギョ	魚類　金魚　鮮魚	雑魚(ざこ)
		うお	魚　魚市場	
		さかな	魚　魚屋　煮魚	
御		ギョ	御者　制御	
		ゴ	御飯　御用　御殿	
		おん	御中　御礼	
漁	4	ギョ	漁業　漁船　漁村	
		リョウ	漁師　大漁　不漁	「猟」の字音の転用。
凶《キョウ》		キョウ	凶悪　凶作　吉凶	
共	4	キョウ	共同　共通　公共	
		とも	共に　共々　共食い	
叫		キョウ	叫喚　絶叫	
		さけぶ	叫ぶ　叫び	
狂		キョウ	狂気　狂言　熱狂	
		くるう	狂う	
		くるおしい	狂おしい	
京	2	キョウ	京風　上京　帰京	
		ケイ		「京浜」「京阪」などと使う。
享		キョウ	享有　享受　享楽	
供	6	キョウ	供給　提供　自供	
		ク	供物　供養	
		そなえる	供える　お供え	⇕備える★
		とも	供　子供	
協	4	キョウ	協力　協会　妥協	
況		キョウ	状況　実況　概況	
峡(峽)		キョウ	峡谷　地峡　海峡	

漢字		音訓	例	備考
挟《キョウ》(挾)❖		キョウ	挟撃	
		はさむ	挟む	
		はさまる	挟まる	
狭(狹)		キョウ	狭量　広狭　偏狭	
		せまい	狭い　狭苦しい	
		せばめる	狭める	
		せばまる	狭まる	
恐		キョウ	恐怖　恐縮　恐慌	
		おそれる	恐れる　恐れ　恐らく	⇕畏れる★
		おそろしい	恐ろしい	
恭		キョウ	恭賀　恭順	
		うやうやしい	恭しい	
胸	6	キョウ	胸囲　胸中　度胸	
		むね	胸	
		むな	胸板　胸毛　胸騒ぎ	
脅		キョウ	脅迫　脅威	
		おびやかす	脅かす	
		おどす	脅す　脅し　脅し文句	
		おどかす	脅かす	
強	2	キョウ	強弱　強要　勉強	
		ゴウ	強引　強情　強盗	
		つよい	強い　強がる	
		つよまる	強まる	
		つよめる	強める	
		しいる	強いる　無理強い	
教	2	キョウ	教育　教訓　宗教	
		おしえる	教える　教え	
		おそわる	教わる	
郷(鄕)	6	キョウ	郷里　郷土　異郷	
		ゴウ	郷士　近郷　在郷	
境	5	キョウ	境界　境地　逆境	
		ケイ	境内	
		さかい	境　境目	
橋	3	キョウ	橋脚　鉄橋　歩道橋	
		はし	橋　丸木橋	
矯❖		キョウ	矯正　奇矯	
		ためる	矯める　矯め直す	
鏡	4	キョウ	鏡台　望遠鏡　反射鏡	眼鏡(めがね)
		かがみ	鏡	
競	4	キョウ	競争　競技　競泳	
		ケイ	競馬　競輪	
		きそう	競う	
		せる	競る　競り合う	
響(響)		キョウ	音響　影響　交響楽	
		ひびく	響く　響き	
驚		キョウ	驚異　驚嘆	
		おどろく	驚く　驚き	
		おどろかす	驚かす	
仰《ギョウ》		ギョウ	仰視　仰天　仰角	
		コウ	信仰	

漢字		音訓	例	備考
		あおぐ	仰ぐ	
		おおせ	仰せ	
暁《ギョウ》（曉）		ギョウ	暁天　今暁　通暁	
		あかつき	暁	
業	3	ギョウ	業績　職業　卒業	
		ゴウ	業病　罪業　自業自得	
		わざ	業　仕業　早業	⇕技★
凝		ギョウ	凝固　凝結　凝視	
		こる	凝る　凝り性	
		こらす	凝らす	
曲《キョク》	3	キョク	曲線　曲面　名曲	
		まがる	曲がる	
		まげる	曲げる	
局	3	キョク	局部　時局　結局	
極	4	キョク	極限　終極　積極的	
		ゴク	極上　極秘　至極	
		きわめる	極める　極め付き	⇕究める、窮める★
			極めて〔副〕	
		きわまる	極まる　極まり	⇕窮まる★
		きわみ	極み	
玉《ギョク》	1	ギョク	玉座　玉石　宝玉	
		たま	玉　目玉	⇕球、弾★
巾《キン》◎		キン	頭巾　雑巾	
斤		キン	斤量	
均	5	キン	均等　均一　平均	

漢字		音訓	例	備考
近	2	キン	近所　近代　接近	
		ちかい	近い　近づく　近道	
金	1	キン	金属　金銭　純金	
		コン	金色　金剛力　黄金	
		かね	金　金持ち　針金	
		かな	金物　金具　金縛り	
菌		キン	細菌　殺菌　保菌者	
勤（勤）	6	キン	勤務　勤勉　出勤	
		ゴン	勤行	
		つとめる	勤める　勤め	⇕努める、務める★
		つとまる	勤まる	⇕務まる★
琴		キン	琴線　木琴　手風琴	
		こと	琴	
筋	6	キン	筋肉　筋骨　鉄筋	
		すじ	筋　筋書　大筋	
僅◎		キン	僅差	＊〔（付）第2の3参照〕
		わずか	僅かだ	
禁	5	キン	禁止　禁煙　厳禁	
緊		キン	緊張　緊密　緊急	
錦◎		キン	錦秋	
		にしき	錦絵	
謹（謹）		キン	謹慎　謹賀　謹呈	
		つつしむ	謹む　謹んで〔副〕	⇕慎む★
襟❖		キン	襟度　開襟　胸襟	
		えり	襟　襟首	

吟《ギン》		ギン	吟味　詩吟　苦吟	
銀	3	ギン	銀貨　銀行　水銀	
区《ク》（區）	3	ク	区別　区々　地区	
句	5	ク	句集　字句　節句	
苦	3	ク	苦心　苦労　辛苦	
		くるしい	苦しい　苦しがる　見苦しい	
		くるしむ	苦しむ　苦しみ	
		くるしめる	苦しめる	
		にがい	苦い　苦虫　苦々しい	
		にがる	苦り切る	
駆（驅）		ク	駆使　駆逐　先駆	
		かける	駆ける　抜け駆け	
		かる	駆る　駆り立てる	
具《グ》	3	グ	具体的　具備　道具	
惧⊙		グ	危惧	*［（付）第2の3参照］
愚		グ	愚問　愚鈍　暗愚	
		おろか	愚かだ　愚かしい	
空《クウ》	1	クウ	空想　空港　上空	
		そら	空　空色　青空	
		あく	空く　空き巣	⇔開く、明く★
		あける	空ける	⇔開ける、明ける★
		から	空　空手　空手形	
偶《グウ》		グウ	偶然　偶数　配偶者	
遇		グウ	境遇　待遇　遇する	
隅❖		グウ	一隅	
		すみ	隅　片隅	
串《くし》⊙		くし	串刺し　串焼き	
屈《クツ》		クツ	屈辱　屈伸　不屈　理屈	
掘		クツ	掘削　発掘　採掘	
		ほる	掘る	
窟⊙		クツ	巣窟　洞窟	
熊《くま》⊙	→4	くま	熊	
繰《くる》		くる	繰る　繰り返す	
君《クン》	3	クン	君主　君臨　諸君	
		きみ	君　母君	
訓	4	クン	訓練　教訓　音訓	
勲（勳）		クン	勲功　勲章　殊勲	
薫（薰）		クン	薫風　薫陶	
		かおる	薫る　薫り	⇔香る★
軍《グン》	4	グン	軍隊　軍備　空軍	
郡	4	グン	郡部　〇〇郡	
群	5→4	グン	群居　大群　抜群	
		むれる	群れる	
		むれ	群れ	
		むら	群すずめ　群千鳥　群がる	
兄《ケイ》	2	ケイ	兄事　父兄　義兄	兄（にい）さん
		キョウ	兄弟	「兄弟」は、「ケイテイ」と読むこともある。
		あに	兄	
刑		ケイ	刑罰　刑法　処刑	
形	2	ケイ	形態　形成　図形	

		ギョウ	形相 人形	
		かた	形 形見 手形	⇕型★
		かたち	形	
系	6	ケイ	系統 系列 体系	
径(徑)	4	ケイ	直径 直情径行	
茎(莖)		ケイ	球茎 地下茎	
		くき	茎 歯茎	
係	3	ケイ	係累 係争 関係	
		かかる	係る	⇕掛かる★
		かかり	係 係員 庶務係	⇕掛
型	4→5	ケイ	原型 模型 典型	
		かた	型 型紙 血液型	⇕形★
契		ケイ	契約 契機 黙契	
		ちぎる	契る 契り	
計	2	ケイ	計算 計画 寒暖計	時計(とけい)
		はかる	計る	⇕測る、量る、図る、謀る★
		はからう	計らう 計らい	
恵(惠)		ケイ	恵贈 恵与 恩恵	
		エ	恵方参り 知恵	
		めぐむ	恵む 恵み	
啓		ケイ	啓発 啓示 拝啓	
掲(揭)		ケイ	掲示 掲載 前掲	
		かかげる	掲げる	
渓(溪)❖		ケイ	渓谷 渓流 雪渓	
経(經)	5	ケイ	経費 経済 経験	
		キョウ	経文 お経 写経	読経(どきょう)
		へる	経る	
蛍(螢)❖		ケイ	蛍光灯 蛍光塗料	
		ほたる	蛍	
敬	6	ケイ	敬意 敬服 尊敬	
		うやまう	敬う	
景	4	ケイ	景気 風景 光景	景色(けしき)
軽(輕)	3	ケイ	軽快 軽薄 軽率	
		かるい	軽い 軽々と 手軽だ	
		かろやか	軽やかだ	
傾		ケイ	傾斜 傾倒 傾向	
		かたむく	傾く 傾き	
		かたむける	傾ける	
携		ケイ	携帯 必携 提携	
		たずさえる	携える	
		たずさわる	携わる	
継(繼)		ケイ	継続 継承 中継	
		つぐ	継ぐ 継ぎ	⇕接ぐ、次ぐ★
詣◎		ケイ	参詣	
		もうでる	詣でる 初詣	
慶		ケイ	慶弔 慶祝 慶賀	
憬◎		ケイ	憧憬	
稽◎		ケイ	稽古 滑稽	*［(付)第2の3参照］
憩		ケイ	休憩	
		いこい	憩い	

漢字	学年	音訓	例	備考
		いこう❖	憩う	
警《ケイ》	6	ケイ	警告　警戒　警察	
鶏（鷄）		ケイ	鶏卵　鶏舎　養鶏	
		にわとり	鶏	
芸《ゲイ》（藝）	4	ゲイ	芸術　芸能　文芸	
迎		ゲイ	迎合　歓迎　送迎	
		むかえる	迎える　出迎え	
鯨		ゲイ	鯨油　捕鯨	
		くじら	鯨	
隙《ゲキ》◎		ゲキ	間隙	「隙間」は、「透き間」とも書く。
		すき	隙間	
劇	6	ゲキ	劇薬　劇場　演劇	
撃（擊）		ゲキ	撃退　攻撃　打撃	
		うつ	撃つ　早撃ち	⇕打つ、討つ★
激	6	ゲキ	激動　感激　激する	
		はげしい	激しい　激しさ	
桁《けた》◎		けた	桁違い　橋桁	
欠《ケツ》（缺）	4	ケツ	欠乏　欠席　補欠	
		かける	欠ける	
		かく	欠く	
穴	6	ケツ	穴居　墓穴	
		あな	穴	
血	3	ケツ	血液　血統　鮮血	
		ち	血　鼻血	
決	3	ケツ	決裂　決意　解決	
		きめる	決める　取り決め	
		きまる	決まる　決まり	
結	4	ケツ	結論　結婚　連結	
		むすぶ	結ぶ　結び	
		ゆう	結う　元結	
		ゆわえる	結わえる	
傑		ケツ	傑物　傑作　豪傑	
潔	5	ケツ	潔白　清潔　純潔	
		いさぎよい	潔い	
月《ゲツ》	1	ゲツ	月曜　明月　歳月	五月（さつき）　五月雨（さみだれ）
		ガツ	正月　九月	
		つき	月　月見　三日月	
犬《ケン》	1	ケン	犬歯　愛犬　野犬	
		いぬ	犬	
件	5	ケン	件数　事件　条件	
見	1	ケン	見学　見地　意見	
		みる	見る　下見	⇕診る★
		みえる	見える	
		みせる	見せる　顔見せ	
券	5→6	ケン	乗車券　旅券　債券	
肩		ケン	肩章　双肩　比肩	
		かた	肩	
建	4	ケン	建築　建議　封建的	
		コン	建立	
		たてる	建てる　建物　二階建て	⇕立てる★

漢字	音訓	例	備考
	たつ	建つ 二戸建ち	⇔立つ★
ケン			
研(研) 3	ケン	研究 研修	
	とぐ	研ぐ	
県(縣) 3	ケン	県庁 県立 ○○県	
倹(儉)	ケン	倹約 節倹 勤倹	
兼	ケン	兼用 兼任 兼職	
	かねる	兼ねる	
剣(劍)	ケン	剣道 剣舞 刀剣	
	つるぎ	剣	
拳◎	ケン	拳銃 拳法	
	こぶし	握り拳	
軒	ケン	軒数 一軒	
	のき	軒 軒先	
健 4	ケン	健康 健闘 強健	
	すこやか	健やかだ	
険(險) 5	ケン	険悪 危険 保険	
	けわしい	険しい 険しさ	
圏(圈)	ケン	圏内 圏外 成層圏	
堅	ケン	堅固 堅実 中堅	
	かたい	堅い	⇔硬い、固い★
検(檢) 5	ケン	検査 検討 点検	
嫌❖	ケン	嫌悪 嫌疑	
	ゲン	機嫌	
	きらう	嫌う 嫌い	
	いや	嫌だ 嫌がる 嫌気がさす	
献(獻)	ケン	献上 献身的 文献	
	コン	献立 一献	
絹 6	ケン	絹布 人絹	
	きぬ	絹 薄絹	
遣	ケン	遣外 派遣 分遣	
	つかう	遣う 金遣い	⇔使う★
	つかわす	遣わす	
権(權) 6	ケン	権利 権威 人権	
	ゴン	権化 権現	
憲 6	ケン	憲法 憲章 官憲	
賢	ケン	賢人 賢明 先賢	
	かしこい	賢い	
謙	ケン	謙虚 謙譲	
鍵◎	ケン	鍵盤	
	かぎ	鍵 鍵穴	
繭	ケン	繭糸	
	まゆ	繭 繭玉	
顕(顯)	ケン	顕著 顕彰 顕微鏡	
験(驗) 4	ケン	試験 経験 実験	
	ゲン	験がある 霊験	
懸	ケン	懸垂 懸賞 懸命	
	ケ	懸念 懸想	
	かける	懸ける 命懸け	⇔掛ける、架ける、賭ける★
	かかる	懸かる	⇔掛かる、架かる★
ゲン			
元 2	ゲン	元素 元気 多元	

漢字		音訓	例	備考
		ガン	元祖 元日 元来	
		もと	元 元帳 家元	⇕下、本、基★
ゲン 幻		ゲン	幻滅 幻覚 夢幻	
		まぼろし	幻	
玄		ゲン	玄米 玄関 幽玄	玄人（くろうと）
言	2	ゲン	言行 言論 宣言	
		ゴン	言上 伝言 無言	
		いう	言う 物言い	
		こと	言葉 寝言	
弦		ゲン	上弦 正弦	
		つる	弦	
限	5	ゲン	限度 制限 期限	
		かぎる	限る 限り	
原	2	ゲン	原因 原理 高原	
		はら	原 野原 松原	海原（うなばら） 河原・川原（かわら）
現	5	ゲン	現象 現在 表現	
		あらわれる	現れる 現れ	⇕表れる★
		あらわす	現す	⇕表す、著す★
舷◎		ゲン	舷側 右舷	
減	5	ゲン	減少 増減 加減	
		へる	減る 目減り	
		へらす	減らす 人減らし	
源	6	ゲン	源泉 水源 資源	
		みなもと	源	
厳（嚴）	6	ゲン	厳格 厳重 威厳	
		ゴン	荘厳	
		おごそか	厳かだ	
		きびしい	厳しい 厳しさ	
コ 己	6	コ	自己 利己	
		キ	知己 克己	
		おのれ	己	
戸	2	コ	戸外 戸籍 下戸	
		と	戸 雨戸	
古	2	コ	古代 古典 太古	
		ふるい	古い 古株 古びる	
		ふるす	使い古す	
呼	6	コ	呼吸 呼応 点呼	
		よぶ	呼ぶ 呼び声	
固	4	コ	固定 固有 堅固	
		かためる	固める 固め	
		かたまる	固まる 固まり	
		かたい	固い 固さ	固唾（かたず） ⇕堅い、硬い★
股◎		コ	股間 股関節	
		また	内股 大股	
虎◎		コ	虎穴 猛虎	
		とら	虎	
孤		コ	孤児 孤独 孤立	
弧		コ	弧状 括弧 円弧	

漢字	音訓	例	備考
故 5	コ	故郷　故意　事故	
	ゆえ	故　故に	
枯	コ	枯死　枯淡　栄枯	
	かれる	枯れる　枯れ木	
	からす	枯らす　木枯らし	
個 5	コ	個人　個性　一個	
庫 3	コ	倉庫　文庫　車庫	
	ク	庫裏	
湖 3	コ	湖水　湖沼　湖畔	
	みずうみ	湖	
雇	コ	雇用　雇員　解雇	
	やとう	雇う　日雇い	
誇	コ	誇示　誇大　誇張	
	ほこる	誇る　誇り　誇らしい	
鼓	コ	鼓動　鼓舞　太鼓	
	つづみ	鼓　小鼓	
錮◎	コ	禁錮	
顧	コ	顧慮　顧問　回顧	
	かえりみる	顧みる	⇔省みる★
五 1	ゴ	五穀　五色　五目飯	五月(さつき) 五月雨(さみだれ)
	いつ	五日	
	いつつ	五つ	
互	ゴ	互角　互選　相互	
	たがい	互い　互いに　互い違い	
午 2	ゴ	午前　正午　子午線	
呉	ゴ	呉服　呉越同舟	
後 2	ゴ	後刻　前後　午後	
	コウ	後続　後悔　後輩	
	のち	後　後添い　後の世	
	うしろ	後ろ　後ろめたい	
	あと	後　後味　後回し	⇔跡、痕★
	おくれる	後れる　後れ毛　気後れ	⇔遅れる★
娯	ゴ	娯楽	
悟	ゴ	悟性　覚悟　悔悟	
	さとる	悟る　悟り	
碁	ゴ	碁石　碁盤　囲碁	
語 2	ゴ	語学　新語　国語	
	かたる	語る　物語	
	かたらう	語らう　語らい	
誤 6	ゴ	誤解　正誤　錯誤	
	あやまる	誤る　誤り	★
護 5	ゴ	護衛　救護　保護	
口 1	コウ	口述　人口　開口	
	ク	口調　口伝　異口同音	
	くち	口　口絵　出口	
工 2	コウ	工場　加工　人工	
	ク	工面　細工　大工	
公 2	コウ	公平　公私　公園	
	おおやけ	公	
勾◎	コウ	勾配　勾留	

漢字	学年	音訓	例	備考
孔《コウ》		コウ	鼻孔　気孔	
功	4	コウ	功名　功績　成功	
		ク	功徳	
巧		コウ	巧拙　巧妙　技巧	
		たくみ	巧みな術	
広（廣）	2	コウ	広大　広言　広義	
		ひろい	広い　広場　広々と	
		ひろまる	広まる	
		ひろめる	広める	
		ひろがる	広がる　広がり	
		ひろげる	広げる	
甲		コウ	甲乙　装甲車	
		カン	甲板　甲高い	「甲板」は、「コウハン」とも。
交	2	コウ	交通　交番　社交	
		まじわる	交わる　交わり	
		まじえる	交える	
		まじる	交じる	⇔混じる★
		まざる	交ざる	⇔混ざる★
		まぜる	交ぜる　交ぜ織り	⇔混ぜる★
		かう	飛び交う	
		かわす	交わす	
光	2	コウ	光線　栄光　観光	
		ひかる	光る　光り輝く	
		ひかり	光　稲光	
向	3	コウ	向上　傾向　趣向	
		むく	向く　向き	
		むける	向ける　顔向け	
		むかう	向かう　向かい	
		むこう	向こう　向こう側	
后	6	コウ	皇后　皇太后	
好	4	コウ	好意　好敵手　良好	
		このむ	好む　好み　好ましい	
		すく	好く　好き嫌い　好きな絵	
江		コウ	江湖	
		え	入り江	
考	2	コウ	考慮　思考　参考	
		かんがえる	考える　考え	
行	2	コウ	行進　行為　旅行	
		ギョウ	行列　行政　修行	
		アン	行脚　行火	
		いく	行く	⇔逝く★
		ゆく	行く　行く末	行方（ゆくえ）　⇔逝く★
		おこなう	行う　行い	
坑		コウ	坑道　炭坑　廃坑	
孝	6	コウ	孝行　孝心　不孝	
抗		コウ	抗争　抗議　対抗	
攻		コウ	攻守　攻撃　専攻	
		せめる	攻める	★
更		コウ	更新　更迭　変更	
		さら	更に　今更	

漢字	学年	音訓	例	備考
		ふける	更ける　夜更け	★
		ふかす	更かす　夜更かし	
効《コウ》(效)	5	コウ	効果　効力　時効	
		きく	効く　効き目	⇔利く★
幸	3	コウ	幸福　不幸　行幸	
		さいわい	幸い　幸いな事	
		さち	幸	
		しあわせ	幸せ　幸せな人	
拘		コウ	拘束　拘留　拘置	
肯		コウ	肯定　首肯	
侯		コウ	諸侯　王侯	
厚	5	コウ	厚情　厚生　濃厚	
		あつい	厚い　厚み	
恒(恆)		コウ	恒常　恒例　恒久	
洪❖		コウ	洪水　洪積層	
皇	6	コウ	皇帝　皇室　皇后	
		オウ	法皇	「天皇」は、「テンノウ」。
紅	6	コウ	紅白　紅茶　紅葉	紅葉(もみじ)
		ク	真紅　深紅	
		べに	紅　口紅	
		くれない	紅	
荒		コウ	荒天　荒廃　荒涼	
		あらい	荒い　荒波　荒々しい	⇔粗い★
		あれる	荒れる　荒れ地　大荒れ	
		あらす	荒らす　倉庫荒らし	

漢字	学年	音訓	例	備考
郊		コウ	郊外　近郊	
香	→4	コウ	香水　香気　線香	
		キョウ	香車	
		か	香　色香　移り香	
		かおり	香り	⇔薫り★
		かおる❖	香る	⇔薫る★
候	4	コウ	候補　気候　測候所	
		そうろう	候文　居候	
校	1	コウ	校閲　将校　学校	
耕	5	コウ	耕作　耕地　農耕	
		たがやす	耕す	
航	4→5	コウ	航海　航空　就航	
貢		コウ	貢献	
		ク	年貢	
		みつぐ	貢ぐ　貢ぎ物	
降	6	コウ	降雨　降参　下降	
		おりる	降りる　乗り降り	⇔下りる★
		おろす	降ろす	⇔下ろす、卸す★
		ふる	降る　大降り	
高	2	コウ	高低　高級　最高	
		たかい	高い　高台　高ぶる	
		たか	高　売上高	
		たかまる	高まる　高まり	
		たかめる	高める	
康	4	コウ	健康　小康	

控《コウ》		コウ	控除　控訴	
		ひかえる	控える　控え	
梗◎		コウ	心筋梗塞　脳梗塞	
黄（黃）	2	コウ	黄葉	硫黄（いおう）
		オウ	黄金　卵黄	
		き	黄　黄色い　黄ばむ	
		こ	黄金	
喉◎		コウ	喉頭　咽喉	
		のど	喉　喉元	
慌		コウ	恐慌	
		あわてる	慌てる　大慌て	
		あわただしい	慌ただしい　慌ただしさ　慌ただしげだ	
港	3	コウ	港湾　漁港　出港	
		みなと	港	
硬		コウ	硬度　硬貨　生硬	
		かたい	硬い　硬さ	⇔堅い、固い★
絞		コウ	絞殺　絞首刑	
		しぼる	絞る　絞り上げる　絞り	⇔搾る★
		しめる	絞める	⇔締める★
		しまる	絞まる	⇔締まる★
項		コウ	項目　事項　条項	
溝❖		コウ	下水溝　排水溝	
		みぞ	溝	
鉱（鑛）	5	コウ	鉱物　鉱山　鉄鉱	

構	5	コウ	構造　構内　結構	
		かまえる	構える　構え	
		かまう	構う　構わない	
綱		コウ	綱紀　綱領　大綱	
		つな	綱　横綱	
酵		コウ	酵母	
稿		コウ	草稿　原稿　投稿	
興	5	コウ	興行　復興　振興	
		キョウ	興味　興趣　余興	
		おこる	興る	⇔起こる★
		おこす	興す	⇔起こす★
衡		コウ	均衡　平衡　度量衡	
鋼	6	コウ	鋼鉄　鋼材　製鋼	
		はがね	鋼	
講	5	コウ	講義　講演　聴講	
購		コウ	購入　購買　購読	
乞《こう》◎		こう	乞う　命乞い	⇔請う★
号《ゴウ》（號）	3	ゴウ	号令　号外　番号	
合	2	ゴウ	合同　合計　結合	
		ガッ	合併　合宿　合点	「合点」は、「ガテン」とも。
		カッ	合戦	
		あう	合う　落ち合う　試合	⇔会う、遭う★
		あわす	合わす	
		あわせる	合わせる　問い合わせる	⇔併せる★
拷		ゴウ	拷問	

漢字		音訓	例	備考
剛《ゴウ》		ゴウ	剛健　金剛力	
傲◎		ゴウ	傲然　傲慢	
豪		ゴウ	豪遊　豪雨　文豪	
克《コク》		コク	克服　克明　克己	
告	4→5	コク	告示　告白　報告	
		つげる	告げる	
谷	2	コク	幽谷	
		たに	谷　谷川	
刻	6	コク	彫刻　時刻　深刻	
		きざむ	刻む　刻み	
国（國）	2	コク	国際　国家　外国	
		くに	国　島国	
黒（黑）	2	コク	黒板　漆黒　暗黒	
		くろ	黒　真っ黒　白黒	
		くろい	黒い　黒さ　腹黒い	
穀（穀）	6	コク	穀物　雑穀　脱穀	
酷		コク	酷似　冷酷　残酷	
獄《ゴク》		ゴク	獄舎　地獄　疑獄	
骨《コツ》	6	コツ	骨子　筋骨　老骨	
		ほね	骨　骨折り	
駒《こま》◎		こま	持ち駒	
込《こむ》		こむ	込む	⇔混む★
		こめる	込める　やり込める	
頃《ころ》◎		ころ	頃　日頃	
今《コン》	2	コン	今後　今日　今朝　今年　昨今	今日（きょう）
		キン	今上	今朝（けさ）
		いま	今　今し方	今年（ことし）
困	6	コン	困難　困窮　貧困	
		こまる	困る	
昆❖		コン	昆虫　昆布	「昆布」は、「コブ」とも。
恨		コン	遺恨　痛恨　悔恨	
		うらむ	恨む　恨み	
		うらめしい	恨めしい	
根	3	コン	根拠　根気　平方根	
		ね	根　根強い　屋根	
婚		コン	婚約　結婚　新婚	
混	5	コン	混合　混雑　混迷	
		まじる	混じる　混じり物	⇔交じる★
		まざる	混ざる	⇔交ざる★
		まぜる	混ぜる　混ぜ物	⇔交ぜる★
		こむ◎	混む　混み合う　人混み	⇔込む★ 「混み合う」「人混み」は、「込み合う」「人込み」とも書く。
痕◎		コン	痕跡　血痕	
		あと	痕　傷痕	⇔跡、後★
紺		コン	紺青　紺屋　濃紺	「紺屋」は、「コウや」とも。
魂		コン	魂胆　霊魂　商魂	
		たましい	魂　負けじ魂	
墾		コン	開墾	
懇		コン	懇切　懇親会	
		ねんごろ	懇ろだ	

左《サ》	1	サ	左右 左翼 左遷	
		ひだり	左 左利き	
佐◎	→4	サ	佐幕 補佐 大佐	
沙◎		サ	沙汰	
査	5	サ	査察 調査 巡査	
砂	6	サ	砂丘 砂糖	砂利(じゃり)
		シャ	土砂	
		すな	砂 砂場	
唆		サ	教唆 示唆	
		そそのかす	唆す	
差	4	サ	差異 差別 誤差	差し支える(さしつかえる)
		さす	差す	⇔刺す、指す、挿す★
詐		サ	詐欺 詐取 詐称	
鎖		サ	鎖国 連鎖 封鎖	
		くさり	鎖	
座《ザ》	6	ザ	座席 座談 星座	
		すわる	座る 座り込み	⇔据わる★
挫◎		ザ	挫折 頓挫	
才《サイ》	2	サイ	才能 才覚 秀才	
再	5	サイ	再度 再選 再出発	
		サ	再来年 再来月 再来週	
		ふたたび	再び	
災	5	サイ	災害 災難 火災	
		わざわい	災い	
妻	5	サイ	妻子 夫妻 良妻	
		つま	妻 人妻	
采◎		サイ	采配 喝采	
砕(碎)		サイ	砕石 砕氷 粉砕	
		くだく	砕く	
		くだける	砕ける	
宰		サイ	宰領 宰相 主宰	
栽		サイ	栽培 盆栽	
彩		サイ	彩色 色彩 淡彩	
		いろどる	彩る 彩り	
採	5	サイ	採集 採用 採光	
		とる	採る	⇔取る、執る、捕る★
済(濟)	6	サイ	返済 救済 経済	
		すむ	済む 使用済み	
		すます	済ます	
祭	3	サイ	祭礼 文化祭	
		まつる	祭る 祭り上げる	
		まつり	祭り 秋祭り	
斎(齋)		サイ	斎場 潔斎 書斎	
細	2	サイ	細心 詳細 零細	
		ほそい	細い 細腕 心細い	
		ほそる	細る	
		こまか	細かだ	
		こまかい	細かい	
菜	4	サイ	菜園 菜食 野菜	
		な	菜 青菜	

漢字	学年	音訓	例	備考
最《サイ》	4	サイ	最大　最近　最先端	最寄り(もより)
		もっとも	最も	
裁	6	サイ	裁縫　裁判　体裁	
		たつ	裁つ　裁ち物	⇕断つ、絶つ★
		さばく	裁く　裁き	
債		サイ	債務　負債　公債	
催		サイ	催眠　開催　主催	
		もよおす	催す　催し	
塞◎		サイ	要塞	
		ソク	脳梗塞　閉塞	
		ふさぐ	塞ぐ	
		ふさがる	塞がる	
歳		サイ	歳末　歳月　二十歳	二十歳(はたち)
		セイ	歳暮	
載		サイ	積載　掲載　記載	
		のせる	載せる	⇕乗せる★
		のる	載る	⇕乗る★
際	5	サイ	際限　交際　この際	
		きわ	際　際立つ　窓際	
埼《さい》◎	→4	さい		埼玉県
在《ザイ》	5	ザイ	在留　在宅　存在	
		ある	在る　在りし日	⇕有る★
材	4	ザイ	材木　材料　人材	
剤(劑)		ザイ	薬剤師　錠剤　消化剤	
財	5	ザイ	財産　私財　文化財	
		サイ	財布	
罪	5	ザイ	罪状　犯罪　謝罪	
		つみ	罪	
崎《さき》❖	→4	さき	○○崎	
作《サク》	2	サク	作為　著作　豊作	
		サ	作業　作用　動作	
		つくる	作る	⇕造る、創る★
削		サク	削除　削減　添削	
		けずる	削る	
昨	4	サク	昨日　昨年　一昨日	昨日(きのう)
柵◎		サク	鉄柵	
索		サク	索引　思索　鉄索	
策	6	サク	策略　政策　対策	
酢		サク	酢酸	
		す	酢　酢の物	
搾		サク	搾取　圧搾	
		しぼる	搾る	⇕絞る★
錯		サク	錯誤　錯覚　交錯	
咲《さく》		さく	咲く　遅咲き	
冊《サツ》	6	サツ	冊子　別冊	
		サク	短冊	
札	4	サツ	札入れ　表札　入札	
		ふだ	札　名札	
刷	4	サツ	刷新　印刷　増刷	
		する	刷る	★

漢字		音訓	例	備考
刹《サツ》◎		サツ	古刹　名刹	
		セツ	刹那	
拶◎		サツ	挨拶	
殺(殺)	4→5	サツ	殺人　殺到　黙殺	
		サイ	相殺	
		セツ	殺生	
		ころす	殺す　殺し　見殺し	
察	4	サツ	察知　観察　考察	
撮		サツ	撮影	
		とる	撮る	★
擦		サツ	擦過傷　摩擦	
		する	擦る　擦り傷	★
		すれる	擦れる　靴擦れ	
雑《ザツ》(雜)	5	ザツ	雑談　雑音　混雑	雑魚(ざこ)
		ゾウ	雑炊　雑木林　雑兵	
皿《さら》❖	3	さら	皿　灰皿	
三《サン》	1	サン	三角　三流　再三	三味線(しゃみせん)
		み	三日月　三日(みっか)	
		みつ	三つ指	
		みっつ	三つ	
山	1	サン	山脈　高山　登山	山車(だし)
		やま	山	築山(つきやま)
参(參)	4	サン	参加　参万円　降参	
		まいる	参る　寺参り	
桟(棧)❖		サン	桟橋	桟敷(さじき)
蚕(蠶)	6	サン	蚕糸　蚕食　養蚕	
		かいこ	蚕	
惨(慘)		サン	惨劇　悲惨　陰惨	
		ザン	惨死　惨殺	
		みじめ	惨めだ	
産	4	サン	産業　生産　出産	土産(みやげ)
		うむ	産む　産み月	⇕生む★
		うまれる	産まれる	⇕生まれる★
		うぶ	産湯　産着　産毛	
傘❖		サン	傘下　落下傘	
		かさ	傘　雨傘　日傘	
散	4	サン	散歩　散文　解散	
		ちる	散る　散り散りに	
		ちらす	散らす	
		ちらかす	散らかす	
		ちらかる	散らかる	
算	2	サン	算数　計算　予算	
酸	5	サン	酸味　酸素　辛酸	
		すい	酸い　酸っぱい	
賛(贊)	5	サン	賛成　賛同　称賛	
残《ザン》(殘)	4	ザン	残留　残念　敗残	名残(なごり)
		のこる	残る　残り	
		のこす	残す　食べ残し	
斬◎		ザン	斬殺　斬新	
		きる	斬る	⇕切る★

漢字	学年	音訓	例	備考
暫		ザン	暫時　暫定	
士	4→5	シ	士官　武士　紳士	海士(あま)　居士(こじ)　博士(はかせ)
子	1	シ	子孫　女子　帽子	迷子(まいご)　息子(むすこ)
		ス	金子　扇子　様子	
		こ	子　親子　年子	
支	5	シ	支持　支障　支店	差し支える(さしつかえる)
		ささえる	支える　支え	
止	2	シ	止宿　静止　中止	波止場(はとば)
		とまる	止まる　行き止まり	⇕留まる、泊まる★
		とめる	止める　歯止め	⇕留める、泊める★
氏	4	シ	氏名　姓氏　某氏	
		うじ	氏　氏神	
仕	3	シ	仕事　出仕	
		ジ	給仕	
		つかえる	仕える	
史	4→5	シ	史学　歴史　国史	
司	4	シ	司会　司令　上司	
四	1	シ	四角　四季　四十七士	
		よ	四人　四日(よっか)　四月目	
		よつ	四つ角	
		よっつ	四つ	
		よん	四回　四階	
市	2	シ	市民　市況　都市	
		いち	市　競り市	
矢	2	シ	一矢を報いる	
		や	矢　矢印　矢面	
旨		シ	要旨　趣旨　本旨	
		むね	旨	
死	3	シ	死亡　死角　必死	
		しぬ	死ぬ　死に絶える	
糸(絲)	1	シ	綿糸　蚕糸　製糸	
		いと	糸　糸目　毛糸	
至	6	シ	至当　夏至　冬至	
		いたる	至る　至って〔副〕	
伺		シ	伺候	
		うかがう	伺う　伺い	
志	5	シ	志望　有志　寸志	
		こころざす	志す	
		こころざし	志	
私	6	シ	私立　私腹　公私	
		わたくし	私　私する	
		わたし◎	私	
使	3	シ	使役　使者　駆使	
		つかう	使う　使い	⇕遣う★
刺		シ	刺激　名刺　風刺	
		さす	刺す　刺し殺す	⇕差す、指す、挿す★
		ささる	刺さる	
始	3	シ	始終　年始　開始	

漢字	学年	音訓	例	備考
		はじめる	始める 始め	⇕初め、初めて★
		はじまる	始まる 始まり	★
姉	2	シ	姉妹 諸姉	姉(ねえ)さん
		あね	姉 姉上	
枝	5	シ	枝葉	
		えだ	枝	
祉(祉)		シ	福祉	
肢❖		シ	肢体 下肢 選択肢	
姿	6	シ	姿勢 容姿 雄姿	
		すがた	姿	
思	2	シ	思想 意思 相思	
		おもう	思う 思い 思わしい	
指	3	シ	指示 指導 屈指	
		ゆび	指 指先	
		さす	指す 指図 名指し	⇕差す、刺す、挿す★
施		シ	施設 施政 実施	
		セ	施主 施療 布施	
		ほどこす	施す 施し	
師	5	シ	師匠 教師 医師	師走(しわす)
恣⊙		シ	恣意的	*［(付)第2の3参照］
紙	2	シ	紙面 用紙 新聞紙	
		かみ	紙 紙くず 厚紙	
脂		シ	脂肪 油脂 樹脂	
		あぶら	脂 脂ぎる	⇕油★
視(視)	6	シ	視覚 視力 注視	

漢字	学年	音訓	例	備考
紫		シ	紫紺 紫煙 紫外線	
		むらさき	紫 紫色	
詞	6	シ	歌詞 作詞 品詞	祝詞(のりと)
歯(齒)	3	シ	歯科 乳歯 義歯	
		は	歯 入れ歯	
嗣		シ	嗣子 嫡嗣	
試	4	シ	試験 試作 追試	
		こころみる	試みる 試み	
		ためす	試す 試し	
詩	3	シ	詩情 詩人 詩歌	「詩歌」は、「シイカ」とも。
資	5	シ	資本 資格 物資	
飼	5	シ	飼育 飼料	
		かう	飼う	
誌	6	シ	誌面 日誌 雑誌	
雌		シ	雌雄 雌伏	
		め	雌花 雌牛 雌しべ	
		めす	雌 雌犬	
摯⊙		シ	真摯	
賜		シ	賜暇 下賜 恩賜	
		たまわる	賜る	
諮		シ	諮問	
		はかる	諮る	★
示	5	ジ	示威 示談 指示	
		シ	示唆	
		しめす	示す 示し	

漢字		音訓	例	備考
字	1	ジ	字画 文字 活字	
		あざ	字 大字	
寺	2	ジ	寺院 社寺 末寺	
		てら	寺 尼寺	
次	3	ジ	次回 次元 目次	
		シ	次第	
		つぐ	次ぐ 次いで〔副〕	⇕継ぐ★
		つぎ	次 次に 次々と	
耳	1	ジ	耳鼻科 中耳炎	
		みみ	耳 早耳	
自	2	ジ	自分 自由 各自	
		シ	自然	
		みずから	自ら	
似	5	ジ	類似 酷似 疑似	
		にる	似る 似顔	
児（兒）	4	ジ	児童 幼児 優良児	稚児（ちご） 鹿児島（かごしま）県
		ニ	小児科	
事	3	ジ	事物 無事 師事	
		ズ	好事家	
		こと	事 仕事 出来事	
侍		ジ	侍従 侍女 侍医	
		さむらい	侍	
治	4	ジ	政治 療治	
		チ	治安 治水 自治	
		おさめる	治める	⇕修める★
		おさまる	治まる	⇕修まる★
		なおる	治る	⇕直る★
		なおす	治す	⇕直す★
持	3	ジ	持参 持続 支持	
		もつ	持つ	
時	2	ジ	時間 時候 当時	時雨（しぐれ） 時計（とけい）
		とき	時 時めく 時々	
滋	→4	ジ	滋味 滋養	滋賀（しが）県
慈		ジ	慈愛 慈善 慈悲	
		いつくしむ	慈しむ 慈しみ	
辞（辭）	4	ジ	辞書 辞職 式辞	
		やめる	辞める	
磁	6	ジ	磁石 磁気 陶磁器	
餌［餌］◎		ジ	好餌 食餌	［餌］＝許容字体 ＊［（付）第2の3参照］
		えさ	餌	
		え	餌食	
璽		ジ	御璽 国璽	
鹿◎	→4	しか	鹿	
		か	鹿の子	
式	3	シキ	式典 形式 数式	
識	5	シキ	識別 意識 知識	
軸		ジク	軸 車軸 地軸	
七	1	シチ	七五三 七福神	七夕（たなばた）
		なな	七月目	
		ななつ	七つ	

		なの	七日	「七日」は、「なぬか」とも。
叱《シツ》◎		シツ	叱責	
		しかる	叱る	
失	4	シツ	失望　失敗　消失	
		うしなう	失う	
室	2	シツ	室内　皇室　居室	
		むろ	室　室咲き	
疾		シツ	疾患　疾走　悪疾	
執		シツ	執務　執筆　確執	
		シュウ	執念　執心　我執	
		とる	執る	⇔取る、採る★
湿（濕）		シツ	湿度　湿地　多湿	
		しめる	湿る　湿り	
		しめす	湿す	
嫉◎		シツ	嫉妬	
漆		シツ	漆器　漆黒　乾漆	
		うるし	漆	
質	5	シツ	質問　質実　本質	
		シチ	質屋　人質	
		チ	言質	
実《ジツ》（實）	3	ジツ	実力　充実　実に	
		み	実　実入り	
		みのる	実る　実り	
芝《しば》		しば	芝　芝居	芝生（しばふ）
写《シャ》（寫）	3	シャ	写真　描写　映写	
		うつす	写す　写し	⇔映す★
		うつる	写る　写り	⇔映る★
社（社）	2	シャ	社会　会社　神社	
		やしろ	社	
車	1	シャ	車輪　車庫　電車	山車（だし）
		くるま	車　歯車	
舎	5	シャ	舎監　校舎　寄宿舎	田舎（いなか）
者（者）	3	シャ	医者　前者　第三者	猛者（もさ）
		もの	者　若者	
射	6	シャ	射撃　発射　日射病	
		いる	射る	
捨	6	シャ	捨象　取捨　喜捨	
		すてる	捨てる　捨て子	
赦		シャ	赦免　大赦　恩赦	
斜		シャ	斜面　斜線　傾斜	
		ななめ	斜め	
煮（煮）		シャ	煮沸	
		にる	煮る　雑煮	
		にえる	煮える　生煮え	
		にやす	業を煮やす	
遮❖		シャ	遮断	
		さえぎる	遮る	
謝	5	シャ	謝絶　感謝　陳謝	
		あやまる	謝る　平謝り	★
邪《ジャ》		ジャ	邪悪　邪推　正邪	風邪（かぜ）

漢字		音訓	例	備考
蛇《ジャ》❖		ジャ	蛇の目　蛇腹　大蛇	
		ダ	蛇行　蛇足　長蛇	
		へび	蛇	
尺《シャク》	6	シャク	尺度　尺貫法	
借	4	シャク	借用　借金　貸借	
		かりる	借りる　借り	
酌❖		シャク	酌量　晩酌	
		くむ	酌む　酌み交わす	
釈（釋）		シャク	釈明　釈放　解釈	
爵		シャク	爵位	
若《ジャク》	6	ジャク	若年　若干　自若	
		ニャク	老若	「老若」は，「ロウジャク」とも。
		わかい	若い　若者　若々しい	若人（わこうど）
		もしくは	若しくは	
弱	2	ジャク	弱点　弱小　強弱	
		よわい	弱い　弱虫　足弱	
		よわる	弱る	
		よわまる	弱まる	
		よわめる	弱める	
寂		ジャク	寂滅　静寂　閑寂	
		セキ	寂然　寂として	「寂然」は，「ジャクネン」とも。
		さび	寂	
		さびしい	寂しい　寂しがる	
		さびれる	寂れる	
手《シュ》	1	シュ	手腕　挙手　選手	上手（じょうず）
		て	手　手柄　素手	下手（へた）
		た	手綱　手繰る	手伝（てつだ）う
主	3	シュ	主人　主権　施主	
		ス	法主　坊主	「法主（ホッス）」は，「ホウシュ」「ホッシュ」とも。
		ぬし	主　地主	
		おも	主な人々	
守	3	シュ	守備　保守　攻守	
		ス	留守	
		まもる	守る　守り	
		もり	お守り　子守　灯台守	
朱		シュ	朱肉　朱筆　朱塗り	
取	3	シュ	取捨　取材　聴取	
		とる	取る	⇔採る，執る，捕る★
狩		シュ	狩猟	
		かる	狩る　狩り込み	
		かり	狩り　ぶどう狩り	
首	2	シュ	首尾　首席　自首	
		くび	首　首飾り	
殊		シュ	殊勝　殊勲　特殊	
		こと	殊に　殊の外　殊更	
珠		シュ	珠玉　珠算　真珠	数珠（じゅず）
酒	3	シュ	酒宴　飲酒　洋酒	お神酒（みき）
		さけ	酒　酒好き　甘酒	
		さか	酒屋　酒場　酒盛り	
腫⊙		シュ	腫瘍	

	はれる	腫れる　腫れ	
	はらす	腫らす	
種《シュ》 4	シュ	種類　人種　品種	
	たね	種　菜種　一粒種	
趣	シュ	趣向　趣味　興趣	
	おもむき	趣	
寿《ジュ》(壽)	ジュ	寿命　長寿　米寿	
	ことぶき	寿	
受 3	ジュ	受諾　受験　甘受	
	うける	受ける　受付	⇔請ける★
	うかる	受かる	
呪◎	ジュ	呪縛　呪文	
	のろう	呪う	
授 5	ジュ	授与　伝授　教授	
	さずける	授ける	
	さずかる	授かる	
需	ジュ	需要　需給　必需品	
儒	ジュ	儒学　儒教　儒者	
樹 6	ジュ	樹木　樹立　街路樹	
収《シュウ》(收) 6	シュウ	収穫　収入　回収	
	おさめる	収める	⇔納める★
	おさまる	収まる	⇔納まる★
囚	シュウ	囚人　死刑囚	
州 3	シュウ	州議会　六大州	
	す	州　中州　三角州	

舟	シュウ	舟運　舟艇　舟航	
	ふね	舟　小舟　渡し舟	⇔船★
	ふな	舟遊び　舟宿　舟歌	
秀	シュウ	秀逸　秀才　優秀	
	ひいでる	秀でる	
周 4	シュウ	周知　周囲　円周	
	まわり	周り	⇔回り★
宗 6	シュウ	宗教　宗派　改宗	
	ソウ	宗家　宗匠	
拾 3	シュウ	拾得　収拾	
	ジュウ	拾万円	
	ひろう	拾う　拾い物	
秋 2	シュウ	秋季　秋分　晩秋	
	あき	秋	
臭(臭)	シュウ	臭気　悪臭　俗臭	
	くさい	臭い　臭み　臭さ	
	におう◎	臭う　臭い	⇔匂う★
修 5	シュウ	修飾　修養　改修	
	シュ	修行	
	おさめる	修める	⇔治める★
	おさまる	修まる	⇔治まる★
袖◎	シュウ	領袖	
	そで	袖　半袖	
終 3	シュウ	終了　終日　最終	
	おわる	終わる　終わり	

漢字	学年	音訓	例	備考
		おえる	終える	
羞《シュウ》◉		シュウ	羞恥心	
習	3	シュウ	習得　習慣　練習	
		ならう	習う　手習い	⇔倣う★
週	2	シュウ	週刊　週末　毎週	
就	6	シュウ	就任　就寝　去就	
		ジュ	成就	
		つく	就く	⇔着く、付く★
		つける	就ける	⇔着ける、付ける★
衆	6	シュウ	衆寡　民衆　聴衆	
		シュ	衆生	
集	3	シュウ	集合　集結　全集	
		あつまる	集まる　集まり	
		あつめる	集める　人集め	
		つどう	集う　集い	
愁		シュウ	愁傷　哀愁　憂愁	
		うれえる❖	愁える	⇔憂える★
		うれい	愁い	⇔憂い★
酬		シュウ	報酬　応酬	
醜		シュウ	醜悪　醜態　美醜	
		みにくい	醜い　醜さ	
蹴◉		シュウ	一蹴	
		ける	蹴る　蹴散らす	
襲		シュウ	襲撃　襲名　世襲	
		おそう	襲う	
十《ジュウ》	1	ジュウ	十字架　十文字	十重二十重(とえはたえ) 二十・二十歳(はたち) 二十日(はつか) 「ジュッ」とも。
		ジッ	十回	
		とお	十　十日	
		と	十色　十重	
汁❖		ジュウ	果汁　墨汁	
		しる	汁　汁粉	
充		ジュウ	充実　充電　補充	
		あてる	充てる	⇔当てる、宛てる★
住	3	ジュウ	住所　安住　衣食住	
		すむ	住む	
		すまう	住まう　住まい	
柔		ジュウ	柔軟　柔道　懐柔	
		ニュウ	柔和　柔弱	
		やわらか	柔らかだ	⇔軟らか★
		やわらかい	柔らかい	⇔軟らかい★
重	3	ジュウ	重量　重大　二重	
		チョウ	重畳　慎重　貴重	
		え	一重　八重桜	十重二十重(とえはたえ)
		おもい	重い　重たい	
		かさねる	重ねる　重ね着	
		かさなる	重なる	
従(從)	6	ジュウ	従事　従順　服従	
		ショウ	従容	
		ジュ	従○位	

		したがう	従う	
		したがえる	従える	
渋《ジュウ》(澁)		ジュウ	渋滞　苦渋	
		しぶ	渋　渋紙	
		しぶい	渋い　渋さ　渋み	
		しぶる	渋る	
銃		ジュウ	銃砲　銃弾　小銃	
獣(獸)		ジュウ	獣類　猛獣　鳥獣	
		けもの	獣	
縦(縱)	6	ジュウ	縦横　縦断　操縦	
		たて	縦	
叔《シュク》		シュク	伯叔	叔父(おじ) 叔母(おば)
祝(祝)	4	シュク	祝賀　祝日　慶祝	祝詞(のりと)
		シュウ	祝儀　祝言	
		いわう	祝う	
宿	3	シュク	宿泊　宿題　合宿	
		やど	宿　宿屋	
		やどる	宿る　雨宿り	
		やどす	宿す	
淑		シュク	淑女　貞淑　私淑	
粛(肅)		シュク	粛清　静粛　自粛	
縮	6	シュク	縮小　縮図　短縮	
		ちぢむ	縮む　伸び縮み	
		ちぢまる	縮まる	

		ちぢめる	縮める	
		ちぢれる	縮れる　縮れ毛	
		ちぢらす	縮らす	
塾《ジュク》❖		ジュク	塾　私塾	
熟	6	ジュク	熟練　熟慮　成熟	
		うれる	熟れる	
出《シュツ》	1	シュツ	出入　出現　提出	
		スイ	出納	
		でる	出る　出窓　遠出	
		だす	出す	
述《ジュツ》	5	ジュツ	叙述　陳述　著述	
		のべる	述べる	
術	5	ジュツ	術策　技術　芸術	
俊《シュン》		シュン	俊敏　俊秀　俊才	
春	2	シュン	春季　立春　青春	
		はる	春　春めく	
瞬		シュン	瞬間　瞬時　一瞬	
		またたく	瞬く　瞬き	
旬《ジュン》		ジュン	旬刊　上旬	
		シュン◎	旬　旬の野菜	
巡		ジュン	巡回　巡業　一巡	お巡(まわ)りさん
		めぐる	巡る　巡り歩く	
盾		ジュン	矛盾	
		たて	盾　後ろ盾	
准		ジュン	准将　批准	

漢字	学年	音訓	例	備考
殉《ジュン》		ジュン	殉死　殉職　殉難	
純	6	ジュン	純真　純粋　不純	
循		ジュン	循環　因循	
順	4	ジュン	順序　順調　従順	
準	5	ジュン	準備　基準　標準	
潤		ジュン	潤色　潤沢　湿潤	
		うるおう	潤う　潤い	
		うるおす	潤す	
		うるむ	潤む	
遵		ジュン	遵守　遵法	
処《ショ》（處）	6	ショ	処置　処罰　処女	
初	4	ショ	初期　初心者　最初	
		はじめ	初め	⇕始め★
		はじめて	初めて〔副〕	★
		はつ	初の受賞　初雪　初耳	
		うい	初陣　初々しい	
		そめる	書き初め　出初め式	
所	3	ショ	所得　住所　近所	
		ところ	所　台所	
書	2	ショ	書画　書籍　読書	
		かく	書く	⇕描く★
庶		ショ	庶民　庶務	
暑（暑）	3	ショ	暑気　残暑　避暑	
		あつい	暑い　暑さ	⇕熱い★
署（署）	6	ショ	署名　署長　警察署	
緒（緒）		ショ	緒戦　由緒　端緒	
		チョ	情緒	「情緒」は、「ジョウショ」とも。
		お	緒　鼻緒	
諸（諸）	6	ショ	諸君　諸国　諸般	
女《ジョ》	1	ジョ	女子　女流　少女	海女（あま）
		ニョ	女人　天女　善男善女	
		ニョウ	女房	
		おんな	女　女心　女らしい	
		め	女神　女々しい	乙女（おとめ）
如		ジョ	欠如　突如　躍如	
		ニョ	如実　如来　不如意	
助	3	ジョ	助力　助監督　救助	
		たすける	助ける　助け	
		たすかる	助かる　大助かり	
		すけ	助太刀	
序	5	ジョ	序幕　順序　秩序	
叙（敍）		ジョ	叙述　叙景　叙勲	
徐		ジョ	徐行　徐々に	
除	6	ジョ	除外　除数　解除	
		ジ	掃除	
		のぞく	除く	
小《ショウ》	1	ショウ	小心　大小　縮小	小豆（あずき）
		ちいさい	小さい　小さな	
		こ	小型　小鳥　小切手	
		お	小川　小暗い	

漢字	学年	音訓	例	備考
升《ショウ》		ショウ		
		ます	升　升目	
少	2	ショウ	少年　多少　減少	
		すくない	少ない	
		すこし	少し	
召		ショウ	召喚　国会の召集	
		めす	召す　召し上がる	
匠		ショウ	師匠　巨匠　意匠	
床		ショウ	起床　病床　温床	
		とこ	床　床の間　寝床	
		ゆか	床　床下	
抄		ショウ	抄録　抄本　抄訳	
肖		ショウ	肖像　不肖	
尚❖		ショウ	尚早　高尚	
招	5	ショウ	招待　招致　招請	
		まねく	招く　招き	
承	5→6	ショウ	承知　承諾　継承	
		うけたまわる	承る	
昇		ショウ	昇降　昇進　上昇	
		のぼる	昇る	⇔上る、登る★
松	4	ショウ	松竹梅　白砂青松	
		まつ	松　松原　門松	
沼		ショウ	沼沢　湖沼	
		ぬま	沼　沼地	
昭	3	ショウ	昭和	

漢字	学年	音訓	例	備考
宵❖		ショウ	徹宵	
		よい	宵	
将（將）	6	ショウ	将来　将棋　大将	
消	3	ショウ	消滅　消極的　費消	
		きえる	消える　立ち消え	
		けす	消す　消しゴム	
症		ショウ	症状　炎症　重症	
祥（祥）		ショウ	発祥　吉祥　不祥事	
称（稱）		ショウ	称賛　名称　称する	
笑	4	ショウ	笑覧　微笑　談笑	
		わらう	笑う　大笑い	
		えむ	ほくそ笑む　笑み	笑顔（えがお）
唱	4	ショウ	唱歌　合唱　提唱	
		となえる	唱える	
商	3	ショウ	商売　商業　貿易商	
		あきなう	商う　商い	
渉（涉）		ショウ	渉外　干渉　交渉	
章	3	ショウ	憲章　勲章　文章	
紹		ショウ	紹介	
訟		ショウ	訴訟	
勝	3	ショウ	勝敗　優勝　名勝	
		かつ	勝つ　勝ち　勝手	
		まさる	勝る　男勝り	
掌		ショウ	掌中　職掌　車掌	
晶		ショウ	結晶　水晶	

漢字	音訓	例	備考
焼《ショウ》(燒) 4	ショウ	焼却　燃焼　全焼	
	やく	焼く　炭焼き	
	やける	焼ける　夕焼け	
焦	ショウ	焦土　焦慮　焦心	
	こげる	焦げる　黒焦げ	
	こがす	焦がす	
	こがれる	焦がれる	
	あせる	焦る　焦り	
硝	ショウ	硝石　硝酸	
粧	ショウ	化粧	
詔	ショウ	詔勅　詔書	
	みことのり	詔	
証(證) 5	ショウ	証拠　証明　免許証	
象 4→5	ショウ	象徴　対象　現象	
	ゾウ	象眼　巨象	
傷 6	ショウ	傷害　負傷　感傷	
	きず	傷　古傷　傷つく	
	いたむ	傷む	⇕痛む、悼む★
	いためる	傷める	⇕痛める★
奨(奬)	ショウ	奨励　奨学金　推奨	
照 4	ショウ	照明　照会　対照的	
	てる	照る　日照り	
	てらす	照らす	
	てれる	照れる	
詳	ショウ	詳細　詳報　未詳	
	くわしい	詳しい　詳しさ	
彰	ショウ	表彰　顕彰	
障 6	ショウ	障害　障子　故障	
	さわる	障る　差し障り	★
憧⊙	ショウ	憧憬	「憧憬」は、「ドウケイ」とも。
	あこがれる	憧れる　憧れ	
衝	ショウ	衝突　衝動　折衝	
賞 4→5	ショウ	賞罰　賞与　懸賞	
償	ショウ	償金　弁償　代償	
	つぐなう	償う　償い	
礁	ショウ	岩礁　暗礁　さんご礁	
鐘	ショウ	半鐘　警鐘	
	かね	鐘	
上《ジョウ》 1	ジョウ	上旬　上昇　地上	上手(じょうず)
	ショウ	上人　身上を潰す	「身上」は、「シンショウ」と「シンジョウ」とで、意味が違う。
	うえ	上　身の上	
	うわ	上着　上積み	
	かみ	上　川上	
	あげる	上げる　売り上げ	⇕揚げる、挙げる★
	あがる	上がる　上がり	⇕揚がる、挙がる★
	のぼる	上る　上り	⇕昇る、登る★
	のぼせる	上せる	
	のぼす	上す	
丈	ジョウ	丈六　丈夫な体	
	たけ	丈　背丈	

冗《ジョウ》		ジョウ	冗談　冗長　冗費	
条(條)	5	ジョウ	条理　条約　箇条	
状(狀)	5	ジョウ	状態　白状　免状	
乗(乘)	3	ジョウ	乗数　乗車　大乗的	
		のる	乗る　乗り物	⇕載る★
		のせる	乗せる	⇕載せる★
城	6→4	ジョウ	城内　城下町　落城	茨城(いばらき)県
		しろ	城　城跡	宮城(みやぎ)県
浄(淨)		ジョウ	浄化　清浄　不浄	
剰(剩)		ジョウ	剰余　過剰　余剰	
常	5	ジョウ	常備　日常　非常	
		つね	常　常に　常々	
		とこ	常夏	
情	5	ジョウ	情報　情熱　人情	
		セイ	風情	
		なさけ	情け	
場	2	ジョウ	場内　会場　入場	
		ば	場　場所　広場	
畳(疊)		ジョウ	畳語　重畳	
		たたむ	畳む　折り畳み	
		たたみ	畳　畳表　青畳	
蒸	6	ジョウ	蒸気　蒸発	
		むす	蒸す　蒸し暑い	
		むれる	蒸れる	
		むらす	蒸らす	
縄(繩)❖	→4	ジョウ	縄文　自縄自縛	
		なわ	縄　縄張	
壌(壤)❖		ジョウ	土壌	
嬢(孃)		ジョウ	令嬢　愛嬢　お嬢さん	
錠		ジョウ	錠前　錠剤　手錠	
譲(讓)		ジョウ	譲渡　譲歩　謙譲	
		ゆずる	譲る　親譲り	
醸(釀)		ジョウ	醸造　醸成	
		かもす	醸す　醸し出す	
色《ショク》	2	ショク	原色　特色　物色	景色(けしき)
		シキ	色彩　色調　色欲	
		いろ	色　桜色　色づく	
拭◎		ショク	払拭	
		ふく	拭く	
		ぬぐう	拭う	
食	2	ショク	食事　食料　会食	
		ジキ	断食	
		くう	食う　食い物	
		くらう	食らう	
		たべる	食べる　食べ物	
植	3	ショク	植樹　植物　誤植	
		うえる	植える　植木	
		うわる	植わる	
殖		ショク	生殖　利殖　学殖	
		ふえる	殖える	⇕増える★

漢字	学年	音訓	例	備考
		ふやす	殖やす	⇕増やす★
飾《ショク》		ショク	装飾　修飾　服飾	
		かざる	飾る　飾り	
触（觸）		ショク	触媒　触発　接触	
		ふれる	触れる	
		さわる	触る	★
嘱（囑）		ショク	嘱託　委嘱	
織	5	ショク	織機　染織　紡織	
		シキ	組織	
		おる	織る　織物	
職	5	ショク	職業　職務　就職	
辱《ジョク》		ジョク	恥辱　雪辱　屈辱	
		はずかしめる	辱める　辱め	
尻《しり》◎		しり	尻　尻込み　目尻	尻尾（しっぽ）
心《シン》	2	シン	心身　感心　中心	
		こころ	心　心得る　親心	心地（ここち）
申	3	シン	申告　申請　内申書	
		もうす	申す　申し上げる	
伸		シン	伸縮　屈伸　追伸	
		のびる	伸びる　背伸び	⇕延びる★
		のばす	伸ばす	⇕延ばす★
		のべる◎	伸べる	⇕延べる★
臣	4	シン	臣下　君臣	
		ジン	大臣	
芯◎		シン	芯	

漢字	学年	音訓	例	備考
身	3	シン	身体　単身　等身大	
		み	身　身内　親身	
辛		シン	辛苦　辛酸　香辛料	
		からい	辛い　辛み　辛うじて	
侵		シン	侵入　侵害　不可侵	
		おかす	侵す	⇕犯す、冒す★
信	4	シン	信用　信頼　通信	
津		シン	興味津々	
		つ	津波　津々浦々	
神（神）	3	シン	神聖　神経　精神	お神酒（みき）
		ジン	神社　神宮　神通力	神楽（かぐら）　神奈川（かながわ）県
		かみ	神　神様　貧乏神	
		かん	神主	
		こう	神々しい	
唇❖		シン	口唇	
		くちびる	唇	
娠		シン	妊娠	
振		シン	振動　振興　不振	
		ふる	振る　振り	
		ふるう	振るう	⇕奮う、震う★
		ふれる◎	振れる	
浸		シン	浸水　浸透	
		ひたす	浸す　水浸し	
		ひたる	浸る	
真（眞）	3	シン	真偽　写真　純真	

漢字		音訓	例	備考
		ま	真南　真新しい　真っ先 真ん中	真面目（まじめ） 真っ赤（まっか） 真っ青（まっさお）
シン 針	6	シン	針路　運針　秒針	
		はり	針　針金	
深	3	シン	深山　深夜　水深	
		ふかい	深い　深入り　深み	
		ふかまる	深まる	
		ふかめる	深める	
紳		シン	紳士	
進	3	シン	進級　進言　前進	
		すすむ	進む　進み	
		すすめる	進める	⇔勧める、薦める★
森	1	シン	森林　森閑　森厳	
		もり	森	
診		シン	診察　診療　往診	
		みる	診る	⇔見る★
寝（寢）		シン	寝室　寝具　就寝	
		ねる	寝る　寝入る　昼寝	
		ねかす	寝かす	
慎（愼）		シン	慎重　謹慎	
		つつしむ	慎む　慎み	⇔謹む★
新	2	シン	新旧　新聞　革新	
		あたらしい	新しい　新しさ　新しがる	
		あらた	新ただ	
		にい	新妻　新盆	
審		シン	審判　審議　不審	
震		シン	震動　震災　地震	
		ふるう	震う　身震い	⇔奮う、振るう★
		ふるえる	震える　震え	
薪		シン	薪炭　薪水	
		たきぎ	薪	
親	2	シン	親族　親友　肉親	
		おや	親　親子　父親	
		したしい	親しい　親しさ	
		したしむ	親しむ	
ジン 人	1	ジン	人道　人員　成人	玄人（くろうと） 素人（しろうと） 仲人（なこうど） 若人（わこうど） 大人（おとな） 一人（ひとり） 二人（ふたり）
		ニン	人間　人情　人形	
		ひと	人　人手　旅人	
刃		ジン	白刃　凶刃　自刃	
		は	刃　刃物　両刃	
仁	6	ジン	仁義　仁術	
		ニ	仁王	
尽（盡）		ジン	尽力　無尽蔵	
		つくす	尽くす　心尽くし	
		つきる	尽きる	
		つかす	愛想を尽かす	
迅		ジン	迅速　疾風迅雷	
甚❖		ジン	甚大　激甚　幸甚	

漢字		音訓	例	備考
		はなはだ	甚だ	
		はなはだしい	甚だしい	
陣《ジン》		ジン	陣頭　陣痛　円陣	
尋		ジン	尋問　尋常　千尋	
		たずねる	尋ねる　尋ね人	⇔訪ねる★
腎◎		ジン	腎臓　肝腎	「肝腎」は、「肝心」とも書く。
須《ス》◎		ス	必須	
図《ズ》(圖)	2	ズ	図画　図表　地図	
		ト	図書　意図　壮図	
		はかる	図る	⇔計る、測る、量る、謀る★
水《スイ》	1	スイ	水分　水陸　海水	
		みず	水　水色　水浴び	清水(しみず)
吹		スイ	吹奏　吹鳴　鼓吹	息吹(いぶき)
		ふく	吹く	吹雪(ふぶき)　⇔噴く★
垂	6	スイ	垂直　懸垂　胃下垂	
		たれる	垂れる　雨垂れ	
		たらす	垂らす	
炊		スイ	炊事　自炊　雑炊	
		たく	炊く　飯炊き	
帥		スイ	統帥　元帥	
粋(粹)		スイ	粋人　純粋　精粋	
		いき◎	粋	
衰		スイ	衰弱　盛衰　老衰	
		おとろえる	衰える　衰え	
推	6	スイ	推進　推薦	
		おす	推す	⇔押す★
酔(醉)		スイ	酔漢　麻酔　心酔	
		よう	酔う　酔い　二日酔い	
遂		スイ	遂行　未遂　完遂	
		とげる	遂げる	
睡		スイ	睡眠　熟睡　午睡	
穂(穗)		スイ	穂状　出穂期	
		ほ	穂　稲穂	
随《ズイ》(隨)		ズイ	随行　随意　追随	
髄(髓)		ズイ	骨髄　脳髄　真髄	
枢《スウ》(樞)		スウ	枢軸　枢要　中枢	
崇		スウ	崇拝　崇高	
数(數)	2	スウ	数字　数量　年数	数珠(じゅず)
		ス	人数	数寄屋・数奇屋(すきや)　「人数」は、「ニンズウ」とも。
		かず	数	
		かぞえる	数える　数え年	
据《すえる》❖		すえる	据える　据え置く	
		すわる	据わる　据わり	⇔座る★
杉《すぎ》❖		すぎ	杉　杉並木	
裾《すそ》◎		すそ	裾　裾野	
寸《スン》	6	スン	寸法　寸暇　一寸先	
瀬《せ》(瀨)		せ	瀬　浅瀬　立つ瀬	
是《ゼ》		ゼ	是非　是認　国是	
井《セイ》	→4	セイ	油井　市井	
		ショウ	天井	

漢字	音訓	例	備考
	い	井戸	
世《セイ》	3 セイ	世紀　時世　処世	
	セ	世界　世間　出世	
	よ	世　世の中	★
正	1 セイ	正義　正誤　訂正	
	ショウ	正直　正面　正月	
	ただしい	正しい　正しさ	
	ただす	正す	
	まさ	正に　正夢	
生	1 セイ	生活　発生　先生	芝生(しばふ) 弥生(やよい)
	ショウ	生滅　一生　誕生	
	いきる	生きる　長生き	
	いかす	生かす	
	いける	生ける　生け捕り	
	うまれる	生まれる　生まれ	⇔産まれる★
	うむ	生む	⇔産む★
	おう	生い立ち　生い茂る	
	はえる	生える　芽生える	
	はやす	生やす	
	き	生糸　生地　生一本	
	なま	生の野菜　生水　生々しい	
成	4 セイ	成功　完成　賛成	
	ジョウ	成就　成仏	
	なる	成る　成り立つ	
	なす	成す　成し遂げる	

漢字	音訓	例	備考
西	2 セイ	西暦　西部　北西	
	サイ	西国　東西	
	にし	西　西日	
声(聲)	2 セイ	声楽　声援　名声	
	ショウ	大音声	
	こえ	声　呼び声　歌声	
	こわ	声色	
制	5 セイ	制度　制限　統制	
姓	セイ	姓名　改姓　同姓	
	ショウ	百姓	
征	セイ	征服　遠征　出征	
性	5 セイ	性質　理性　男性	
	ショウ	性分　相性　根性	
青	1 セイ	青天　青銅　青年	
	ショウ	緑青　紺青　群青	
	あお	青　青ざめる	真っ青(まっさお)
	あおい	青い　青さ	
斉(齊)✤	セイ	斉唱　一斉	
政	5 セイ	政治　行政　家政	
	ショウ	摂政	
	まつりごと	政	
星	2 セイ	星座　流星　衛星	
	ショウ	明星	
	ほし	星　黒星	
牲	セイ	犠牲	

漢字	学年	音訓	例	備考
(セイ) 省	4	セイ	反省　内省　帰省	
		ショウ	省略　各省	
		かえりみる	省みる	⇕顧みる★
		はぶく	省く	
凄◎		セイ	凄惨　凄絶	
逝❖		セイ	逝去　急逝　長逝	
		ゆく	逝く	⇕行く★
		いく◎	逝く	⇕行く★
清	4	セイ	清潔　清算　粛清	清水(しみず)
		ショウ	六根清浄	
		きよい	清い　清らかだ	
		きよまる	清まる	
		きよめる	清める	
盛	6	セイ	盛大　隆盛　全盛	
		ジョウ	繁盛	
		もる	盛る　盛り上がる	
		さかる	燃え盛る　盛り　花盛り	
		さかん	盛んだ　盛んに	
婿		セイ	女婿	
		むこ	婿　花婿	
晴	2	セイ	晴天　晴雨　快晴	
		はれる	晴れる　晴れ　晴れやかだ	
		はらす	晴らす　気晴らし	
勢	5	セイ	勢力　優勢　情勢	
		いきおい	勢い	
聖	6	セイ	聖書　聖人　神聖	
誠	6	セイ	誠実　誠意　至誠	
		まこと	誠　誠に	
精	5	セイ	精米　精密　精力	
		ショウ	精進　不精	
製	5	セイ	製造　製鉄　鉄製	
誓		セイ	誓約　誓詞　宣誓	
		ちかう	誓う　誓い	
静(靜)	4	セイ	静止　静穏　安静	
		ジョウ	静脈	
		しず	静々と　静けさ	
		しずか	静かだ	
		しずまる	静まる	⇕鎮まる★
		しずめる	静める	⇕鎮める、沈める★
請		セイ	請求　請願　申請	
		シン	普請	
		こう	請う	⇕乞う★
		うける	請ける　請負　下請け	⇕受ける★
整	3	セイ	整理　整列　調整	
		ととのえる	整える	⇕調える★
		ととのう	整う	⇕調う★
醒◎		セイ	覚醒	
(ゼイ) 税	5	ゼイ	税金　免税　関税	
(セキ) 夕	1	セキ	今夕　一朝一夕	七夕(たなばた)
		ゆう	夕方　夕日　夕べ	

セキ

漢字	学年	音訓	例	備考
斥		セキ	斥候　排斥	
石	1	セキ	石材　岩石　宝石	
		シャク	磁石	
		コク	石高　千石船	
		いし	石　小石	
赤	1	セキ	赤道　赤貧　発赤	
		シャク	赤銅	
		あか	赤　赤字　赤ん坊	真っ赤(まっか)
		あかい	赤い	
		あからむ	赤らむ	★
		あからめる	赤らめる	
昔	3	セキ	昔日　昔年　昔時	
		シャク	今昔	
		むかし	昔　昔話	
析		セキ	析出　分析　解析	
席	4	セキ	席上　座席　出席	寄席(よせ)
脊◎		セキ	脊髄　脊柱	
隻		セキ	隻手　数隻	
惜		セキ	惜敗　痛惜　愛惜	
		おしい	惜しい	
		おしむ	惜しむ　負け惜しみ	
戚◎		セキ	親戚	
責	5	セキ	責務　責任　職責	
		せめる	責める　責め	★
跡		セキ	追跡　旧跡　遺跡	
		あと	跡　足跡　屋敷跡	⇔後、痕★
積	4	セキ	積雪　蓄積　面積	
		つむ	積む　下積み	
		つもる	積もる　見積書	
績	5	セキ	紡績　成績　業績	
籍		セキ	書籍　戸籍　本籍	

セツ

漢字	学年	音訓	例	備考
切	2	セツ	切断　親切　切に	
		サイ	一切	
		きる	切る	⇔斬る★
		きれる	切れる	
折	4	セツ	折衷　折衝　屈折	
		おる	折る　折り紙　折り箱	
		おり	折　……する折	
		おれる	折れる　名折れ	
拙		セツ	拙劣　拙速　巧拙	
		つたない◎	拙い	
窃(竊)		セツ	窃盗　窃取	
接	5	セツ	接触　接待　直接	
		つぐ	接ぐ　接ぎ木　骨接ぎ	⇔継ぐ★
設	5	セツ	設立　設備　建設	
		もうける	設ける	
雪	2	セツ	雪辱　降雪　積雪	雪崩(なだれ)　吹雪(ふぶき)
		ゆき	雪　雪解け　初雪	
摂(攝)		セツ	摂取　摂生	
節(節)	4	セツ	節約　季節　関節	

漢字	学年	音訓	例	備考
		セチ	お節料理	
		ふし	節　節穴	
説	4	セツ	説明　小説　演説	
		ゼイ	遊説	
		とく	説く	
舌《ゼツ》	5→6	ゼツ	舌端　弁舌　筆舌	
		した	舌　猫舌　二枚舌	
絶	5	ゼツ	絶妙　絶食　断絶	
		たえる	絶える	
		たやす	絶やす	
		たつ	絶つ	⇔裁つ、断つ★
千《セン》	1	セン	千円　千人力　千差万別	
		ち	千草　千々に	
川	1	セン	川柳　河川	
		かわ	川　川岸　小川	川原(かわら) ⇔河
仙❖		セン	仙骨　仙人　酒仙	
占		セン	占拠　占星術　独占	
		しめる	占める　買い占め	
		うらなう	占う　占い	
先	1	セン	先方　先生　率先	
		さき	先　先立つ	
宣	6	セン	宣言　宣誓　宣伝	
専(專)	6	セン	専門　専属　専用	
		もっぱら	専ら	

漢字	学年	音訓	例	備考
泉	6	セン	泉水　源泉　温泉	
		いずみ	泉	
浅(淺)	4	セン	浅薄　浅学　深浅	
		あさい	浅い　浅瀬　遠浅	
洗	6	セン	洗面　洗練　洗剤	
		あらう	洗う	
染	6	セン	染色　染料　汚染	
		そめる	染める　染め物	
		そまる	染まる	
		しみる	染みる　油染みる	
		しみ	染み　染み抜き	
扇		セン	扇子　扇風機　扇状地	
		おうぎ	扇　舞扇	
栓❖		セン	栓　給水栓　消火栓	
旋		セン	旋回　旋律　周旋	
船	2	セン	船舶　乗船　汽船	
		ふね	船　大船　親船	⇔舟★
		ふな	船旅　船賃	
戦(戰)	4	セン	戦争　苦戦　論戦	
		いくさ	戦　勝ち戦	
		たたかう	戦う　戦い	⇔闘う★
煎◎		セン	煎茶	*［(付)第2の3参照］
		いる	煎る　煎り豆	
羨◎		セン	羨望	
		うらやむ	羨む	

		うらやましい	羨ましい	
腺◎《セン》		セン	前立腺　涙腺	
詮◎		セン	詮索　所詮	*［(付)第2の3参照］
践（踐）		セン	実践	
箋◎		セン	処方箋　便箋	*［(付)第2の3参照］
銭（錢）	5→6	セン	銭湯　金銭	
		ぜに	銭　銭入れ　小銭	
潜（潛）		セン	潜水　潜在的　沈潜	
		ひそむ	潜む	
		もぐる	潜る　潜り込む	
線	2	セン	線路　点線　光線	
遷		セン	遷延　遷都　変遷	
選	4	セン	選択　選挙　当選	
		えらぶ	選ぶ	
薦		セン	推薦　自薦	
		すすめる	薦める	⇔進める、勧める★
繊（纖）		セン	繊細　繊維　化繊	
鮮		セン	鮮魚　鮮明　新鮮	
		あざやか	鮮やかだ	
全《ゼン》	3	ゼン	全部　全国　完全	
		まったく	全く　全うする	
		すべて◎	全て	
前	2	ゼン	前後　以前　空前	
		まえ	前　前向き　名前	
善	6	ゼン	善悪　善処　慈善	
		よい	善い	⇔良い★
然	4	ゼン	当然　自然　必然	
		ネン	天然	
禅（禪）		ゼン	禅宗　禅寺　座禅	
漸		ゼン	漸次　漸進的　東漸	
膳◎		ゼン	膳　配膳	
繕		ゼン	修繕　営繕	
		つくろう	繕う　繕い	
狙◎《ソ》		ソ	狙撃	
		ねらう	狙う　狙い	
阻		ソ	阻止　阻害　険阻	
		はばむ	阻む	
祖（祖）	5	ソ	祖父　祖述　元祖	
租		ソ	租税　公租公課	
素	5	ソ	素材　元素　平素	素人（しろうと）
		ス	素顔　素手　素性	
措		ソ	措置　措辞　挙措	
粗		ソ	粗密　粗野　精粗	
		あらい	粗い	⇔荒い★
組	2	ソ	組織　組成　改組	
		くむ	組む　組み込む	
		くみ	組　組長　赤組	
疎		ソ	疎密　疎外　親疎	
		うとい	疎い	
		うとむ	疎む　疎ましい	

漢字	学年	音訓	例	備考
ソ				
訴		ソ	訴訟　告訴　哀訴	
		うったえる	訴える　訴え	
塑		ソ	塑像　彫塑　可塑性	
遡[遡]◎		ソ	遡及　遡上	[遡]＝許容字体
		さかのぼる	遡る	*[(付)第2の1参照]
礎		ソ	礎石　基礎　定礎	
		いしずえ	礎	
ソウ				
双(雙)		ソウ	双肩　双方　無双	
		ふた	双子　双葉	⇔二
壮(壯)		ソウ	壮大　壮健　強壮	
早	1	ソウ	早朝　早晩　早々に	早乙女(さおとめ)
		サッ	早速　早急	早苗(さなえ)
		はやい	早い　早口　素早い	⇔速い★
		はやまる	早まる	⇔速まる★
		はやめる	早める	⇔速める★
争(爭)	4	ソウ	争議　競争　紛争	
		あらそう	争う　争い	
走	2	ソウ	走行　競走　滑走	
		はしる	走る　先走る	師走(しわす)
奏	6	ソウ	奏楽　演奏　合奏	
		かなでる	奏でる	
相	3	ソウ	相当　相談　真相	相撲(すもう)
		ショウ	首相　宰相	
		あい	相手　相宿	
荘(莊)		ソウ	荘厳　荘重　別荘	

漢字	学年	音訓	例	備考
草	1	ソウ	草案　雑草　牧草	草履(ぞうり)
		くさ	草　草花　語り草	
送	3	ソウ	送別　放送　運送	
		おくる	送る　見送り	⇔贈る★
倉	4	ソウ	倉庫　穀倉	
		くら	倉　倉敷料	⇔蔵
捜(搜)		ソウ	捜索　捜査	
		さがす	捜す	⇔探す★
挿(插)❖		ソウ	挿入　挿話	
		さす	挿す　挿絵　挿し木	⇔差す、刺す、指す★
桑		ソウ	桑園	
		くわ	桑　桑畑	
巣(巢)	4	ソウ	営巣　卵巣　病巣	
		す	巣　巣箱　巣立つ	
掃		ソウ	掃除　清掃　一掃	
		はく	掃く	
曹❖		ソウ	法曹　法曹界　陸曹	
曽(曾)◎		ソウ	曽祖父　曽孫	
		ゾ	未曽有	
爽◎		ソウ	爽快	
		さわやか	爽やかだ	
窓	6	ソウ	車窓　同窓　深窓	
		まど	窓　窓口　出窓	
創	6	ソウ	創造　独創　刀創	
		つくる◎	創る	⇔作る、造る★

漢字	学年	音訓	例	備考
喪《ソウ》		ソウ	喪失	
		も	喪 喪服 喪主	
痩(瘦)◎		ソウ	痩身	
		やせる	痩せる	
葬		ソウ	葬儀 埋葬 会葬	
		ほうむる	葬る	
装(裝)	6	ソウ	装置 服装 変装	
		ショウ	装束 衣装	
		よそおう	装う 装い	
僧(僧)		ソウ	僧院 高僧 尼僧	
想	3	ソウ	想像 感想 予想	
		ソ	愛想	
層(層)	6	ソウ	層雲 高層 断層	
総(總)	5	ソウ	総合 総意 総括	
遭		ソウ	遭遇 遭難	
		あう	遭う	⇔合う、会う★
槽❖		ソウ	水槽 浴槽	
踪◎		ソウ	失踪	
操	6	ソウ	操縦 操作 節操	
		みさお	操	
		あやつる	操る 操り人形	
燥		ソウ	乾燥 焦燥 高燥	
霜		ソウ	霜害 晩霜	
		しも	霜 霜柱 初霜	
騒(騷)		ソウ	騒動 騒音 物騒	
		さわぐ	騒ぐ 騒ぎ 騒がしい	
藻❖		ソウ	藻類 海藻 詞藻	
		も	藻	
造《ゾウ》	5	ゾウ	造船 造花 構造	
		つくる	造る	⇔作る、創る★
像	5	ゾウ	肖像 現像 想像	
増(增)	5	ゾウ	増減 増加 激増	
		ます	増す 水増し	
		ふえる	増える	⇔殖える★
		ふやす	増やす	⇔殖やす★
憎(憎)		ゾウ	憎悪 愛憎	
		にくむ	憎む	
		にくい	憎い 憎さ	
		にくらしい	憎らしい	
		にくしみ	憎しみ	
蔵(藏)	6	ゾウ	蔵書 貯蔵 土蔵	
		くら	蔵 酒蔵	⇔倉
贈(贈)		ゾウ	贈与 贈呈 贈答	
		ソウ	寄贈	「寄贈」は、「キゾウ」とも。
		おくる	贈る 贈り物	⇔送る★
臓(臟)	6	ゾウ	臓器 内臓 心臓	
即(卽)《ソク》		ソク	即応 即席 即興	
束	4	ソク	束縛 結束 約束	
		たば	束 花束 束ねる	
足	1	ソク	足跡 遠足 補足	足袋(たび)

漢字	学年	音訓	例	備考
		あし	足 足音 素足	⇕脚★
		たりる	足りる	
		たる	舌足らず	
		たす	足す	
促《ソク》		ソク	促進 促成 催促	
		うながす	促す	
則	5	ソク	法則 鉄則 変則	
息	3	ソク	休息 消息 子息	息吹（いぶき） 息子（むすこ）
		いき	息 息巻く 吐息	
捉◎		ソク	捕捉	
		とらえる	捉える	⇕捕らえる★
速	3	ソク	速度 敏速 時速	
		はやい	速い 速さ	⇕早い★
		はやめる	速める	⇕早める★
		はやまる◎	速まる	⇕早まる★
		すみやか	速やかだ	
側	4	ソク	側面 側近 側壁	
		がわ◎	側 裏側 片側	「かわ」とも。
測	5	ソク	測量 目測 推測	
		はかる	測る	⇕計る、量る、図る★
俗《ゾク》		ゾク	俗事 風俗 民俗	
族	3	ゾク	一族 家族 民族	
属（屬）	5	ゾク	属性 従属 金属	
賊		ゾク	賊軍 盗賊	
続（續）	4	ゾク	続出 続行 連続	
		つづく	続く 続き	
		つづける	続ける	
卒《ソツ》	4	ソツ	卒業 卒中 兵卒	
率	5	ソツ	率先 引率 軽率	
		リツ	比率 能率 百分率	
		ひきいる	率いる	
存《ソン》	6	ソン	存在 存続 既存	
		ゾン	存分 保存 存じます	
村	1	ソン	村長 村落 農村	
		むら	村 村里 村芝居	
孫	4	ソン	子孫 嫡孫	
		まご	孫	
尊	6	ソン	尊敬 尊大 本尊	
		たっとい	尊い	⇕貴い★
		とうとい	尊い	⇕貴い★
		たっとぶ	尊ぶ	⇕貴ぶ★
		とうとぶ	尊ぶ	⇕貴ぶ★
損	5	ソン	損失 欠損 破損	
		そこなう	損なう 見損なう	
		そこねる	損ねる	
遜［遜］◎		ソン	謙遜 不遜	［遜］＝許容字体 ＊［（付）第2の1参照］
他《タ》	3	タ	他国 自他 排他的	
		ほか◎	他 ○○の他	⇕外★
多	2	タ	多少 多数 雑多	

漢字	学年	音訓	例	備考
		おおい	多い	
汰《タ》◎		タ	沙汰	
打《ダ》	3	ダ	打撃　打破　乱打	
		うつ	打つ	⇔撃つ、討つ★
妥		ダ	妥当　妥結　妥協	
唾◎		ダ	唾液　唾棄	固唾(かたず)
		つば	唾　眉唾	「唾」は、「つばき」とも。
堕(墮)		ダ	堕落	
惰		ダ	惰眠　惰気　怠惰	
駄❖		ダ	駄菓子　駄作　無駄	
太《タイ》	2	タイ	太陽　太鼓　皇太子	太刀(たち)
		タ	丸太	
		ふとい	太い	
		ふとる	太る	
対(對)	3	タイ	対立　絶対　反対	
		ツイ	対句　一対	
体(體)	2	タイ	体格　人体　主体	
		テイ	体裁　風体	
		からだ	体　体つき	
耐		タイ	耐久　耐火　忍耐	
		たえる	耐える	⇔堪える★
待	3	タイ	待機　待遇　期待	
		まつ	待つ　待ち遠しい	
怠		タイ	怠惰　怠慢	
		おこたる	怠る	
		なまける	怠ける　怠け者	
胎		タイ	胎児　受胎　母胎	
退	5→6	タイ	退却　退屈　進退	立ち退く(たちのく)
		しりぞく	退く	
		しりぞける	退ける	
帯(帶)	4	タイ	携帯　地帯　連帯	
		おびる	帯びる	
		おび	帯　角帯	
泰		タイ	泰然　泰斗　安泰	
堆◎		タイ	堆積	
袋		タイ	風袋　郵袋	足袋(たび)
		ふくろ	袋　紙袋	
逮		タイ	逮捕　逮夜	
替		タイ	代替	為替(かわせ)
		かえる	替える　両替	⇔換える、代える、変える★
		かわる	替わる	⇔換わる、代わる、変わる★
貸	5	タイ	貸借　貸与　賃貸	
		かす	貸す　貸し	
隊	4	タイ	隊列　軍隊　部隊	
滞(滯)		タイ	滞在　滞貨　沈滞	
		とどこおる	滞る	
態	5	タイ	態勢　形態　容態	
戴◎		タイ	戴冠　頂戴	
大《ダイ》	1	ダイ	大小　大胆　拡大	大人(おとな)　大和(やまと)
		タイ	大衆　大した　大して	

漢字		音訓	例	備考
		おお	大型　大通り　大水	
		おおきい	大きい　大きさ　大きな	
		おおいに	大いに	
代《ダイ》	3	ダイ	代理　世代　現代	
		タイ	代謝　交代	
		かわる	代わる　代わり	⇔換わる、替わる、変わる★
		かえる	代える	⇔換える、替える、変える★
		よ	代　神代	★
		しろ	代物　苗代	
台（臺）	2	ダイ	台地　灯台　一台	
		タイ	台風　舞台	
第	3	ダイ	第一　第三者　及第	
題	3	ダイ	題名　問題　出題	
滝《たき》（瀧）		たき	滝　滝つぼ	
宅《タク》	6	タク	宅地　自宅　帰宅	
択（擇）		タク	選択　採択　二者択一	
沢（澤）		タク	光沢　潤沢	
		さわ	沢	
卓		タク	卓越　卓球　食卓	
拓		タク	拓本　開拓	
託		タク	託宣　委託　結託	
濯❖		タク	洗濯	
諾		ダク	諾否　承諾　快諾	
濁《ダク》		ダク	濁流　濁音　清濁	
		にごる	濁る　濁り	
		にごす	濁す	
但《ただし》		ただし	但し　但し書き	
達《タツ》	4	タツ	達人　調達　伝達	友達（ともだち）
脱《ダツ》		ダツ	脱衣　脱出　虚脱	
		ぬぐ	脱ぐ	
		ぬげる	脱げる	
奪		ダツ	奪回　奪取　争奪	
		うばう	奪う　奪い取る	
棚《たな》❖		たな	棚　戸棚　大陸棚	
誰《だれ》◎		だれ	誰	
丹《タン》		タン	丹念　丹精	
旦◎		タン	一旦　元旦	
		ダン	旦那	
担（擔）	6	タン	担当　担架　負担	
		かつぐ	担ぐ	
		になう	担う	
単（單）	4	タン	単独　単位　簡単	
炭	3	タン	炭鉱　木炭　石炭	
		すみ	炭　炭火　消し炭	
胆（膽）		タン	大胆　落胆　魂胆	
探	6	タン	探求　探訪　探知	
		さぐる	探る　探り	
		さがす	探す	⇔捜す★
淡		タン	淡水　濃淡　冷淡	
		あわい	淡い　淡雪	

短	3	タン	短歌　短所　長短	
		みじかい	短い	
嘆（嘆）		タン	嘆息　嘆願　驚嘆	
		なげく	嘆く　嘆き	
		なげかわしい	嘆かわしい	
端		タン	端正　末端　極端	
		はし	端　片端	
		は	端数　半端　軒端	
		はた	端　川端　道端	
綻◎		タン	破綻	
		ほころびる	綻びる	
誕	6	タン	誕生　生誕	
鍛		タン	鍛錬	鍛冶（かじ）
		きたえる	鍛える　鍛え方	
団（團）	5	ダン	団結　団地　集団	
		トン	布団	
男	1	ダン	男子　男女　男性	
		ナン	長男　美男　善男善女	
		おとこ	男　男らしい	
段	6	ダン	段落　階段　手段	
断（斷）	5	ダン	断絶　断定　判断	
		たつ	断つ　塩断ち	⇔裁つ、絶つ★
		ことわる	断る　断り	
弾（彈）		ダン	弾力　弾圧　爆弾	
		ひく	弾く　弾き手	⇔引く★
		はずむ	弾む　弾み	
		たま	弾	⇔玉、球★
暖	6	ダン	暖流　暖房　温暖	
		あたたか	暖かだ	⇔温か★
		あたたかい	暖かい	⇔温かい★
		あたたまる	暖まる	⇔温まる★
		あたためる	暖める	⇔温める★
談	3	ダン	談話　談判　相談	
壇		ダン	壇上　花壇　文壇	
		タン	土壇場	
地	2	チ	地下　天地　境地	心地（ここち）
		ジ	地面　地震　地元	意気地（いくじ）
池	2	チ	貯水池　電池	
		いけ	池　古池	
知	2	チ	知識　知人　通知	
		しる	知る　物知り	
値	6	チ	価値　数値　絶対値	
		ね	値　値段	
		あたい	値　値する	⇔価★
恥		チ	恥辱　無恥　破廉恥	
		はじる	恥じる　恥じ入る	
		はじ	恥　生き恥	
		はじらう	恥じらう　恥じらい	
		はずかしい	恥ずかしい	
致		チ	誘致　合致　風致	

漢字	学年	音訓	例	備考
		いたす	致す	
遅《チ》(遲)		チ	遅延　遅刻　遅速	
		おくれる	遅れる　遅れ	⇕後れる★
		おくらす	遅らす	
		おそい	遅い　遅咲き	
痴(癡)		チ	痴情　愚痴	
稚		チ	稚魚　稚拙　幼稚	稚児(ちご)
置	4	チ	位置　放置　処置	
		おく	置く	
緻◎		チ	緻密　精緻	
竹《チク》	1	チク	竹林　竹馬の友　爆竹	竹刀(しない)
		たけ	竹　竹やぶ　さお竹	
畜		チク	畜産　牧畜　家畜	
逐		チク	逐次　逐一　駆逐	
蓄		チク	蓄積　蓄電池　貯蓄	
		たくわえる	蓄える　蓄え	
築	5	チク	築港　建築　改築	築山(つきやま)
		きずく	築く　築き上げる	
秩《チツ》		チツ	秩序	
窒		チツ	窒息　窒素	
茶《チャ》	2	チャ	茶色　茶番劇　番茶	
		サ	茶菓　茶話会　喫茶	
着《チャク》	3	チャク	着用　着手　土着	
		ジャク	愛着　執着	「愛着」「執着」は、「アイチャク」「シュウチャク」とも。
		きる	着る　着物　晴れ着	
		きせる	着せる　お仕着せ	
		つく	着く　船着き場	⇕付く、就く★
		つける	着ける	⇕付ける、就ける★
嫡		チャク	嫡子　嫡流	
中《チュウ》	1	チュウ	中央　中毒　胸中	
		ジュウ◎	○○中	
		なか	中　中庭　真ん中	⇕仲★
仲	4	チュウ	仲介　仲裁　伯仲	
		なか	仲　仲間	仲人(なこうど) ⇕中★
虫(蟲)	1	チュウ	虫類　幼虫　害虫	
		むし	虫　毛虫	
沖	→4	チュウ	沖積層　沖天　沖する	
		おき	沖	
宙	6	チュウ	宙返り　宇宙	
忠	6	チュウ	忠実　忠勤　誠忠	
抽		チュウ	抽出　抽象	
注	3	チュウ	注入　注意　発注	
		そそぐ	注ぐ	
昼(晝)	2	チュウ	昼夜　昼食　白昼	
		ひる	昼　昼寝　真昼	
柱	3	チュウ	支柱　円柱　電柱	
		はしら	柱　帆柱　大黒柱	
衷		チュウ	衷心　折衷　苦衷	
酎◎		チュウ	焼酎	

漢字	学年	音訓	例	備考
鋳《チュウ》(鑄)		チュウ	鋳造　鋳鉄　改鋳	
		いる	鋳る　鋳物　鋳型	
駐		チュウ	駐車　駐在　進駐	
著《チョ》(著)	6	チョ	著名　著作　顕著	
		あらわす	著す	⇕表す、現す★
		いちじるしい	著しい　著しさ	
貯	4→5	チョ	貯蓄　貯金　貯水池	
丁《チョウ》	3	チョウ	丁数　落丁　二丁目	
		テイ	丁字路　甲乙丙丁	
弔		チョウ	弔問　弔辞　慶弔	
		とむらう	弔う　弔い	
庁(廳)	6	チョウ	庁舎　官庁　県庁	
兆	4	チョウ	兆候　前兆　億兆	
		きざす	兆す	
		きざし	兆し	
町	1	チョウ	町会　市町村	
		まち	町　町外れ	⇕街★
長	2	チョウ	長女　長所　成長	
		ながい	長い　長さ	⇕永い★
挑❖		チョウ	挑戦　挑発	
		いどむ	挑む	
帳	3	チョウ	帳面　帳簿　通帳	蚊帳(かや)
張	5	チョウ	張力　拡張　主張	
		はる	張る　欲張る　引っ張る	⇕貼る★
彫		チョウ	彫刻　彫塑　木彫	
		ほる	彫る　木彫り	
眺❖		チョウ	眺望	
		ながめる	眺める　眺め	
釣❖		チョウ	釣果　釣魚　釣艇	
		つる	釣る　釣り　釣り合い	
頂	6	チョウ	頂上　頂点　絶頂	
		いただく	頂く　頂き物	
		いただき	頂	「山頂」の意。
鳥	2	チョウ	鳥類　野鳥　一石二鳥	鳥取(とっとり)県
		とり	鳥　鳥居　小鳥	
朝	2	チョウ	朝食　早朝　今朝	今朝(けさ)
		あさ	朝　朝日　毎朝	
貼◎		チョウ	貼付	「貼付」は、「テンプ」とも。
		はる	貼る	⇕張る★
超		チョウ	超越　超過　入超	
		こえる	超える	⇕越える★
		こす	超す	⇕越す★
腸	4→6	チョウ	腸炎　大腸　胃腸	
跳		チョウ	跳躍	
		はねる	跳ねる	
		とぶ	跳ぶ　縄跳び	⇕飛ぶ★
徴(徵)		チョウ	徴収　特徴　象徴	
嘲◎		チョウ	嘲笑　自嘲	*[(付)第2の3参照]
		あざける	嘲る	
潮	6	チョウ	潮流　満潮　風潮	

漢字	音訓	例	備考
	しお	潮　潮風	
澄《チョウ》	チョウ	清澄	
	すむ	澄む　上澄み	
	すます	澄ます　澄まし顔	
調	3 チョウ	調和　調査　好調	
	しらべる	調べる　調べ	
	ととのう	調う	⇕整う★
	ととのえる	調える	⇕整える★
聴（聽）	チョウ	聴覚　聴衆　傍聴	
	きく	聴く	⇕聞く★
懲（懲）	チョウ	懲罰　懲戒　懲役	
	こりる	懲りる　性懲りもなく	
	こらす	懲らす	
	こらしめる	懲らしめる	
直《チョク》	2 チョク	直立　直接　実直	
	ジキ	直訴　直筆　正直	
	ただちに	直ちに	
	なおす	直す　手直し	⇕治す★
	なおる	直る　仲直り	⇕治る★
勅（敕）	チョク	勅語　勅使　詔勅	
捗◎	チョク	進捗	＊〔（付）第2の3参照〕
沈《チン》	チン	沈滞　沈黙　浮沈	
	しずむ	沈む　浮き沈み	
	しずめる	沈める	⇕静める、鎮める★
珍	チン	珍客　珍重　珍妙	
	めずらしい	珍しい　珍しさ　珍しがる	
朕	チン		
陳	チン	陳列　陳謝　開陳	
賃	6 チン	賃金　賃上げ　運賃	
鎮（鎭）	チン	鎮座　鎮静　重鎮	
	しずめる	鎮める	⇕静める、沈める★
	しずまる	鎮まる	⇕静まる★
追《ツイ》	3 ツイ	追跡　追放　訴追	
	おう	追う	
椎◎	ツイ	椎間板　脊椎	
墜	ツイ	墜落　墜死　撃墜	
通《ツウ》	2 ツウ	通行　通読　普通	
	ツ	通夜	
	とおる	通る　通り	
	とおす	通す　通し	
	かよう	通う　通い	
痛	6 ツウ	痛快　苦痛　心痛	
	いたい	痛い　痛さ	
	いたむ	痛む　痛み　痛ましい	⇕傷む、悼む★
	いためる	痛める	⇕傷める★
塚《つか》（塚）❖	つか	塚　貝塚	
漬《つける》❖	つける	漬ける　漬物	
	つかる	漬かる	
坪《つぼ》	つぼ	坪数　建坪	
爪《つめ》◎	つめ	爪　生爪	

漢字	学年	音訓	例	備考
		つま	爪先　爪弾く	
鶴《つる》◎		つる	鶴　千羽鶴	
低《テイ》	4	テイ	低級　低気圧　高低	
		ひくい	低い　低さ	
		ひくめる	低める	
		ひくまる	低まる	
呈		テイ	呈上　進呈　贈呈	
廷		テイ	宮廷　法廷　出廷	
弟	2	テイ	弟妹　義弟　子弟	
		ダイ	兄弟	
		デ	弟子	
		おとうと	弟	
定	3	テイ	定価　安定　決定	
		ジョウ	定石　定紋　必定	
		さだめる	定める　定め	
		さだまる	定まる	
		さだか	定かだ	
底	4	テイ	底流　海底　到底	
		そこ	底　奥底	
抵		テイ	抵抗　抵触　大抵	
邸		テイ	邸宅　邸内　私邸	
亭❖		テイ	亭主　料亭	
貞		テイ	貞淑　貞操　貞節	
帝		テイ	帝王　帝国　皇帝	
訂		テイ	訂正　改訂	

漢字	学年	音訓	例	備考
庭	3	テイ	庭園　校庭　家庭	
		にわ	庭　庭先	
逓（遞）		テイ	逓信　逓送　逓減	
停	4→5	テイ	停止　停車　調停	
偵❖		テイ	偵察　探偵　内偵	
堤		テイ	堤防　防波堤	
		つつみ	堤	
提	5	テイ	提供　提案　前提	
		さげる	提げる　手提げ	⇕下げる★
程	5	テイ	程度　日程　過程	
		ほど	程　程遠い　身の程	
艇		テイ	艦艇　舟艇　競艇	
締		テイ	締結	
		しまる	締まる　締まり	⇕閉まる、絞まる★
		しめる	締める　締め切る　引き締め	⇕閉める、絞める★
諦◎		テイ	諦観　諦念	
		あきらめる	諦める	
泥《デイ》❖		デイ	泥土　雲泥　拘泥	
		どろ	泥　泥沼　泥棒	
的《テキ》	4	テキ	的中　目的　科学的	
		まと	的　的外れ	
笛	3	テキ	汽笛　警笛　牧笛	
		ふえ	笛　口笛	
摘		テキ	摘要　摘発　指摘	

	つむ	摘む　摘み草	
滴《テキ》	テキ	水滴　点滴　一滴	
	しずく	滴	
	したたる	滴る　滴り	
適 5	テキ	適切　適度　快適	
敵 5→6	テキ	敵意　匹敵	
	かたき	敵　敵役　商売敵	
溺《デキ》◎	デキ	溺愛　溺死	＊［（付）第2の3参照］
	おぼれる	溺れる	
迭《テツ》	テツ	更迭	
哲	テツ	哲学　哲人　先哲	
鉄（鐵） 3	テツ	鉄道　鉄筋　鋼鉄	
徹	テツ	徹底　徹夜　貫徹	
撤	テツ	撤去　撤回　撤兵	
天《テン》 1	テン	天地　天然　雨天	
	あめ	天	
	あま	天の川　天下り	
典 4	テン	典拠　古典　式典	
店 2	テン	店舗　開店　本店	
	みせ	店　夜店	
点（點） 2	テン	点線　点火　採点	
展 6	テン	展示　展開　発展	
添	テン	添加　添付　添削	
	そえる	添える　添え手紙	
	そう	添う　付き添う	⇕沿う★
転（轉） 3	テン	転出　回転　運転	
	ころがる	転がる	
	ころげる	転げる	
	ころがす	転がす	
	ころぶ	転ぶ	
塡◎	テン	装塡　補塡	＊［（付）第2の3参照］
田《デン》 1	デン	田地　水田　油田	田舎（いなか）
	た	田　田植え	
伝（傳） 4	デン	伝言　伝統　宣伝	伝馬船（てんません）
	つたわる	伝わる	
	つたえる	伝える　言い伝え	
	つたう	伝う	手伝（てつだ）う
殿	デン	殿堂　宮殿　貴殿	
	テン	御殿	
	との	殿様　殿方	
	どの	○○殿	
電 2	デン	電気　電報　発電	
斗《ト》	ト	斗酒　北斗七星	
吐	ト	吐露　吐血　音吐朗々	
	はく	吐く　吐き気	
妬◎	ト	嫉妬	
	ねたむ	妬む	
徒 4	ト	徒歩　徒労　信徒	
途	ト	途上　帰途　前途	
都（都） 3	ト	都会　都心　首都	

漢字	学年	音訓	例	備考
		ツ	都合　都度	
		みやこ	都　都落ち	
渡《ト》		ト	渡航　渡河　譲渡	
		わたる	渡る　渡り	
		わたす	渡す　渡し	
塗		ト	塗布　塗装　塗料	
		ぬる	塗る　塗り	
賭◎		ト	賭場　賭博	*［（付）第2の3参照］
		かける	賭ける　賭け	⇕掛ける、懸ける、架ける★
土《ド》	1	ド	土木　国土　粘土	土産（みやげ）
		ト	土地	
		つち	土　赤土	
奴		ド	奴隷　守銭奴	
努	4	ド	努力	
		つとめる	努める　努めて〔副〕	⇕勤める、務める★
度	3	ド	度胸　制度　限度	
		ト	法度	
		タク	支度	
		たび	度　度重なる　この度	
怒		ド	怒号　怒気　激怒	
		いかる	怒る　怒り　怒り狂う	
		おこる	怒る	
刀《トウ》	2	トウ	刀剣　短刀　名刀	太刀（たち）　竹刀（しない）
		かたな	刀	
冬	2	トウ	冬季　冬至　越冬	
		ふゆ	冬　冬枯れ	
灯（燈）	4	トウ	灯火　電灯　点灯	
		ひ	灯	⇕火
当（當）	2	トウ	当惑　当然　妥当	
		あたる	当たる　当たり	
		あてる	当てる　当て	⇕宛てる、充てる★
投	3	トウ	投資　投下　暴投	投網（とあみ）
		なげる	投げる　身投げ	
豆	3	トウ	豆腐　納豆	小豆（あずき）
		ズ	大豆	
		まめ	豆　豆粒　煮豆	
東	2	トウ	東西　東国　以東	
		ひがし	東　東側	
到		トウ	到着　到底　周到	
逃		トウ	逃走　逃亡　逃避	
		にげる	逃げる　夜逃げ	
		にがす	逃がす	
		のがす	逃す　見逃す	
		のがれる	逃れる　一時逃れ	
倒		トウ	倒産　圧倒　傾倒	
		たおれる	倒れる　共倒れ	
		たおす	倒す	
凍		トウ	凍結　凍死　冷凍	
		こおる	凍る　凍り付く	
		こごえる	凍える　凍え死に	

トウ

唐		トウ	唐本 唐突	
		から	唐織 唐草模様	
島	3	トウ	島民 半島 列島	
		しま	島 島国 離れ島	
桃		トウ	桃源郷 白桃 桜桃	
		もも	桃 桃色	
討	6	トウ	討伐 討論 検討	
		うつ	討つ 敵討ち	⇕打つ、撃つ★
透		トウ	透写 透明 浸透	
		すく	透く	
		すかす	透かす 透かし	
		すける	透ける	
党（黨）	6	トウ	党派 政党 徒党	
悼		トウ	悼辞 哀悼 追悼	
		いたむ	悼む	⇕痛む、傷む★
盗（盜）		トウ	盗難 盗用 強盗	
		ぬすむ	盗む 盗み	
陶		トウ	陶器 陶酔 薫陶	
塔		トウ	五重の塔 石塔	
搭❖		トウ	搭載 搭乗 搭乗券	
棟❖		トウ	上棟 病棟	
		むね	棟 別棟	
		むな	棟木	
湯	3	トウ	湯治 熱湯 微温湯	
		ゆ	湯 湯水 煮え湯	

痘		トウ	種痘 水痘 天然痘	
登	3	トウ	登壇 登校 登記	
		ト	登山 登城	
		のぼる	登る 山登り	⇕上る、昇る★
答	2	トウ	答弁 応答 問答	
		こたえる	答える	⇕応える★
		こたえ	答え	
等	3	トウ	等分 等級 平等	
		ひとしい	等しい	
筒		トウ	封筒 水筒 円筒形	
		つつ	筒 筒抜け	
統	5	トウ	統一 統計 伝統	
		すべる	統べる	
稲（稻）		トウ	水稲 陸稲	
		いね	稲 稲刈り	
		いな	稲作 稲穂	
踏		トウ	踏破 踏襲 高踏的	
		ふむ	踏む 足踏み	
		ふまえる	踏まえる	
糖	6	トウ	糖分 砂糖 製糖	
頭	2	トウ	頭部 年頭 船頭	
		ズ	頭脳 頭上 頭痛	
		ト	音頭	
		あたま	頭 頭金 頭打ち	
		かしら	頭 頭文字 旗頭	

漢字	学年	音訓	例	備考
謄《トウ》		トウ	謄写　謄本	
藤◎		トウ	葛藤	
		ふじ	藤　藤色	
闘（鬪）		トウ	闘争　闘志　戦闘	
		たたかう	闘う　闘い	⇔戦う★
騰		トウ	騰貴　暴騰　沸騰	
同《ドウ》	2	ドウ	同情　異同　混同	
		おなじ	同じ　同じだ　同い年	
洞❖		ドウ	洞穴　洞察　空洞	
		ほら	洞穴	
胴		ドウ	胴体　双胴船	
動	3	ドウ	動物　活動　騒動	
		うごく	動く　動き	
		うごかす	動かす	
堂	4→5	ドウ	堂々と　殿堂　母堂	
童	3	ドウ	童話　童心　児童	
		わらべ	童　童歌	
道	2	ドウ	道路　道徳　報道	
		トウ	神道	
		みち	道　近道	
働	4	ドウ	労働　実働	
		はたらく	働く　働き	
銅	5	ドウ	銅器　銅像　青銅	
導	5	ドウ	導入　指導　半導体	
		みちびく	導く　導き	
瞳◎		ドウ	瞳孔	
		ひとみ	瞳	
峠《とうげ》		とうげ	峠　峠道	
匿《トク》		トク	匿名　隠匿	
特	4	トク	特殊　特産　独特	
得	4→5	トク	得意　会得　損得	
		える	得る	⇔獲る
		うる	得るところ　書き得る	
督		トク	督促　督励　監督	
徳（德）	5→4	トク	徳義　徳用　道徳	
篤		トク	篤農　危篤　懇篤	
毒《ドク》	4→5	ドク	毒薬　毒舌　中毒	
独（獨）	5	ドク	独立　独断　単独	
		ひとり	独り　独り者	
読（讀）	2	ドク	読書　音読　購読	読経（どきょう）
		トク	読本	
		トウ	読点　句読点	
		よむ	読む　読み	⇔詠む★
栃《とち》◎	→4	とち		栃木県
凸《トツ》❖		トツ	凸版　凸レンズ　凹凸	凸凹（でこぼこ）
突（突）		トツ	突然　突端　衝突	
		つく	突く　一突き	
届《とどけ》（屆）	6	とどける	届ける　届け	
		とどく	届く　行き届く	
屯《トン》❖		トン	駐屯　駐屯地	

漢字	音訓	例	備考
豚《トン》	トン	養豚	
	ぶた	豚　子豚	
頓《トン》⊙	トン	頓着　整頓	
貪《ドン》⊙	ドン	貪欲	
	むさぼる	貪る	
鈍	ドン	鈍感　鈍角　愚鈍	
	にぶい	鈍い　鈍さ	
	にぶる	鈍る	
曇	ドン	曇天	
	くもる	曇る　曇り	
丼《どんぶり》⊙	どんぶり	丼　丼飯	
	どん	牛丼　天丼	
那《ナ》⊙	ナ	刹那　旦那	
奈《ナ》⊙ →4	ナ	奈落	
内《ナイ》 2	ナイ	内外　内容　家内	
	ダイ	内裏　参内	
	うち	内　内側　内気	
梨《なし》⊙ →4	なし	梨	
謎《なぞ》⊙[謎]⊙	なぞ	謎	[謎]＝許容字体 *［(付)第2の1参照］
鍋《なべ》⊙	なべ	鍋　鍋料理	
南《ナン》 2	ナン	南北　南端　指南	
	ナ	南無	
	みなみ	南　南向き	
軟	ナン	軟化　軟弱　硬軟	
	やわらか	軟らかだ	⇕柔らか★
	やわらかい	軟らかい	⇕柔らかい★
難(難) 6	ナン	難易　困難　非難	
	かたい	許し難い　有り難い	
	むずかしい	難しい　難しさ	「むつかしい」とも。
二《ニ》 1	ニ	二番目　二分　十二月	十重二十重(とえはたえ) 二十・二十歳(はたち) 二十日(はつか) 二人(ふたり) 二日(ふつか)
	ふた	二重まぶた	
	ふたつ	二つ	⇕双
尼	ニ	尼僧　修道尼	
	あま	尼　尼寺	
弐(貳)	ニ	弐万円	
匂《におう》⊙	におう	匂う　匂い	⇕臭う★
肉《ニク》 2	ニク	肉類　肉薄　筋肉	
虹《にじ》⊙	にじ	虹	
日《ニチ》 1	ニチ	日時　日光　毎日	明日(あす) 昨日(きのう) 今日(きょう) 一日(ついたち) 二十日(はつか) 日和(ひより) 二日(ふつか)
	ジツ	連日　平日　休日	
	ひ	日　日帰り　月曜日	
	か	三日　十日	
入《ニュウ》 1	ニュウ	入学　侵入　収入	
	いる	寝入る　大入り　気に入る	⇕要る★
	いれる	入れる　入れ物	
	はいる	入る	
乳 6	ニュウ	乳児　乳液　牛乳	乳母(うば)
	ちち	乳	

		ち	乳首　乳飲み子	
尿《ニョウ》		ニョウ	尿意　尿素　夜尿症	
任《ニン》	5	ニン	任意　任務　責任	
		まかせる	任せる　人任せ	
		まかす	任す	
妊		ニン	妊娠　懐妊　不妊	
忍		ニン	忍者　忍耐　残忍	
		しのぶ	忍ぶ　忍び足　忍びやかだ	
		しのばせる	忍ばせる	
認	6	ニン	認識　承認　否認	
		みとめる	認める	
寧《ネイ》		ネイ	安寧　丁寧	
熱《ネツ》	4	ネツ	熱病　熱湯　情熱	
		あつい	熱い　熱さ	⇔暑い★
年《ネン》	1	ネン	年代　少年　豊年	
		とし	年　年子　年寄り	今年（ことし）
念	4	ネン	念願　信念　断念	
捻◎		ネン	捻挫　捻出	
粘		ネン	粘土　粘液　粘着	
		ねばる	粘る　粘り　粘り強い	
燃	5	ネン	燃焼　燃料　可燃性	
		もえる	燃える　燃え尽きる	
		もやす	燃やす	
		もす	燃す	
悩《ノウ》（惱）		ノウ	悩殺　苦悩　煩悩	
		なやむ	悩む　悩み　悩ましい	
		なやます	悩ます	
納	6	ノウ	納入　納涼　収納	
		ナッ	納得　納豆	
		ナ	納屋	
		ナン	納戸	
		トウ	出納	
		おさめる	納める　御用納め	⇔収める★
		おさまる	納まる　納まり	⇔収まる★
能	5	ノウ	能力　芸能　効能	
脳（腦）	6	ノウ	脳髄　首脳　頭脳	
農	3	ノウ	農業　農具　酪農	
濃		ノウ	濃厚　濃紺　濃淡	
		こい	濃い　濃さ	
把《ハ》❖		ハ	把握　把持　一把（ワ）　三把（バ）　十把（パ）	「把（ハ）」は，前に来る音によって「ワ」，「バ」，「パ」になる。
波	3	ハ	波浪　波及　電波	波止場（はとば）
		なみ	波　波立つ　荒波	
派	6	ハ	派遣　派生　流派	
破	5	ハ	破壊　破産　撃破　破棄	
		やぶる	破る　型破り	
		やぶれる	破れる　破れ	⇔敗れる★
覇（霸）❖		ハ	覇権　覇者　制覇	
馬《バ》	2	バ	馬車　競馬　乗馬	伝馬船（てんません）
		うま	馬　馬小屋	

漢字	学年	音訓	例	備考
		ま	馬子　絵馬	
婆《バ》		バ	老婆　産婆役	
罵◎		バ	罵声　罵倒	
		ののしる	罵る	
拝《ハイ》（拜）	6	ハイ	拝見　拝礼　崇拝	
		おがむ	拝む　拝み倒す	
杯		ハイ	祝杯　銀杯　一杯	
		さかずき	杯	
背	6	ハイ	背後　背景　腹背	
		せ	背　背丈　背中	
		せい	背　上背	
		そむく	背く	
		そむける	背ける	
肺	6	ハイ	肺臓　肺炎　肺活量	
俳	6	ハイ	俳優　俳句　俳味	
配	3	ハイ	配分　交配　心配	
		くばる	配る	
排		ハイ	排斥　排気　排除	
敗	4	ハイ	敗北　腐敗　失敗	
		やぶれる	敗れる	⇔破れる★
廃（廢）		ハイ	廃止　廃物　荒廃	
		すたれる	廃れる	
		すたる	廃る　はやり廃り	
輩		ハイ	輩出　同輩　先輩	
売《バイ》（賣）	2	バイ	売買　売品　商売	
		うる	売る　売り出す	
		うれる	売れる　売れ行き	
倍	3	バイ	倍率　倍加　二倍	
梅（梅）	4	バイ	梅園　梅雨　紅梅	梅雨（つゆ）
		うめ	梅　梅見　梅酒	
培		バイ	培養　栽培	
		つちかう	培う	
陪		バイ	陪席　陪食　陪審	
媒		バイ	媒介　媒体　触媒	
買	2	バイ	買収　売買　購買	
		かう	買う　買い物	
賠		バイ	賠償	
白《ハク》	1	ハク	白髪　紅白　明白	白髪（しらが）
		ビャク	黒白	
		しろ	白　白黒　真っ白	
		しら	白壁　白む　白ける	
		しろい	白い	
伯		ハク	伯仲　画伯	伯父（おじ）　伯母（おば）
拍		ハク	拍手　拍車　一拍	
		ヒョウ	拍子	
泊		ハク	宿泊　停泊　外泊	
		とまる	泊まる　泊まり	⇔止まる、留まる★
		とめる	泊める	⇔止める、留める★
迫		ハク	迫害　脅迫　切迫	

漢字	学年	音訓	例	備考
		せまる	迫る	
剝《ハク》◎		ハク	剝製 剝奪	*〔(付)第2の3参照〕
		はがす	剝がす	
		はぐ	剝ぐ	
		はがれる	剝がれる	
		はげる	剝げる	
舶		ハク	舶来 船舶	
博	4	ハク	博識 博覧 博士号	博士(はかせ)
		バク	博労 博徒	
薄		ハク	薄情 薄謝 軽薄	
		うすい	薄い 薄着 品薄	
		うすめる	薄める	
		うすまる	薄まる	
		うすらぐ	薄らぐ	
		うすれる	薄れる	
麦《バク》(麥)	2	バク	麦芽 麦秋 精麦	
		むぎ	麦 麦粉 小麦	
漠❖		バク	漠然 広漠 砂漠	
縛		バク	束縛 捕縛	
		しばる	縛る 金縛り	
爆		バク	爆発 爆弾 原爆	
箱《はこ》	3	はこ	箱 箱庭 小箱	
箸《はし》◎		はし	箸	*〔(付)第2の3【賭】参照〕
畑《はた》	3	はた	畑 畑作	
		はたけ	畑 畑違い 麦畑	
肌《はだ》❖		はだ	肌 肌色 地肌	
八《ハチ》	1	ハチ	八月 八方	八百屋(やおや) 八百長(やおちょう)
		や	八重桜	
		やつ	八つ当たり	
		やっつ	八つ	
		よう	八日	
鉢❖		ハチ	鉢 植木鉢	
		ハツ	衣鉢	
発《ハツ》(發)	3	ハツ	発明 発射 突発	
		ホツ	発作 発端 発起	
髪(髮)		ハツ	頭髪 白髪 整髪	白髪(しらが)
		かみ	髪 髪結い 日本髪	
伐《バツ》		バツ	伐採 征伐 殺伐	
抜(拔)		バツ	抜群 選抜	
		ぬく	抜く くぎ抜き	
		ぬける	抜ける 気抜け	
		ぬかす	抜かす	
		ぬかる	抜かる 抜かり	
罰		バツ	罰金 処罰 天罰	
		バチ	罰当たり	
閥		バツ	門閥 財閥 派閥	
反《ハン》	3	ハン	反映 反対 違反	
		ホン	謀反	
		タン	反物	
		そる	反る 反り	

漢字	学年	音訓	例	備考
		そらす	反らす	
半《ハン》	2	ハン	半分　半面　大半	
		なかば	半ば	
氾◎		ハン	氾濫	
犯	5	ハン	犯罪　共犯　侵犯	
		おかす	犯す	⇔侵す、冒す★
帆		ハン	帆船　帆走　出帆	
		ほ	帆　帆柱　帆前船	
汎◎		ハン	汎用	
伴		ハン	同伴　随伴	
		バン	伴奏　伴食	
		ともなう	伴う	
判	5	ハン	判定　判明　裁判	
		バン	A判　大判	
坂	3	ハン	急坂	
		さか	坂　坂道　下り坂	
阪◎	→4	ハン	阪神　京阪	大阪(おおさか)府
板	3	ハン	乾板　鉄板	
		バン	黒板　掲示板	
		いた	板　板前	
版	5	ハン	版画　写真版　出版	
班	6	ハン	班長　救護班	
畔		ハン	湖畔	
般		ハン	諸般　一般　先般	
販		ハン	販売　販路　市販	
斑◎		ハン	斑点	
飯	4	ハン	御飯　炊飯　赤飯	
		めし	飯　飯粒　五目飯	
搬		ハン	搬入　搬出　運搬	
煩		ハン	煩雑	
		ボン	煩悩	
		わずらう	煩う　煩い　煩わしい	⇔患う★
		わずらわす	煩わす	
頒		ハン	頒布　頒価	
範		ハン	範囲　師範　模範	
繁(繁)		ハン	繁栄　繁茂　繁華街	
藩		ハン	藩主　廃藩	
晩《バン》(晚)	6	バン	晩夏　今晩　早晩	
番	2	バン	番人　番組　順番	
蛮(蠻)		バン	蛮行　蛮人　野蛮	
盤		バン	基盤　円盤　碁盤	
比《ヒ》	5	ヒ	比較　比例　無比	
		くらべる	比べる　背比べ	
皮	3	ヒ	皮膚　皮相　樹皮	
		かわ	皮　毛皮	⇔革★
妃		ヒ	妃殿下　王妃	
否	6	ヒ	否定　適否　安否	
		いな	否　否めない	
批	6	ヒ	批判　批評　批准	
彼		ヒ	彼我　彼岸	

		かれ	彼　彼ら	
		かの	彼女	
披《ヒ》❖		ヒ	披見　披露　直披	
肥	5	ヒ	肥大　肥料　施肥	
		こえる	肥える	
		こえ	肥　下肥	
		こやす	肥やす	
		こやし	肥やし	
非	5	ヒ	非難　非常　是非	
卑（卑）		ヒ	卑近　卑屈　卑下	
		いやしい	卑しい　卑しさ	
		いやしむ	卑しむ	
		いやしめる	卑しめる	
飛	4	ヒ	飛行　飛躍　雄飛	
		とぶ	飛ぶ　飛び火	⇕跳ぶ★
		とばす	飛ばす	
疲		ヒ	疲労　疲弊	
		つかれる	疲れる　疲れ	
秘（祕）	6	ヒ	秘密　秘書　神秘	
		ひめる	秘める	
被		ヒ	被服　被害　被告	
		こうむる	被る	
悲	3	ヒ	悲喜　悲劇　慈悲	
		かなしい	悲しい　悲しがる	
		かなしむ	悲しむ　悲しみ	
扉❖		ヒ	開扉　門扉	
		とびら	扉	
費	4→5	ヒ	費用　消費　旅費	
		ついやす	費やす	
		ついえる	費える　費え	
碑（碑）		ヒ	碑銘　石碑　記念碑	
罷		ヒ	罷業　罷免	
避		ヒ	避難　逃避　不可避	
		さける	避ける	
尾《ビ》		ビ	尾行　首尾　末尾	
		お	尾　尾頭付き　尾根	尻尾（しっぽ）
眉◎		ビ	眉目　焦眉	
		ミ	眉間	
		まゆ	眉毛	
美	3	ビ	美醜　美術　賛美	
		うつくしい	美しい　美しさ	
備	5	ビ	備考　守備　準備	
		そなえる	備える　備え	⇕供える★
		そなわる	備わる	
微		ビ	微細　微笑　衰微	
鼻	3	ビ	鼻音　鼻孔　耳鼻科	
		はな	鼻　鼻血　小鼻	
膝《ひざ》◎		ひざ	膝　膝頭	
肘《ひじ》◎		ひじ	肘　肘掛け	
匹《ヒツ》		ヒツ	匹敵　匹夫　馬匹	

ヒツ−フ

ふ

（匹 つづき） ひき … 数匹

必 ［4］ ヒツ／かならず
- ヒツ：必然　必死　必要
- かならず：必ず　必ずしも

泌 ヒツ
- 分泌　泌尿器
- 〔「分泌」は、「ブンピ」とも。〕

筆 ［3］ ヒツ／ふで
- ヒツ：筆力　筆記　毛筆
- ふで：筆先　筆

姫 ひめ
- 姫　姫松

百 ［1］ ヒャク
- 百貨店　百科全書　数百
- 八百屋（やおや）　八百長（やおちょう）

氷 ［3］ ヒョウ／こおり／ひ
- ヒョウ：氷点　氷山　結氷
- こおり：氷
- ひ：氷雨

表 ［3］ ヒョウ／おもて／あらわす／あらわれる
- ヒョウ：表面　代表　発表
- おもて：表　表門　裏表　⇔面★
- あらわす：表す　⇔現す、著す★
- あらわれる：表れる　⇔現れる★

俵 ［5→6］ ヒョウ／たわら
- ヒョウ：土俵
- たわら：俵　一俵　米俵

票 ［4］ ヒョウ
- 票決　投票　伝票

評 ［5］ ヒョウ
- 評価　評判　定評

漂 ヒョウ／ただよう
- ヒョウ：漂着　漂白　漂流
- ただよう：漂う

標 ［4］ ヒョウ
- 標準　標本　目標

苗 ビョウ／なえ／なわ
- ビョウ：種苗　痘苗

秒 ［3］ ビョウ
- 秒針　秒速　寸秒

病 ［3］ ビョウ／ヘイ／やむ／やまい
- ビョウ：病気　病根　看病
- ヘイ：疾病
- やむ：病む　病み付き
- やまい：病

描 ✻ ビョウ／えがく／かく◎
- ビョウ：描写　素描　点描
- えがく：描く　描き出す
- かく◎：描く　絵描き　⇔書く★

猫 ✻ ビョウ／ねこ
- ビョウ：愛猫
- ねこ：猫

品 ［3］ ヒン／しな
- ヒン：品評　作品　上品
- しな：品物　手品

浜（濱） ヒン／はま
- ヒン：海浜
- はま：浜　浜辺　砂浜

貧 ［5］ ヒン／ビン／まずしい
- ヒン：貧富　貧弱　清貧
- ビン：貧乏
- まずしい：貧しい　貧しさ

賓（賓） ヒン
- 賓客　主賓　来賓

頻（頻） ヒン
- 頻度　頻発　頻繁

敏 ビン
- 敏速　機敏　鋭敏

瓶（瓶） ✻ ビン
- 瓶　瓶詰　花瓶

不 ［4］ フ／ブ
- ブ：不作法　不用心
- フ：不当　不利　不賛成

苗（つづき） なえ／なわ
- なえ：苗　苗木
- なわ：苗代
- 早苗（さなえ）

フ

漢字	学年	音訓	例	備考
夫	4	フ	夫妻　農夫　凡夫	
		フウ	夫婦　工夫	
		おっと	夫	
父	2	フ	父母　父兄　祖父	叔父・伯父（おじ）
		ちち	父　父親	父（とう）さん
付	4	フ	付与　交付　給付	
		つける	付ける　名付け	⇔着ける、就ける★
		つく	付く　気付く	⇔着く、就く★
布	5	フ	布陣　綿布　分布	
		ぬの	布　布地　布目	
扶		フ	扶助　扶養　扶育	
府	4	フ	府県　首府　政府	
怖		フ	恐怖	
		こわい	怖い　怖がる	
阜◎	→4	フ		岐阜県
附		フ	附属　寄附	
訃◎		フ	訃報	
負	3	フ	負担　負傷　勝負	
		まける	負ける　負け	
		まかす	負かす	
		おう	負う　負い目　背負う	
赴		フ	赴任	
		おもむく	赴く	
浮		フ	浮沈　浮力　浮薄	浮気（うわき）
		うく	浮く　浮き　浮世絵	浮（うわ）つく
		うかれる	浮かれる	
		うかぶ	浮かぶ	
		うかべる	浮かべる	
婦	5	フ	婦人　夫婦　主婦	
符		フ	符号　切符　音符	
富	5→4	フ	富強　富裕　貧富	富山（とやま）県
		フウ	富貴	「富貴」は、「フッキ」とも。
		とむ	富む　富み栄える	
		とみ	富	
普		フ	普通　普遍　普請	
腐		フ	腐心　腐敗　陳腐	
		くさる	腐る	
		くされる	腐れ縁　ふて腐れる	
		くさらす	腐らす	
敷		フ	敷設	
		しく	敷く　敷石　屋敷	桟敷（さじき）
膚		フ	皮膚　完膚	
賦		フ	賦役　月賦　天賦	
譜		フ	系譜　楽譜　年譜	

ブ

漢字	学年	音訓	例	備考
侮（侮）		ブ	侮辱　軽侮	
		あなどる	侮る　侮り	
武	5	ブ	武力　武士　文武	
		ム	武者人形　荒武者	
部	3	ブ	部分　全部　本部	部屋（へや）
舞		ブ	舞踏　舞台　鼓舞	

漢字	学年	音訓	例	備考
		まう	舞う　舞い上がる	
		まい	舞　舞扇	
封		フウ	封鎖　封書　密封	
		ホウ	封建的　素封家	
風	2	フウ	風力　風俗　強風	風邪(かぜ)
		フ	風情　中風	
		かぜ	風　そよ風	
		かざ	風上　風車	
伏		フク	伏線　起伏　潜伏	
		ふせる	伏せる　うつ伏せ	
		ふす	伏す　伏し拝む	
服	3	フク	服装　服従　洋服	
副	4	フク	副業　副作用　正副	
幅		フク	幅員　振幅　全幅	
		はば	幅　横幅	
復	5	フク	復活　往復　報復	
福（福）	3	フク	福祉　福徳　幸福	
腹	6	フク	腹案　空腹　山腹	
		はら	腹　腹芸　太っ腹	
複	5	フク	複数　複雑　重複	
覆		フク	覆面　転覆	
		おおう	覆う　覆い	
		くつがえす	覆す	
		くつがえる	覆る	
払（拂）		フツ	払暁　払底	
		はらう	払う　払い　月払い	
沸		フツ	沸騰　沸点　煮沸	
		わく	沸く　沸き上がる	⇕湧く★
		わかす	沸かす　湯沸かし	
仏（佛）	5	ブツ	仏事　仏像　念仏	
		ほとけ	仏　仏様　生き仏	
物	3	ブツ	物質　人物　動物	
		モツ	食物　進物　禁物	
		もの	物　物語　品物	果物(くだもの)
粉	4→5	フン	粉末　粉砕　粉飾	
		こ	粉　小麦粉	
		こな	粉　粉雪	
紛		フン	紛失　紛争　内紛	
		まぎれる	紛れる　紛れ	
		まぎらす	紛らす	
		まぎらわす	紛らわす	
		まぎらわしい	紛らわしい	
雰❖		フン	雰囲気	
噴		フン	噴火　噴出　噴水	
		ふく	噴く　噴き出す	⇕吹く★
墳		フン	墳墓　古墳	
憤		フン	憤慨　義憤　発憤	
		いきどおる	憤る　憤り	
奮	6	フン	奮起　奮発　興奮	
		ふるう	奮う　奮い立つ　奮って〔副〕	⇕震う、振るう★

漢字		音訓	例	備考
分《ブン》	2	ブン	分解　自分　水分	大分（おおいた）県
		フン	分別　分銅　三十分	
		ブ	一分一厘　五分	
		わける	分ける　引き分け	
		わかれる	分かれる	⇕別れる★
		わかる	分かる	
		わかつ	分かつ　分かち合う	
文	1	ブン	文学　文化　作文	
		モン	文字　経文　天文学	「文字」は、「モジ」とも。
		ふみ	恋文	
聞	2	ブン	新聞　風聞　見聞	
		モン	聴聞　前代未聞	
		きく	聞く　人聞き	⇕聴く★
		きこえる	聞こえる　聞こえ	
丙《ヘイ》		ヘイ	丙種　甲乙丙	
平	3	ヘイ	平面　平和　公平	
		ビョウ	平等	
		たいら	平らな土地　平らげる	
		ひら	平手　平謝り　平たい	
兵	4	ヘイ	兵器　兵隊　撤兵	
		ヒョウ	兵糧　雑兵	
併（倂）		ヘイ	併合　併用　合併	
		あわせる	併せる　併せて〔接〕	⇕合わせる★
並（竝）	6	ヘイ	並行　並列　並立	
		なみ	並の品　並木　足並み	
		ならべる	並べる　五目並べ	
		ならぶ	並ぶ　並び	
		ならびに	並びに	
柄		ヘイ	横柄　権柄ずく	
		がら	柄　家柄　身柄	
		え	柄	
陛	6	ヘイ	陛下	
閉	6	ヘイ	閉店　閉口　密閉	
		とじる	閉じる　閉じ込める	
		とざす	閉ざす	
		しめる	閉める	⇕締める★
		しまる	閉まる	⇕締まる★
塀（塀）❖		ヘイ	塀　板塀	
幣		ヘイ	貨幣　紙幣　御幣担ぎ	
弊		ヘイ	弊害　旧弊　疲弊	
蔽◎		ヘイ	隠蔽	*〔付〕第2の3参照
餅［餅］（餅）◎		ヘイ	煎餅	［餅］＝許容字体
		もち	餅屋　尻餅	*〔付〕第2の3【餌】参照
米《ベイ》	2	ベイ	米作　米価　米食	
		マイ	精米　新米　白米	
		こめ	米　米粒	
壁《ヘキ》		ヘキ	壁面　壁画　岸壁	
		かべ	壁　壁土　白壁	
璧◎		ヘキ	完璧　双璧	
癖		ヘキ	習癖　病癖　潔癖	

漢字		音訓	例	備考
		くせ	癖　口癖	
別《ベツ》	4	ベツ	別離　区別　特別	
		わかれる	別れる　別れ	⇔分かれる★
蔑◎		ベツ	蔑視　軽蔑	
		さげすむ	蔑む	
片《ヘン》	6	ヘン	紙片　破片　断片	
		かた	片方　片手　片一方	
辺（邊）	4	ヘン	辺境　周辺　その辺	
		あたり	辺り	
		べ	海辺　岸辺	
返	3	ヘン	返却　返事　返礼	
		かえす	返す　仕返し	⇔帰す★
		かえる	返る　寝返り	⇔帰る★
変（變）	4	ヘン	変化　異変　大変	
		かわる	変わる　変わり種	⇔替わる、代わる、換わる★
		かえる	変える	⇔替える、代える、換える★
偏		ヘン	偏向　偏見　偏食	
		かたよる	偏る　偏り	
遍		ヘン	遍歴　普遍　一遍	
編	5	ヘン	編集　編成　長編	
		あむ	編む　手編み	
弁《ベン》（辯瓣辨）	5	ベン	弁償　花弁　雄弁	
便	4	ベン	便利　便法　簡便	
		ビン	便乗　郵便　定期便	
		たより	便り　初便り　花便り	
勉（勉）	3	ベン	勉強　勉学　勤勉	
歩《ホ》（步）	2	ホ	歩道　徒歩　進歩	
		ブ	歩合　日歩	
		フ	歩	
		あるく	歩く	
		あゆむ	歩む　歩み	
保	5	ホ	保護　保存　担保	
		たもつ	保つ	
哺◎		ホ	哺乳類	
捕		ホ	捕獲　捕虜　逮捕	
		とらえる	捕らえる	⇔捉える★
		とらわれる	捕らわれる	
		とる	捕る　捕り物	⇔取る、採る★
		つかまえる	捕まえる	
		つかまる	捕まる	
補	6	ホ	補欠　補充　候補	
		おぎなう	補う　補い	
舗		ホ	舗装　店舗	老舗（しにせ）
母《ボ》	2	ボ	母性　父母　祖母	乳母（うば） 叔母・伯母（おば） 母屋・母家（おもや） 母（かあ）さん
		はは	母　母親	
募		ボ	募金　募集　応募	
		つのる	募る	

漢字	学年	音訓	例	備考
（ボ）墓	5	ボ	墓地　墓参　墓穴	
		はか	墓　墓参り	
慕		ボ	慕情　敬慕　思慕	
		したう	慕う　慕わしい	
暮	6	ボ	暮春　歳暮　薄暮	
		くれる	暮れる　暮れ	
		くらす	暮らす　暮らし	
簿		ボ	簿記　名簿　帳簿	
（ホウ）方	2	ホウ	方法　方角　地方	行方（ゆくえ）
		かた	お乗りの方　話し方　敵方	
包	4	ホウ	包囲　包容力　内包	
		つつむ	包む　包み　小包	
芳		ホウ	芳香　芳紀　芳志	
		かんばしい	芳しい　芳しさ	
邦		ホウ	邦楽　本邦　連邦	
奉		ホウ	奉納　奉仕　信奉	
		ブ	奉行	
		たてまつる	奉る	
宝（寶）	6	ホウ	宝石　国宝　財宝	
		たから	宝　宝船　子宝	
抱		ホウ	抱負　抱懐　介抱	
		だく	抱く	
		いだく	抱く	
		かかえる	抱える　一抱え	
放	3	ホウ	放送　放棄　追放	
		はなす	放す　手放す	⇕離す★
		はなつ	放つ	
		はなれる	放れる	⇕離れる★
		ほうる◎	放る	
法	4	ホウ	法律　文法　方法	「法主」は、「ホウシュ」とも。
		ハッ	法度	
		ホッ	法主	
泡❖		ホウ	気泡　水泡　発泡	
		あわ	泡　泡立つ	
胞		ホウ	胞子　同胞　細胞	
俸❖		ホウ	俸給　年俸　本俸	
倣		ホウ	模倣	
		ならう	倣う	⇕習う★
峰		ホウ	秀峰　霊峰　連峰	
		みね	峰　剣が峰	
砲		ホウ	砲撃　大砲　鉄砲	
崩		ホウ	崩壊	雪崩（なだれ）
		くずれる	崩れる　山崩れ	
		くずす	崩す	
訪	6	ホウ	訪問　来訪　探訪	
		おとずれる	訪れる　訪れ	
		たずねる	訪ねる	⇕尋ねる★
報	5	ホウ	報酬　報告　情報	
		むくいる	報いる　報い	

漢字		音訓	例	備考
蜂《ホウ》◎		ホウ	蜂起	
		はち	蜜蜂	
豊(豐)	5	ホウ	豊作　豊満　豊富	
		ゆたか	豊かだ	
飽		ホウ	飽和　飽食	
		あきる	飽きる　飽き　見飽きる	
		あかす	……に飽かして	
褒(襃)❖		ホウ	褒章　褒美　過褒	
		ほめる	褒める	
縫		ホウ	縫合　縫製　裁縫	
		ぬう	縫う　縫い目	
亡《ボウ》	6	ボウ	亡父　亡命　存亡	
		モウ	亡者	
		ない	亡い　亡き人　亡くす 亡くなる	多く文語の「亡き」で使う。 ⇔無い★
乏		ボウ	欠乏　貧乏　耐乏	
		とぼしい	乏しい　乏しさ	
忙		ボウ	忙殺　多忙　繁忙	
		いそがしい	忙しい　忙しさ	
坊		ボウ	坊主　朝寝坊　赤ん坊	
		ボッ	坊ちゃん	
妨		ボウ	妨害	
		さまたげる	妨げる　妨げ	
忘	6	ボウ	忘却　忘年会　備忘	
		わすれる	忘れる　物忘れ	
防	5	ボウ	防備　堤防　予防	
		ふせぐ	防ぐ　防ぎ	
房		ボウ	独房　冷房　僧房	
		ふさ	房　一房　乳房	
肪		ボウ	脂肪	
某		ボウ	某氏　某国　某所	
冒		ボウ	冒険　冒頭　感冒	
		おかす	冒す	⇔犯す、侵す★
剖		ボウ	解剖	
紡		ボウ	紡績　混紡	
		つむぐ	紡ぐ	
望	4	ボウ	望郷　希望　人望	
		モウ	所望　大望　本望	「大望」は、「タイボウ」とも。
		のぞむ	望む　望み　望ましい	★
傍		ボウ	傍線　傍聴　路傍	
		かたわら	傍ら	
帽		ボウ	帽子　脱帽　無帽	
棒	6	ボウ	棒グラフ　棒読み　鉄棒	
貿	5	ボウ	貿易	
貌◎		ボウ	変貌　美貌	
暴	5	ボウ	暴言　横暴　乱暴	
		バク	暴露	
		あばく	暴く　暴き出す	
		あばれる	暴れる　大暴れ	
膨		ボウ	膨大	

		ふくらむ	膨らむ　膨らみ	
		ふくれる	膨れる　青膨れ	
謀《ボウ》		ボウ	謀略　無謀　首謀者	
		ム	謀反	
		はかる	謀る	⇔計る、量る、図る★
頬《ほお》◎		ほお	頬　頬張る	*［(付)第2の3参照］「頬」は、「ほほ」とも。
北《ホク》	2	ホク	北進　北方　敗北	
		きた	北　北風　北半球	
木《ボク》	1	ボク	木石　大木　土木	木綿（もめん）
		モク	木造　樹木　材木	
		き	木　並木　拍子木	
		こ	木立　木陰	
朴❖		ボク	純朴　素朴	
牧	4	ボク	牧場　牧師　遊牧	
		まき	牧場	
睦◎		ボク	親睦　和睦	
僕❖		ボク	僕　公僕	
墨(墨)		ボク	筆墨　白墨　遺墨	
		すみ	墨　墨絵　眉墨	
撲		ボク	撲殺　撲滅　打撲	相撲（すもう）
没《ボツ》		ボツ	没収　没交渉　出没	
勃◎		ボツ	勃興　勃発	
堀《ほり》❖		ほり	堀　外堀　釣堀	
本《ホン》	1	ホン	本質　本来　資本	
		もと	本　旗本	⇔下、元、基★
奔		ホン	奔走　奔放　出奔	
翻(飜)		ホン	翻意　翻訳　翻刻	
		ひるがえる	翻る	
		ひるがえす	翻す	
凡《ボン》		ボン	凡人　凡百　平凡	
		ハン	凡例	
盆		ボン	盆栽　盆地　旧盆	
麻《マ》		マ	麻薬　麻酔　亜麻	
		あさ	麻	
摩		マ	摩擦　摩天楼	
磨❖		マ	研磨	
		みがく	磨く　磨き粉	
魔		マ	魔法　悪魔　邪魔	
毎《マイ》(毎)	2	マイ	毎度　毎日　毎々	
妹	2	マイ	姉妹　義妹　令妹	
		いもうと	妹	
枚	6	マイ	枚数　枚挙　大枚	
昧◎		マイ	曖昧　三昧	
埋		マイ	埋没　埋蔵　埋葬	
		うめる	埋める　埋め立て　穴埋め	
		うまる	埋まる	
		うもれる	埋もれる　埋もれ木	
幕《マク》	6	マク	幕切れ　天幕　暗幕	
		バク	幕府　幕末　幕僚	

漢字	学年	音訓	例	備考
膜《マク》		マク	膜質　鼓膜　粘膜	
枕《まくら》◎		まくら	枕　枕元	
又《また》		また	又　又は	
末《マツ》	4	マツ	末代　本末　粉末	
		バツ	末子　末弟	「末子」「末弟」は、「マッシ」「マッテイ」とも。
		すえ	末　末っ子　末頼もしい	
抹❖		マツ	抹殺　抹消　一抹	
万《マン》（萬）	2	マン	万一　万年筆　巨万	
		バン	万国　万端　万全	
満（滿）	4	マン	満月　満足　充満	
		みちる	満ちる　満ち潮	
		みたす	満たす	
慢		マン	慢性　怠慢　自慢	
漫		マン	漫画　漫歩　散漫	
未《ミ》	4	ミ	未来　未満　前代未聞	
味	3	ミ	味覚　意味　興味	三味線（しゃみせん）
		あじ	味　味見　塩味	
		あじわう	味わう　味わい	
魅		ミ	魅力　魅惑　魅する	
岬《みさき》❖		みさき	岬	
密《ミツ》	6	ミツ	密約　厳密　秘密	
蜜◎		ミツ	蜜　蜜月	
脈《ミャク》	4→5	ミャク	脈絡　動脈　山脈	
妙《ミョウ》		ミョウ	妙案　奇妙　巧妙	
民《ミン》	4	ミン	民族　民主的　国民	
		たみ	民	
眠		ミン	不眠　安眠　睡眠	
		ねむる	眠る　眠り	
		ねむい	眠い　眠たい　眠気	
矛《ム》		ム	矛盾	
		ほこ	矛　矛先	
務	5	ム	事務　職務　義務	
		つとめる	務める　務め	⇔勤める、努める★
		つとまる◎	務まる	⇔勤まる★
無	4	ム	無名　無理　皆無	
		ブ	無事　無礼　無愛想	
		ない	無い　無くす　無くなる	⇔亡い★
夢	5	ム	夢幻　夢中　悪夢	
		ゆめ	夢　夢見る　初夢	
霧		ム	霧笛　濃霧　噴霧器	
		きり	霧　霧雨　朝霧	
娘《むすめ》		むすめ	娘　娘心　小娘	
名《メイ》	1	メイ	名誉　氏名　有名	
		ミョウ	名字　本名　大名	
		な	名　名前	仮名（かな）　名残（なごり）
命	3	メイ	命令　運命　生命	
		ミョウ	寿命	
		いのち	命　命拾い	
明	2	メイ	明暗　説明　鮮明	

漢字	音訓	例	備考
	ミョウ	明日　光明　灯明	明日(あす)
	あかり	明かり　薄明かり	
	あかるい	明るい　明るさ	
	あかるむ	明るむ	
	あからむ	明らむ	★
	あきらか	明らかだ	
	あける	明ける　夜明け	⇕開ける、空ける★
	あく	明く	⇕開く、空く★
	あくる	明くる日　明くる朝	
	あかす	明かす　種明かし	
迷《メイ》 5	メイ	迷路　迷惑　低迷	
	まよう	迷う　迷い	迷子(まいご)
冥◎	メイ	冥福	
	ミョウ	冥加　冥利	
盟 6	メイ	加盟　同盟　連盟	
銘	メイ	銘柄　碑銘	
鳴 2	メイ	鳴動　悲鳴　雷鳴	
	なく	鳴く　鳴き声	
	なる	鳴る　耳鳴り	
	ならす	鳴らす	
滅《メツ》	メツ	滅亡　消滅　絶滅	
	ほろびる	滅びる	
	ほろぼす	滅ぼす	
免《メン》(免)	メン	免許　免除　放免	
	まぬかれる	免れる	「まぬがれる」とも。
面 3	メン	面会　顔面　方面	真面目(まじめ)
	おも	川の面　面影　面長	
	おもて	面　細面	⇕表★
	つら	面　面魂　鼻面	
綿 5	メン	綿布　綿密　純綿	木綿(もめん)
	わた	綿　真綿	
麺(麵)◎	メン	麺類	
茂《モ》	モ	繁茂	
	しげる	茂る　茂み	
模 6	モ	模範　模型　模倣	
	ボ	規模	
毛《モウ》 2	モウ	毛髪　毛細管　不毛	
	け	毛　毛糸　抜け毛	
妄❖	モウ	妄信　妄想　迷妄	
	ボウ	妄言	「妄言」は、「モウゲン」とも。
盲	モウ	盲点　盲従　文盲	
耗	モウ	消耗	「モウ」は、慣用音。
	コウ	心神耗弱	
猛	モウ	猛烈　猛獣　勇猛	猛者(もさ)
網	モウ	網膜　漁網　通信網	
	あみ	網　網戸	投網(とあみ)
目《モク》 1	モク	目的　目前　項目	
	ボク	面目	「面目」は、「メンモク」とも。
	め	目　目立つ　結び目	真面目(まじめ)
	ま	目の当たり　目深	

黙《モク》（默）	モク	黙殺　暗黙　沈黙	
	だまる	黙る　黙り込む	
門《モン》 2	モン	門戸　門下生　専門	
	かど	門　門口　門松	
紋	モン	紋章　指紋　波紋	
問 3	モン	問題　問答　訪問	
	とう	問う　問いただす	
	とい	問い	
	とん	問屋	「問屋」は，「といや」とも。
冶《ヤ》◎	ヤ	冶金　陶冶	鍛冶（かじ）
夜 2	ヤ	夜半　深夜　昼夜	
	よ	夜が明ける　夜風　月夜	
	よる	夜　夜昼	
野 2	ヤ	野外　野性　分野	
	の	野　野原　野放し	野良（のら）
弥《や》（彌）◎	や		弥生（やよい）
厄《ヤク》❖	ヤク	厄　厄年　災厄	
役 3	ヤク	役所　役目　荷役	
	エキ	役務　使役　兵役	
約 4	ヤク	約束　約半分　節約	
訳（譯） 6	ヤク	訳文　翻訳　通訳	
	わけ	訳　内訳　申し訳	
薬（藥） 3	ヤク	薬剤　薬局　火薬	
	くすり	薬　飲み薬	
躍	ヤク	躍動　躍起　飛躍	
	おどる	躍る　躍り上がる	⇕踊る★
闇《やみ》◎	やみ	闇夜　暗闇	
由《ユ》 3	ユ	由来　経由	
	ユウ	自由　理由　事由	
	ユイ	由緒	
	よし	……の由	
油 3	ユ	油脂　油田　石油	
	あぶら	油　油絵　水油	⇕脂★
喩◎	ユ	比喩	*［（付）第2の3参照］
愉	ユ	愉快　愉悦	
諭	ユ	諭旨　教諭　説諭	
	さとす	諭す　諭し	
輸 5	ユ	輸出　輸送　運輸	
癒❖	ユ	癒着　治癒　平癒	
	いえる◎	癒える	
	いやす◎	癒やす	
唯《ユイ》	ユイ	唯一　唯物論　唯美主義	
	イ	唯々諾々	
友《ユウ》 2	ユウ	友好　友情　親友	
	とも	友	友達（ともだち）
有 3	ユウ	有益　所有　特有	
	ウ	有無　有象無象	
	ある	有る　有り金	⇕在る★
勇 4	ユウ	勇敢　勇気　武勇	
	いさむ	勇む　勇み足　勇ましい	

漢字	学年	音訓	例	備考
幽		ユウ	幽境　幽玄　幽霊	
悠❖		ユウ	悠然　悠長　悠々	
郵	6	ユウ	郵便　郵送　郵券	
湧◎		ユウ	湧水　湧出	
		わく	湧く	⇔沸く★
猶		ユウ	猶予	
裕		ユウ	裕福　富裕　余裕	
遊	3	ユウ	遊戯　遊離　交遊	
		ユ	遊山	
		あそぶ	遊ぶ　遊び	
雄		ユウ	雄大　英雄　雌雄	
		お	雄しべ　雄牛　雄々しい	
		おす	雄　雄犬	
誘		ユウ	誘惑　誘発　勧誘	
		さそう	誘う　誘い水	
憂		ユウ	憂愁　憂慮　一喜一憂	
		うれえる	憂える　憂え	⇔愁える★
		うれい	憂い	⇔愁い★
		うい	憂い　憂き目　物憂い	「憂き」は、文語の連体形。
融		ユウ	融解　融和　金融	
優	6	ユウ	優越　優柔　俳優	
		やさしい	優しい　優しさ	★
		すぐれる	優れる	
与（與）		ヨ	与党　授与　関与	
		あたえる	与える	

漢字	学年	音訓	例	備考
予（豫）	3	ヨ	予定　予備　猶予	
余（餘）	5	ヨ	余剰　余地　残余	
		あまる	余る　余り	
		あます	余す	
誉（譽）		ヨ	名誉　栄誉	
		ほまれ	誉れ	
預	5→6	ヨ	預金　預託	
		あずける	預ける	
		あずかる	預かる　預かり	
幼	6	ヨウ	幼児　幼虫　幼稚	
		おさない	幼い　幼友達	
用	2	ヨウ	用意　使用　費用	
		もちいる	用いる	
羊	3	ヨウ	羊毛　綿羊　牧羊	
		ひつじ	羊	
妖◎		ヨウ	妖怪　妖艶	
		あやしい	妖しい	⇔怪しい★
洋	3	ヨウ	洋楽　洋風　海洋	
要	4	ヨウ	要点　要注意　重要	
		かなめ◎	要	
		いる	要る	⇔入る★
容	5	ヨウ	容易　容器　形容	
庸		ヨウ	凡庸　中庸	
揚		ヨウ	意気揚々　抑揚　掲揚	
		あげる	揚げる　荷揚げ	⇔上げる、挙げる★

	あがる	揚がる	⇕上がる、挙がる★
揺《ヨウ》(搖)	ヨウ	動揺	
	ゆれる	揺れる　揺れ	
	ゆる	揺り返し　揺り籠	
	ゆらぐ	揺らぐ	
	ゆるぐ	揺るぐ　揺るぎない	
	ゆする	揺する　貧乏揺すり	
	ゆさぶる	揺さぶる	
	ゆすぶる	揺すぶる	
葉 3	ヨウ	葉緑素　落葉　紅葉	紅葉(もみじ)
	は	葉　枯れ葉　落ち葉	
陽 3	ヨウ	陽光　陰陽　太陽	
溶	ヨウ	溶解　溶液　水溶液	
	とける	溶ける	⇕解ける★
	とかす	溶かす	⇕解かす★
	とく	溶く	⇕解く★
腰	ヨウ	腰痛　腰部	
	こし	腰　腰だめ　物腰	
様(樣) 3	ヨウ	様式　様子　模様	
	さま	様　〇〇様	
瘍◎	ヨウ	潰瘍　腫瘍	
踊	ヨウ	舞踊	
	おどる	踊る	⇕躍る★
	おどり	踊り	
窯	ヨウ	窯業	
	かま	窯	★
養 4	ヨウ	養育　養子　休養	
	やしなう	養う	
擁	ヨウ	擁護　擁立　抱擁	
謡(謠)	ヨウ	謡曲　民謡　歌謡	
	うたい	謡　素謡	
	うたう❖	謡う	⇕歌う★
曜 2	ヨウ	曜日　七曜表　日曜	
抑《ヨク》	ヨク	抑圧　抑制　抑揚	
	おさえる	抑える　抑え	⇕押さえる★
沃◎	ヨク	肥沃	
浴 4	ヨク	浴場　海水浴	浴衣(ゆかた)
	あびる	浴びる　水浴び	
	あびせる	浴びせる	
欲 6	ヨク	欲望　食欲　無欲	
	ほっする	欲する	
	ほしい	欲しい　欲しがる	
翌 6	ヨク	翌春　翌年　翌々日	
翼	ヨク	左翼　尾翼	
	つばさ	翼	
拉《ラ》◎	ラ	拉致	
裸	ラ	裸身　裸体　赤裸々	
	はだか	裸　丸裸	
羅❖	ラ	羅列　羅針盤　網羅	
来《ライ》(來) 2	ライ	来年　来歴　往来	

ら

見出し	漢字	音訓	例	備考
	来	くる	来る　出来心	
		きたる	来る◯日	
		きたす	来す	
ライ	雷	ライ	雷雨　雷名　魚雷	
		かみなり	雷	
	頼（賴）	ライ	依頼　信頼　無頼漢	
		たのむ	頼む　頼み	
		たのもしい	頼もしい	
		たよる	頼る　頼り	
ラク	絡	ラク	連絡　脈絡	
		からむ	絡む　絡み付く	
		からまる	絡まる	
		からめる◉	絡める	
	落 3	ラク	落語　落涙　集落	
		おちる	落ちる　落ち着く	
		おとす	落とす　力落とし	
	酪	ラク	酪農	
ラツ	辣◉	ラツ	辣腕　辛辣	
ラン	乱（亂） 6	ラン	乱戦　混乱　反乱	
		みだれる	乱れる　乱れ	
		みだす	乱す	
	卵 6	ラン	卵黄　鶏卵　産卵	
		たまご	卵	
	覧（覽） 6	ラン	観覧　展覧　一覧	
	濫	ラン	濫伐　濫費　濫用	

見出し	漢字	音訓	例	備考
	藍◉	ラン	出藍	
		あい	藍色　藍染め	
	欄（欄）	ラン	欄干　欄外　空欄	
リ	吏	リ	吏員　官吏　能吏	
	利 4	リ	利益　鋭利　勝利	砂利（じゃり）
		きく	利く　左利き　口利き	⇔効く★
	里 2	リ	里程　郷里　千里眼	
		さと	里　里心　村里	
	理 2	リ	理科　理由　整理	
	痢	リ	疫痢　下痢　赤痢	
	裏 6	リ	裏面　表裏	
		うら	裏　裏口	
	履	リ	履歴　履行　弊履	草履（ぞうり）
		はく	履く　履物	
	璃◉	リ	浄瑠璃	
	離	リ	離別　距離　分離	
		はなれる	離れる　離れ　乳離れ	⇔放れる★
		はなす	離す	⇔放す★
リク	陸 4	リク	陸地　陸橋　着陸	
リツ	立 1	リツ	立案　起立　独立	
		リュウ	建立	
		たつ	立つ　立場　夕立	立ち退く（たちのく） ⇔建つ★
		たてる	立てる　立て札	⇔建てる★
	律 6	リツ	律動　規律　法律	

漢字	学年	音訓	例	備考
（律）		リチ	律儀	
慄《リツ》◎		リツ	慄然　戦慄	
略《リャク》	5	リャク	略称　計略　侵略	
柳《リュウ》		リュウ	花柳界　川柳	
		やなぎ	柳　柳腰	
流	3	リュウ	流行　流動　電流	
		ル	流布　流転　流罪	
		ながれる	流れる　流れ	
		ながす	流す　流し	
留	5	リュウ	留意　留学　保留	
		ル	留守	
		とめる	留める　帯留め	⇕止める、泊める★
		とまる	留まる　歩留まり	⇕止まる、泊まる★
竜（龍）❖		リュウ	竜　竜頭蛇尾	
		たつ	竜巻	
粒		リュウ	粒子　粒々辛苦	
		つぶ	粒　豆粒	
隆（隆）		リュウ	隆起　隆盛　興隆	
硫		リュウ	硫安　硫酸　硫化銀	硫黄（いおう）
侶《リョ》◎		リョ	僧侶　伴侶	
旅	3	リョ	旅行　旅情　旅券	
		たび	旅　旅先　船旅	
虜（虜）		リョ	虜囚　捕虜	
慮		リョ	遠慮　考慮　無慮	
了《リョウ》		リョウ	了解　完了　校了	
両（兩）	3	リョウ	両親　両立　千両	
良	4	リョウ	良好　良心　優良	野良（のら） 奈良（なら）県
		よい	良い	⇕善い★
料	4	リョウ	料金　料理　材料	
涼		リョウ	涼味　清涼剤　納涼	
		すずしい	涼しい　涼しさ	
		すずむ	涼む　夕涼み	
猟（獵）		リョウ	猟師　狩猟　渉猟	
陵		リョウ	陵墓　丘陵	
		みささぎ	陵	
量	4	リョウ	量産　測量　度量	
		はかる	量る	⇕計る、測る、図る、謀る★
僚		リョウ	僚友　官僚　同僚	
領	5	リョウ	領土　要領　大統領	
寮		リョウ	寮生　寮母　独身寮	
療		リョウ	療養　医療　治療	
瞭◎		リョウ	明瞭	
糧		リョウ	糧食　糧道	
		ロウ	兵糧	
		かて	糧	
力《リョク》	1	リョク	権力　努力　能力	
		リキ	力量　力作　馬力	
		ちから	力　力仕事　底力	
緑（綠）	3	リョク	緑茶　緑陰　新緑	
		ロク	緑青	

漢字	学年	音訓	例	備考
林《リン》	1	リン	林業 林立 山林	
		はやし	林 松林	
厘		リン	一分一厘	
倫		リン	倫理 人倫 絶倫	
輪	4	リン	輪番 一輪 車輪	
		わ	輪 輪切り 首輪	
隣		リン	隣室 隣接 近隣	
		となる	隣り合う	
		となり	隣 両隣	
臨	6	リン	臨時 臨床 君臨	
		のぞむ	臨む	
瑠《ル》◎		ル	浄瑠璃	★
涙《ルイ》(淚)		ルイ	感涙 声涙 落涙	
		なみだ	涙 涙ぐむ 涙ぐましい	
累		ルイ	累計 累積 係累	
塁(壘)		ルイ	塁審 敵塁 土塁	
類(類)	4	ルイ	類型 種類 分類	
		たぐい◎	類い ○○の類い	
令《レイ》	4	レイ	令嬢 法令 命令	
礼(禮)	3	レイ	礼儀 謝礼 無礼	
		ライ	礼賛 礼拝	「礼拝」は、「レイハイ」とも。
冷	4	レイ	冷却 冷淡 寒冷	
		つめたい	冷たい 冷たさ	
		ひえる	冷える 底冷え	
		ひや	冷や 冷や汗 冷ややかだ	
		ひやす	冷やす	
		ひやかす	冷やかす 冷やかし	
		さめる	冷める	★
		さます	冷ます 湯冷まし	★
励(勵)		レイ	励行 奨励 精励	
		はげむ	励む 励み	
		はげます	励ます 励まし	
戻(戾)❖		レイ	戻入 返戻	
		もどす	戻す 差し戻し	
		もどる	戻る 後戻り	
例	4	レイ	例外 例年 用例	
		たとえる	例える 例え 例えば	
鈴		レイ	電鈴 振鈴 予鈴	
		リン	風鈴 呼び鈴	
		すず	鈴	
零		レイ	零下 零細 零落	
霊(靈)		レイ	霊感 霊魂 霊長類	
		リョウ	悪霊 死霊	
		たま	霊 霊屋	
隷		レイ	隷書 隷属 奴隷	
齢(齡)		レイ	樹齢 年齢 妙齢	
麗		レイ	麗人 端麗 美麗	
		うるわしい	麗しい 麗しさ	
暦《レキ》(曆)		レキ	暦年 還暦 太陽暦	

漢字	学年	音訓	例	備考
		こよみ	暦　花暦	
歴《レキ》（歷）	4→5	レキ	歴史　歴訪　経歴	
列《レツ》	3	レツ	列外　列車　陳列	
劣		レツ	劣等　卑劣　優劣	
		おとる	劣る	
烈		レツ	烈火　壮烈　猛烈	
裂		レツ	決裂　破裂　分裂	
		さく	裂く　八つ裂き	⇕割く★
		さける	裂ける　裂け目	
恋《レン》（戀）		レン	恋愛　恋慕　失恋	
		こう	恋い慕う　恋い焦がれる	
		こい	恋　初恋　恋する	
		こいしい	恋しい　恋しがる	
連	4	レン	連合　連続　関連	
		つらなる	連なる	
		つらねる	連ねる	
		つれる	連れる　連れ	
廉		レン	廉価　清廉　破廉恥	
練（練）	3	レン	練習　試練　熟練	
		ねる	練る　練り直す	
錬（鍊）		レン	錬金術　鍛錬　精錬	
呂《ロ》◎		ロ	風呂	
炉（爐）		ロ	炉辺　暖炉　原子炉	
賂◎		ロ	賄賂	
路	3	ロ	路上　道路	

漢字	学年	音訓	例	備考
		じ	家路　旅路　山路	
露		ロ	露出　露店　雨露	
		ロウ❖	披露	
		つゆ	露　夜露	
老《ロウ》	4	ロウ	老巧　老人　長老	老舗（しにせ）
		おいる	老いる　老い	
		ふける	老ける　老け役	★
労（勞）	4	ロウ	労働　労力　疲労	
弄◎		ロウ	愚弄　翻弄	
		もてあそぶ	弄ぶ	
郎（郞）		ロウ	新郎	
朗（朗）	6	ロウ	朗読　朗々と　明朗	
		ほがらか	朗らかだ　朗らかさ	
浪		ロウ	浪費　波浪　放浪	
廊（廊）		ロウ	廊下　回廊　画廊	
楼（樓）		ロウ	楼閣　鐘楼　望楼	
漏		ロウ	漏電　疎漏　脱漏	
		もる	漏る　雨漏り	
		もれる	漏れる	
		もらす	漏らす	
籠◎		ロウ	籠城	
		かご	籠	
		こもる	籠もる	
六《ロク》	1	ロク	六月　六法　丈六	
		む	六月目	

漢字	学年	音訓	例	備考
		むつ	六つ切り	
		むっつ	六つ	
		むい	六日	
録《ロク》(錄)	4	ロク	録音　記録　実録	
麓◎		ロク	山麓	
		ふもと	麓	
論《ロン》	6	ロン	論証　論理　議論	
和《ワ》	3	ワ	和解　和服　柔和	日和(ひより)
		オ❖	和尚	大和(やまと)
		やわらぐ	和らぐ	
		やわらげる	和らげる	
		なごむ	和む	
		なごやか	和やかだ	
話	2	ワ	話題　会話　童話	
		はなす	話す　話し合い	
		はなし	話　昔話　立ち話	
賄《ワイ》		ワイ	収賄　贈賄	
		まかなう	賄う　賄い	
脇《わき》◎		わき	脇腹　両脇	
惑《ワク》		ワク	惑星　迷惑　誘惑	
		まどう	惑う　惑い	
枠《わく》❖		わく	枠　枠内　窓枠	
湾《ワン》(灣)		ワン	湾内　湾入　港湾	
腕		ワン	腕章　腕力　敏腕	
		うで	腕　腕前　細腕	

付表

● 色の中高は、「音訓の小・中・高等学校段階別割り振り表」(文部科学省初等中等教育局)に示されている学校段階の割り振りのうち、中学校および高等学校に割り振られているもの。

※以下に挙げられている語を構成要素の一部とする熟語に用いてもかまわない。

例　「河岸(かし)」→「魚河岸(うおがし)」
　　「居士(こじ)」→「一言居士(いちげんこじ)」

あす	明日	
あずき	小豆	中
あま	海女 海士◎	高
いおう	硫黄	中
いくじ	意気地	中
いなか	田舎	中
いぶき	息吹	高
うなばら	海原	中
うば	乳母	中
うわき	浮気	高
うわつく	浮つく	中
えがお	笑顔	中
おじ	叔父 伯父	中
おとな	大人	
おとめ	乙女	中
おば	叔母 伯母	中
おまわりさん	お巡りさん	中
おみき	お神酒	高
おもや	母屋 母家	高
かあさん	母さん◎	
かぐら	神楽	高
かし	河岸	高
かじ	鍛冶◎	中
かぜ	風邪	中
かたず	固唾◎	中
かな	仮名	中
かや	蚊帳	高
かわせ	為替	中
かわら	河原 川原	
きのう	昨日	
きょう	今日	
くだもの	果物	
くろうと	玄人	高

けさ	今朝	
けしき	景色	
ここち	心地	中
こじ	居士◎	高
ことし	今年	
さおとめ	早乙女	中
ざこ	雑魚	高
さじき	桟敷	高
さしつかえる	差し支える	中
さつき	五月◎	中
さなえ	早苗	中
さみだれ	五月雨	中
しぐれ	時雨	中
しっぽ	尻尾◎	中
しない	竹刀	中
しにせ	老舗◎	中
しばふ	芝生	中
しみず	清水	
しゃみせん	三味線	中
じゃり	砂利	中
じゅず	数珠	高
じょうず	上手	
しらが	白髪	中
しろうと	素人	高
しわす（「しはす」とも言う。）	師走	高
すきや	数寄屋／数奇屋	高
すもう	相撲	中
ぞうり	草履	中
だし	山車	高
たち	太刀	中
たちのく	立ち退く	中
たなばた	七夕	
たび	足袋	中
ちご	稚児	高
ついたち	一日	
つきやま	築山	高
つゆ	梅雨	中
でこぼこ	凸凹	中
てつだう	手伝う	
てんません	伝馬船	高
とあみ	投網	高
とうさん	父さん◎	
とえはたえ	十重二十重	高
どきょう	読経	高
とけい	時計	
ともだち	友達	
なこうど	仲人	高
なごり	名残	中
なだれ	雪崩	中
にいさん	兄さん	
ねえさん	姉さん	
のら	野良	高
のりと	祝詞	高
はかせ	博士	
はたち	二十／二十歳	中
はつか	二十日	
はとば	波止場	中
ひとり	一人	
ひより	日和	中
ふたり	二人	
ふつか	二日	
ふぶき	吹雪	中
へた	下手	
へや	部屋	
まいご	迷子	
まじめ	真面目◎	
まっか	真っ赤	
まっさお	真っ青	
みやげ	土産	中
むすこ	息子	中
めがね	眼鏡	
もさ	猛者	高
もみじ	紅葉	中
もめん	木綿	中
もより	最寄り	中
やおちょう	八百長	高
やおや	八百屋	
やまと	大和	中
やよい	弥生◎	中
ゆかた	浴衣	高
ゆくえ	行方	中
よせ	寄席	高
わこうど	若人	中

付表2

●付表2は、平成二九年三月文部科学省初等中等教育局「音訓の小・中・高等学校段階別割り振り表」に示されたもの。常用漢字表において、都道府県名に用いられる漢字の読み方が音訓欄にない場合に、備考欄に注記された都道府県の読み方。付表2にあるものはすべて、小学校段階で教えるものとされている。

いばらき	茨城
えひめ	愛媛
おおいた	大分
おおさか	大阪
かごしま	鹿児島
かながわ	神奈川
ぎふ	岐阜
しが	滋賀
とっとり	鳥取
とやま	富山
なら	奈良
みやぎ	宮城

昭和五六年版常用漢字表 と 平成二二年版常用漢字表 との対比

●平成二二年一一月三〇日の内閣告示により「常用漢字表」が改定され、昭和五六年一〇月一日に告示された「常用漢字表」は廃止された。
●ここに掲げたのは、改定にともない変更された箇所を三省堂編修所でまとめたものである。なお、〔　〕中の答申とは、昭和五六年版においては昭和五六年三月二三日付国語審議会から文部大臣への答申、平成二二年版においては平成二二年六月七日付文化審議会国語分科会から文部科学大臣への答申を示す。また、本書に参照すべき箇所がある場合はそのページを示した。
（三省堂編修所注）

一　性格と運用

昭和五六年版常用漢字表

●科学、技術、芸術その他の各種専門分野や個々人の表記にまで及ぼそうとするものではない。
●固有名詞を対象とするものではない。
●字種一九四五字を掲げる。
〔答申に「使用度や機能度（特に造語力）の高

平成二二年版常用漢字表

●科学、技術、芸術その他の各種専門分野や個々人の表記にまで及ぼそうとするものではない。ただし、専門分野の語であっても、一般の社会生活と密接に関連する語の表記については、この表を参考とすることが望ましい。
●都道府県名に用いる漢字及びそれに準じる漢字を除き、固有名詞を対象とするものではない。
〔答申に「改定常用漢字表の中に、専ら固有名詞（主に人名・地名）を表記するのに用いられる漢字を取り込むことは、一般用の漢字と固有名詞に用いられる漢字との性格の違いから難しい。したがって、これまでどおり漢字表の適用範囲からは除外する。ただし、都道府県名に用いる漢字及びそれに準じる漢字は例外として扱う」とある。〕
●一字下げで示した音訓のうち、備考欄に都道府県名を注記したものは、原則として、当該の都道府県名にのみ用いる音訓であることを示す。都道府県名に用いられる漢字の読み方が、当該の音訓欄にない場合、その都道府県の読み方を備考欄に注記してある（全ての都道府県名を掲げるものではない）。
●字種二一三六字を掲げる。〔追加一九六字、削除五字〕
〔答申では「出現頻度が高く、造語力も高い」「出現頻度が高い字を基本とするが、いものを取り上げる。使用分野の広さを参考にする」「概念の表現という点から考えた場合に、仮名書きでは分かりにくく、特に必要と思われるものは取り上げる」「異字同訓はなるべく避けるが、漢字の使い分けのできるもの及び漢字で書く習慣の強いものは取り上げる」などの選定基準が示されている。〕

それほど高くなくても漢字で表記した方が分かりやすい字」「出現頻度が高く、広く使われている代名詞」「都道府県及びそれに準じる字」「社会生活上よく使われ必要と認められる字」などを選定基準としたことが示されている。〕

二　字体

昭和五六年版常用漢字表

- 明朝体活字のうちの一種を例に用いて現代の通用字体を示した（「（付）字体についての解説」参照）。

平成二二年版常用漢字表

- 明朝体のうちの一種を例に用いて「印刷文字における現代の通用字体」を示した。
〔答申では「追加字種における字体が既に『印刷標準字体』及び『人名用漢字字体』として示され、社会的に極めて安定しつつある状況を重視」したとあり、具体的には「当該の字種における『最も頻度高く使用されている字体』を採用する」「国語施策としての一貫性を大切にする」「『改定常用漢字表』の『目安』としての性格を考慮する」「JIS 規格（JIS X 0213）における改正の経緯を考慮する」と記されている。〕
- 「（付）字体についての解説」に具体例がある場合は、備考欄に「＊」を付し、それぞれ参照すべき箇所を示してある。「＊」の付いた字の多くは、昭和五六年の制定当初から常用漢字表に入っていた字体とは、同じ構成要素を持ちながら、通用字体の扱いに字体上の差異があるものである。
- 情報機器に搭載されている印刷文字字体の関係で、本表の通用字体とは異なる字体（通用字体の「頰」「賭」「剝」に対する「頬」「賭」「剥」など）を使用することは差し

●括弧に入れて添えたものは、いわゆる康熙《こうき》字典体の活字である。これは明治以来行われてきた活字の字体とのつながりを示すために添えたものであるが、著しい差異のないものは省いた。

支えない。
●丸括弧に入れて添えたものは、いわゆる康熙《こうき》字典体の活字である。これは、明治以来行われてきた活字の字体とのつながりを示すために参考として添えたものであるが、著しい差異のないものは省いた。
●「しんにゅう／しょくへん」に関係する字のうち、「⻌／𩙿」の字形が通用字体である字については、「⻍／飠」の字形を角括弧に入れて許容字体として併せ示した。当該の字に関して、現に印刷文字として許容字体を用いている場合、通用字体である「⻌／𩙿」の字形に改める必要はない。これを「字体の許容」と呼ぶ。通用字体の「謎」における「謎」についても「しんにゅう／しょくへん」の扱いに準じるものとして、同様の注記を加えてある。
〔答申には「「しんにゅう」の印刷文字字形である「⻌／⻍」に関して付言すれば、どちらの印刷文字字形であっても、手書き字形としては同じ「⻌」の形で書くことが一般的である、という認識を社会全般に普及していく必要がある」とある。〕
●「(付)字体についての解説」の変更点等
追加された字種の例を加えるほか、いくつか変更点がある。
第1　明朝体のデザインについて
前文の追加(7ページ「なお、ここに挙げている」の段落)／「3　点画の性質について」に「(8)その他」の追加(9ページ参照)／「4　特定の字種に適用されるデザイン差について」の項の追加(9ページ参照)
第2　明朝体と筆写の楷書との関係について
「3　筆写の楷書字形と印刷文字字形の違いが、字体の違いに及ぶもの」の項の追加(11ページ参照)。これにともなう前文の変更／「1　明朝体に特徴的な表現の仕方があるもの」の「(5)その他」、しんにゅうの例示に二点しんにゅうを追加(10ページ参照)

三　昭和五六年告示「常用漢字表」より増えた漢字

- 平成二二年版「常用漢字表」では、昭和五六年版「常用漢字表」より漢字が一九六字増え、五字減っている（111ページを参照）。ここには、増えた漢字とその音訓・語例・備考を抜粋して掲げた。
- （　）は「常用漢字表」に添えられた康熙《こうき》字典体、［　］は許容字体（5ページ「表の見方及び使い方」の5を参照）を示す。（三省堂編修所注）

挨	アイ	挨拶	
曖	アイ	曖昧	
宛	あてる	宛てる　宛先	⇔当てる、充てる
嵐	あらし	嵐　砂嵐	
畏	イ	畏敬　畏怖	
	おそれる	畏れる　畏れ	⇔恐れる
萎	イ	萎縮	
	なえる	萎える	
椅	イ	椅子	
彙	イ	語彙	＊［（付）第2の3【剝】参照］
茨	いばら		茨城県
咽	イン	咽喉	
淫	イン	淫行　淫乱	＊［（付）第2の3参照］
	みだら	淫らだ	
唄	うた	小唄　長唄	⇔歌
鬱	ウツ	憂鬱	
怨	エン	怨恨	
	オン	怨念	
媛	エン	才媛	愛媛（えひめ）県

艶（艷）	エン	妖艶	
	つや	艶　色艶	
旺	オウ	旺盛	
岡	おか		岡山県、静岡県、福岡県
臆	オク	臆説　臆測　臆病	「臆説」「臆測」は、「憶説」「憶測」とも書く。
俺	おれ	俺	
苛	カ	苛酷　苛烈	
牙	ガ	牙城　歯牙	
	ゲ	象牙	
	きば	牙	
瓦	ガ	瓦解	
	かわら	瓦　瓦屋根	
楷	カイ	楷書	
潰	カイ	潰瘍	
	つぶす	潰す	
	つぶれる	潰れる	
諧	カイ	俳諧	
崖	ガイ	断崖	
	がけ	崖　崖下	

蓋	ガイ	頭蓋骨	
	ふた	蓋　火蓋	
骸	ガイ	形骸化　死骸	
柿	かき	柿	
顎	ガク	顎関節	
	あご	顎	
葛	カツ	葛藤	*［(付)第2の3参照］
	くず	葛　葛湯	
釜	かま	釜	
鎌	かま	鎌　鎌倉時代	
韓	カン	韓国	
玩	ガン	玩具　愛玩	
伎	キ	歌舞伎	
亀（龜）	キ	亀裂	
	かめ	亀	
毀	キ	毀損　毀誉	
畿	キ	畿内　近畿	
臼	キュウ	臼歯　脱臼	
	うす	石臼	
嗅	キュウ	嗅覚	*［(付)第2の3参照］
	かぐ	嗅ぐ	
巾	キン	頭巾　雑巾	
僅	キン	僅差	*［(付)第2の3参照］
	わずか	僅かだ	
錦	キン	錦秋	
	にしき	錦絵	
惧	グ	危惧	*［(付)第2の3参照］
串	くし	串刺し　串焼き	
窟	クツ	巣窟　洞窟	
熊	くま	熊	
詣	ケイ	参詣	
	もうでる	詣でる　初詣	
憬	ケイ	憧憬	
稽	ケイ	稽古　滑稽	*［(付)第2の3参照］
隙	ゲキ	間隙	
	すき	隙間	「隙間」は、「透き間」とも書く。
桁	けた	桁違い　橋桁	
拳	ケン	拳銃　拳法	
	こぶし	握り拳	
鍵	ケン	鍵盤	
	かぎ	鍵　鍵穴	
舷	ゲン	舷側　右舷	
股	コ	股間　股関節	
	また	内股　大股	
虎	コ	虎穴　猛虎	
	とら	虎	
錮	コ	禁錮	
勾	コウ	勾配　勾留	

梗	コウ	心筋梗塞　脳梗塞	
喉	コウ	喉頭　咽喉	
	のど	喉　喉元	
乞	こう	乞う　命乞い	⇔請う
傲	ゴウ	傲然　傲慢	
駒	こま	持ち駒	
頃	ころ	頃　日頃	
痕	コン	痕跡　血痕	
	あと	痕　傷痕	⇔跡、後
沙	サ	沙汰	
挫	ザ	挫折　頓挫	
采	サイ	采配　喝采	
塞	サイ	要塞	
	ソク	脳梗塞　閉塞	
	ふさぐ	塞ぐ	
	ふさがる	塞がる	
埼	さい		埼玉県
柵	サク	鉄柵	
刹	サツ	古刹　名刹	
	セツ	刹那	
拶	サツ	挨拶	
斬	ザン	斬殺　斬新	
	きる	斬る	⇔切る
恣	シ	恣意的	*〔(付)第2の3参照〕

摯	シ	真摯	
餌〔餌〕	ジ	好餌　食餌	〔餌〕＝許容字体
	えさ	餌	*〔(付)第2の3参照〕
	え	餌食	
鹿	しか	鹿	
	か	鹿の子	
叱	シツ	叱責	
	しかる	叱る	
嫉	シツ	嫉妬	
腫	シュ	腫瘍	
	はれる	腫れる　腫れ	
	はらす	腫らす	
呪	ジュ	呪縛　呪文	
	のろう	呪う	
袖	シュウ	領袖	
	そで	袖　半袖	
羞	シュウ	羞恥心	
蹴	シュウ	一蹴	
	ける	蹴る　蹴散らす	
憧	ショウ	憧憬	「憧憬」は、「ドウケイ」とも。
	あこがれる	憧れる　憧れ	
拭	ショク	払拭	
	ふく	拭く	
	ぬぐう	拭う	

尻	しり	尻　尻込み　目尻	尻尾（しっぽ）
芯	シン	芯	
腎	ジン	腎臓　肝腎	「肝腎」は、「肝心」とも書く。
須	ス	必須	
裾	すそ	裾　裾野	
凄	セイ	凄惨　凄絶	
醒	セイ	覚醒	
脊	セキ	脊髄　脊柱	
戚	セキ	親戚	
煎	セン	煎茶	＊［（付）第2の3参照］
	いる	煎る　煎り豆	
羨	セン	羨望	
	うらやむ	羨む	
	うらやましい	羨ましい	
腺	セン	前立腺　涙腺	
詮	セン	詮索　所詮	＊［（付）第2の3参照］
箋	セン	処方箋　便箋	＊［（付）第2の3参照］
膳	ゼン	膳　配膳	
狙	ソ	狙撃	
	ねらう	狙う　狙い	
遡［遡］	ソ	遡及　遡上	［遡］＝許容字体 ＊［（付）第2の1参照］
	さかのぼる	遡る	
曽（曾）	ソウ	曽祖父　曽孫	
	ゾ	未曽有	

爽	ソウ	爽快	
	さわやか	爽やかだ	
痩（瘦）	ソウ	痩身	
	やせる	痩せる	
踪	ソウ	失踪	
捉	ソク	捕捉	
	とらえる	捉える	⇔捕らえる
遜［遜］	ソン	謙遜　不遜	［遜］＝許容字体 ＊［（付）第2の1参照］
汰	タ	沙汰	
唾	ダ	唾液　唾棄	固唾（かたず）
	つば	唾　眉唾	「唾」は、「つばき」とも。
堆	タイ	堆積	
戴	タイ	戴冠　頂戴	
誰	だれ	誰	
旦	タン	一旦　元旦	
	ダン	旦那	
綻	タン	破綻	
	ほころびる	綻びる	
緻	チ	緻密　精緻	
酎	チュウ	焼酎	
貼	チョウ	貼付	「貼付」は、「テンプ」とも。
	はる	貼る	⇔張る
嘲	チョウ	嘲笑　自嘲	＊［（付）第2の3参照］
	あざける	嘲る	

捗	チョク	進捗	*［（付）第2の3参照］
椎	ツイ	椎間板　脊椎	
爪	つめ	爪　生爪	
	つま	爪先　爪弾く	
鶴	つる	鶴　千羽鶴	
諦	テイ	諦観　諦念	
	あきらめる	諦める	
溺	デキ	溺愛　溺死	*［（付）第2の3参照］
	おぼれる	溺れる	
塡	テン	装塡　補塡	*［（付）第2の3参照］
妬	ト	嫉妬	
	ねたむ	妬む	
賭	ト	賭場　賭博	*［（付）第2の3参照］
	かける	賭ける　賭け	⇔掛ける、懸ける、架ける
藤	トウ	葛藤	
	ふじ	藤　藤色	
瞳	ドウ	瞳孔	
	ひとみ	瞳	
栃	とち		栃木県
頓	トン	頓着　整頓	
貪	ドン	貪欲	
	むさぼる	貪る	
丼	どんぶり	丼　丼飯	
	どん	牛丼　天丼	

那	ナ	刹那　旦那	
奈	ナ	奈落	
梨	なし	梨	
謎［謎］	なぞ	謎	［謎］＝許容字体 *［（付）第2の1参照］
鍋	なべ	鍋　鍋料理	
匂	におう	匂う　匂い	⇔臭う
虹	にじ	虹	
捻	ネン	捻挫　捻出	
罵	バ	罵声　罵倒	
	ののしる	罵る	
剝	ハク	剝製　剝奪	*［（付）第2の3参照］
	はがす	剝がす	
	はぐ	剝ぐ	
	はがれる	剝がれる	
	はげる	剝げる	
箸	はし	箸	*［（付）第2の3【賭】参照］
氾	ハン	氾濫	
汎	ハン	汎用	
阪	ハン	阪神　京阪	大阪（おおさか）府
斑	ハン	斑点	
眉	ビ	眉目　焦眉	
	ミ	眉間	
	まゆ	眉　眉毛	
膝	ひざ	膝　膝頭	

肘	ひじ	肘　肘掛け	
阜	フ		岐阜県
訃	フ	訃報	
蔽	ヘイ	隠蔽	*［（付）第2の3参照］
餅［餅］（餠）	ヘイ	煎餅	［餅］＝許容字体 *［（付）第2の3【餌】参照］
	もち	餅屋　尻餅	
璧	ヘキ	完璧　双璧	
蔑	ベツ	蔑視　軽蔑	
	さげすむ	蔑む	
哺	ホ	哺乳類	
蜂	ホウ	蜂起	
	はち	蜜蜂	
貌	ボウ	変貌　美貌	
頰	ほお	頰　頰張る	*［（付）第2の3参照］ 「頰」は、「ほほ」とも。
睦	ボク	親睦　和睦	
勃	ボツ	勃興　勃発	
昧	マイ	曖昧　三昧	
枕	まくら	枕　枕元	
蜜	ミツ	蜜　蜜月	
冥	メイ	冥福	
	ミョウ	冥加　冥利	
麺（麵）	メン	麺類	
冶	ヤ	冶金　陶冶	鍛冶（かじ）
弥（彌）	や		弥生（やよい）

闇	やみ	闇夜　暗闇	
喩	ユ	比喩	*［（付）第2の3参照］
湧	ユウ	湧水　湧出	
	わく	湧く	⇔沸く
妖	ヨウ	妖怪　妖艶	
	あやしい	妖しい	⇔怪しい
瘍	ヨウ	潰瘍　腫瘍	
沃	ヨク	肥沃	
拉	ラ	拉致	
辣	ラツ	辣腕　辛辣	
藍	ラン	出藍	
	あい	藍色　藍染め	
璃	リ	浄瑠璃	
慄	リツ	慄然　戦慄	
侶	リョ	僧侶　伴侶	
瞭	リョウ	明瞭	
瑠	ル	浄瑠璃	
呂	ロ	風呂	
賂	ロ	賄賂	
弄	ロウ	愚弄　翻弄	
	もてあそぶ	弄ぶ	
籠	ロウ	籠城	
	かご	籠	
	こもる	籠もる	

麓　ロク　山麓
　　ふもと　麓

脇　わき　脇腹　両脇

四　昭和五六年告示「常用漢字表」より減った字、増減した音訓など

1　減った字

勺　錘　銑　脹　匁

（これらは人名用漢字として追加された）

2　増えた音訓

委　ゆだねる
育　はぐくむ
応　こたえる
滑　コツ
関　かかわる
館　やかた
鑑　かんがみる
混　こむ
私　わたし
臭　におう
旬　シュン
伸　のべる
振　ふれる
粋　いき
逝　いく
拙　つたない
全　すべて
創　つくる
速　はやまる
他　ほか
中　ジュウ
描　かく
放　ほうる
務　つとまる
癒　いえる・いやす
要　かなめ
絡　からめる
類　たぐい

（ほかに、「十（ジッ）」は「ジュッ」とも読めることとなった）

3　減った音訓

畝　せ
疲　つからす
浦　ホ

4　変更された音訓

側　かわ→がわ

（ただし、これまでどおり「かわ」とも読める）

5　追加・変更された「付表」の語

追加

鍛冶　かじ
固唾　かたず
尻尾　しっぽ
老舗　しにせ
真面目　まじめ
弥生　やよい

変更

海女　→　海女・海士
一言居士　→　居士
五月晴れ　→　五月
お母さん　→　母さん
お父さん　→　父さん

当用漢字表等 と 昭和五六年版常用漢字表 との対比

- 昭和五六年一〇月一日内閣告示「常用漢字表」の制定に伴い、「当用漢字表」（昭和二一年一一月一六日内閣告示）のほかに、字体を定めた「当用漢字字体表」（昭和二四年四月二八日内閣告示）、音訓や語例を示した「当用漢字音訓表」（昭和四八年六月一八日内閣告示）も廃止された。
- ここに掲げたのはそれらの特徴を対比した表で、三省堂編修所で作成したもの。この項での「常用漢字表」とは、昭和五六年一〇月一日の内閣告示を言う。また、〔 〕中の「答申」とは、昭和五六年三月二三日付、国語審議会から文部大臣への答申をさす。

（三省堂編修所注）

一　性格と運用

当用漢字表

- 字種（一八五〇字）を示した表である。
- 現代国語を書き表すために、日常使用する漢字の範囲を、次のように定める。（告示文）
- この表は、法令・公用文書・新聞・雑誌及び一般社会で、使用する漢字の範囲を示したものである。（まえがき 第1項）
- この表の漢字で書き表せない言葉は、別の言葉に替えるか、又は、仮名書きにする。（使用上の注意事項 イ）
- 専門用語については、この表を基準として、整理することが望ましい。（使用上の注意事項 チ）
- 固有名詞については、法規上その他に関係するところが大きいので、別に考えることとした。（まえがき 第3項）

昭和五六年版常用漢字表

- 字種（一九四五字）・字体・音訓・語例等を総合的に示した表である。
- 法令・公用文書・新聞・雑誌・放送など、一般の社会生活において、現代の国語を書き表す場合の漢字使用の目安を示すものである。

〔「目安」の補足説明として、答申に「法令・公用文書・新聞・雑誌・放送等、一般の社会生活において、この表を無視してほしいままに漢字を使用してもよいというものではなく、この表を努力目標として尊重することが期待されるものである」「この表を基に、実情に応じて独自の漢字使用の取決めをそれぞれ作成するなど、分野によってこの表の扱い方に差を生ずることを妨げないものである」とある。〕

- この表の運用に当たっては、個々の事情に応じて適切な考慮を加える余地のあるものである。
- 科学・技術・芸術その他の各種専門分野や個々人の表記にまで及ぼそうとするものではない。
- 過去の著作や文書における漢字使用を否定するものではない。
- 固有名詞を対象とするものではない。

・振り仮名は、原則として使わない。（使用上の注意事項 ト）
・当て字は仮名書きにする。（使用上の注意事項 ヘ）
・代名詞・副詞・接続詞・感動詞・助動詞・助詞は、なるべく仮名書きにする。（使用上の注意事項 ロ）
・動植物の名称は、仮名書きにする。（使用上の注意事項 ホ）

・告示では触れていない。
〔答申には「読みにくいと思われるような場合は、必要に応じて振り仮名を用いるような配慮をするのも一つの方法であろう。」とある。〕
・「付表」に、いわゆる当て字や熟字訓など、主として一字一字の音訓として挙げにくいものを語の形で掲げた。
・代名詞・副詞・接続詞で広く使用されるものは語例として漢字で掲げてある。
・感動詞・助動詞・助詞は語例欄にも掲げられていない。
〔答申には「感動詞・助動詞・助詞のための字種や音訓は取り上げない」とあり、仮名書きが普通と考えられているのであろう。〕
・語例として漢字で掲げてある。
〔以上の「性格と運用」は、「当用漢字音訓表」（昭和四八年内閣告示）とほとんど同じである。〕

二　字体

当用漢字字体表
・当用漢字について、字体の標準を示した。
・一八五〇字のうち約五〇〇字について略体の採用、点画の整理などを行った。
・字体は、活字字体のもとになる形で示してある。
・この表の字体を筆写（楷書《かいしょ》）の標準とする際には、点画の長短・方向・曲直、つけるかはなすか、とめるかはねるか、とめるかはらうか等について、必ずしも拘束しないものがある。

昭和五六年版常用漢字表
・「当用漢字字体表」の字体は変更しない。（例外、燈→灯）
・「当用漢字字体表」より増えた漢字については、「当用漢字字体表」に準じて略体の採用や点画の整理を行ったものがある。（缶　縄　蛍　壌など）
・字体は、明朝《みんちょう》体活字の一種を例に用いて現代の通用字体を示した。
・字体は文字の骨組みであるから、各種明朝体活字のデザイン上の差異は問題にする必要がない。
・明朝体活字の形と筆写の楷書に間には、印刷上・手書き上の習慣の相違に基づく違いがある。
・筆写の楷書では、点画の長短・方向、つけるかはなすか、とめるかはねるか、はらうかとめるか等について、いろいろな書き方がある。

三　当用漢字(音訓)表より増えた漢字

- 昭和五六年版「常用漢字表」では、「当用漢字(音訓)表」より漢字が九五字増えている。ここには、増えた漢字とその音訓・語例・備考を抜粋して掲げた。
- ◎は平成二二年一一月三〇日の内閣告示第二号により増えた音訓を示す。
- (　)は「常用漢字表」に添えられた康熙《こうき》字典体である。

(三省堂編修所注)

猿	エン	野猿　類人猿　犬猿の仲	
	さる	猿	
凹	オウ	凹凸　凹面鏡　凹レンズ	凸凹(でこぼこ)
渦	カ	渦中	
	うず	渦　渦潮　渦巻く	
靴	カ	製靴	
	くつ	靴　靴下　革靴	
稼	カ	稼業　稼働	
	かせぐ	稼ぐ　稼ぎ	
拐	カイ	拐帯　誘拐	
涯	ガイ	生涯	
垣	かき	垣　垣根	
殻(殼)	カク	甲殻　地殻	
	から	殻　貝殻	
潟	かた	干潟　○○潟	
喝(喝)	カツ	喝破　一喝　恐喝	
褐(褐)	カツ	褐色　茶褐色	
缶(罐)	カン	缶　缶詰　製缶	
頑	ガン	頑強　頑健　頑固	
挟(挾)	キョウ	挟撃	
	はさむ	挟む	
	はさまる	挟まる	
矯	キョウ	矯正　奇矯	
	ためる	矯める　矯め直す	
襟	キン	襟度　開襟　胸襟	
	えり	襟　襟首	
隅	グウ	一隅	
	すみ	隅　片隅	
渓(溪)	ケイ	渓谷　渓流　雪渓	
蛍(螢)	ケイ	蛍光灯　蛍光塗料	
	ほたる	蛍	
嫌	ケン	嫌悪　嫌疑	
	ゲン	機嫌	
	きらう	嫌う　嫌い	

	いや	嫌だ　嫌がる　嫌気がさす	
洪	コウ	洪水　洪積層	
溝	コウ	下水溝　排水溝	
	みぞ	溝	
昆	コン	昆虫　昆布	「昆布」は、「コブ」とも。
崎	さき	○○崎	
皿	さら	皿　灰皿	
桟(棧)	サン	桟　桟橋	桟敷(さじき)
傘	サン	傘下　落下傘	
	かさ	傘　雨傘　日傘	
肢	シ	肢体　下肢　選択肢	
遮	シャ	遮断	
	さえぎる	遮る	
蛇	ジャ	蛇の目　蛇腹　大蛇	
	ダ	蛇行　蛇足　長蛇	
	へび	蛇	
酌	シャク	酌量　晩酌	
	くむ	酌む　酌み交わす	
汁	ジュウ	果汁　墨汁	
	しる	汁　汁粉	
塾	ジュク	塾　私塾	
尚	ショウ	尚早　高尚	
宵	ショウ	徹宵	

	よい	宵	
縄(繩)	ジョウ	縄文　自縄自縛	
	なわ	縄　縄張	
壌(壤)	ジョウ	土壌	
唇	シン	口唇	
	くちびる	唇	
甚	ジン	甚大　激甚　幸甚	
	はなはだ	甚だ	
	はなはだしい	甚だしい	
据	すえる	据える　据え置く	
	すわる	据わる　据わり	⇔座る
杉	すぎ	杉　杉並木	
斉(齊)	セイ	斉唱　一斉	
逝	セイ	逝去　急逝　長逝	
	ゆく	逝く	⇔行く
	いく◎	逝く	⇔行く
仙	セン	仙骨　仙人　酒仙	
栓	セン	栓　給水栓　消火栓	
挿(插)	ソウ	挿入　挿話	
	さす	挿す　挿絵　挿し木	⇔差す、刺す、指す
曹	ソウ	法曹　法曹界　陸曹	
槽	ソウ	水槽　浴槽	
藻	ソウ	藻類　海藻　詞藻	

	も	藻	
駄	ダ	駄菓子　駄作　無駄	
濯	タク	洗濯	
棚	たな	棚　戸棚　大陸棚	
挑	チョウ	挑戦　挑発	
	いどむ	挑む	
眺	チョウ	眺望	
	ながめる	眺める　眺め	
釣	チョウ	釣果　釣魚　釣艇	
	つる	釣る　釣り　釣り合い	
塚(塚)	つか	塚　貝塚	
漬	つける	漬ける　漬物	
	つかる	漬かる	
亭	テイ	亭主　料亭	
偵	テイ	偵察　探偵　内偵	
泥	デイ	泥土　雲泥　拘泥	
	どろ	泥　泥沼　泥棒	
搭	トウ	搭載　搭乗　搭乗券	
棟	トウ	上棟　病棟	
	むね	棟　別棟	
	むな	棟木	
洞	ドウ	洞穴　洞察　空洞	
	ほら	洞穴	

凸	トツ	凸版　凸レンズ　凹凸	凸凹(でこぼこ)
屯	トン	駐屯　駐屯地	
把	ハ	把握　把持　一把(ワ)　三把(バ)　十把(パ)	「把(ハ)」は、前に来る音によって「ワ」「バ」「パ」になる。
覇(覇)	ハ	覇権　覇者　制覇	
漠	バク	漠然　広漠　砂漠	
肌	はだ	肌　肌色　地肌	
鉢	ハチ	鉢　植木鉢	
	ハツ	衣鉢	
披	ヒ	披見　披露　直披	
扉	ヒ	開扉　門扉	
	とびら	扉	
猫	ビョウ	愛猫	
	ねこ	猫	
頻(頻)	ヒン	頻度　頻発　頻繁	
瓶(瓶)	ビン	瓶　瓶詰　花瓶	
雰	フン	雰囲気	
塀(塀)	ヘイ	塀　板塀	
泡	ホウ	気泡　水泡　発泡	
	あわ	泡　泡立つ	
俸	ホウ	俸給　年俸　本俸	
褒(褒)	ホウ	褒章　褒美　過褒	
	ほめる	褒める	

朴	ボク	純朴　素朴
僕	ボク	僕　公僕
堀	ほり	堀　外堀　釣堀
磨	マ	研磨
	みがく	磨く　磨き粉
抹	マツ	抹殺　抹消　一抹
岬	みさき	岬
妄	モウ	妄信　妄想　迷妄
	ボウ	妄言　「妄言」は、「モウゲン」とも。
厄	ヤク	厄　厄年　災厄
癒	ユ	癒着　治癒　平癒
	いえる◎	癒える
	いやす◎	癒やす
悠	ユウ	悠然　悠長　悠々
羅	ラ	羅列　羅針盤　網羅
竜(龍)	リュウ	竜　竜頭蛇尾
	たつ	竜巻
戻(戾)	レイ	戻入　返戻
	もどす	戻す　差し戻し
	もどる	戻る　後戻り
枠	わく	枠　枠内　窓枠

四　当用漢字音訓表より増減した音訓など

1　増えた音訓

栄　はえる
危　あやぶむ
憩　いこう
香　かおる
愁　うれえる
謡　うたう
露　ロウ〔披露〕
和　オ〔和尚〕

2　減った訓

膚　はだ
盲　めくら

3　増えた「付表」の語

おじ　｛叔父　伯父｝
おば　｛叔母　伯母｝
さじき　桟敷
でこぼこ　凸凹

4　字体が変更になった字

燈　→　灯

当用漢字表

- 昭和二一年一一月一六日内閣告示第三二号から抜粋。「日常使用する漢字の範囲」を制限したものである。
- これに代わるものとして、昭和五六年一〇月一日「常用漢字表」が制定され、「当用漢字表」は廃止された。
- 両者の違いについては112ページを参照されたい。

（三省堂編修所注）

まえがき

一、この表は、法令・公用文書・新聞・雑誌および一般社会で、使用する漢字の範囲を示したものである。
一、この表は、今日の国民生活の上で、漢字の制限があまり無理がなく行われることをめやすとして選んだものである。
一、固有名詞については、法規上その他に関係するところが大きいので、別に考えることとした。
一、簡易字体については、現在慣用されているものの中から採用し、これを本体として、参考のため原字をその下に掲げた。
一、字体と音訓との整理については、調査中である。

使用上の注意事項

イ、この表の漢字で書きあらわせないことばは、別のことばにかえるか、または、かな書きにする。
ロ、代名詞・副詞・接続詞・感動詞・助動詞・助詞は、なるべくかな書きにする。
ハ、外国(中華民国を除く)の地名・人名は、かな書きにする。
　ただし、「米国」「英米」等の用例は、従来の慣習に従ってもさしつかえない。
ニ、外来語は、かな書きにする。
ホ、動植物の名称は、かな書きにする。
ヘ、あて字は、かな書きにする。
ト、ふりがなは、原則として使わない。
チ、専門用語については、この表を基準として、整理することが望ましい。

(以下表は省略)

常用漢字の筆順

● 筆順は正確で整った字を書くためのものである。楷書の場合、上から下へ、左から右へ、外から内へというのが大体の原則である。しかし、必ずしも一つの漢字に一つの筆順しかないというわけではない。本書では、常用漢字の、通用と認められる筆順を示した。

● 次掲の「一」「二」は、文部省編「筆順指導の手びき」(昭和三三年三月刊)から抜粋した。「三」の教育漢字の筆順もこれによったが、よりわかりやすいようにと工夫した。

● 教育漢字以外の常用漢字の筆順も、右の本に準じた。

● 全体を通して、鈴木真喜男・東京学芸大学名誉教授の助言と、荒尾禎秀・東京学芸大学名誉教授の助言を受けた。

(三省堂編修所注)

一 使用上の留意点

1 本書に取りあげた筆順は、学習指導上の観点から、一つの文字については一つの形に統一されているが、このことは本書に掲げられた以外の筆順で、従来行われてきたものを誤りとするものではない。

2 本書に示されたものは、楷書体の筆順であるが、行書体では一部筆順のかわるものもある。その場合でも、新字体から著しくかけ離れた形のものは望ましくない。

3 原則では、当用漢字別表(いわゆる教育漢字)のすべてを例としてはあげていないが、他の文字の理論的な面については、原則および一覧表とをあわせて類推理解することができる。

4 当用漢字別表の漢字以外の当用漢字についても、原則や一覧表によって、適正な筆順を類推することができる。

5 本書の原則において取りあげている点画の名称は、次に記すとおりである。

点(てん)
横画[よこかく・おうかく→「横(よこ)」「よこぼう」]
縦画[たてかく・じゅうかく→「縦(たて)」「たてぼう」]
左払い[「人」の第1画に相当する画で、方向・長さには、いろいろある。]
右払い[「人」の第2画に相当する画で、方向・長さには、いろいろある。]

6 その他、次の名称も適当に取り入れて説明指導することがよい。

フ (折れ)
し (曲がり)
し (はね)
人 (はらい)
ー (とめ)

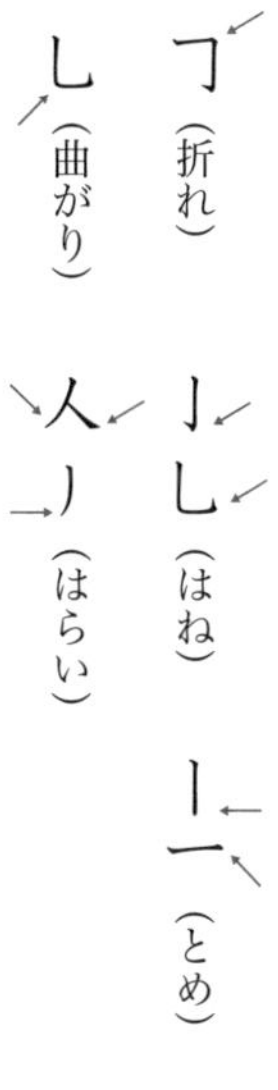

二　筆順の原則

＊は漢字の部分を表す。

大原則1　上から下へ

上から下へ（上の部分から下の部分へ）書いていく。

a　上の点画から

三 一 二 三　言

工 一 丅 工

b　上の部分から

喜 十 吉 壴 喜

客 宀 安 客

築 ⺮ 筑 築

大原則2　左から右へ

左から右へ（左の部分から右の部分へ）書いていく。

a　左の点画から

川 丿 川 川　順州

学 、 ⺍ ⺍　挙魚1234

帯 一 十 卄 卅 卌

脈 丿 𠂢 𠂢

b　左の部分から

竹 ⺈ 竹　羽

休 亻 休　語

例 亻 侈 例　湖術

原則1　横画がさき

横画と縦画とが交差する場合は、ほとんどの場合、横画をさきに書く。（横画があとになるのは原則2の場合）

a　横・縦の順

十 一 十　計古支草

土 一 十 土　圧舎周

士 一 十 士　志吉喜

七 一 七　切

大 一 ナ 大　太

告 ノ 𠂉 牛 生　任庭

木 一 十 木　述

寸 一 寸 寸　寺

b　横・縦・縦の順

共 一 卄 共　散港

編 冂 冃 冊

花 一 艹　荷

算 一 廾　形鼻

帯 一 十 卅 帯

無 𠂉 無 無

c　横・横・縦の順

用 冂 月 用　通

末 一 二 キ 末　未妹

耕 三 丰 耒

夫 二 チ 夫　春実

d　横・横・縦・縦の順

耕 二 井　囲

原則2　横画があと

横画と縦画とが交差したときは、次の場合に限って、横画をあとに書く。

a　田

田 冂 冊 田 田　男町細

b　田の発展したもの

由 冂 巾 由 由　横画

曲 冂 巾 曲 曲 曲　豊

角 ク 冂 円 用　解

再 冂 丙 再 再　構

c　王

王 一 丅 干 王　玉美

d　王の発展したもの

王＊ 一 丅 干 王

進 亻 亻 隹 隹　集観

馬 厂 F 馬 馬　駅

主＊ 一 十 キ 主　生麦

表清星

井＊ 一 十 廾 井 井　寒構

原則3　中がさき

中と左右があって、左右が1、2画である場合は、中をさきに書く。

小 亅 小 小　少京示

宗糸細

当 丨 丷 ⺌　光常

水 亅 オ 水　氷永

氺＊ 亅 コ 氺　緑暴

水＊ 亻 扌 水　衆

業 丷 ⺌ 业 业

赤 亅 小 小　変

楽 白 泊 泊　薬

承 了 孑 承　率

(例外)原則3には、二つの例外がある。

忄 忄 忄　性

火 丷 火 火　秋炭焼

原則4　外側がさき

「くにがまえ」のように囲む形をとるものは、さきに書く。

国 冂 国 国　因

同 冂 同 同　円

内 冂 内　肉納

司 𠃌 司　詞羽

(注)「区」は左のように書く。「医」も同じ。

区 一 ヌ 区

原則5　左払いがさき

左払いと右払いが交差する場合は、左払いをさきに書く。

文 亠 ナ 文　父故支

収処

人 ノ 人　入欠金

原則6　つらぬく縦画は最後

字の全体をつらぬく縦画は、最後に書く。

中 口 中　申神車半

事建

書 ⺕ 聿　妻

平 亚 平　評洋達拝

手 三 手　争

上にも、下にも、つきぬけない縦画は、上部・縦画・下部の順で書く。

里 日 甲 里　野黒

重 盲 垂 重　動

謹 廿 艹 堇　勤

原則7　つらぬく横画は最後

字の全体をつらぬく横画は、最後に書く。

女 く 女 女　安努

子 了 子　字存

母　毎海　慣

舟 舟 船　与

(注)「世」だけは違う。

世 一 廿 世

原則8　横画と左払い

横画が長く、左払いが短い字では、左払いをさきに書く。

右 ノ ナ 右　有布希

横画が短く、左払いが長い字では、横画をさきに書く。

左 一 ナ 左　友在存

抜

特に注意すべき筆順

A　広く用いられる筆順が、二つ以上あるものについて

1　(A)の字は、もともと㋑の筆順だけである。

(A)止正足走武

丨 ト ……………㋑

(B)の字は㋑も㋺も行われるが、本書では(A)にあわせて、㋑をとる。

(B)上点店

丨 ト ……………㋑

ト ……………㋺

2　(a)「耳」は㋑の筆順が普通である。

耳 𦘒 耳 ……………㋑

(b)「みみへん」は㋑も㋺も行われるが、本書では(a)にあわせて、㋑をとる。

取最職厳

𦘒 耳 ……………㋑

冂 耳 ……………㋺

3　「必」の筆順は、いろいろあるが、㋩は熟しておらず、㋺よりも㋑が形をとりやすいので、本書では㋑をとる。

必

丶 ソ 义 必 必 ……㋑

ノ 乂 义 必 ……㋺

心 必 ……㋩

その他

4　「はつがしら」の筆順は、いろいろあるが、本書では、左半と対称的で、かつ最も自然な㋑をとる。

発登

⺄ 癶 癶 ……㋑

丶 癶 癶 ……㋺

⺄ ⺄ 癶 ……㋩

5　「感」の筆順には、(イ)と(ロ)とがあるが、本書では、字体表の字体と一致し、大原則1にそう(イ)をとる。

感　(イ)　厂　咸　感
感　(ロ)　厄　咸　感

6　「馬」の筆順には、(イ)や(ロ)などがあるが、本書では、大原則1にそう(イ)をとる。

馬　(イ)　厂　厂　乥　馬
馬　(ロ)　厂　馬

7　「無」の筆順には、(イ)や(ロ)などがあるが、本書では、大原則1にそう(イ)をとる。

無　(イ)　一　无　無
無　(ロ)　厂　無　無

8　「興」の筆順としては、(イ)と(ロ)が考えられるが、本書では、大原則2にそう(イ)をとる。

興　(イ)　𦥑　𦥑　𦥑　興
興　(ロ)　𦥑　𦥑　興

B　原則では説明できないもの

1　「にょう」(a)と、あとに書く「にょう」(b)とがある。
(a)　夂　走　免　是
(b)　辶　又　乚

2　さきに書く左払い(a)と、あとに書く左払い(b)とがある。
(a)　九　及
(b)　カ　刀　万　方　別

三　常用漢字の筆順表

● 昭和五六年の内閣告示により増えた漢字(九五字)には❖印をつけた。また、平成二二年の内閣告示により増えた漢字(一九六字)には◉印をつけた。

● 「学年別漢字配当表」の漢字(一〇二六字)は色にし、1～6の数字で配当学年を示した。令和二年より変更になった字には、矢印 → を付して新旧の学年を示した。

（三省堂編修所注）

ア

漢字	筆順
◉嵐	屵　峈　嵐　嵐
◉宛	宀　宁　夗　宛
扱 5	扌　扨　扱
圧 3	一　厂　圧
握	扌　扩　护　握
悪	一　亜　悪　悪
◉曖	日　旷　暧　曖
愛 4	一　爫　受　愛
挨	扌　扩　挨　挨
哀	一　亠　声　哀
亜	一　丆　亓　亜

イ

漢字	筆順
威 3	丿　厂　威　威
委 3	二　千　禾　委
依	亻　伫　佗　依
医 4→5	一　匚　医
囲 4	｜　冂　用　囲
位 4	ノ　亻　位　位
衣 4	丶　亠　衣　衣
以 4	丶　𠃍　以　以
暗 3	日　盯　暗　暗
案 4	宀　安　安　案
安 3	丶　宀　安　安

逸	壱	一	育	域	緯	遺	慰	維	違	意	◎彙	◎椅	偉	◎萎	移	異	尉	胃	◎畏	為
		1	3	6		6				3					5	6		4→6		

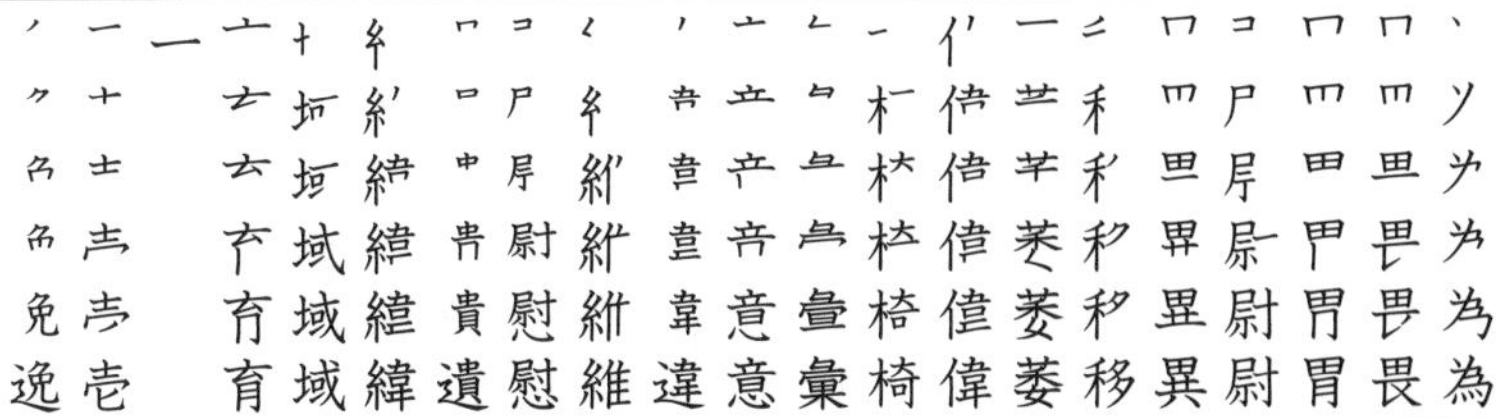

◎鬱	◎唄	雨	羽	宇	右	ウ	韻	隠	飲	陰	◎淫	院	員	姻	◎咽	因	印	引	芋	◎茨
		1	2	6	1				3			3	3			5	4	2		→4

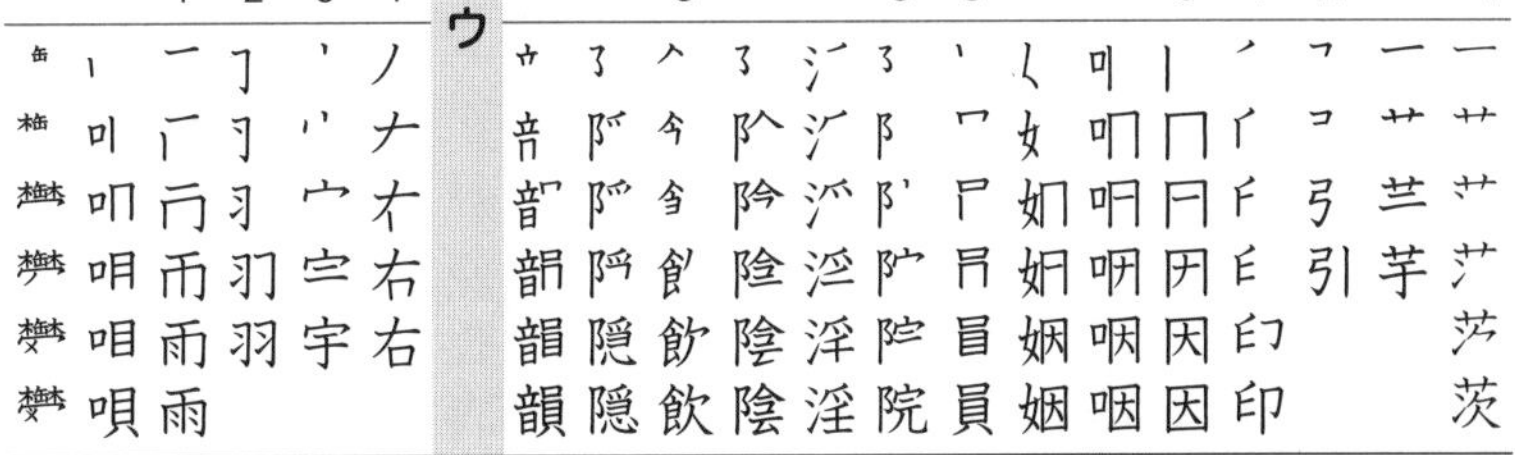

駅	液	益	疫	易	衛	鋭	影	詠	営	栄	映	英	泳	永	エ	雲	運	浦	畝
3	5	5		5	5				5	4	6	4	3	5		2	3		

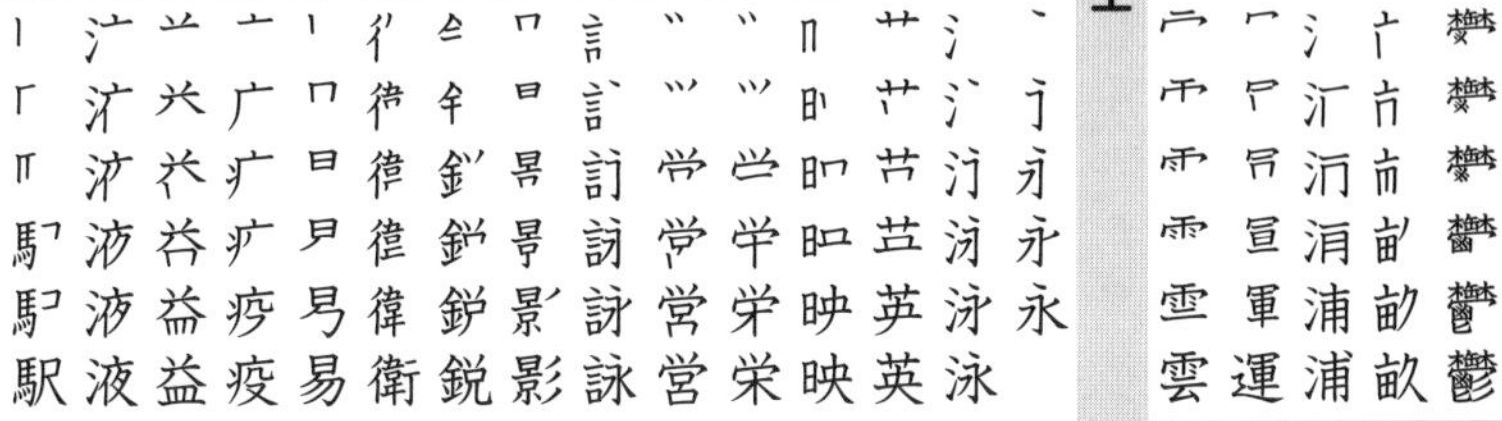

◎艶	縁	演	塩	鉛	遠	❖猿	煙	園	援	◎媛	宴	◎怨	炎	沿	延	円	閲	謁	越	悦
		5	4		2			2		→4				6	6	1				

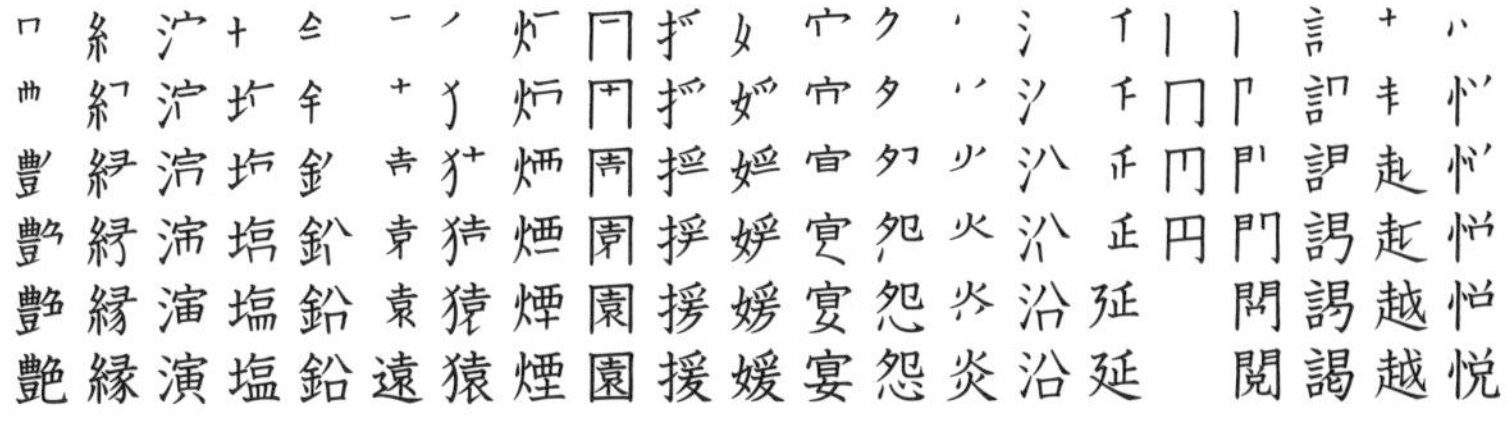

オ

漢字	印	学年
汚		
王		1
凹	❖	
央		3
応		5
往		5
押		
旺	◎	
欧		
殴		
桜		5
翁		
奥		
横		3
岡	◎	→4
屋		3
億		4
憶		
臆	◎	
虞		
乙		
俺	◎	
卸		
音		1
恩		5→6
温		3
穏		

カ

漢字	印	学年
下		1
化		3
火		1
加		4
可		5
仮		5
何		2
花		1
佳		
価		5
果		4
河		5
苛	◎	
科		2
架		
夏		2
家		2
荷		3
華		
菓		
貨		4
渦	❖	
過		5
嫁		
暇		
禍		
靴	❖	
寡		
歌		2
箇		
稼	❖	
課		4
蚊		
牙	◎	
瓦	◎	
我		6
画		2
芽		4
賀		5→4
雅		
餓		
介		
回		2
灰		6
会		2
快		5
戒		
改		4
怪		
拐	❖	
悔		
海		2
界		3
皆		
械		4

		◎			❖	◎					◎			◎		◎				
概	該	蓋	慨	街	涯	崖	害	劾	外	貝	諧	懐	壊	潰	解	楷	塊	階	開	絵
				4			4		2	1					5			3	3	2

											❖							◎	❖	◎
岳	学	穫	嚇	獲	確	閣	隔	較	覚	郭	殻	核	格	革	拡	角	各	柿	垣	骸
	1				5	6			4				5	6	6	2	4			

			◎	◎				❖		◎			❖			❖		◎		
刊	干	刈	鎌	釜	株	且	轄	褐	滑	葛	割	渇	喝	活	括	潟	掛	顎	額	楽
5	6				6						6			2		→4			5	2

																		❖		
款	棺	敢	換	堪	喚	寒	貫	患	勘	乾	陥	看	巻	冠	官	肝	完	缶	汗	甘
						3						6	6		4		4			

艦	◎韓	観	簡	環	館	還	憾	緩	監	歓	関	管	慣	漢	感	幹	寛	勧	閑	間
		4	6		3						4	4	5	3	3	5				2
艦	韓	観	簡	環	館	還	憾	緩	監	歓	関	管	慣	漢	感	幹	寛	勧	閑	間

奇	汽	忌	希	岐	気	机	危	◎伎	企	キ	願	顔	❖頑	眼	◎玩	岩	岸	含	丸	鑑
	2		4	→4	1	6	6				4	2		5		2	3		2	
奇	汽	忌	希	岐	気	机	危	伎	企		願	顔	頑	眼	玩	岩	岸	含	丸	鑑

棄	貴	棋	期	揮	幾	喜	◎亀	規	寄	基	帰	鬼	飢	起	記	既	軌	紀	季	祈
	6		3	6		4→5		5	5	5	2			3	2			4→5	4	
棄	貴	棋	期	揮	幾	喜	亀	規	寄	基	帰	鬼	飢	起	記	既	軌	紀	季	祈

喫	吉	菊	議	犠	擬	戯	儀	疑	義	欺	偽	宜	技	騎	機	輝	◎畿	器	旗	◎毀
			4					6	5				5		4			4	4	
喫	吉	菊	議	犠	擬	戯	儀	疑	義	欺	偽	宜	技	騎	機	輝	畿	器	旗	毀

級	急	泣	究	求	◎臼	朽	吸	休	旧	丘	弓	及	久	九	虐	逆	脚	客	却	詰
3	3	4	3	4			6	1	5		2		5	1		5		3		

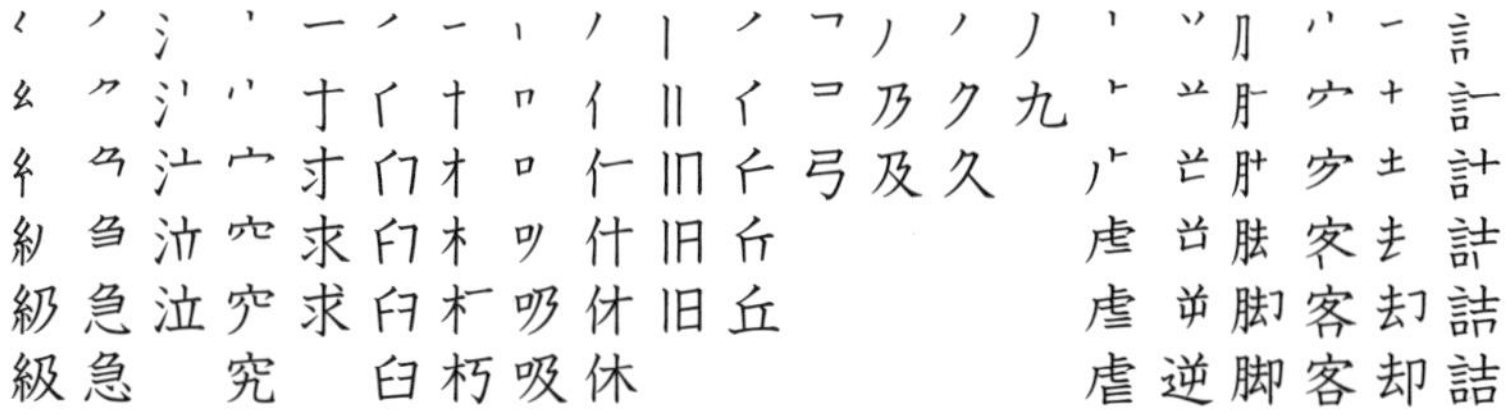

凶	漁	御	魚	距	許	虚	挙	拠	拒	居	巨	去	牛	窮	◎嗅	給	球	救	宮	糾
	4		2		5		4			5		3	2			4	3	4→5	3	

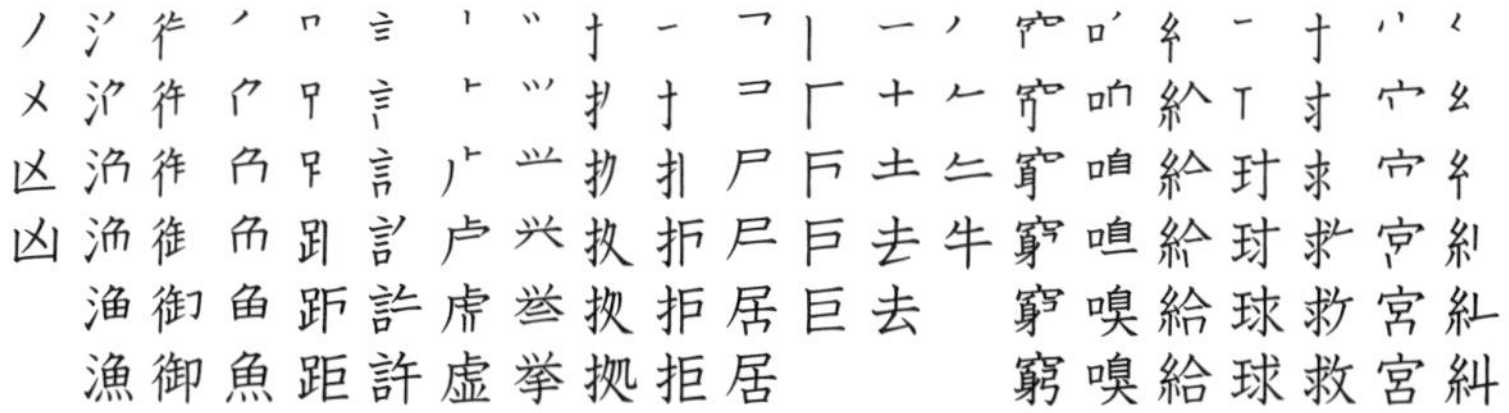

❖矯	橋	境	郷	教	強	脅	胸	恭	恐	狭	❖挟	峡	況	協	供	享	京	狂	叫	共
	3	5	6	2	2		6							4	6		2			4

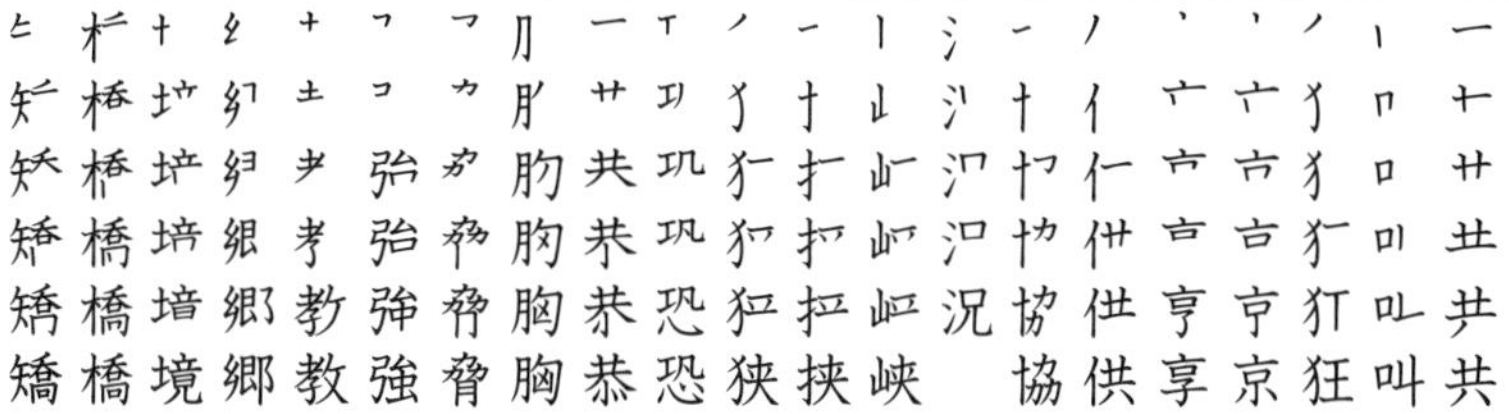

筋	琴	勤	菌	金	近	均	斤	◎巾	玉	極	局	曲	凝	業	暁	仰	驚	響	競	鏡
6		6		1	2	5			1	4	3	3		3					4	4

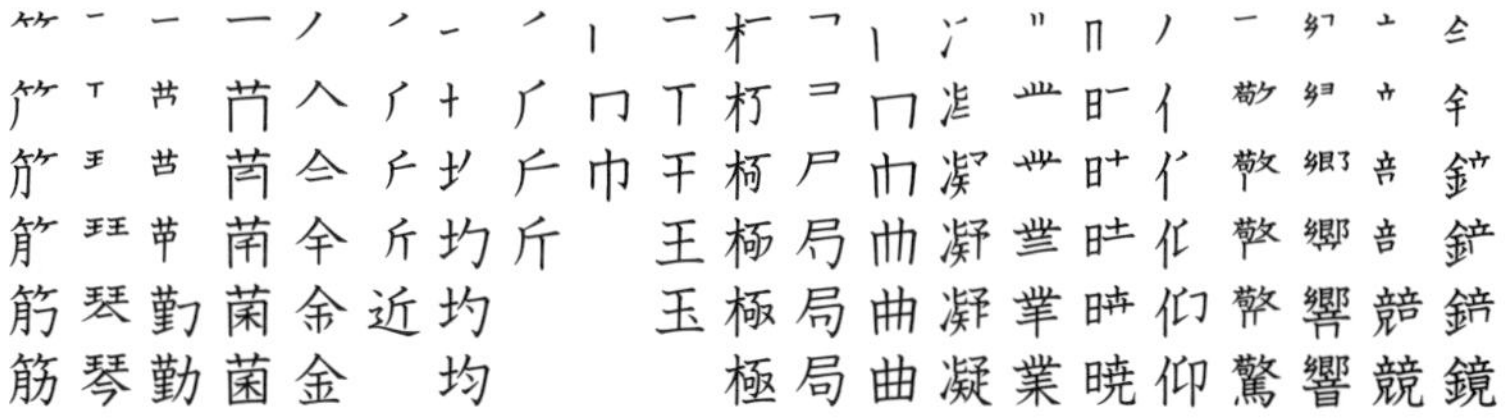

⊙			❖	⊙														❖	⊙
僅	禁	緊	錦	襟	謹	吟	銀	ク	区	句	苦	駆	具	惧	愚	空	偶	遇	隅	串
	5						3		3	5	3		3			1				

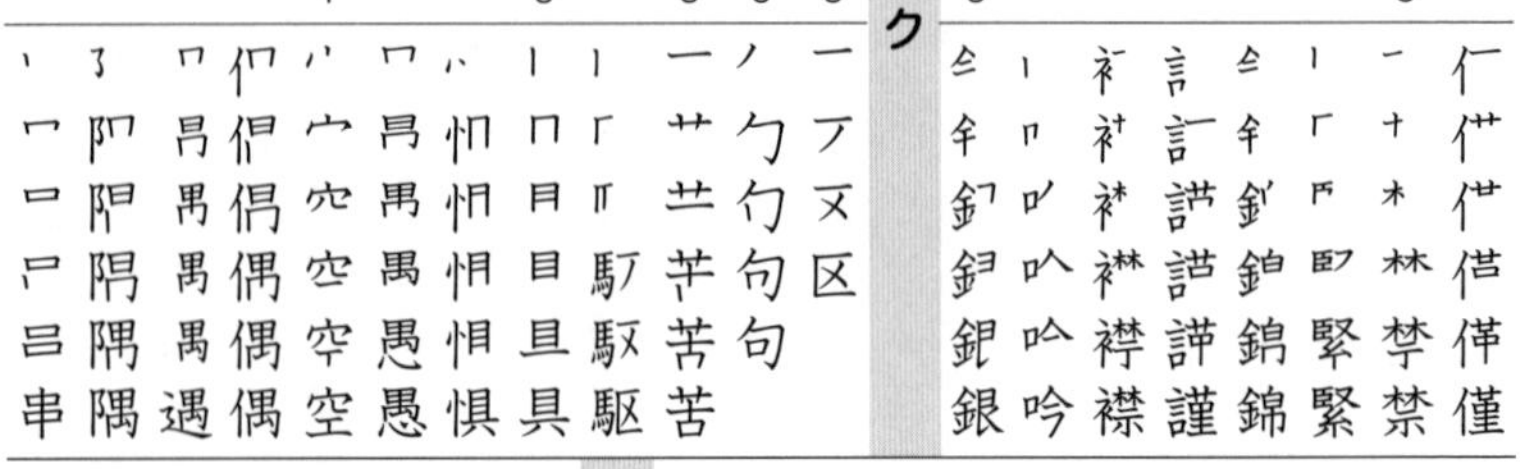

			⊙																	
屈	掘	窟	熊	繰	君	訓	勲	薫	軍	郡	群	ケ	兄	刑	形	系	径	茎	係	型
			→4		3	4			4	4	5→4		2		2	6	4		3	4→5

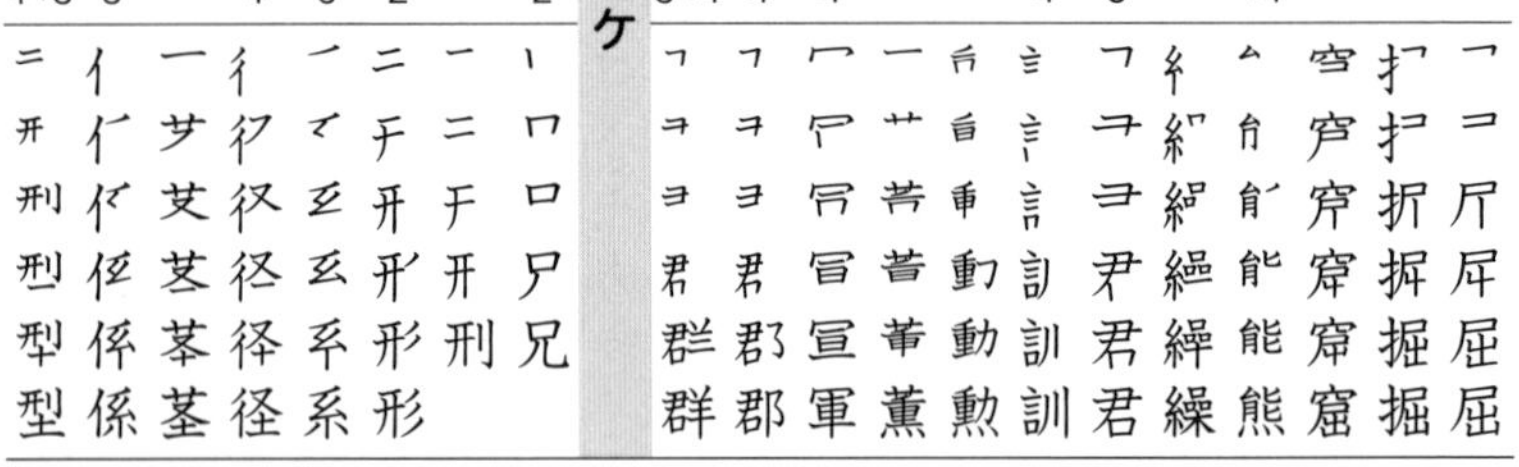

					❖		❖							⊙		⊙	⊙			
契	計	恵	啓	掲	渓	経	蛍	敬	景	軽	傾	携	継	詣	慶	憬	稽	憩	警	鶏
	2					5		6	4	3									6	

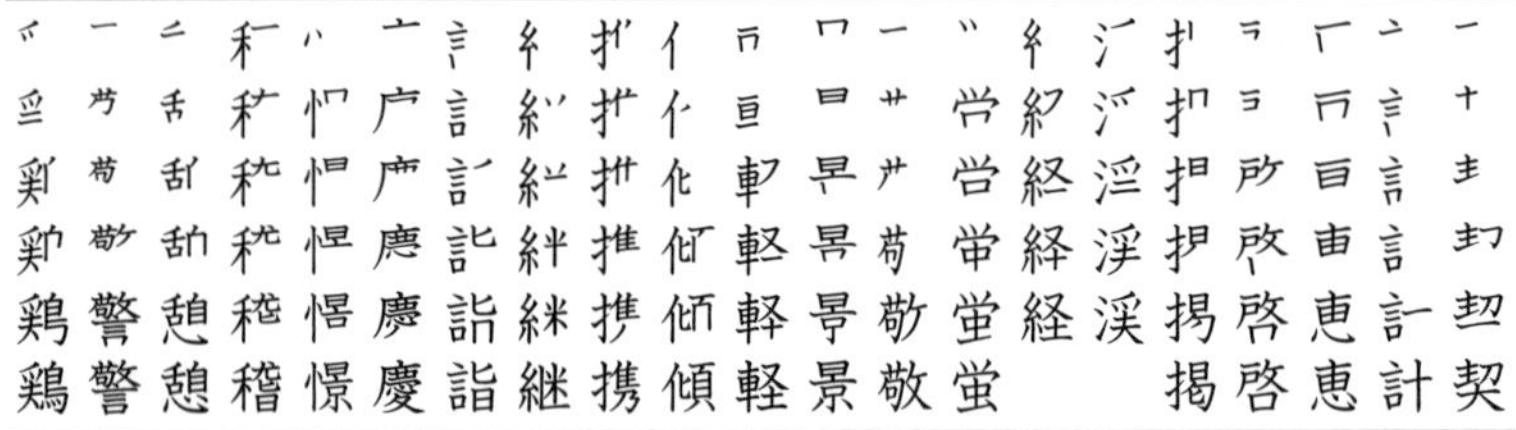

			⊙				⊙													
芸	迎	鯨	隙	劇	撃	激	桁	欠	穴	血	決	結	傑	潔	月	犬	件	見	券	肩
4				6		6		4	6	3	3	4		5	1	1	5	1	5→6	

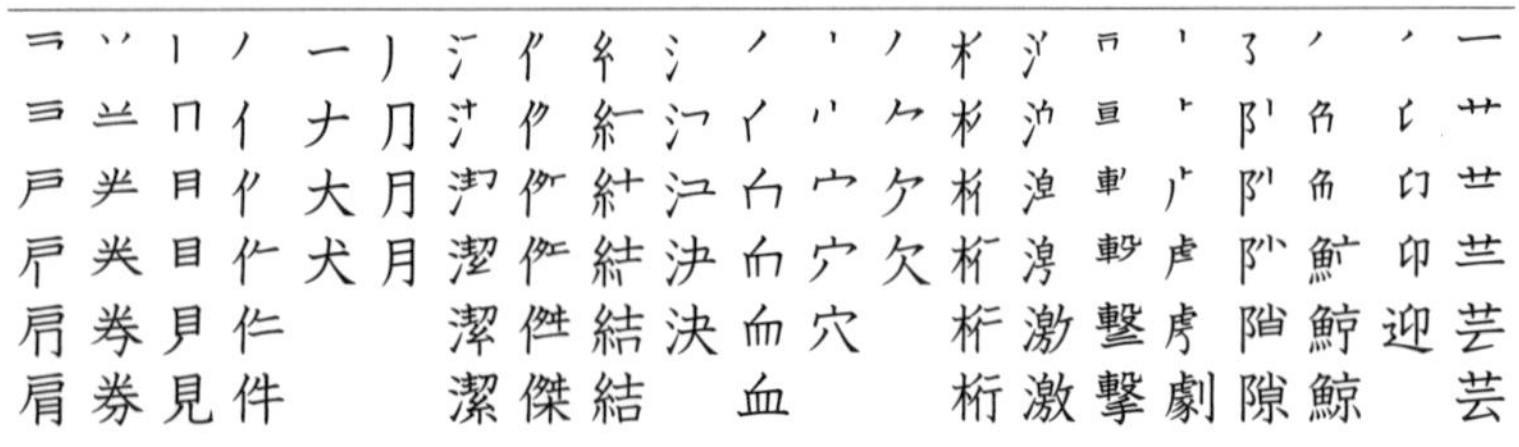

建	研	県	倹	兼	剣	◎拳	軒	健	険	圏	堅	検	❖嫌	献	絹	遣	権	憲	賢	謙
4	3	3						4	5			5			6		6	6		

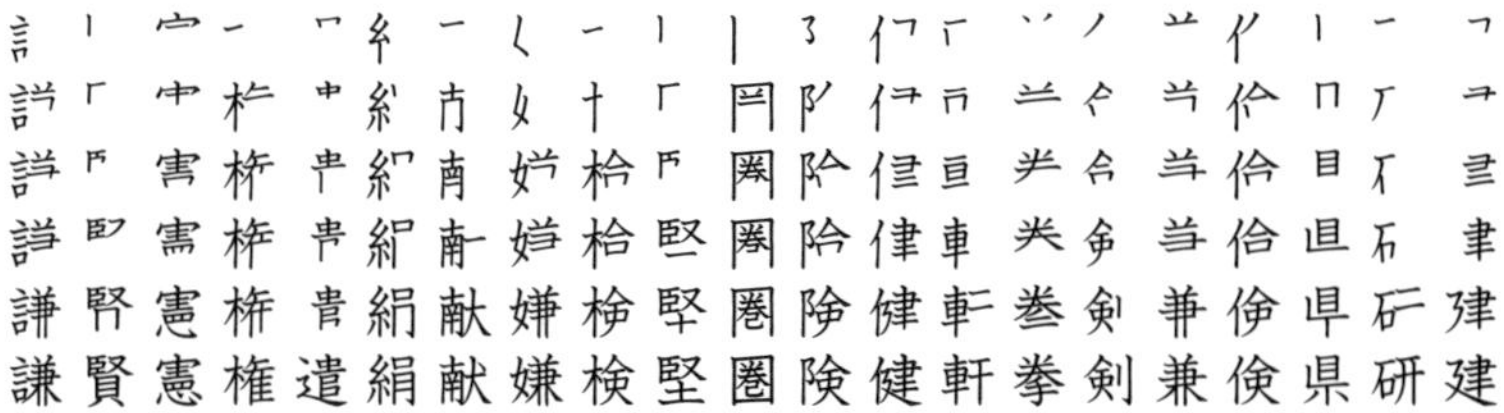

◎鍵	繭	顕	験	懸	元	幻	玄	言	弦	限	原	現	◎舷	減	源	厳
			4		2			2		5	2	5		5	6	6

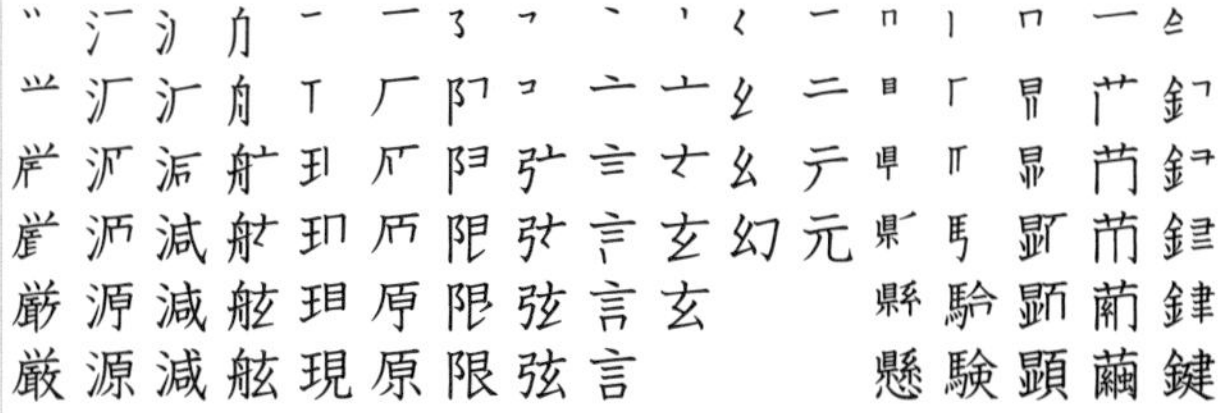

コ

己	戸	古
6	2	2

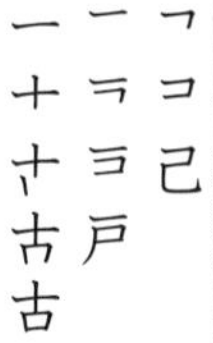

呼	固	◎股	◎虎	孤	弧	故	枯	個	庫	湖	雇	誇	鼓	◎錮	顧	五	互	午	呉	後
6	4					5		5	3	3						1		2		2

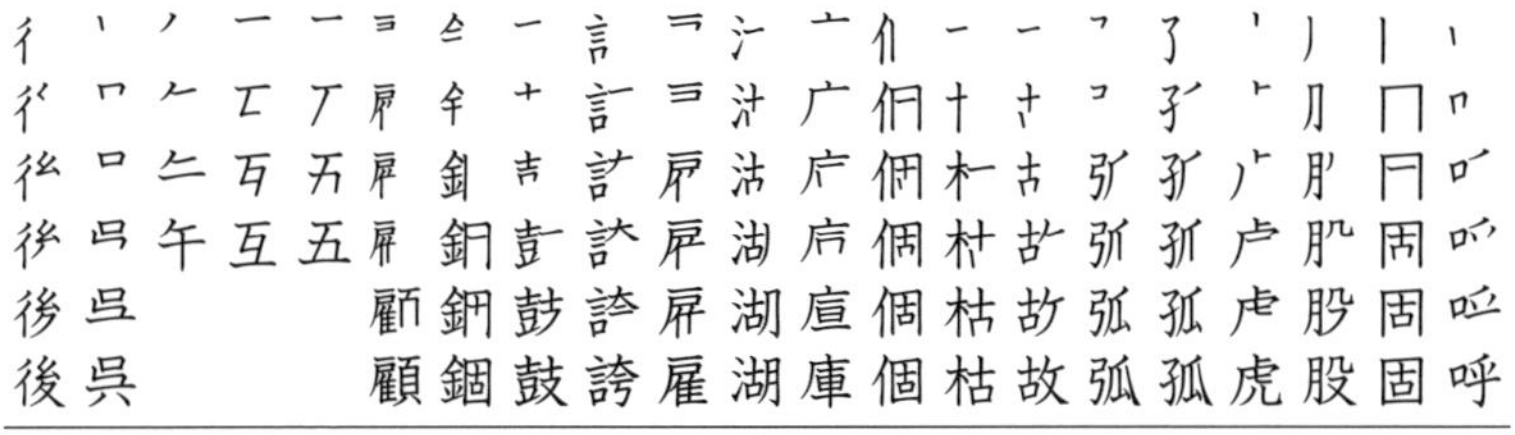

娯	悟	碁	語	誤	護	口	工	公	◎勾	孔	功	巧	広	甲	交	光	向	后	好	江
			2	6	5	1	2	2			4		2		2	2	3	6	4	

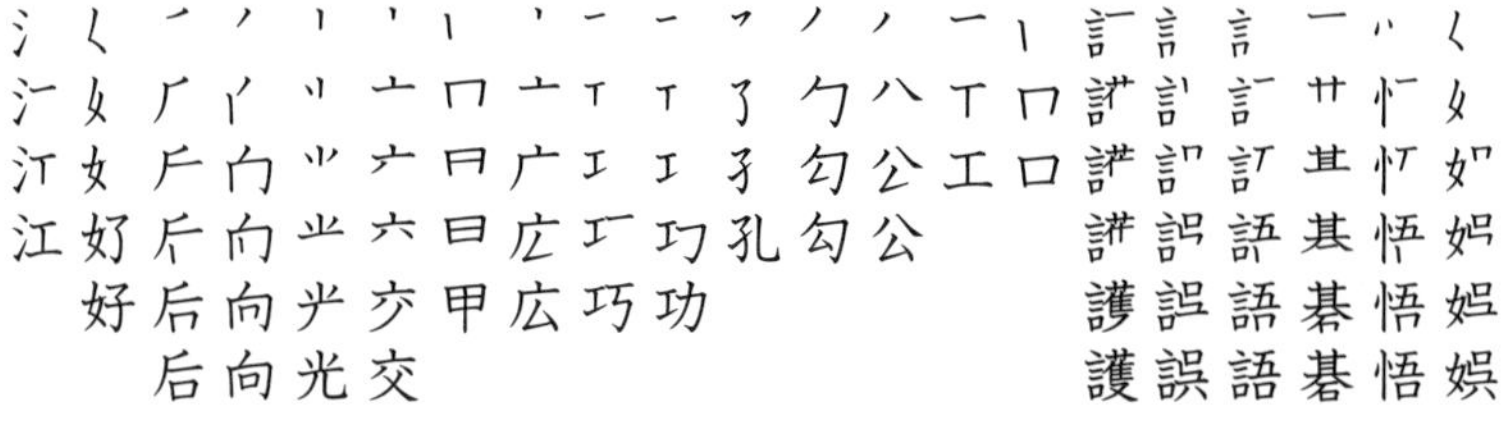

漢字	学年	印
考	2	
行	2	
坑		
孝	6	
抗		
攻		
更		
効	5	
幸	3	
拘		
肯		
侯		
厚	5	
恒		
洪		❖
皇	6	
紅	6	
荒		
郊		
香	→4	
候	4	

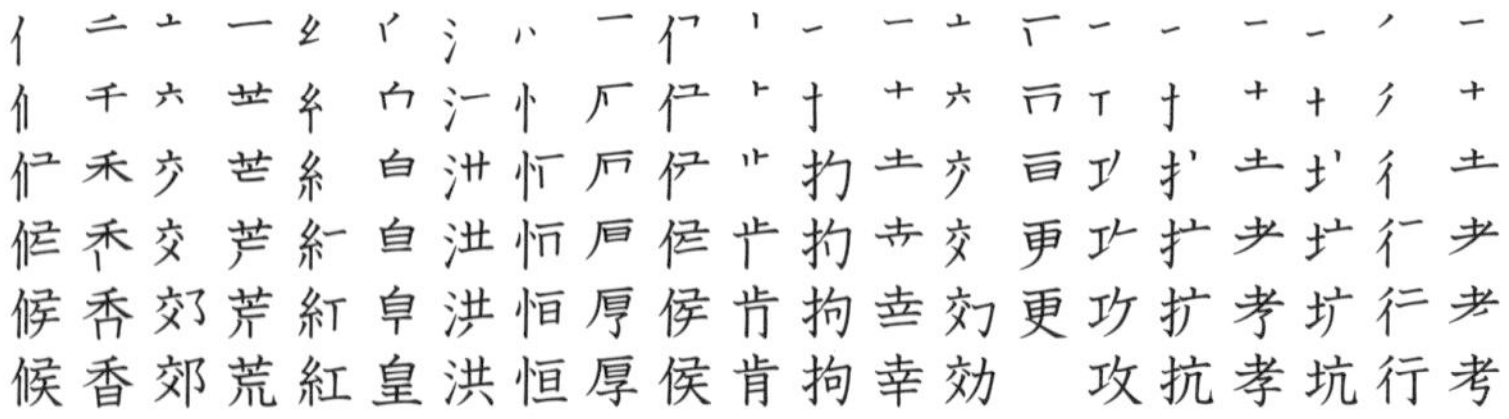

漢字	学年	印
校	1	
耕	5	
航	4→5	
貢		
降	6	
高	2	
康	4	
控		
梗		⊙
黄	2	
喉		⊙
慌		
港	3	
硬		
絞		
項		
溝		❖
鉱	5	
構	5	
綱		
酵		

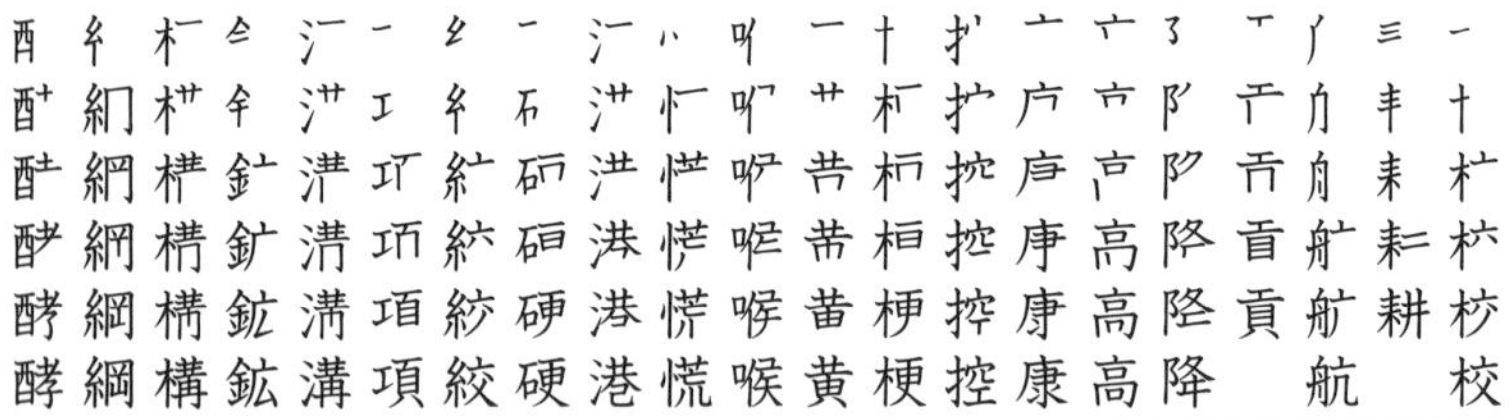

漢字	学年	印
稿		
興	5	
衡		
鋼	6	
講	5	
購		
乞		⊙
号	3	
合	2	
拷		
剛		
傲		⊙
豪		
克		
告	4→5	
谷	2	
刻	6	
国	2	
黒	2	
穀	6	
酷		

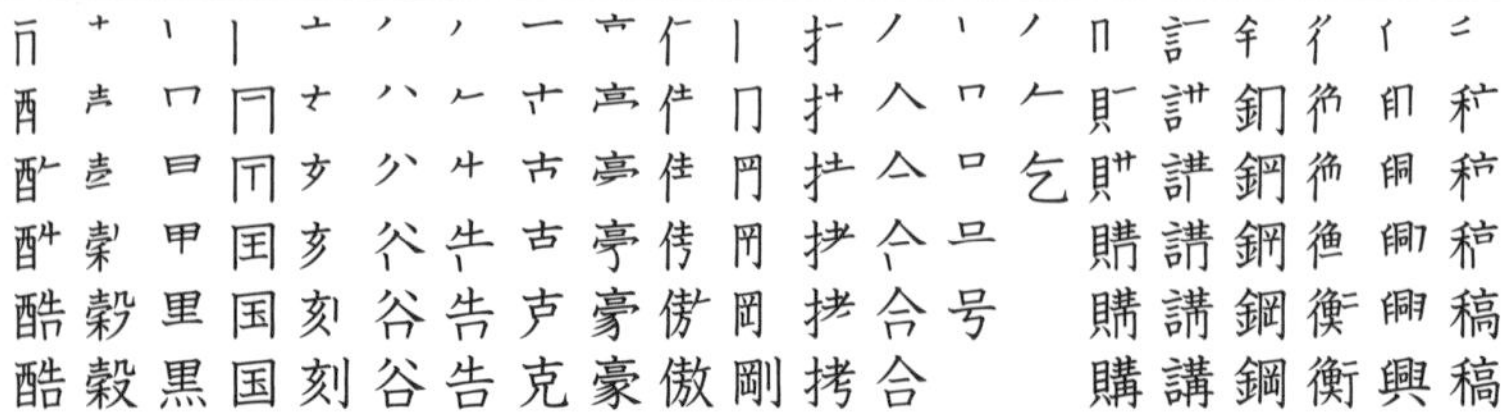

漢字	学年	印
獄		
骨	6	
駒		⊙
込		
頃		⊙
今	2	
困	6	
昆		❖
恨		
根	3	
婚		
混	5	
痕		⊙
紺		
魂		
墾		
懇		

サ

漢字	学年	印
左	1	
佐	→4	
沙		⊙

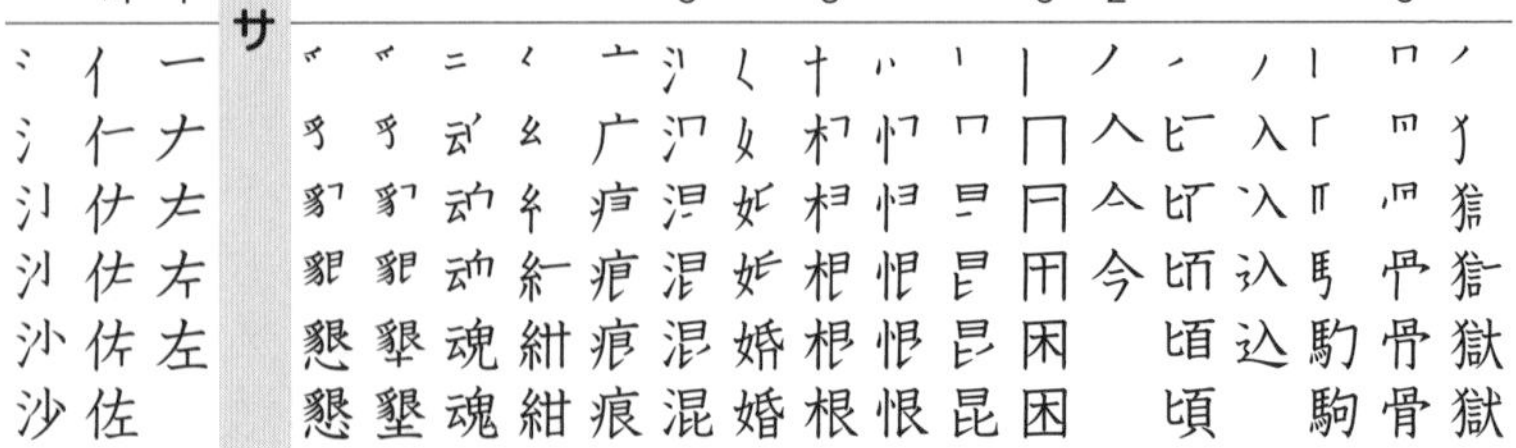

漢字	査	砂	唆	差	詐	鎖	座	⊙挫	才	再	災	妻	⊙采	砕	宰	栽	彩	採	済	祭	斎
学年	5	6		4			6		2	5	5	5						5	6	3	

漢字	細	菜	最	裁	債	催	⊙塞	歳	載	際	⊙埼	在	材	剤	財	罪	❖崎	作	削	昨	⊙柵
学年	2	4	4	6						5	→4	5	4		5	5	→4	2		4	

漢字	索	策	酢	搾	錯	咲	冊	札	刷	⊙刹	⊙拶	殺	察	撮	擦	雑	❖皿	三	山	参	❖桟
学年		6					6	4	4			4→5	4			5	3	1	1	4	

漢字	蚕	惨	産	❖傘	散	算	酸	賛	残	⊙斬	暫
学年	6		4		4	2	5	5	4		

シ

漢字	士	子	支	止	氏	仕	史	司	四
学年	4→5	1	5	2	4	3	4→5	4	1

漢字	学年
市	2
矢	2
旨	
死	3
糸	1
至	6
伺	
志	5
私	6
使	3
刺	
始	3
姉	2
枝	5
祉	
❖肢	
姿	6
思	2
指	3
施	
師	5

漢字	学年
◎恣	
紙	2
脂	
視	6
紫	
詞	6
歯	3
嗣	
試	4
詩	3
資	5
飼	5
誌	6
雌	
◎摯	
賜	
諮	
示	5
字	1
寺	2
次	3

漢字	学年
耳	1
自	2
似	5
児	4
事	3
侍	
治	4
持	3
時	2
滋	→4
慈	
辞	4
磁	6
◎餌	
◎[餌]	
璽	
◎鹿	→4
式	3
識	5
軸	
七	1

漢字	学年
◎叱	
失	4
室	2
疾	
執	
湿	
◎嫉	
漆	
質	5
実	3
芝	
写	3
社	2
車	1
舎	5
者	3
射	6
捨	6
赦	
斜	
煮	

珠	殊	首	狩	取	朱	守	主	手	寂	弱	若	爵	釈	❖酌	借	尺	❖蛇	邪	謝	❖遮
		2		3		3	3	1		2	6				4	6			5	

臭	秋	拾	宗	周	秀	舟	州	囚	収	樹	儒	需	授	⊙呪	受	寿	趣	種	⊙腫	酒
	2	3	6	4			3		6	6			5		3			4		3

従	重	柔	住	充	❖汁	十	襲	⊙蹴	醜	酬	愁	集	衆	就	週	習	⊙羞	終	⊙袖	修
6	3		3			1						3	6	6	2	3		3		5

盾	巡	旬	瞬	春	俊	術	述	出	熟	❖塾	縮	粛	淑	宿	祝	叔	縦	獣	銃	渋
				2		5	5	1	6		6			3	4		6			

序	助	如	女	諸	緒	署	暑	庶	書	所	初	処	遵	潤	準	順	循	純	殉	准
5	3		1	6		6	3		2	3	4	6			5	4		6		

消	将	❖宵	昭	沼	松	昇	承	招	❖尚	肖	抄	床	匠	召	少	升	小	除	徐	叙
3	6		3		4		5→6	5							2		1	6		

傷	象	証	詔	粧	硝	焦	焼	晶	掌	勝	訟	紹	章	渉	商	唱	笑	称	祥	症
6	4→5	5					4			3			3		3	4	4			

常	剰	浄	城	乗	状	条	冗	丈	上	鐘	礁	償	賞	衝	⊙憧	障	彰	詳	照	奨
5			6→4	3	5	5			1				4→5			6			4	

記号	漢字	学年
	情	5
	場	2
	畳	
	蒸	6
❖	縄	→4
❖	壌	
	嬢	
	錠	
	譲	
	醸	
	色	2
◉	拭	
	食	2
	植	3
	殖	
	飾	
	触	
	嘱	
	織	5
	職	5
	辱	

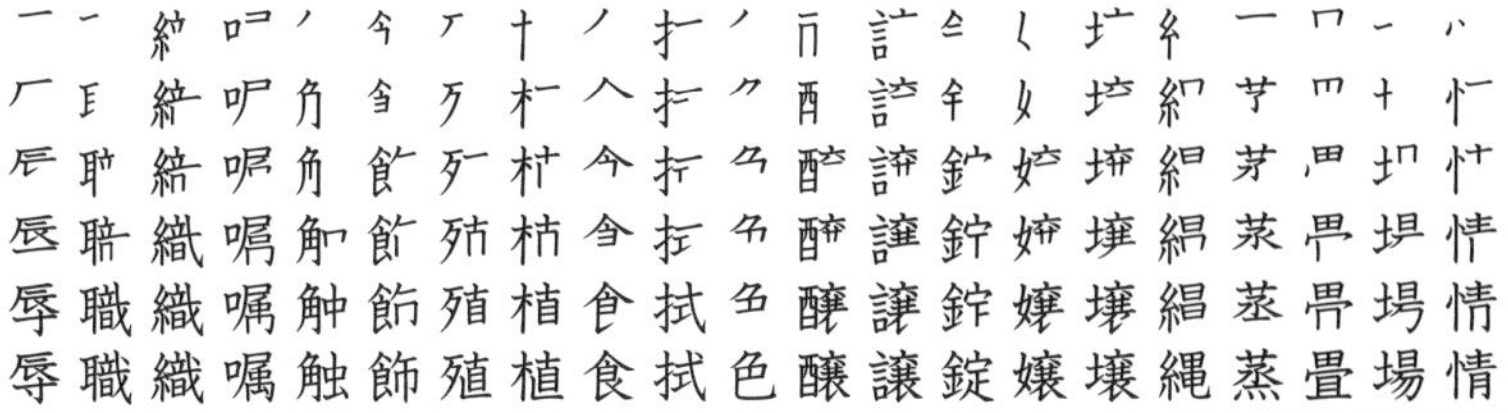

記号	漢字	学年
◉	尻	
	心	2
	申	3
	伸	
	臣	4
◉	芯	
	身	3
	辛	
	侵	
	信	4
	津	
	神	3
❖	唇	
	娠	
	振	
	浸	
	真	3
	針	6
	深	3
	紳	
	進	3

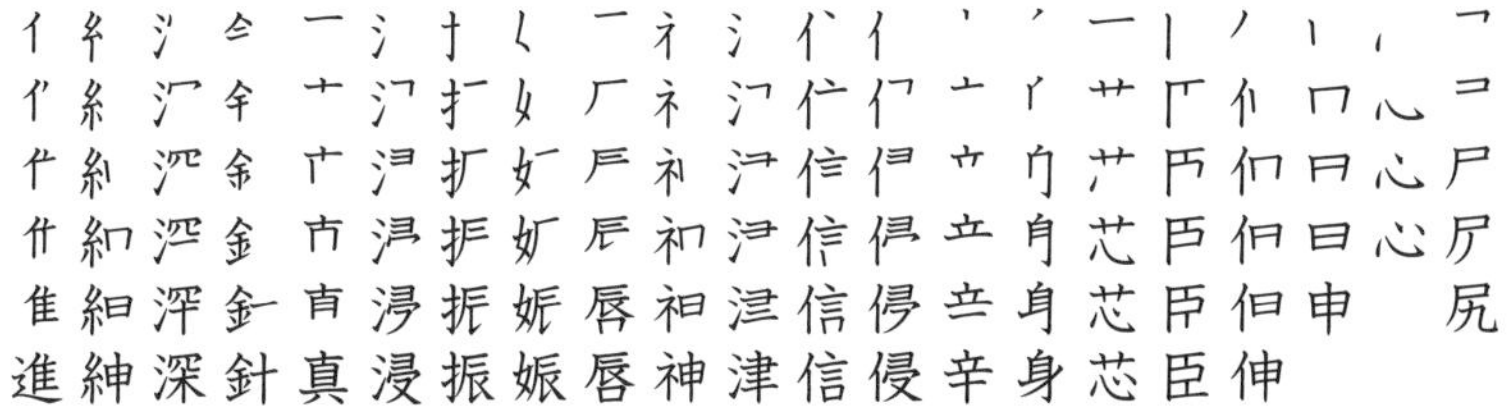

記号	漢字	学年
	森	1
	診	
	寝	
	慎	
	新	2
	審	
	震	
	薪	
	親	2
	人	1
	刃	
	仁	6
	尽	
	迅	
❖	甚	
	陣	
	尋	
◉	腎	

ス

記号	漢字	学年
◉	須	
	図	2

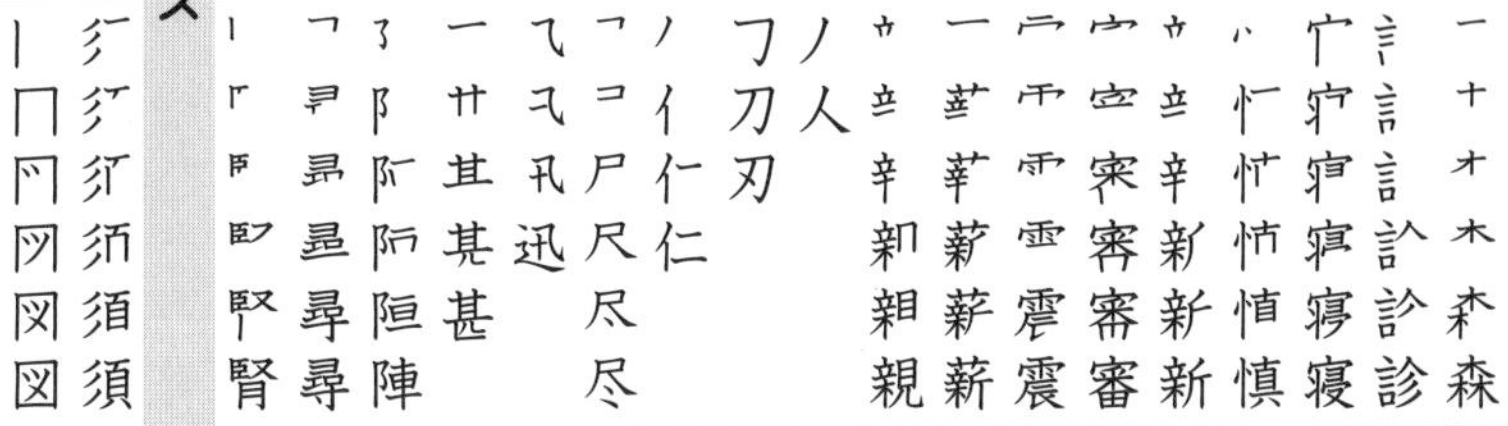

記号	漢字	学年
	水	1
	吹	
	垂	6
	炊	
	帥	
	粋	
	衰	
	推	6
	酔	
	遂	
	睡	
	穂	
	随	
	髄	
	枢	
	崇	
	数	2
❖	据	
❖	杉	
◉	裾	
	寸	6

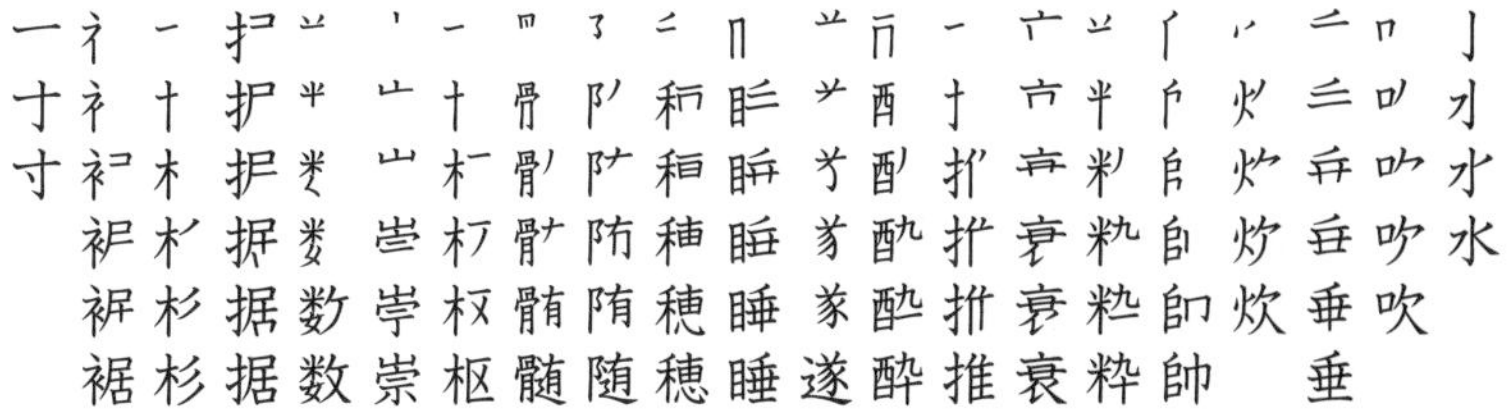

セ

漢字	瀬	是	井	世	正	生	成	西	声	制	姓	征	性	青	斉 ❖	政	星	牲	省	凄 ⊙
学年			→4	3	1	1	4	2	2	5			5	1		5	2		4	

漢字	逝 ❖	清	盛	婿	晴	勢	聖	誠	精	製	誓	静	請	整	醒 ⊙	税	夕	斥	石	赤	昔
学年		4	6		2	5	6	6	5	5		4		3		5	1		1	1	3

漢字	析	席	脊 ⊙	隻	惜	戚 ⊙	責	跡	積	績	籍	切	折	拙	窃	接	設	雪	摂	節	説
学年		4					5		4	5		2	4			5	5	2		4	4

漢字	舌	絶	千	川	仙 ❖	占	先	宣	専	泉	浅	洗	染	扇	栓 ❖	旋	船	戦	煎 ⊙	羨 ⊙	腺 ⊙
学年	5→6	5	1	1			1	6	6	6	4	6	6				2	4			

詮◎	践	箋◎	銭	潜	線	遷	選	薦	繊	鮮	全	前	善	然	禅	漸	膳◎	繕	ソ	狙◎
			5→6		2		4				3	2	6	4						

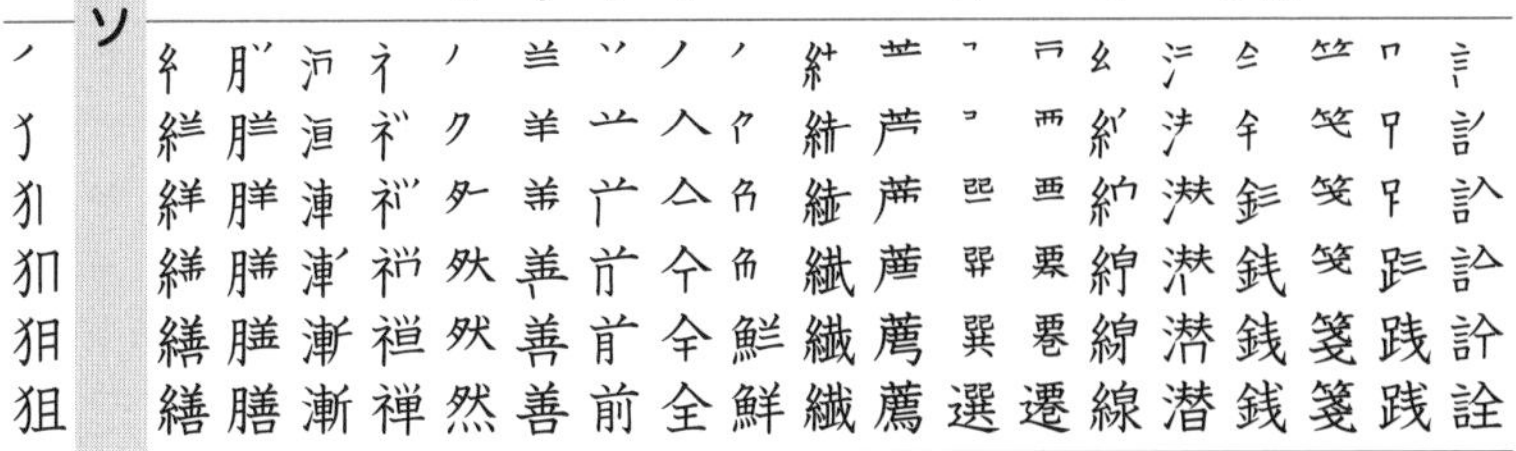

阻	祖	租	素	措	粗	組	疎	訴	塑	遡◎	[遡]◎	礎	双	壮	早	争	走	奏	相	荘
	5		5			2									1	4	2	6	3	

草	送	倉	捜	挿❖	桑	巣	掃	曹❖	曽◎	爽◎	窓	創	喪	痩◎	葬	装	僧	想	層	総
1	3	4				4					6	6				6		3	6	5

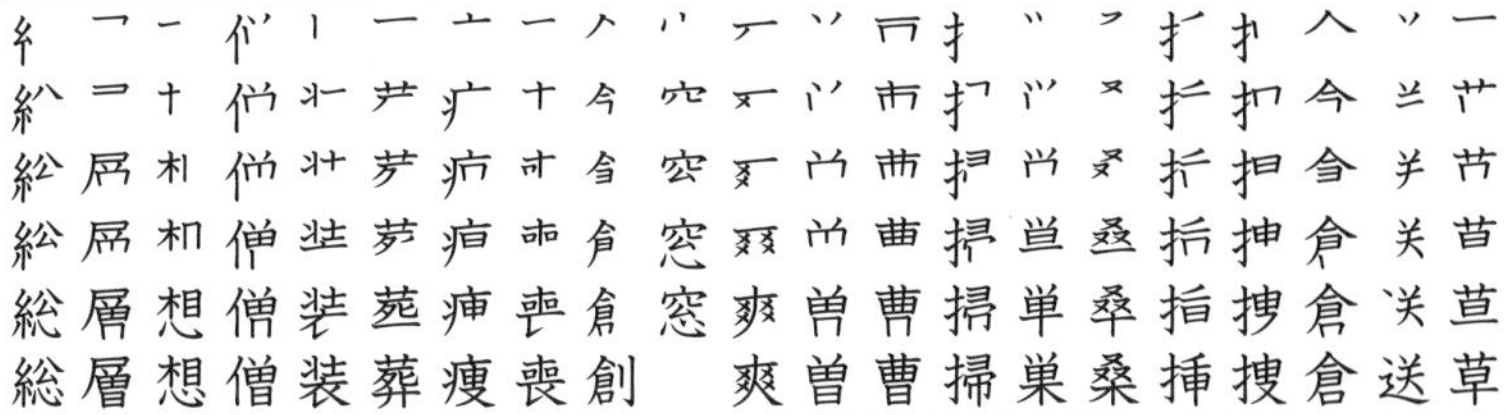

遭	槽❖	踪◎	操	燥	霜	騒	藻❖	造	像	増	憎	蔵	贈	臓	即	束	足	促	則	息
			6					5	5	5		6		6		4	1		5	3

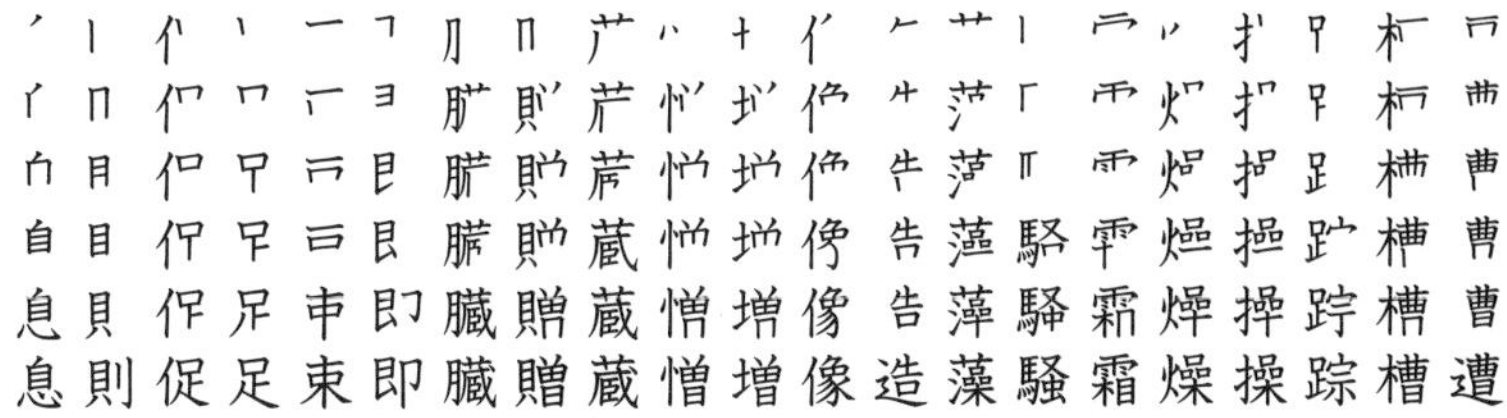

多	他	タ	⊙[遜]	⊙遜	損	尊	孫	村	存	率	卒	続	賊	属	族	俗	測	側	速	⊙捉
2	3				5	6	4	1	6	5	4	4		5	3		5	4	3	

替	逮	袋	⊙堆	泰	帯	退	胎	怠	待	耐	体	対	太	❖駄	惰	堕	⊙唾	妥	打	⊙汰
					4	5→6			3		2	3	2						3	

但	濁	諾	❖濯	託	拓	卓	沢	択	宅	滝	題	第	台	代	大	⊙戴	態	滞	隊	貸
									6		3	3	2	3	1		5		4	5

男	団	鍛	誕	⊙綻	端	嘆	短	淡	探	胆	炭	単	担	⊙旦	丹	⊙誰	❖棚	奪	脱	達
1	5		6				3		6		3	4	6							4

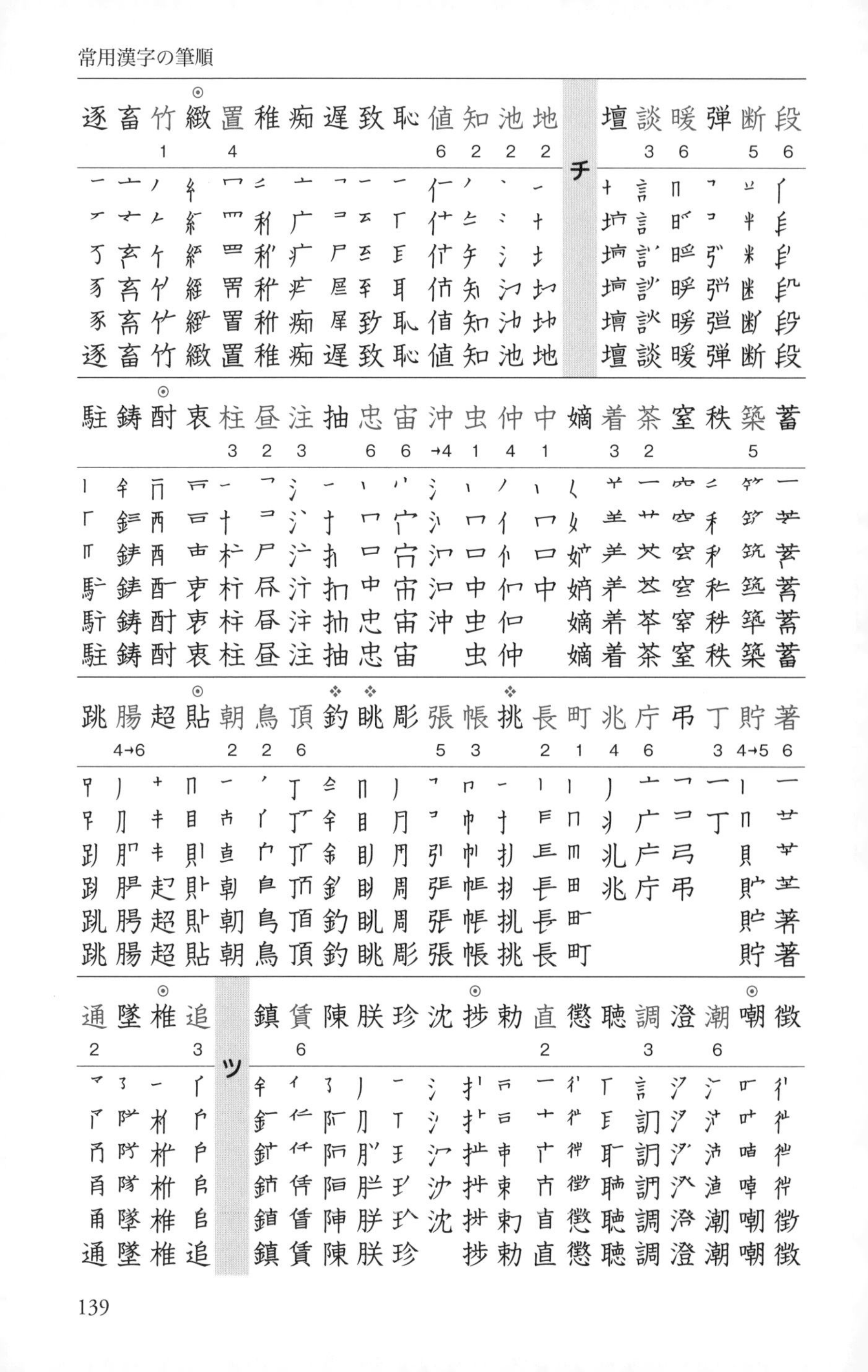

漢字	学年	記号
段	6	
断	5	
弾		
暖	6	
談	3	
壇		

チ

漢字	学年	記号
地	2	
池	2	
知	2	
値	6	
恥		
致		
遅		
痴		
稚		
置	4	
緻		◎
竹	1	
畜		
逐		
蓄		
築	5	
秩		
窒		
茶	2	
着	3	
嫡		
中	1	
仲	4	
虫	1	
沖	→4	
宙	6	
忠	6	
抽		
注	3	
昼	2	
柱	3	
衷		
酎		◎
鋳		
駐		
著	6	
貯	4→5	
丁	3	
弔		
庁	6	
兆	4	
町	1	
長	2	
挑		❖
帳	3	
張	5	
彫		
眺		❖
釣		❖
頂	6	
鳥	2	
朝	2	
貼		◎
超		
腸	4→6	
跳		
徴		
嘲		◎
潮	6	
澄		
調	3	
聴		
懲		
直	2	
勅		
捗		◎
沈		
珍		
朕		
陳		
賃	6	
鎮		

ツ

漢字	学年	記号
追	3	
椎		◎
墜		
通	2	

痛	塚 ❖	漬 ❖	坪	爪 ⊙	鶴 ⊙	テ	低	呈	廷	弟	定	底	抵	邸	亭 ❖	貞	帝	訂	庭	逓
6							4			2	3	4							3	

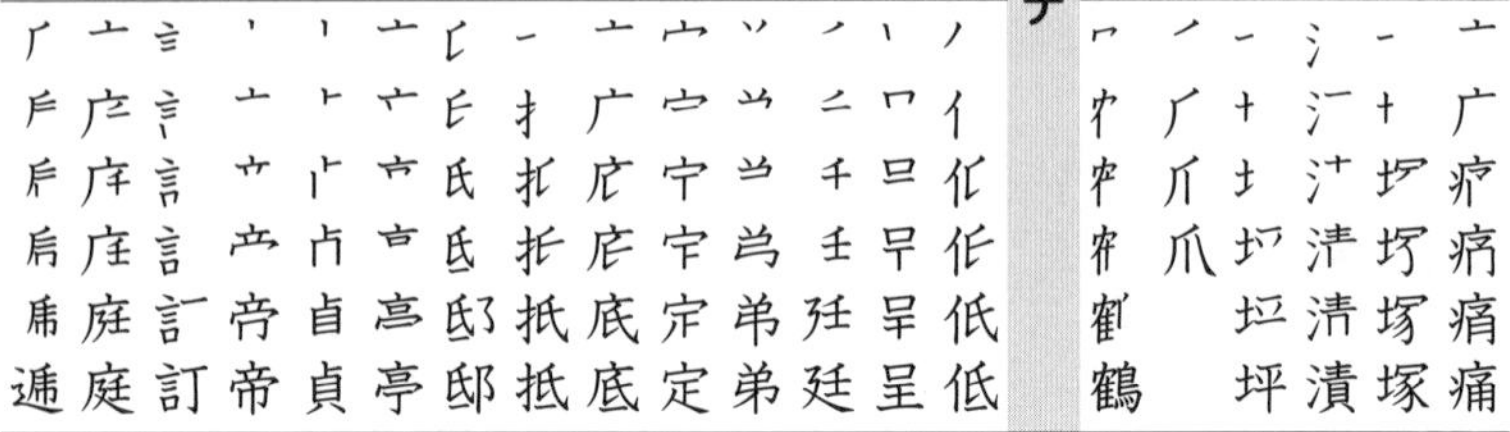

停	偵 ❖	堤	提	程	艇	締	諦 ⊙	泥 ❖	的	笛	摘	滴	適	敵	溺 ⊙	迭	哲	鉄	徹	撤
4→5			5	5					4	3			5	5→6				3		

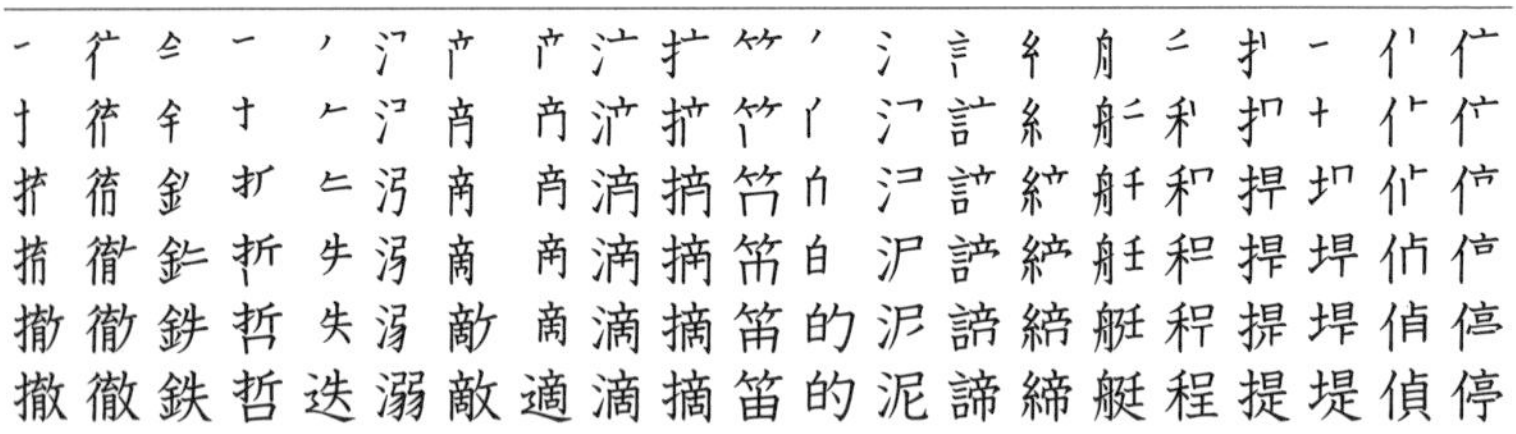

天	典	店	点	展	添	転	塡 ⊙	田	伝	殿	電	ト	斗	吐	妬 ⊙	徒	途	都	渡	塗
1	4	2	2	6		3		1	4		2					4		3		

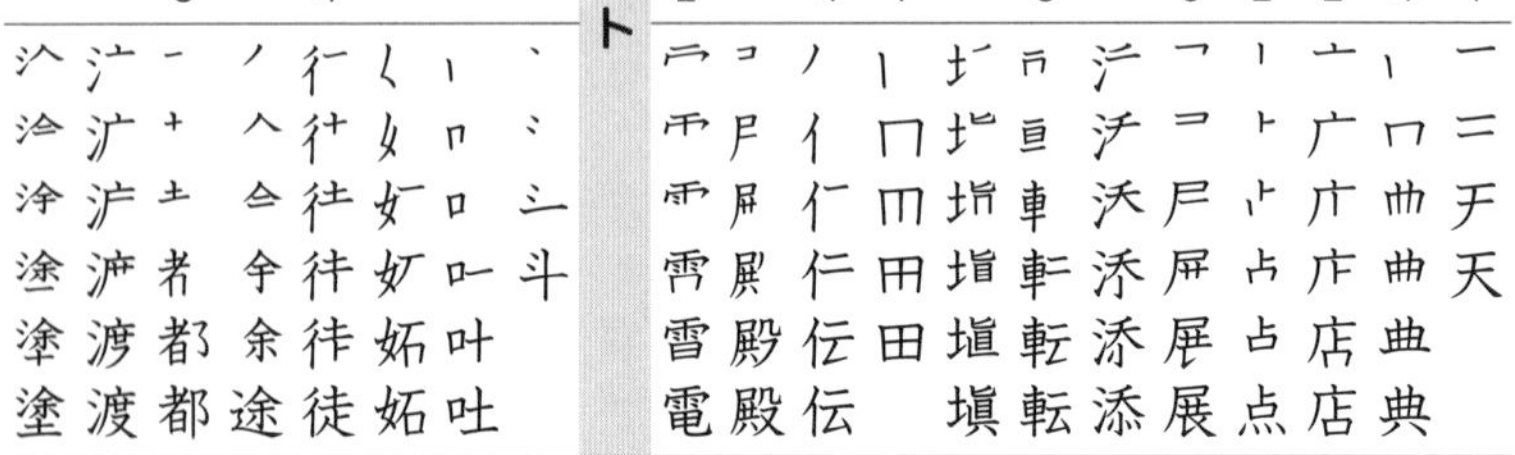

賭 ⊙	土	奴	努	度	怒	刀	冬	灯	当	投	豆	東	到	逃	倒	凍	唐	島	桃	討
	1		4	3		2	2	4	2	3	3	2						3		6

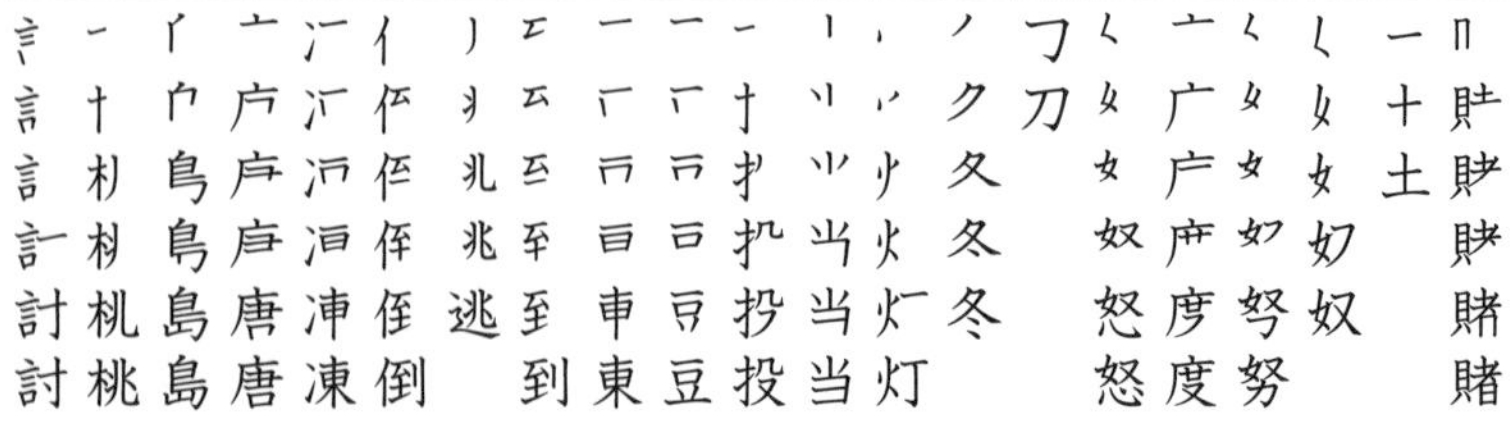

透 党(6) 悼 盗 陶 塔 ❖搭 ❖棟 湯(3) 痘 登(3) 答(2) 等(3) 筒 統(5) 稲 踏 糖(6) 頭(2) 謄 ⊙藤

闘 騰 同(2) ❖洞 胴 動(3) 堂(4→5) 童(3) 道(2) 働(4) 銅(5) 導(5) ⊙瞳 峠 匿 特(4) 得(4→5) 督 徳(5→4) 篤 毒(4→5)

独(5) 読(2) ⊙栃(→4) ❖凸 突 届(6) ❖屯 豚 ⊙頓 ⊙貪 鈍 曇 ⊙丼

ナ

⊙那 ⊙奈(→4) 内(2) ⊙梨(→4) ⊙謎 ⊙[謎] ⊙鍋

南(2) 軟 難(6)

ニ

二(1) 尼 弐 ⊙匂 肉(2) ⊙虹 日(1) 入(1) 乳(6) 尿 任(5) 妊 忍 認(6)

ネ

寧 熱(4)

罵	婆	馬	覇	破	派	波	把	ハ	濃	農	脳	能	納	悩	ノ	燃	粘	捻	念	年
◎			❖				❖											◎		
		2		5	6	3				3	6	5	6			5			4	1

拍	伯	白	賠	買	媒	陪	培	梅	倍	売	輩	廃	敗	排	配	俳	肺	背	杯	拝
		1		2				4	3	2			4		3	6	6	6		6

罰	抜	伐	髪	発	鉢	八	肌	畑	箸	箱	爆	縛	漠	麦	薄	博	舶	剥	迫	泊
					❖		❖		◎				❖					◎		
				3		1		3		3				2		4				

煩	搬	飯	斑	販	般	畔	班	版	板	阪	坂	判	伴	汎	帆	犯	氾	半	反	閥
			◎							◎				◎			◎			
		4					6	5	3	→4	3	5				5		2	3	

ヒ

疲	飛	卑	非	肥	❖披	彼	批	否	妃	皮	比	盤	蛮	番	晩	藩	繁	範	頒
	4		5	5			6	6		3	5			2	6				

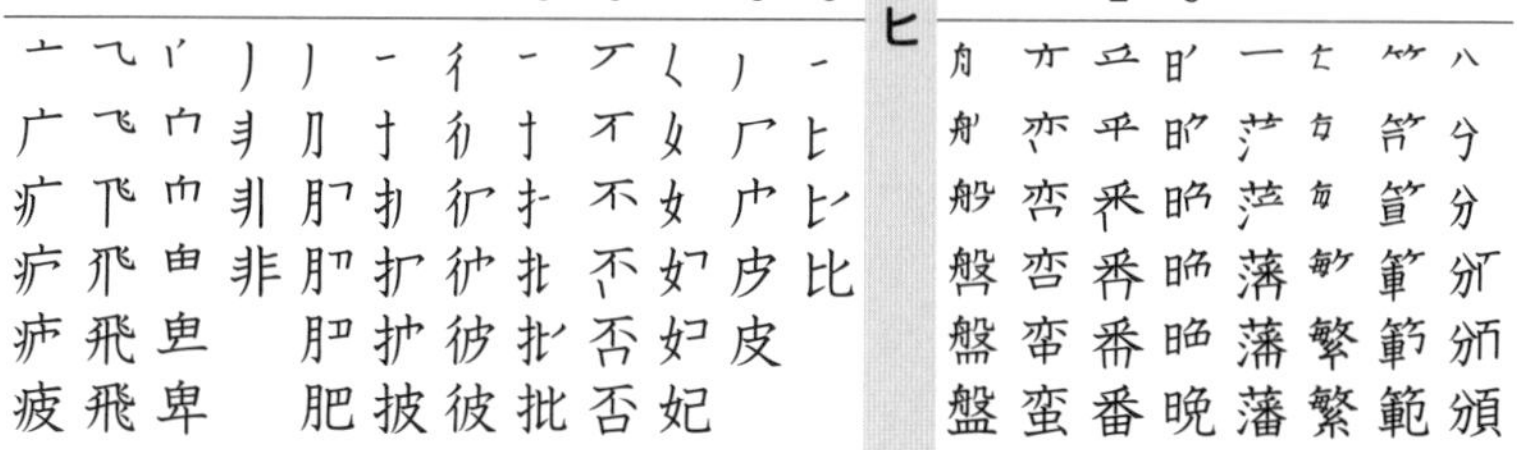

姫	筆	泌	必	匹	◎肘	◎膝	鼻	微	備	美	◎眉	尾	避	罷	碑	費	❖扉	悲	被	秘
	3		4				3		5	3						4→5		3		6

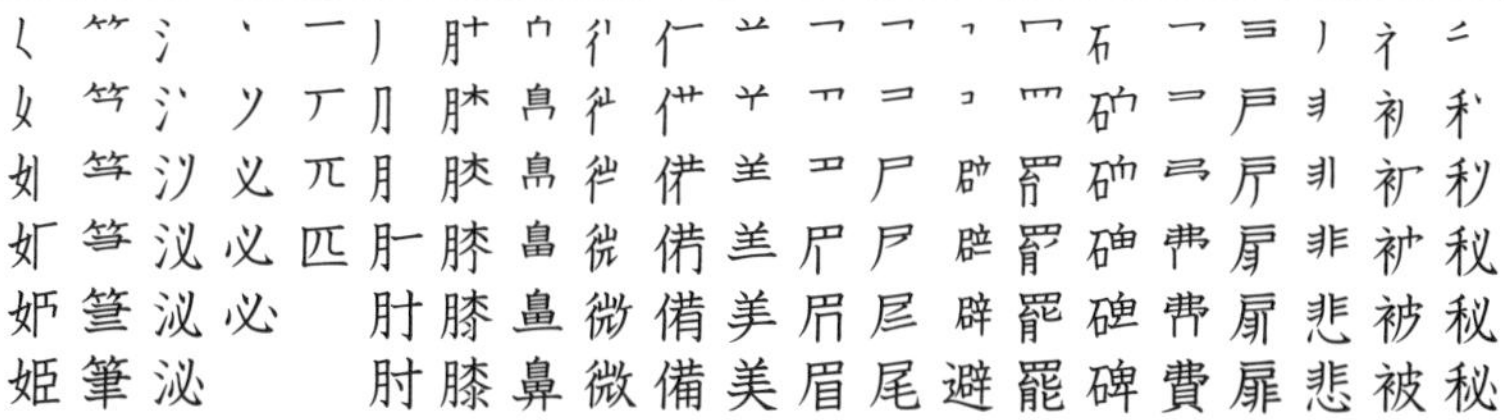

フ

❖瓶	敏	❖頻	賓	貧	浜	品	❖猫	描	病	秒	苗	標	漂	評	票	俵	表	氷	百
				5		3			3	3		4		5	4	5→6	3	3	1

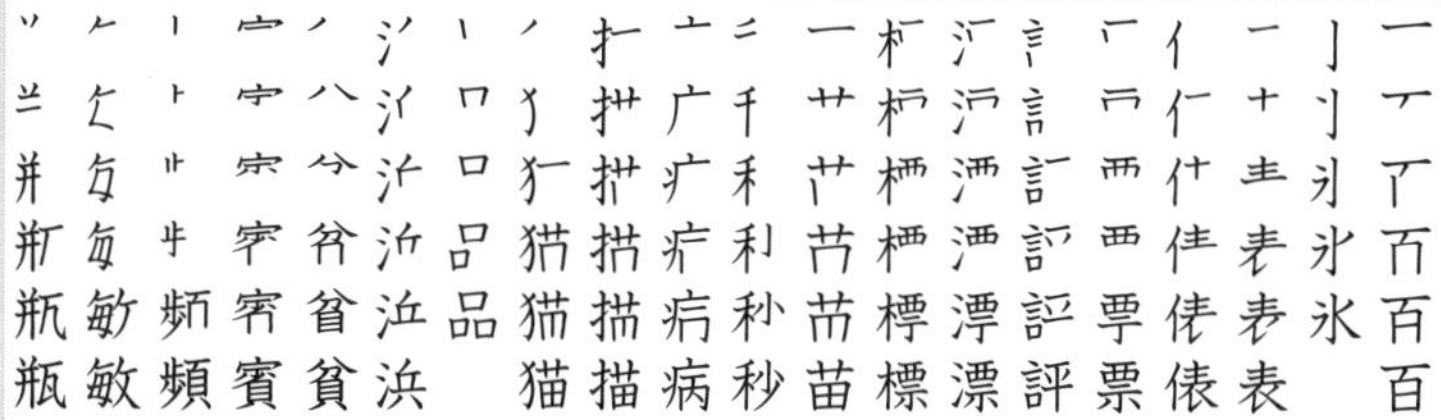

膚	敷	腐	普	富	符	婦	浮	赴	負	◎訃	附	◎阜	怖	府	扶	布	付	父	夫	不
				5→4		5			3			→4		4		5	4	2	4	4

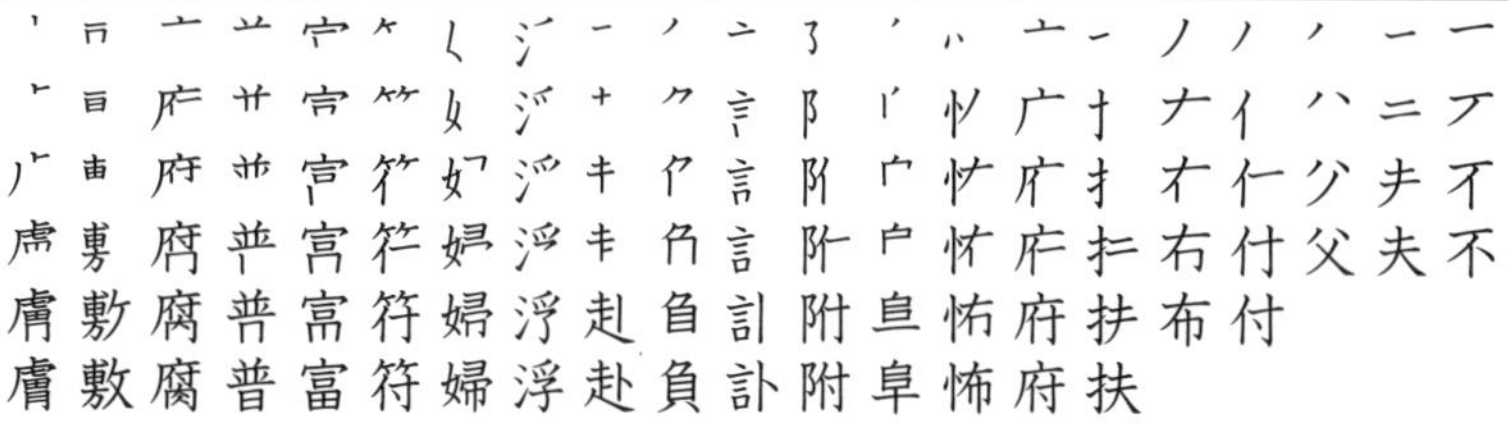

賦	譜	侮	武	部	舞	封	風	伏	服	副	幅	復	福	腹	複	覆	払	沸	仏	物
			5	3			2		3	4		5	3	6	5				5	3

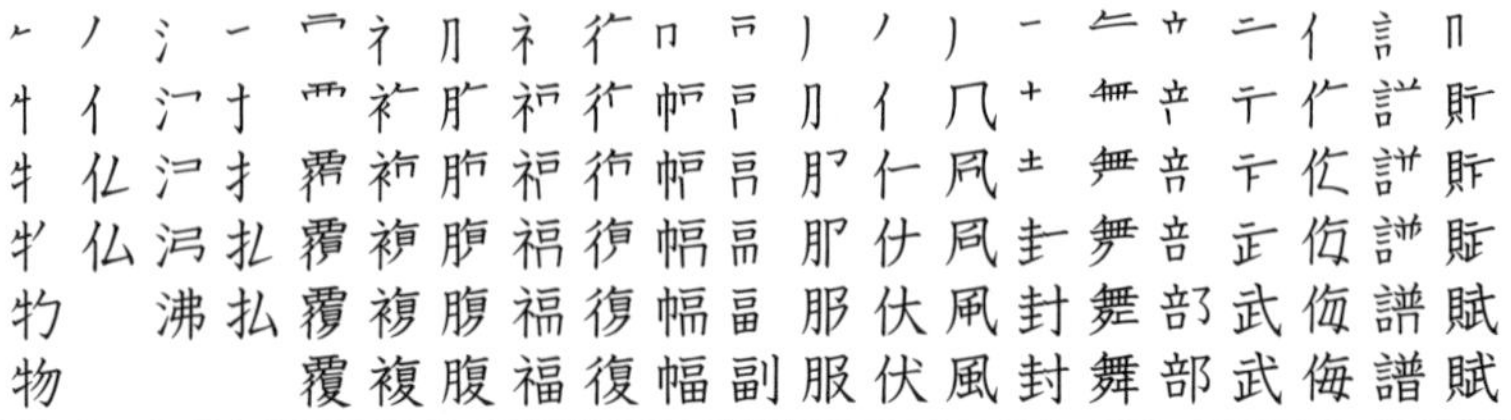

粉	紛	❖雰	噴	墳	憤	奮	分	文	聞	へ	丙	平	兵	併	並	柄	陛	閉	❖塀	幣
4→5						6	2	1	2			3	4		6		6	6		

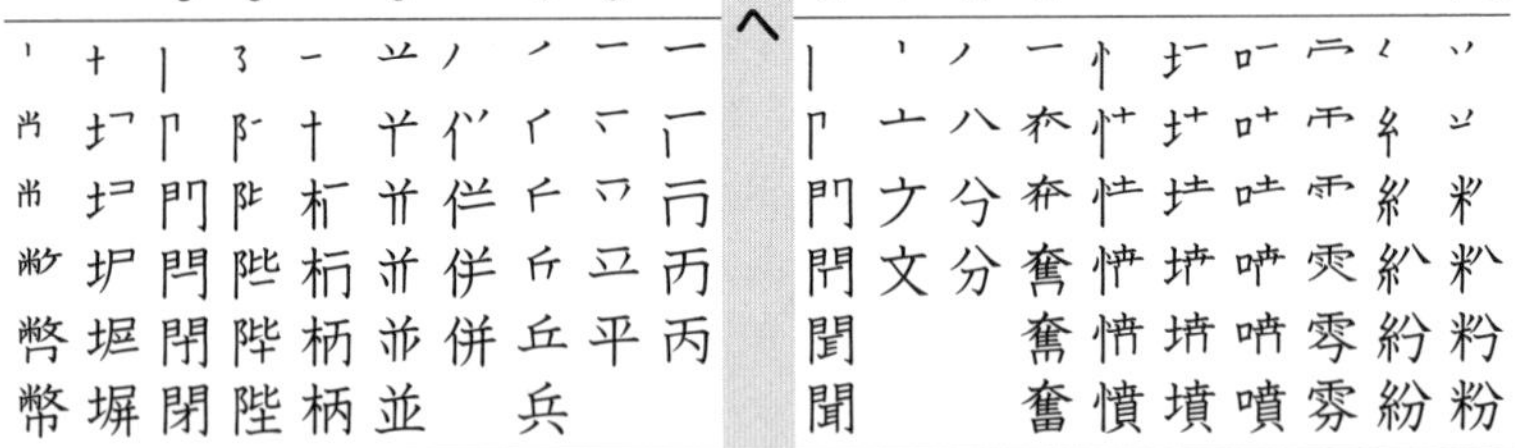

弊	◎蔽	◎餅	◎[餅]	米	壁	◎璧	癖	別	◎蔑	片	辺	返	変	偏	遍	編	弁	便	勉	ホ
				2				4		6	4	3	4			5	5	4	3	

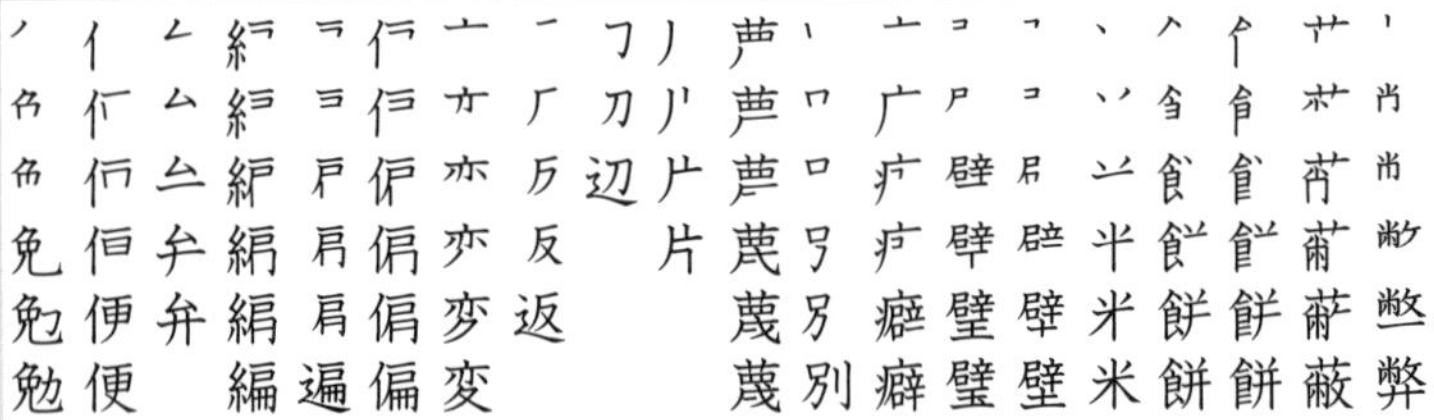

歩	保	◎哺	捕	補	舗	母	募	墓	慕	暮	簿	方	包	芳	邦	奉	宝	抱	放	法
2	5			6		2		5		6		2	4				6		3	4

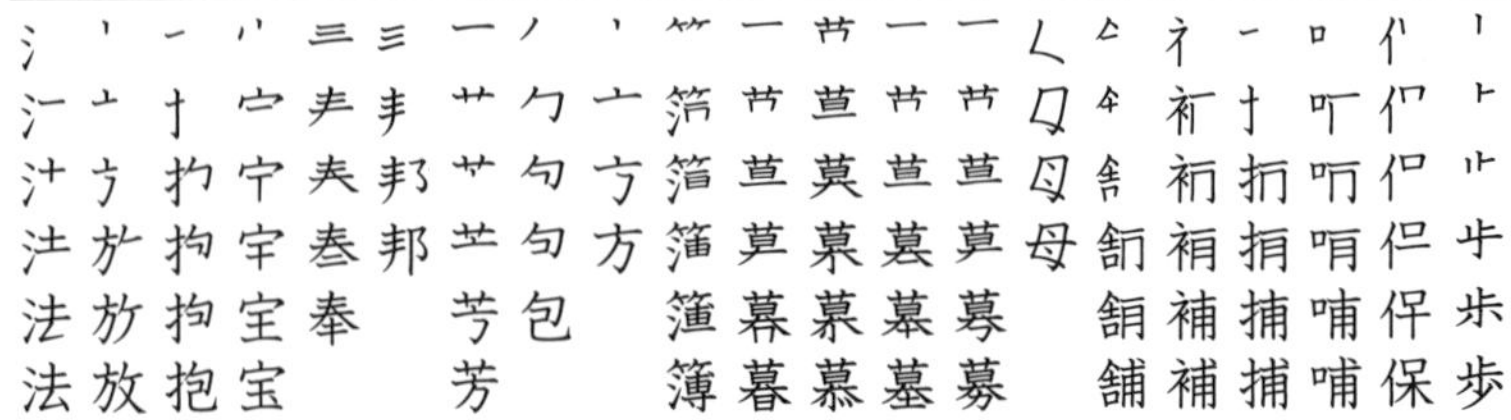

								❖			⊙							❖		❖
防	忘	妨	坊	忙	乏	亡	縫	褒	飽	豊	蜂	報	訪	崩	砲	峰	倣	俸	胞	泡
5	6					6				5		5	6							

⊙		❖			⊙				⊙											
睦	牧	朴	木	北	頰	謀	膨	暴	貌	貿	棒	帽	傍	望	紡	剖	冒	某	肪	房
	4		1	2				5		5	6			4						

	⊙					❖									❖	⊙				❖
埋	昧	枚	妹	毎	魔	磨	摩	麻	マ	盆	凡	翻	奔	本	堀	勃	没	撲	墨	僕
		6	2	2										1						

				⊙		❖									❖			⊙		
眠	民	妙	脈	蜜	密	岬	魅	味	未	ミ	漫	慢	満	万	抹	末	又	枕	膜	幕
	4		4→5		6			3	4				4	2		4				6

ム

矛	務	無	夢	霧	娘
	5	4	5		

メ

名	命	明	迷	◎冥	盟	銘	鳴	滅	免	面	綿	◎麺
1	3	2	5		6		2			3	5	

モ

茂	模	毛	❖妄	盲	耗	猛	網	目	黙	門	紋	問
	6	2						1		2		3

ヤ

◎冶	夜	野	◎弥	❖厄	役	約	訳	薬	躍	◎闇
	2	2			3	4	6	3		

ユ

由	油	◎喩	愉	諭	輸	❖癒	唯	友	有	勇	幽	❖悠	郵	◎湧	猶	裕	遊	雄	誘	憂	融	優
3	3				5			2	3	4			6				3					6

ヨ

与	予	余	誉	預	幼	用	羊	◎妖	洋	要	容
	3	5		5→6	6	2	3		3	4	5

漢字	学年	記号
庸		
揚		
揺		
葉	3	
陽	3	
溶		
腰		
様	3	
瘍		⊙
踊		
窯		
養	4	
擁		
謡		
曜	2	
抑		
沃		⊙
浴	4	
欲	6	
翌	6	
翼		

ラ

漢字	学年	記号
拉		⊙
裸		
羅		❖
来	2	
雷		
頼		
絡		
落	3	
酪		
辣		⊙
乱	6	
卵	6	
覧	6	
濫		
藍		⊙
欄		

リ

漢字	学年	記号
吏		
利	4	
里	2	
理	2	
痢		
裏	6	
履		
璃		⊙
離		
陸	4	
立	1	
律	6	
慄		⊙
略	5	
柳		
流	3	
留	5	
竜		❖
粒		
隆		
硫		
侶		⊙
旅	3	
虜		
慮		
了		
両	3	
良	4	
料	4	
涼		
猟		
陵		
量	4	
僚		
領	5	
寮		
療		
瞭		⊙
糧		
力	1	
緑	3	
林	1	
厘		
倫		
輪	4	

漢字	印	学年
隣		
臨		6

ル

漢字	印	学年
瑠	◎	
涙		
累		
塁		
類		4

レ

漢字	印	学年
令		4
礼		3
冷		4
励		
戻	❖	
例		4
鈴		
零		
霊		
隷		
齢		
麗		
暦		
歴		4→5
列		3
劣		
烈		
裂		
恋		
連		4
廉		
練		3
錬		

ロ

漢字	印	学年
呂	◎	
炉		
賂	◎	
路		3
露		
老		4
労		4
弄	◎	
郎		
朗		6
浪		
廊		
楼		
漏		
籠	◎	
六		1
録		4
麓	◎	
論		6

ワ

漢字	印	学年
和		3
話		2
賄		
脇	◎	
惑		
枠	❖	
湾		
腕		

常用漢字表の字体・字形に関する指針

・平成二八年二月二九日文化審議会国語分科会報告から抜粋。

・平成二五年二月一八日に文化審議会国語分科会が取りまとめた「国語分科会で今後取り組むべき課題について（報告）」のうちの「常用漢字表の手当てについて」の「「手書き文字の字形」と「印刷文字の字形」に関する指針の作成について」を審議し、その内容を報告したもの。「（付）字体についての解説」（7ページ）について、よりわかりやすく解説し、周知することで、漢字の字体・字形に関して生じている問題を解決しようとするもの。

・原文は大部であるため、三省堂編修所で抜粋・編集した。なお、『常用漢字表の字体・字形に関する指針　文化審議会国語分科会報告（平成28年2月29日）』として全文を収録したものが刊行されている。

・原文は横書き。

（三省堂編修所注）

はじめに（省略）

指針の見方及び使い方

1　当指針は、常用漢字表（平成22年内閣告示第2号）の「（付）字体についての解説」に沿って、手書き文字の字形と印刷文字の字形に関して説明するものである。「第1章 常用漢字表「（付）字体についての解説」の考え方」及び「第2章 明朝体と手書き（筆写）の楷書との関係」では、当指針の基本的な考え方を示すとともに「字体についての解説」の内容を詳しく説明し例示の充実を図った。

2　当指針の説明は、常用漢字表が取り上げた2，136字※を対象としている。ただし、その一部に常用漢字と共通する構成要素を有する表外漢字（例：常用漢字「令」「鈴」などに共通する構成要素を有する表外漢字「玲」「伶」など）についても、参考にできる場合がある。

3　当指針に例として掲げた手書き文字の字形は、飽くまでもその漢字の字体において実現し得る字形のごく一部であり、標準の字形として示すものではない。特に、例として掲げた手書き文字の字形が印刷文字の字形に影響を及ぼすことは、当指針の趣旨と反するところである。また、例示された字形は固定的なものではなく、複数例示された字形それぞれの部分を組み合わせた字形等も用いることができる。

4　「第3章 字体・字形に関するQ＆A」では、第1章及び2章の内容を問答形式で示した。第3章を読めば、当指針の基本的な考え方及び字体・字形に関する具体的な取扱いについての大体が理解できるようにすることを目指したものである。

5　「字形比較表」では、常用漢字表の2，136字種について、常用漢字表が掲出する字体、その他の印刷文字の例（常用漢字表が掲出する字体との間にデザイン差のある明朝体、ゴシック体、ユニバーサルデザインフォント、教科書体の4種）、手書き文字の字形の例を示し、それぞれの比較ができるようにするとともに、第2章及び3章の関連事項のうち主なものをそれぞれの字種について示した。

6　巻末に参考資料として、「常用漢字表「(付)字体についての解説」」、「常用漢字表の用語について」、「平成26年度「国語に関する世論調査」の結果(抜粋)」等を付した。

7　当指針では、常用漢字を用いて書き表すことができるものであっても、「とめる」、「はらう」、「つける」、「はなす」など、字体・字形に関する用語等については仮名で表記する場合がある。これは、常用漢字表における上記の用語等の表記に倣ったものである。また、常用漢字表では画数や筆順を定めていないが、説明において、一般に広く用いられている画数や筆順に従い、「○画目」といった言い方等を便宜的に用いる場合がある。

※「構成要素」という用語について

当指針では、「構成要素」という用語を用いる。この「構成要素」という用語及び分類は、当指針における字体・字形の説明に当たって、便宜的に用いるもので、漢字の字形においてその部分を成す点画の一定のまとまりのことを言う。一般に部首として用いられるものも含むが、それらに限るものではない。また、ある字種がそのまま構成要素となる場合や、字源を異にするものを同じ構成要素として整理している場合もある。

第1章　常用漢字表「(付)字体についての解説」の考え方(抜粋)

1　当指針の基本的な考え方

(略)

近年、社会の変化とともに、長い歴史の中で培われてきた漢字の文化にも変化が見られるようになっている。そのうち、特に漢字の字形に関して、手書き(筆写ともいう。以下同様。)文字と印刷文字(情報機器等の画面上に表示される文字を含む。以下同様。)との違いが理解されにくくなっていることや、文字の細部に必要以上の注意が向けられる傾向などが生じている。当指針は、これらを国語施策の課題として捉え、その改善を図るものであり、一般の社会生活において、文字をより適切に、積極的に運用するために、活用されることを意図している。

(略)

2　常用漢字表における字体・字形等の考え方(略)

◆字体　◆字形　◆書体　◆字種　◆通用字体

3　漢字の字体・字形に関して、社会で起きている問題(略)

(1)「国語に関する世論調査」の結果
(2)学校教育における漢字指導に関する意見聴取の内容
(3)戸籍等の窓口業務に関する意見聴取の内容等

4 当指針の対象

(1) 当指針が対象とする漢字の範囲（略）

(2) 当指針の活用が期待される分野

漢字は、日本語を用いて生活する人々が円滑に情報を伝達し合う上で不可欠なものとして共有されてきた。しかし、「国語に関する世論調査」の結果から、具体的な漢字について、適切だと考える字形が人によって違っている場合があること、また、手書き文字の字形と印刷文字の字形それぞれの表し方の間にある習慣の違いが理解されにくくなっていること等が明らかとなった。このようなことが更に進行すれば、漢字の使用が文字によるコミュニケーションに負の影響を及ぼすことにもなりかねない。また、入学試験や採用試験、各種の検定試験等における採点等に影響するおそれもある。こうした問題は、日本語で漢字を用いる全ての人々に関係するものである。

特に、字体・字形に関わる観点から、学校教育を中心とする漢字の習得と一般社会における漢字の運用とを円滑につないでいくことは、重要な課題である。漢字の習得と運用は、学校教育と一般社会とのつながりの中で行われており、その基盤となるのは、常用漢字表である。常用漢字表は、一般の社会生活において、現代の国語を書き表す場合の漢字使用の目安として用いられるとともに、小学校、中学校、高等学校の教育課程を通して学習する漢字の範囲ともなっている。同様に、漢字の字体・字形についての考え方に関しても、常用漢字表に示された「字体についての解説」が目安とされることが望ましい。そのために、当指針の内容が社会一般に行き渡り、特に、教育関係者が持っておくべき基礎的な国語の知識として共有されること、さらに、不特定多数の人々を対象とするような入学試験、採用試験、各種の検定試験等において、漢字の字体・字形の正誤を判断する際の統一的なよりどころとして活用されることが期待される。

また、行政機関や金融機関等など訪れた人が、窓口等で姓名や住所等を記載する際などに生じる字体・字形に関する問題の解決も課題の一つである。戸籍や住民基本台帳等に関する窓口業務の現場で字体・字形に関する問題が生じた際には、これまでも、常用漢字を対象とした「字体についての解説」が参照されている。特に、窓口等を訪れる人が明朝体のデザインの違いや手書きの楷書と明朝体における表し方の習慣の違いなどについて疑問を抱いた際には、この解説を示すことで解決される場合もある。

窓口等で扱われることの多い人の姓名や地名に用いられる漢字には、人名用漢字をはじめとする表外漢字が多数あり、常用漢字は全体の一部にすぎない。当指針は、常用漢字を対象とするものであるが、取り上げる具体例を増やすとともに、漢字の構成要素に注目した説明を施すことで、表外漢字について考える際にも参考となるよう配慮したものである。窓口での書類の記載等において、漢字の字体・字形に関する問題が起きた場合には、より実用性の高い参考資料として用いられることが期待される。※

> ※窓口業務における漢字の取扱いについて
>
> 戸籍や住民基本台帳等に関する窓口業務においては、常用漢字表における字体・字形の考え方とは異なった取扱いがなされることがある。
>
> 例えば、常用漢字表では、印刷文字に点二つの「しんにゅう」（「⻍」）が用いられている字であっても、手で書くときには、点は一つで書く（「⻌」）こととされているが、窓口業務では、「しんにゅう」を含む字については、申請者が手で記載する際にも、点一つ（「⻌」）と点二つ（「⻍・⻍」）との書き分けが行われる場合がある。そのほか、常用漢字表では同字と考える「吉」と、「土」＋「口」の形である「𠮷」とが、使い分けられる場合もある。
>
> このように、字体・字形の取扱いに関する考え方の違いがある点について、当指針は、戸籍・住民基本台帳等に関する業務の現状を改めることを要請するものではない。

5　「漢字を手書きすることの重要性」（「改定常用漢字表」）**との関係**（略）

(1)「漢字を手書きすることの重要性」（「改定常用漢字表」）の概要

(2)「国語に関する世論調査」に見る、文字の「手書き」についての日本人の意識

(3)漢字の「手書き」と字体認識能力の関係

(4)漢字の運用面における「手書き」

(5)文化としての「手書き」

第2章　明朝体と手書き（筆写）の楷書との関係（抜粋）

1　手書き（筆写）の楷書と明朝体の歴史（略）

2－1　明朝体のデザイン

常用漢字表では、個々の漢字の字体を、便宜上、明朝体のうちの一種を例に用いて示している。これは、現在、明朝体が印刷文字として最も広く用いられていることによる。

一般に使用されている各種の明朝体には、同じ字でありながら、微細なところで形状の相違の見られるものがある。しかし、それらの相違は、いずれも書体設計上の表現の差、すなわちデザインの違いに属する事柄であって、字体の違いではないと考えられる。つまり、それらの相違は、字体の上からは全く問題にする必要のないものである。

このような個々の明朝体にデザインの違いがあることは、必ずしも一般に広く理解されていない。そうしたデザインの違いをもって別の漢字であるとみなしたり、手書きの楷書においてもその差を再現しなくてはならないと考えたりするといった誤解が生じている。ここでは、常用漢字

表が明朝体のデザインの違いとして挙げる例を改めて引用し、必要に応じて説明を加える。

なお、ここに挙げているデザイン差は、現実に異なる字形がそれぞれ使われてきており、かつ、その実態に配慮すると、字形の異なりを字体の違いと考えなくてもよいと判断したものである。すなわち、実態として存在してきた異字形を、デザインの差と字体の差に分けて整理することがその趣旨であり、明朝体をはじめとする印刷文字の字形を新たに作り出す場合に適用し得るデザイン差の範囲を示したものではない。

また、ここに挙げている明朝体のデザイン差は、おおむね「筆写の楷書字形において見ることができる字形の異なり」と捉えることも可能である。そのことを「2-2 手書き文字のいろいろな書き方に明朝体のデザイン差と共通するところがあるもの」で具体的に説明した。（略）

(1)へんとつくり等の組合せ方
(2)点画の組合せ方
(3)点画の性質
(4)特定の字種に適用されるデザイン差

2-2 手書き文字のいろいろな書き方に明朝体のデザイン差と共通するところがあるもの（略）

(1)へんとつくり等の組合せ方
(2)点画の組合せ方
(3)点画の性質

3 明朝体に特徴的な表現の仕方があるもの（略）

(1)折り方に関する例
(2)点画の組合せ方に関する例
(3)「筆押さえ」等に関する例
(4)曲直に関する例
(5)その他

4 手書き（筆写）の楷書では、いろいろな書き方があるもの

（略）

(1)長短に関する例
(2)方向に関する例
(3)つけるか、はなすかに関する例
(4)はらうか、とめるかに関する例
(5)はねるか、とめるかに関する例
(6)その他

5 手書き（筆写）の楷書字形と印刷文字字形の違いが、字体の違いに及ぶもの

現行の常用漢字表においては、従前のとおり「印刷文字における現代の通用字体」が示され、削除した5字を除いて、昭和56年の常用漢字表の掲げた通用字体が全てそのまま継承された。

しかし、新たに常用漢字表に追加した196字については、特に印刷文字の字体の安定性を損なうことがないよう、当用漢字字体表及び昭和56年の常用漢字表に準じた字体の整

理を行うことはせず、原則として、当該の字種における一般の書籍での最も使用頻度の高い字体を採用することとした。その結果、平成12年の国語審議会答申「表外漢字字体表」が示した「印刷標準字体」と「人名用漢字」の字体を通用字体として掲げることとなった。(「曽」「痩」「麺」については、印刷標準字体として「曾」「瘦」「麵」が掲出されていたが、常用漢字表では生活漢字としての側面を重視し、「簡易慣用字体」とされていた字体を採用した。)

このことにより、昭和56年から常用漢字表に掲出されていた通用字体との間で、「道／遡」「飲／餅」「臭／嗅」「歩／捗」「幣／蔽」などのように、同じ構成要素を持ちながら、印刷文字における字体上の差異があるものが生じた。

そして、こうした字体上の差異は、印刷文字と手書き文字との間にも影響し、印刷文字と手書き文字の習慣による字形との間の相違が、字体の違いにまで及ぶ場合が生じることとなった。その手当てとして、「(付)字体についての解説」において、これらの漢字を実際に手書きする際の参考となるよう、具体例が示されている。

以下に挙げるものは、常用漢字表の採用した通用字体と手書き文字におけるそれぞれの習慣の相違に基づく表し方の差が、字体(文字の骨組み)の違いに及ぶものである。左は手書きの楷書の習慣による字形の例、右は印刷文字である明朝体の字形に倣って書いたものであるが、手書きの楷書ではどちらの字形で書いても差し支えない。「手書きの楷書の習慣による例」に挙げたもののうちには、現代において、実際に広く用いられているとは言い難いものもあり、明朝体に倣った字形の方が手書きする場合の字形としても一般的な場合がある。

なお、ここに挙げるものの中には、例えば、「煎」と「煎」のように「表外漢字字体表」(平成12年国語審議会答申)において、「表外漢字だけに適用されるデザイン差」として整理されていたものがある。ただし、それらの字形の違いは、辞書等において、多く字体の違いとして説明されていた。

平成22年に上記のような字種を常用漢字表に追加するに当たっては、例えば、「煎」における「煎」の字形を「デザイン差」として扱うと、昭和56年から常用漢字として掲げられていた字種の通用字体に影響が及び、「煎」から「灬」を除いた形と「前」とをデザイン差とみなす必要が生じるなど、辞書等の説明と一致しないことになりかねなかった。そこで、昭和56年からの常用漢字の通用字体に影響が及ぶことが懸念される場合には、辞書等の考え方も踏まえ、デザイン差という捉え方を改め、字体の違いに及ぶものとして整理を行っている。(略)

(1)方向に関する例
(2)点画の簡略化に関する例
(3)その他

第3章　字体・字形に関するQ&A(抜粋)

本章のQ&Aでは、漢字の字体・字形に関する様々な質問に対して、常用漢字表の「字体についての解説」の考え方と第1、2章の内容に基づき回答しています。このQ＆Aを読めば、字体・字形に関する基本的な考え方と具体的な取扱いについての大体が理解できるようにすることを目指して作成したものです。

問いの番号(Q○)の後には、その要点を簡単に示しました。質問に対しては、まず「A」で簡潔に回答し、その後で、説明を加えています。

また、ほかに関係する問いがある場合には「(→Q○)」のように、指針の別の章に関連事項がある場合には説明の末尾に「⇒[参照] ○章○〔P.○〕」のように、それぞれ注記しています。

1　基本的な事項に関する問い

(1) 手書き文字の字形と印刷文字の字形について

Q1　手書き文字と印刷文字の字形の違い①

学校で教わった漢字の形と新聞や本で見る漢字の形が違っていることがあります。どちらが正しいのですか。

A　それぞれ正しい形です。学校で教わった手書きの文字の形と印刷された文字の形には、表し方にそれぞれ独自の特徴や習慣があるため、違いが見られることがあるのです。

学校では、手書き(筆写)の楷書を中心に学びます。楷書は、文字を崩さず、一点一画をきちんと書く書き方です。小学校の教科書では、主に教科書体と呼ばれる印刷文字が使われていますが、教科書体は児童生徒が漢字を書くときの参考になるよう、基本的に手書きの楷書の習慣に倣って作られています。

永糸　(手書きの楷書)　　永糸　(教科書体)

一方、ほとんどの新聞や書籍では、明朝体という印刷文字が使われています。縦の線(縦画)を太く、横の線(横画)を細く表現し、横画のとめ(終筆)には、ウロコなどと呼ばれるはね上げたような三角形の形が付きます。明朝体は、今日の日本で、最も多く使われている印刷文字であり、この指針の文字も主に明朝体を使っています。

永糸　(明朝体)

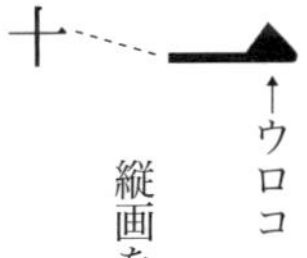

印刷が始まったばかりの頃には、木の板に文字を彫り、それを基に印刷物が刷られていました。この板を「木版」と言います。当初、木版は手書きの楷書の形で彫られていましたが、微妙な曲線などを再現するのに

は時間が掛かりました。スピードと効率が追求された結果、より彫りやすく、分業して作業しやすい形として生まれたのが明朝体です。その後、明朝体は専ら読まれるためのものとして発展し、現在に至ります。明朝体の形と、手書き文字や手書き文字を基にして作られた教科書体などの形とが違うのはそのためです。

⇒〔参照〕第2章1〔P・24〕、2－1〔P・26〕、2－2〔P・30〕

Q2　手書き文字と印刷文字の字形の違い②

手書き文字の字形と印刷文字の字形とは、一致させるべきではないでしょうか。

A　印刷文字は、読みやすさを重視して発展してきたものですから、その形のとおり手書きするのは難しい場合があります。それぞれの表し方の習慣を知っておくことが大切です。

手書き文字(筆写の楷書)と代表的な印刷文字である明朝体の形は、それほど極端に懸け離れているわけではありません。文字の骨組み(字体 ↓Q5)に注目すれば、おおむね一致しています。昭和24年(1949年)の「当用漢字字体表」の「まえがき」には「この表の字体の選定については、異体の統合、略体の採用、点画の整理などをはかるとともに、筆写の習慣、学習の難易をも考慮した。なお、印刷字体と筆写字体とをできるだけ一致させることをたてまえとした」とあります。戦後の国語施策では、漢字表の範囲で、両者の字体の一致を実現してきたとも言えるのです。

しかし、自然な手の動きが基本になっている手書き文字と、印刷したときの見やすさやバランスを重視した印刷文字とは、字形の細かいところではどうしても一致しない部分が出てきます。それを無理に一致させようとすると、長い間用いられてきた印刷文字のデザインや手書き文字の習慣を変える必要が生じるなど、かえって問題を複雑にしてしまうおそれもあります。

そのため、当用漢字字体表でも「この表の字体は、これを筆写(かい書)の標準とする際には、点画の長短・方向・曲直・つけるかはなすか・とめるかはね又ははらうか等について、必ずしも拘束しないものがある」とするなど、点画の細部に関わるような字形の問題については、手書き文字の習慣を妨げることがないよう配慮されていました。

この考え方は、常用漢字表においても引き継がれています。手書きには手書きの、印刷文字には印刷文字の表し方の習慣があり、それぞれが理解されることが望まれます。特に、情報機器の普及によって、小さな子供の頃から印刷文字の字形を見ることが多くなっています。漢字を習得していく段階においても、それぞれの違い、特徴についての分かりやすい説明など、新たな対応策が必要になる可能性があります。

⇒〔参照〕第2章1〔P・24〕、2－1〔P・26〕、2－2〔P・30〕

（以下、問いの見出しのみ＝三省堂編修所注）

Q3 多様な手書き字形を認めるのは、漢字の文化の軽視ではないか

Q4 表外漢字の扱い

(2) **字体、字形、書体、字種などの用語について**

Q5 「字体」、「字形」とは

Q6 「字種」とは

Q7 「通用字体」とは

Q8 「いわゆる康熙字典体」とは

Q9 「書体」とは

Q10 いわゆる康熙字典体、許容字体の扱い

Q11 「異体字」とは

Q12 旧字体や略字など、異体字を使ってよいか

Q13 フォントと書体は同じか

Q14 点画が間引きされたように見える字体

(3) **常用漢字表「(付)字体についての解説」について**

Q15 字体の違いにまで及ばない字形の違い

Q16 明朝体以外の印刷文字の扱い

Q17 いろいろな書き方の組合せ

Q18 特定の字種に適用されるデザイン差

Q19 手書きの楷書と印刷文字の違いが字体の違いに及ぶもの

Q20 表外漢字の書き方

(4) **漢字の正誤の判断について**

Q21 漢字の正誤をどう判断するか

Q22 緩やかな基準でよいのか

Q23 正しい字形をきっちりと教えるべきではないか

Q24 常用漢字表は「標準」と「許容」を決めているか

Q25 発達段階への配慮が必要な場合

Q26 学校のテスト等との関係

Q27 入学・採用試験等における字体・字形の扱い

Q28 手書きの習慣を印刷文字に及ぼせるか

Q29 行書のような書き方

Q30 いわゆる書写体(筆写体)の扱い

Q31 現在もよく使われる書写体(筆写体)の扱い

Q32 名前などに使われる異体字の扱い

Q33 印刷文字のとおりに手書きしないといけないのか

Q34 窓口で問題になることの多い漢字

(5) **漢字の正誤の判断基準と「整い方」、「丁寧さ」、「美しさ」、「巧みさ」などの観点について**

Q35 整っていない字を、正しいと言えるのか

Q36 どのような字形で書いてもいいのか

Q37 一定の字形を標準とする場合の正誤の判断

2 具体的な事項に関する問い

(1) **問題になることの多い漢字**

Q38 はねるか、とめるか(「木」・「きへん」など)

字形比較表

表の各欄について

番号

常用漢字表の掲出順に番号を付した。このうち、平成22

年の常用漢字表の改定に当たって追加された196字種については、いわゆる康熙字典体が採用されたものなど、字体・字形の上で注意すべきものが多いことに配慮し、番号に下線を付して示した。

常用漢字表

常用漢字表が各字種の通用字体として掲げる明朝体の一種を示した。

代表音訓

常用漢字表に掲げられた各字種の音訓のうち、最初に挙げられたものを、音は片仮名で、訓は平仮名で示した。

配当学年

小学校学習指導要領(平成20年文部科学省告示)の学年別漢字配当表(１、００６字)による配当学年(小学校)を示した。今後、学年別配当表の改訂等があれば、その都度修正する予定。

印刷文字の字形の例

各字種に四つの印刷文字字形の例を示した。左から明朝体の例(できる限り、常用漢字表の掲げる明朝体との間にデザイン上の差異が認められるものを取り上げた。)、ゴシック体の例、ユニバーサルデザインフォントの例、教科書体の例である。

手書き文字の字形の例

それぞれの字種について、手書き文字の字形を２又は３例、順序性なく示した。ここに例として掲げた手書き文字の字形は、飽くまでもその漢字において実現し得る字形のごく一部であり、標準の字形として示すものではない。特に、例として掲げた手書き文字の字形が印刷文字の字形に影響を及ぼすことは、当指針の趣旨と反するところである。また、例示された字形は固定的なものではなく、複数例示された字形それぞれの部分を組み合わせた字形等も用いることができる。例えば、次に示すように考えられる。

例示した字形

株　株

そのほか例示した字形の部分を組み合わせた字形等
(ここに示すものが全てではない。)

株　株　株　株　株　株

第2章関連項目

それぞれの字種について、「第２章　明朝体と手書き(筆写)の楷書との関係」の各項目との関連のうち、主なものを示した。

Q&A関連項目

それぞれの字種について、「第３章　字体・字形に関するQ&A」との関連のうち、主なものを示した。

番号	常用漢字表	代表音訓	配当学年	印刷文字の字形の例				手書き文字の字形の例	第2章関連項目	第3章 Q&A 関連項目
1	亜	ア		亜	亜	亜	亜	亜 亜 など	4-(1)	Q58
2	哀	アイ		哀	哀	哀	哀	哀 哀 など	3-(1),4-(2)(3)(4)	Q54,61,68,69
3	挨	アイ		挨	挨	挨	挨	挨 挨 など	3-(1),4-(4)	Q54,68,72
4	愛	アイ	4	愛	愛	愛	愛	愛 愛 など	3-(5),4-(2)(4)	Q56,60,68
5	曖	アイ		曖	曖	曖	曖	曖 曖 など	3-(5),4-(2)(4)	Q56,60,62,68
6	悪	アク	3	悪	悪	悪	悪	悪 悪 悪 など	3-(5),4-(1)	Q56,58
7	握	アク		握	握	握	握	握 握 など	3-(1),4-(1)	Q54,58,72
8	圧	アツ	5	圧	圧	圧	圧	圧 圧 など		
9	扱	あつかう		扱	扱	扱	扱	扱 扱 など	3-(1),4-(4)	Q54,68,72
10	宛	あてる		宛	宛	宛	宛	宛 宛 など	4-(2)(3)(5)	Q45,61
11	嵐	あらし		嵐	嵐	嵐	嵐	嵐 嵐 など	4-(1)(2)	Q59,60
12	安	アン	3	安	安	安	安	安 安 など	3-(1),4-(1)(2)(3)(6)	Q43,54,61,74
13	案	アン	4	案	案	案	案	案 案 案 など	3-(1),4-(1)(2)(3)(4)(5)(6)	Q17,41,43,54,58,61
14	暗	アン	3	暗	暗	暗	暗	暗 暗 など	4-(2)(3)	Q40,61,62
15	以	イ	4	以	以	以	以	以 以 以 など	4-(4)	Q70
16	衣	イ	4	衣	衣	衣	衣	衣 衣 など	3-(1),4-(2)(3)(4)(6)	Q54,61,68
17	位	イ	4	位	位	位	位	位 位 位 など	4-(2)(3)	Q40,61
18	囲	イ	4	囲	囲	囲	囲	囲 囲 囲 など	4-(4)	Q70,71
19	医	イ	3	医	医	医	医	医 医 など	3-(1),4-(4)	Q54,68,69
20	依	イ		依	依	依	依	依 依 など	3-(1),4-(2)(3)(4)(6)	Q54,61,68
21	委	イ	3	委	委	委	委	委 委 など	4-(1)(4)(5)(6)	Q38,43,58,68
22	威	イ		威	威	威	威	威 威 など	4-(3)(4)(6)	Q40,43,70,74
23	為	イ		為	為	為	為	為 為 など	4-(2)	Q61
24	畏	イ		畏	畏	畏	畏	畏 畏 など	3-(1),4-(3)(4)	Q54,62,68
25	胃	イ	4	胃	胃	胃	胃	胃 胃 など	4-(3)(4)	Q62,70
26	尉	イ		尉	尉	尉	尉	尉 尉 など	4-(4)(5)	Q38,68
27	異	イ	6	異	異	異	異	異 異 など	4-(3)(4)	Q40,62,68
28	移	イ	5	移	移	移	移	移 移 など	4-(5)(6)	Q38,65

（以下略）

学年別漢字配当表

●「小学校学習指導要領」では、学年別漢字配当表の漢字を小学校各学年で指導するように定めている。（この表の漢字を学習漢字・教育漢字などと呼ぶ。）

●小学校では、その学年に配当されている漢字を読み、その大体を書くことができるように指導する。（必要に応じて、当該学年以前または当該学年以降の学年で指導してもよい。）

●ここには、学年別漢字配当表の漢字を音別（音がないものは訓）に並べかえ、見やすくして掲げた。

●表の「総数」とは、その学年までに配当されている漢字の総数という意味である。

●「漢字の指導においては、学年別漢字配当表に示す漢字の字体を標準とすること」とされている。しかし、「常用漢字表」（平成二二年一一月内閣告示）の「字体についての解説」には、「筆写の楷書では、点画の長短、方向、つけるかはなすか、はらうかとめるか、はねるかとめるか等については、いろいろな書き方がある」旨が書かれており（9ページ参照）、厳密にこの「標準字体」どおりでなければならないというわけではない。漢字というものは骨組みさえしっかりしていればよく、細部の筆遣いにまでこだわる必要はない。未と末、千と干、大と丈のように別の字になってしまうものは細部まで注意する必要があるが、例えば「標準字体」の女年外宮牧を女年外宮牧と書いても一向に差し支えない。「標準字体」は、その漢字を初めて学習する児童を指導する際の手本とするために設けられたものであろう。学校で習う前にすでにその漢字を習得している児童もいることであり、書き取りテストなどでは、「標準字体」どおりでないからといって誤りとしてはならない。

●昭和五二年七月の文部省告示（昭和五五年施行）では九九六字であったが、平成元年三月の文部省告示（平成四年四月施行）により改定、旧表から一〇字（壱勧歓兼釈需称是俗弐）削られ、新たに二〇字（桜激札皿枝飼松盛昔巣装束誕笛豆梅箱並暮夢）加えられ、一〇〇六字となった。

●さらに平成二九年三月文部科学省告示により、二〇字（茨媛岡潟岐熊香佐埼崎滋鹿縄井沖栃奈梨阪阜）加えられ、一〇二六字となる改定が行われた。この改定については、平成三〇年四月より段階的に指導された。完全施行は令和二年四月。

●改定により学年配当が変更になったものは（　）に入れて示した。また、変更後の学年に当該字を色で示し、その右に、もと配当されていた学年の数字を添えた。これまで学年別漢字配当表になかったものは、常と添えた。

●この項の末尾には、平成二九年三月文部科学省告示「小学校学習指導要領」内の学年別漢字配当表を掲載した。

（三省堂編修所注）

学年	ア	イ	ウ	エ	オ	カ
1		一	右雨	円	王音	下火花貝学
2		引	羽雲	園遠		何科夏家歌画回会海絵外角楽活間丸岩顔
3	悪安暗	医委意育員院飲	運	泳駅	央横屋温	化荷界開階寒感漢館岸
4	愛案	以衣位(囲)(胃)茨[常]印		英栄媛[常]塩	岡[常]億	加果貨課芽賀[5]改械害街各覚潟[常]完官管関観願
5	圧	囲[4]移因		永営衛易益液演	応往桜(恩)	可仮価河過(賀)快解格確額刊幹慣眼
6		胃[4]異遺域	宇	映延沿	恩[5]	我灰拡革閣割株干巻看簡

キ	ク	ケ	コ	サ
気九休玉 金	空	月犬見	五口校	左三山
汽記帰弓牛 魚京強教近		兄形計元言 原	戸古午後語 工公広交光 考行高黄合 谷国黒今	才細作算
起期客究急級 宮球去橋業曲 局銀	区苦具君	係軽血決研県	庫湖向幸港号 根	祭皿
岐常希季(紀)(喜)旗 器機議求泣(救) 給挙漁共協鏡 競極	熊常訓軍郡群5	径(型)景芸欠結 建健験	固功好香常候(航) 康(告)	佐常差菜最埼常材 崎常昨札刷(殺)察 参産散残
紀4基寄規喜4技 義逆久旧救4居 許境均禁	句(群)	型4経潔件(券)険 検限現減	故個護効厚耕 航4鉱構興講告4 混	査再災妻採際 在財罪殺4雑酸 賛
危机揮貴疑 吸供胸郷勤 筋		系敬警劇激 穴券5絹権憲 源厳	己呼誤后孝 皇紅降鋼刻 穀骨困	砂座済裁策 冊蚕

	シ	ス	セ	ソ	タ
	子四糸字耳七車手十出女小上森人	水	正生青夕石赤千川先	早草足村	大男
	止市矢姉思紙寺自時室社弱首秋週春書少場色食心新親	図数	西声星晴切雪船線前	組走	多太体台
	仕死使始指歯詩次事持式実写者主守取酒受州拾終習集住重宿所暑助昭消商章勝乗植申身神真深進		世整昔全	相送想息速族	他打対待代第題炭短談
	（士）氏（史）司試児治滋[常]辞鹿[常]失借種周祝順初松笑唱焼（象）照（賞）城[6]縄[常]臣信		井[常]成省清静席積折節説浅戦選然	争倉巣束側続卒孫	帯隊達単
	士[4]支史[4]志枝師資飼示似識質舎謝授修述術準序招（承）証象[4]賞[4]条状常情織職		制性政勢精製税責績接設（舌）絶（銭）	祖素総造像増則測属率損	（退）貸態団断
	至私姿視詞誌磁射捨尺若樹収宗就衆従縦縮熟純処署諸除承[5]将傷障（城）蒸針仁	垂推寸	盛聖誠舌[5]宣専泉洗染銭[5]善	奏窓創装層操蔵臓存尊	退[5]宅担探誕段暖

学年	ハ	ノ	ネ	ニ	ナ	ト	テ	ツ	チ
1	白八		年	二日入		土	天田		竹中虫町
2	馬売買麦半番			肉	内南	刀冬当東答頭同道読	弟店点電	通	地池知茶昼長鳥朝直
3	波配倍箱畑発反坂板	農				都度投豆島湯登等動童	定庭笛鉄転	追	着注柱丁帳調
4	敗梅博阪[常]飯		熱念		奈[常]梨[常]	徒努灯(堂)働特(得)徳[5](毒)栃[常]	低底(停)的典伝		置仲沖[常](貯)兆(腸)
5	破犯判版	能	燃	任		統堂[4]銅導得[4](徳)毒[4]独	停[4]提程適(敵)		築貯[4]張
6	派拝背肺俳班晩	納脳		乳認	難	討党糖届	敵[5]展	痛	値宙忠著庁頂腸[4]潮賃

ヒ	フ	ヘ	ホ	マ	ミ	ム	メ	モ	ヤ
百	文		木本				名	目	
	父風分聞	米	歩母方北	毎妹万			明鳴	毛門	夜野
皮悲美鼻筆氷表秒病品	負部服福物	平返勉	放		味		命面	問	役薬
飛(費)必票標	不夫付府阜常富5副(粉)	兵別辺変便	包法望牧	末満	未(脈)民	無			約
比肥非費4備(俵)評貧	布婦(富)武復複仏粉4	編弁	保墓報豊防貿暴		脈4	務夢	迷綿		
否批秘俵5	腹奮	並陛閉片	補暮宝訪亡忘棒	枚幕	密		盟	模	訳

学年	新		旧		ワ	ロ	レ	ル	リ	ラ	ヨ	ユ
	総数	計	総数	計								
1	八〇	八〇	八〇	八〇		六			立力林			
2	二四〇	一六〇	二四〇	一六〇	話				里理	来	用曜	友
3	四四〇	二〇〇	四四〇	二〇〇	和	路	礼列練		流旅両緑	落	予羊洋葉陽様	由油有遊
4	六四二	二〇二	六四〇	二〇〇		老労録	令冷例(歴)連	類	利陸良料量輪		要養浴	勇
5	八三五	一九三	八二五	一八五			歴4		略留領		余(預)容	輸
6	一〇二六	一九一	一〇〇六	一八一		朗論			裏律臨	乱卵覧	預5幼欲翌	郵優

第四学年	愛案以衣位茨印英栄媛塩岡億加果貨課芽賀改械害街各覚潟完官管関 観願岐希季旗器機議求泣給挙漁共協鏡競極熊訓軍郡群径景芸欠結建 健験固功好香候康佐差菜最埼材崎昨札刷察参産散残氏司試児治滋辞 鹿失借種周祝順初松笑唱焼照城縄臣信井成省清静席積折節説浅戦選 然争倉巣束側続卒孫帯隊達単置仲沖兆低底的典伝徒努灯働特徳栃奈 梨熱念敗梅博阪飯飛必票標不夫付府阜富副兵別辺変便包法望牧末満 未民無約勇要養浴利陸良料量輪類令冷例連老労録　(202字)
第五学年	圧囲移因永営衛易益液演応往桜可仮価河過快解格確額刊幹慣眼紀基 寄規喜技義逆久旧救居許境均禁句型経潔件険検限現減故個護効厚耕 航鉱構興講告混査再災妻採際在財罪殺雑酸賛士支史志枝師資飼示似 識質舎謝授修述術準序招証象賞条状常情織職制性政勢精製税責績接 設絶祖素総造像増則測属率損貸態団断築貯張停提程適統堂銅導得毒 独任燃能破犯判版比肥非費備評貧布婦武復複仏粉編弁保墓報豊防貿 暴脈務夢迷綿輸余容略留領歴　(193字)
第六学年	胃異遺域宇映延沿恩我灰拡革閣割株干巻看簡危机揮貴疑吸供胸郷勤 筋系敬警劇激穴券絹権憲源厳己呼誤后孝皇紅降鋼刻穀骨困砂座済裁 策冊蚕至私姿視詞誌磁射捨尺若樹収宗就衆従縦縮熟純処署諸除承将 傷障蒸針仁垂推寸盛聖誠舌宣専泉洗染銭善奏窓創装層操蔵臓存尊退 宅担探誕段暖値宙忠著庁頂腸潮賃痛敵展討党糖届難乳認納脳派拝背 肺俳班晩否批秘俵腹奮並陛閉片補暮宝訪亡忘棒枚幕密盟模訳郵優預 幼欲翌乱卵覧裏律臨朗論　(191字)

学年別漢字配当表

● 平成 29 年 3 月文部科学省告示「小学校学習指導要領」国語科の別表として掲載。
（三省堂編修所注）

第一学年	一右雨円王音下火花貝学気九休玉金空月犬見五口校左三山子四糸字耳七車手十出女小上森人水正生青夕石赤千川先早草足村大男竹中虫町天田土二日入年白八百文木本名目立力林六 (80字)
第二学年	引羽雲園遠何科夏家歌画回会海絵外角楽活間丸岩顔汽記帰弓牛魚京強教近兄形計元言原戸古午後語工公広交光考行高黄合谷国黒今才細作算止市矢姉思紙寺自時室社弱首秋週春書少場色食心新親図数西声星晴切雪船線前組走多太体台地池知茶昼長鳥朝直通弟店点電刀冬当東答頭同道読内南肉馬売買麦半番父風分聞米歩母方北毎妹万明鳴毛門夜野友用曜来里理話 (160字)
第三学年	悪安暗医委意育員院飲運泳駅央横屋温化荷界開階寒感漢館岸起期客究急級宮球去橋業曲局銀区苦具君係軽血決研県庫湖向幸港号根祭皿仕死使始指歯詩次事持式実写者主守取酒受州拾終習集住重宿所暑助昭消商章勝乗植申身神真深進世整昔全相送想息速族他打対待代第題炭短談着注柱丁帳調追定庭笛鉄転都度投豆島湯登等動童農波配倍箱畑発反坂板皮悲美鼻筆氷表秒病品負部服福物平返勉放味命面問役薬由油有遊予羊洋葉陽様落流旅両緑礼列練路和 (200字)

「異字同訓」の漢字の使い分け例

- 平成二六年二月二一日文化審議会国語分科会が報告し、文化庁から発表されたもの。
- 前書き2にあるとおり、昭和四七年に参考資料として配布された「「異字同訓」の漢字の用法」と、平成二二年の「常用漢字表」改定により表内で新たに生じた異字同訓を整理した「「異字同訓」の漢字の用法例(追加字種・追加音訓関連)」を一体化するために作成されたもの。
- 「「異字同訓」の漢字の用法」では用例のみを示していたが、「「異字同訓」の漢字の使い分け例」では簡単な説明が加えられた。
- 原文は横書き。囲み罫線は省いた。（三省堂編修所注）

前書き

1　この「「異字同訓」の漢字の使い分け例」(以下「使い分け例」という。)は、常用漢字表に掲げられた漢字のうち、同じ訓を持つものについて、その使い分けの大体を簡単な説明と用例で示したものである。

2　この使い分け例は、昭和47年6月に国語審議会が「当用漢字改定音訓表」を答申するに際し、国語審議会総会の参考資料として、同審議会の漢字部会が作成した「「異字同訓」の漢字の用法」と、平成22年6月の文化審議会答申「改定常用漢字表」の「参考」として、文化審議会国語分科会が作成した「「異字同訓」の漢字の用法例(追加字種・追加音訓関連)」を一体化し、現在の表記実態に合わせて一層使いやすく分かりやすいものとなるよう作成したものである。作成に当たっては、簡単な説明を加えるとともに必要な項目の追加及び不要な項目の削除を行い、上記の資料に示された使い分けを基本的に踏襲しつつ、その適切さについても改めて検討した上で必要な修正を加えた。

3　同訓の漢字の使い分けに関しては、明確に使い分けを示すことが難しいところがあることや、使い分けに関わる年代差、個人差に加え、各分野における表記習慣の違い等もあることから、ここに示す使い分け例は、一つの参考として提示するものである。したがって、ここに示した使い分けとは異なる使い分けを否定する趣旨で示すものではない。また、この使い分け例は、必要に応じて、仮名で表記することを妨げるものでもない。

4　常用漢字表に掲げられた複数の同訓字の使い分けの大体を示すものであるから、例えば、常用漢字表にある「預かる」と、常用漢字表にない「与(あずか)る」とのような、同訓の関係にあっても、一方が常用漢字表にない訓である場合は取り上げていない。

また、例えば、「かたよる」という語の場合に、「偏る」と表記するか、「片寄る」と表記するか、「ひとり」という語の場合に、「独り」と表記するか、「一人」と表記するかなど、常用漢字1字の訓同士でない場合についても取り上げていない。

使い分け例の示し方及び見方

1　この使い分け例は、常用漢字表に掲げる同訓字のうち、133項目について示した。それぞれの項目は五十音順に並べてある。

2　項目に複数の訓が並ぶ場合は、例えば、「あがる・あげる」「うまれる・うむ」のように、五十音順に並べてある。

3　それぞれの項目ごとに、簡単な説明と用例を示すことで、その語の使い分けの大体を示した。簡単な説明には、主として、その語の基本となる語義を挙げてある。また、そこで示した語義と用例とがおおむね対応するように、それぞれの順序を考慮して配列してある。例えば、項目「あてる」のうち、「当てる」は、

【当てる】 触れる。的中する。対応させる。
　胸に手を当てる。ボールを当てる。くじを当てる。
　仮名に漢字を当てる。

と示してある。この例では、「当てる」の語義「触れる」の用例として「胸に手を当てる。」、語義「的中する」の用例として「ボールを当てる。くじを当てる。」、語義「対応させる」の用例として「仮名に漢字を当てる。」がそれぞれ対応している。全ての項目の語義と用例は、このような考え方に基づいて並べてある。

　なお、この使い分け例では、同訓字の使い分けの大体を示すことが目的であるので、語義の示し方やその取上げ方についても、当該の目的に資する限りにおいて便宜的に示すものである。したがって、例えば、見出し語の「変える・変わる」の場合、それぞれの語に対応させて、語義を「前と異なる状態にする。前と異なる状態になる」とはせず、2語の共通語義という扱いで、「前と異なる状態になる」だけを示してある。

4　使い分けを示すのに、対義語を挙げることが有効である場合には、

のぼる　**【上る】**（⇔下る）。**【昇る】**（⇔降りる・沈む）。

というように、「⇔」を用いてその対義語を示した。
また、各項目の用例の中には、

　小鳥が木の枝に止（留）まる*。　末永（長）く契る*。

というように、括弧を付して示したものがある。これは、例えば、「括弧外の漢字」である「止」に代えて「括弧内の漢字」である「留」を用いることもできるということを示すものである。なお、このことは、括弧の付いていない漢字について、その漢字に代えて別の漢字を用いることを否定しようとする趣旨ではない。

5　必要に応じて使い分けの参考となる補足説明を示した。当該の補足説明が何に対する補足説明であるのかを明示するために、

①**【有る*】**（⇔無い）。備わる。所有する。ありのままである。
②**【足】** 足首から先の部分*。歩く、走る、行くなどの動作に見立てたもの。
③**【会う】** 主に人と人が顔を合わせる。
　客と会う時刻。人に会いに行く。駅でばったり友人

と会った*。投票に立ち会う。二人が出会った場所**。

というように、対象となる部分(①は「見出し語」、②は「語義」、③は「用例」)に「*」を付した。また、③のように、1項目の中に、補足説明の対象となるものが二つある場合には、「*」と「**」を付して示した。

補足説明には、

* 「勧める」と「薦める」の使い分けについては、例えば、「読書」といった行為(本を読む)をするように働き掛けたり、促したりする場合に「勧める」を用い、「候補者」や「良書」といった特定の人や物がそれにふさわしい、望ましいとして推薦する場合に「薦める」を用いる。

* 「校長をはじめ、教職員一同……」などという場合の「はじめ」については、多くの人や物の中で「主たるもの」の意で「始」を当てるが、現在の表記実態としては、仮名で書かれることも多い。

というように、使い分けの要点や、一般的な表記の実態などを必要に応じて示した。上記の「はじめ」の補足説明のように、常用漢字表にある訓であっても、漢字より仮名で書く方が一般的である場合などについても示した。

なお、上記4で述べた用例中に括弧が付いているものについては、その全てに、「括弧外の漢字」と「括弧内の漢字」の使い分けに関わる補足説明を示した。

あう 001

【会う】主に人と人が顔を合わせる。
客と会う時刻。人に会いに行く。駅でばったり友人と会った*。投票に立ち会う。二人が出会った場所**。

【合う】一致する。調和する。互いにする。
意見が合う。答えが合う。計算が合う。目が合う。好みに合う。部屋に合った家具。割に合わない仕事。会議で話し合う。幸運に巡り合う**。

【遭う】思わぬことや好ましくない出来事に出くわす。
思い掛けない反対に遭う。災難に遭う。にわか雨に遭う。

* 「駅でばったり友人とあった」の「あう」については、「思わぬことに出くわす」という意で「遭」を当てることもあるが、「友人と顔を合わせる」という視点から捉えて、「会」を当てるのが一般的である。

** 「出会う」は、「人と人が顔を合わせる」意だけでなく、「生涯忘れられない作品と出会う」のように、「その人にとって強い印象を受けたもの、価値あるものなどに触れる」意でもよく使われる。また、「事故の現場に出合う」や「二つの道路が出合う地点」のように、「思わぬことや好ましくない出来事に出くわす」「合流する」意では「出合う」と表記することが多い。

「巡りあう」の「あう」についても、「互いに出くわす」意で「合」を当てるが、「出くわす」ものが人同士の場合には「人と人が顔を合わせる」という視点から捉えて、「会」を当てることもできる。

あからむ 002

【赤らむ】赤くなる。

顔が赤らむ。夕焼けで西の空が赤らむ。

【明らむ】 明るくなる。

日が差して部屋の中が明らむ。次第に東の空が明らんでくる。

あがる・あげる 003

【上がる・上げる】 位置・程度などが高い方に動く。与える。声や音を出す。終わる。

二階に上がる。地位が上がる。料金を引き上げる。成果が上がる。腕前を上げる。お祝いの品物を上げる。歓声が上がる。雨が上がる。

【揚がる・揚げる】 空中に浮かぶ。場所を移す。油で調理する。

国旗が揚がる。花火が揚(上)がる*。たこ揚げをして遊ぶ。船荷を揚げる。海外から引き揚げる。天ぷらを揚げる。

【挙がる・挙げる】 はっきりと示す。結果を残す。執り行う。こぞってする。捕らえる。

例を挙げる。手が挙がる。勝ち星を挙げる。式を挙げる。国を挙げて取り組む。全力を挙げる。犯人を挙げる。

* 「花火があがる」は、「空中に浮かぶ」花火の様子に視点を置いて「揚」を当てるが、「空高く上がっていく(高い方に動く)」花火の様子に視点を置いた場合には「上」を当てることが多い。

あく・あける 004

【明く・明ける】 目が見えるようになる。期間が終わる。遮っていたものがなくなる。

子犬の目が明く。夜が明ける。年が明ける。喪が明ける。らちが明かない。

【空く・空ける】 からになる。

席が空く。空き箱。家を空ける。時間を空ける。

【開く・開ける】 ひらく。

幕が開く。ドアが開かない。店を開ける。窓を開ける。そっと目を開ける。

あし 005

【足】 足首から先の部分*。歩く、走る、行くなどの動作に見立てたもの。

足に合わない靴。足の裏。足しげく通う。逃げ足が速い。出足が鋭い。客足が遠のく。足が出る。

【脚】 動物の胴から下に伸びた部分。また、それに見立てたもの。

キリンの長い脚。脚の線が美しい。机の脚(足)*。

* 「足」は、「脚」との対比においては「足首から先の部分」を指すが、「足を組む」「足を伸ばす」「手足が長い」など、「胴から下に伸びた部分」を指して用いる場合もある。「机のあし」に「足」を当てることができるのは、このような用い方に基づくものである。

あたい 006

【値】 値打ち。文字や式が表す数値。

千金の値がある。称賛に値する。未知数xの値を求める。

【価】 値段。価格。

手間に見合った価を付ける。

あたたかい・あたたかだ・あたたまる・あたためる 007

【温かい・温かだ・温まる・温める】 冷たくない。愛情や思いやりが感じられる。

温かい料理。スープを温める。温かな家庭。心温まる話。温かい心。温かい人柄。温かいもてなし。

【暖かい・暖かだ・暖まる・暖める】寒くない（主に気象や気温で使う）。

日ごとに暖かくなる。暖かい日差し。暖かな毛布。暖まった空気。室内を暖める。

あつい 008

【熱い】温度がとても高く感じられる。感情が高ぶる。

お茶が熱くて飲めない。熱い湯。熱くなって論じ合う。熱い声援を送る。熱い思い。

【暑い】不快になるくらい気温が高い。

今年の夏は暑い。暑さ寒さも彼岸まで。日中はまだまだ暑い。暑い部屋。暑がり屋。

あてる 009

【当てる】触れる。的中する。対応させる。

胸に手を当てる。ボールを当てる。くじを当てる。仮名に漢字を当てる。

【充てる】ある目的や用途に振り向ける。

建築費に充てる。後任に充てる。地下室を倉庫に充てる。

【宛てる】手紙などの届け先とする。

本社に宛てて送られた書類。手紙の宛先。

あと 010

【後】（⇔先・前）。順序や時間などが遅いこと。次に続くもの。

後の祭り。後から行く。後になり先になり。事故が後を絶たない。社長の後継ぎ。

【跡】通り過ぎた所に残された印。何かが行われたり存在したりした印。家督。

車輪の跡。船の通った跡。苦心の跡が見える。縄文時代の住居の跡。立つ鳥跡を濁さず。父の跡を継ぐ。旧家の跡継ぎ。

【痕】傷のように生々しく残る印。

壁に残る弾丸の痕。手術の痕。台風の爪痕。傷痕が痛む。

あぶら 011

【油】常温で液体状のもの（主に植物性・鉱物性）。

事故で油が流出する。ごま油で揚げる。火に油を注ぐ。水と油。

【脂】常温で固体状のもの（主に動物性）。皮膚から分泌される脂肪。

牛肉の脂。脂の多い切り身。脂ぎった顔。脂汗が出る。脂が乗る年頃。

あやしい 012

【怪しい】疑わしい。普通でない。はっきりしない。

挙動が怪しい。怪しい人影を見る。怪しい声がする。約束が守られるか怪しい。空模様が怪しい。

【妖しい】なまめかしい。神秘的な感じがする。

妖しい魅力。妖しく輝く瞳。宝石が妖しく光る。

あやまる 013

【誤る】間違う。

使い方を誤る。誤りを見付ける。言い誤る。

【謝る】わびる。

謝って済ます。落ち度を謝る。平謝りに謝る。

あらい 014

【荒い】勢いが激しい。乱暴である。

波が荒い。荒海。金遣いが荒い。気が荒い。荒療治。

【粗い】 **細かくない。雑である。**
網の目が粗い。きめが粗い。粗塩。粗びき。仕事が粗い。

あらわす・あらわれる 015

【表す・表れる】 **思いが外に出る。表現する。表に出る。**
喜びを顔に表す。甘えが態度に表れる。言葉に表す。不景気の影響が表れる。

【現す・現れる】 **隠れていたものが見えるようになる。**
姿を現す。本性を現す。馬脚を現す。太陽が現れる。救世主が現れる。

【著す】 **本などを書いて世に出す。**
書物を著す。

ある 016

【有る*】 （⇔無い）。**備わる。所有する。ありのままである。**
有り余る才能。有り合わせの材料で作った料理。有り金。有り体に言えば。

【在る*】 **存在する。**
財宝の在りかを探る。教育の在り方を論じる。在りし日の面影。

* 「財源がある」「教養がある」「会議がある」「子がある」などの「ある」は、漢字で書く場合、「有」を、また、「日本はアジアの東にある」「責任は私にある」などの「ある」は「在」を当てるが、現在の表記実態としては、仮名書きの「ある」が一般的である。

あわせる 017

【合わせる】 **一つにする。一致させる。合算する。**
手を合わせて拝む。力を合わせる。合わせみそ。時計を合わせる。調子を合わせる。二人の所持金を合わせる。

【併せる】 **別のものを並べて一緒に行う。**
両者を併せ考える。交通費を併せて支給する。併せて健康を祈る。清濁併せのむ。

いく・ゆく 018

【行く】 **移動する。進む。過ぎ去る。**
電車で行く。早く行こう。仕事帰りに図書館に行った。仕事がうまく行かない。行く秋を惜しむ。

【逝く】 **亡くなる。**
彼が逝って3年たつ。安らかに逝った。多くの人に惜しまれて逝く。

いたむ・いためる 019

【痛む・痛める】 **肉体や精神に苦痛を感じる。**
足が痛む。腰を痛める。今でも胸が痛む。借金の返済に頭を痛める。

【傷む・傷める】 **傷が付く。壊れる。質が劣化する。**
引っ越しで家具を傷める。家の傷みがひどい。髪が傷む。傷んだ果物。

【悼む】 **人の死を嘆き悲しむ。**
故人を悼む。親友の死を悼む。

いる 020

【入る】 **中にはいる。ある状態になる。**
念入りに仕上げる。仲間入り。気に入る。恐れ入る。悦に入る。

【要る】 **必要とする。**
金が要る。保証人が要る。親の承諾が要る。何も要らない。

うける 021

【受ける】与えられる。応じる。好まれる。

注文を受ける。命令を受ける。ショックを受ける。保護を受ける。相談を受ける。若者に受ける。


【請ける】仕事などを行う約束をする。

入札で仕事を請ける。納期を請け合う。改築工事を請け負う。下請けに出す。

うた 022

【歌】曲の付いた歌詞。和歌。

小学校時代に習った歌。美しい歌声が響く。古今集の歌。


【唄】邦楽・民謡など。

小唄の師匠。長唄を習う。馬子唄が聞こえる。

うたう 023

【歌う】節を付けて声を出す。

童謡を歌う。ピアノに合わせて歌う。


【謡う】謡曲をうたう。

謡曲を謡う。結婚披露宴で「高砂《たかさご》」を謡う。

うつ 024

【打つ】強く当てる。たたく。あることを行う。

くぎを打つ。転倒して頭を打つ。平手で打つ。電報を打つ。心を打つ話。碁を打つ。芝居を打つ。逃げを打つ。


【討つ】相手を攻め滅ぼす。

賊を討つ。あだを討つ。闇討ち。義士の討ち入り。相手を討ち取る。


【撃つ】鉄砲などで射撃する。

拳銃を撃つ。いのししを猟銃で撃つ。鳥を撃ち落とす。敵を迎え撃つ。

うつす・うつる 025

【写す・写る】そのとおりに書く。画像として残す。透ける。

書類を写す。写真を写す。ビデオに写る＊。裏のページが写って読みにくい。


【映す・映る】画像を再生する。投影する。反映する。印象を与える。

ビデオを映す＊。スクリーンに映す。壁に影が映る。時代を映す流行語。鏡に姿が映る。彼の態度は生意気に映った。

＊ 「ビデオに写る」は、被写体として撮影され、画像として残ることであるが、その画像を再生して映写する場合は「ビデオを映す」と「映」を当てる。「ビデオに映る姿」のように、再生中の画像を指す場合は「映」を当てることもある。また、防犯ビデオや胃カメラなど、撮影と同時に画像を再生する場合も、再生する方に視点を置いて「ビデオに映る」と書くこともできる。

うまれる・うむ 026

【生まれる・生む】誕生する。新しく作り出す。

京都に生まれる。子供が生まれる＊。下町の生まれ。新記録を生む。傑作を生む。


【産まれる・産む】母の体外に出る。

予定日が来てもなかなか産まれない。卵を産み付ける。来月が産み月になる。

＊ 「子供がうまれる」については、「母の体外に出る(出産)」という視点から捉えて、「産」を当てることもあるが、現在の表記実態としては、「誕生する」という視点から捉えて、「生」を当てる

のが一般的である。

うれい・うれえる 027
【憂い*・憂える】心配すること。心を痛める。
後顧の憂い。災害を招く憂いがある。国の将来を憂える。
【愁い*・愁える】もの悲しい気持ち。嘆き悲しむ。
春の愁い。愁いに沈む。友の死を愁える。
* 「うれい(憂い・愁い)」は、「うれえ(憂え・愁え)」から変化した言い方であるが、現在は、「うれい」が一般的である。

おかす 028
【犯す】法律や倫理などに反する。
法を犯す。過ちを犯す。罪を犯す。ミスを犯す。
【侵す】領土や権利などを侵害する。
国境を侵す。権利を侵す。学問の自由を侵す。
【冒す】あえて行う。神聖なものを汚す。
危険を冒す。激しい雨を冒して行く。尊厳を冒す。

おくる 029
【送る】届ける。見送る。次に移す。過ごす。
荷物を送る。声援を送る。送り状。卒業生を送る。順に席を送る。楽しい日々を送る。
【贈る】金品などを人に与える。
お祝いの品を贈る。感謝状を贈る。名誉博士の称号を贈る。

おくれる 030
【遅れる】時刻や日時に間に合わない。進み方が遅い。

完成が遅れる。会合に遅れる。手遅れになる。開発の遅れた地域。出世が遅れる。

【後れる】後ろになる。取り残される。

先頭から後(遅)れる*。人に後(遅)れを取る*。気後れする。後れ毛。死に後れる。
* 「先頭からおくれる」については、「先頭より後ろの位置になる」という意で「後」を当てるが、「先頭より進み方が遅い」という視点から捉えて、「遅」を当てることもできる。
また、「人におくれを取る」についても、このような考え方で、「後」と「遅」のそれぞれを当てることができる。

おこす・おこる 031
【起こす・起こる】立たせる。新たに始める。発生する。目を覚まさせる。

体を起こす。訴訟を起こす。事業を起こす*。持病が起こる。物事の起こり。やる気を起こす。事件が起こる。朝早く起こす。

【興す・興る】始めて盛んにする。

産業を興す。国が興る。没落した家を興す。
* 「事業をおこす」の「おこす」については、「新たに始める」意で「起」を当てるが、その事業を「(始めて)盛んにする」という視点から捉えて、「興」を当てることもできる。

おさえる 032
【押さえる】力を加えて動かないようにする。確保する。つかむ。手などで覆う。
紙の端を押さえる。証拠を押さえる。差し押さえる。要点を押さえる。耳を押さえる。
【抑える】勢いを止める。こらえる。
物価の上昇を抑える。反撃を抑える。要求を抑える。怒りを抑える。

おさまる・おさめる 033

【収まる・収める】中に入る。収束する。手に入れる。良い結果を得る。
博物館に収まる。目録に収める。争いが収まる。丸く収まる。
手中に収める。効果を収める。成功を収める。

【納まる・納める】あるべきところに落ち着く。とどめる。引き渡す。終わりにする。
国庫に納まる。税を納める。社長の椅子に納まる。胸に納める。
注文の品を納める。歌い納める。見納め。

【治まる・治める】問題のない状態になる。統治する。
痛みが治まる。せきが治まる。領地を治める。国内がよく治まる。

【修まる・修める】人格や行いを立派にする。身に付ける。
身を修める。学を修める。ラテン語を修める。

おす 034

【押す】上や横などから力を加える。
ベルを押す。印を押す。横車を押す。押し付けがましい。

【推す】推薦する。推測する。推進する。
会長に推す。推して知るべしだ。計画を推し進める。

おそれ・おそれる 035

【恐れ・恐れる】おそろしいと感じる。
死への恐れが強い。報復を恐れて逃亡する。失敗を恐れるな。

【畏れ・畏れる】おそれ敬う。かたじけなく思う。
神仏に対する畏れ。師を畏れ敬う。畏(恐)れ多いお言葉*。

【虞】**心配・懸念。

* 「おそれ多いお言葉」の「おそれ」については、「かたじけなく思う」という意で「畏」を当てるが、「恐れ入る」「恐縮」などの語との関連から、「恐」を当てることも多い。

** 「公の秩序又は善良の風俗を害する虞がある……(「日本国憲法」第82条)」というように、「心配・懸念」の意で用いる「おそれ」に対して「虞」を当てるが、現在の表記実態としては、「恐れ」又は「おそれ」を用いることが一般的である。

おどる 036

【踊る】リズムに合わせて体を動かす。操られる。
音楽に乗って踊る。盆踊り。踊り場。踊らされて動く。甘言に踊らされる。

【躍る】跳び上がる。心が弾む。
吉報に躍り上がって喜ぶ。小躍りする。胸が躍る思い。心躍る出来事。

おもて 037

【表】(⇔裏)。表面や正面など主だった方。公になること。家の外。
表と裏。表玄関。表参道。畳の表替え。表向き。不祥事が表沙汰になる。表で遊ぶ。

【面】顔。物の表面や外面。
面を伏せる。湖の面に映る山影。批判の矢面に立つ。

おりる・おろす 038

【降りる・降ろす】乗り物から出る。高い所から低い所へ移る。辞めさせる。
電車を降りる。病院の前で車から降ろす。高所から飛び降りる。月面に降り立つ。霜が降りる。主役から降ろされる。

【下りる・下ろす】上から下へ動く。切り落とす。引き出す。新しくする。

幕が下りる。肩の荷を下ろす。腰を下ろす。錠が下りる。許可が下りる。枝を下ろす。貯金を下ろす。下ろし立ての背広。書き下ろしの短編小説。

【卸す】問屋が小売店に売り渡す。

小売りに卸す。定価の6掛けで卸す。卸売物価指数。卸問屋を営む。卸値。

かえす・かえる 039

【返す・返る】元の持ち主や元の状態などに戻る。向きを逆にする。重ねて行う。

持ち主に返す。借金を返す。恩返し。正気に返る。返り咲き。手のひらを返す。言葉を返す。とんぼ返り。読み返す。思い返す。

【帰す・帰る】自分の家や元の場所に戻る。

親元へ帰す。故郷へ帰る。生きて帰る。帰らぬ人となる。帰り道。

かえりみる 040

【顧みる】過ぎ去ったことを思い返す。気にする。

半生を顧みる。家庭を顧みる余裕がない。結果を顧みない。

【省みる】自らを振り返る。反省する。

我が身を省みる。自らを省みて恥じるところがない。

かえる・かわる 041

【変える・変わる】前と異なる状態になる。

形を変える。観点を変える。位置が変わる。顔色を変える。気が変わる。心変わりする。声変わり。

【換える・換わる】物と物を交換する。

物を金に換える。名義を書き換える。電車を乗り換える。現金に換わる。

【替える・替わる】新しく別のものにする。

頭を切り替える。クラス替えをする。振り替え休日。図表を差し替える*。入れ替わる。日替わり定食。替え歌。

【代える・代わる】ある役割を別のものにさせる。

書面をもって挨拶に代える。父に代わって言う。身代わりになる。投手を代える。余人を持って代え難い。親代わり。

* 「差しかえる」「入れかえる」「組みかえる」などの「かえる」については、「新しく別のものにする」意で「替」を当てるが、別のものと「交換する」という視点から捉えて、「換」を当てることもある。

かおり・かおる 042

【香り・香る】鼻で感じられる良い匂い。

茶の香り。香水の香り。菊が香る。梅の花が香る。

【薫り・薫る】主に比喩的あるいは抽象的なかおり。

文化の薫り。初夏の薫り。菊薫る佳日。風薫る五月。

かかる・かける 043

【掛かる・掛ける】他に及ぶ。ぶら下げる。上から下に動く。上に置く。作用する。

迷惑が掛かる。疑いが掛かる。言葉を掛ける。看板を掛ける。壁掛け。お湯を掛ける。布団を掛ける。腰を掛ける。ブレーキを掛ける。保険を掛ける。

【懸かる・懸ける】宙に浮く。託す。

月が中天に懸かる。雲が懸かる。懸(架)け橋*。優勝が懸かった試合。賞金を懸ける。命を懸けて戦う。

【架かる・架ける】 一方から他方へ差し渡す。
橋が架かる。ケーブルが架かる。鉄橋を架ける。電線を架ける。

【係る】 関係する。
本件に係る訴訟。名誉に係る重要な問題。係り結び。

【賭ける】 賭け事をする。
大金を賭ける。賭けに勝つ。危険な賭け。

＊ 「かけ橋」は、本来、谷をまたいで「宙に浮く」ようにかけ渡した、つり橋のようなもので、「懸」を当てるが、「一方から他方へ差し渡す」という視点から捉えて、「架」を当てることも多い。

かく 044

【書く】 文字や文章を記す。
漢字を書く。楷書で氏名を書く。手紙を書く。小説を書く。日記を書く。

【描く】 絵や図に表す。
油絵を描く。ノートに地図を描く。漫画を描く。設計図を描く。眉を描く。

かげ 045

【陰】 光の当たらない所。目の届かない所。
山の陰。木陰で休む。日陰に入る。陰で支える。陰の声。陰口を利く。

【影】 光が遮られてできる黒いもの。光。姿。
障子に影が映る。影も形もない。影が薄い。月影。影を潜める。島影が見える。

かた 046

【形】 目に見える形状。フォーム。
ピラミッド形の建物。扇形の土地。跡形もない。柔道の形を習う。水泳の自由形。

【型】 決まった形式。タイプ。
型にはまる。型破りな青年。大型の台風。２０１４年型の自動車。血液型。鋳型。

かたい 047

【堅い】 中身が詰まっていて強い。確かである。
堅い材木。堅い守り。手堅い商売。合格は堅い。口が堅い。堅苦しい。

【固い】 結び付きが強い。揺るがない。
団結が固い。固い友情。固い決意。固く信じる。頭が固い。

【硬い】 (⇔軟らかい)。外力に強い。こわばっている。
硬い石。硬い殻を割る。硬い表現。表情が硬い。選手が緊張で硬くなっている。

かま 048

【釜】 炊飯などをするための器具。
鍋と釜。釜飯。電気釜。風呂釜。釜揚げうどん。

【窯】 焼き物などを作る装置。
炭を焼く窯。窯元に話を聞く。登り窯。

かわ 049

【皮】 動植物の表皮。本質を隠すもの。
虎の皮。木の皮。面の皮が厚い。化けの皮が剝がれる。

【革】 加工した獣の皮。

革のバンド。革製品を買う。革靴。なめし革。革ジャンパー。革細工。

かわく 050

【乾く】水分がなくなる。
空気が乾く。干し物が乾く。乾いた土。舌の根の乾かぬうちに。

【渇く】喉に潤いがなくなる。強く求める。
喉が渇く。渇きを覚える。心の渇きを癒やす。親の愛情に渇く。

きく 051

【聞く】音が耳に入る。受け入れる。問う。嗅ぐ。
話し声を聞く。物音を聞いた。うわさを聞く。聞き流しにする。願いを聞く。親の言うことを聞く。転居した事情を聞く。駅までの道を聞く。香を聞く。

【聴く】身を入れて耳を傾けて聞く。
音楽を聴く。国民の声を聴く。恩師の最終講義を聴く。

きく 052

【利く】十分に働く。可能である。
左手が利く。目が利く。機転が利く。無理が利く。小回りが利く。

【効く】効果・効能が表れる。
薬が効く。宣伝が効く。効き目がある。

きる 053

【切る】刃物で断ち分ける。つながりを断つ。
野菜を切る。切り傷。期限を切る。電源を切る。縁を切る。電話を切る。

【斬る】刀で傷つける。鋭く批判する。
武士が敵を斬(切)り捨てる*。世相を斬る。

* 「武士が敵をきり捨てる」の「きり捨てる」については、「刀で傷つける」意で「斬」を当てるが、「刃物で断ち分ける」意で広く一般に使われる「切」を当てることもできる。

きわまる・きわめる 054

【窮まる・窮める】行き詰まる。突き詰める。
進退窮まる。窮まりなき宇宙。真理を窮(究)める*。

【極まる・極める】限界・頂点・最上に至る。
栄華を極める。不都合極まる言動。山頂を極める。極めて優秀な成績。見極める。

【究める】奥深いところに達する。
学を究(窮)める*。

* 「突き詰める」意で用いる「窮」と、「奥深いところに達する」意で用いる「究」については、「突き詰めた結果、達した状態・状況」と「奥深いところに達した状態・状況」とがほぼ同義になることから、この意で用いる「窮」と「究」は、どちらを当てることもできる。

こう 055

【請う】そうするように相手に求める。
認可を請う。案内を請(乞)う*。紹介を請(乞)う*。

【乞う】そうするように強く願い求める。
乞うご期待。命乞いをする。雨乞いの儀式。慈悲を乞う。

* 「案内をこう」「紹介をこう」などの「こう」は、「そうするように相手に求める」意で「請」を当てるが、相手に対して「そうするようにお願いする」という意味合いを強く出したい場合には、「乞」を当てることもできる。

こえる・こす 056

【越える・越す】ある場所・地点・時を過ぎて、その先に進む。

県境を越える。峠を越す。選手としてのピークを越える。年を越す。度を越す。困難を乗り越える。勝ち越す。

【超える・超す】ある基準・範囲・程度を上回る。

現代の技術水準を超える建築物。人間の能力を超える。想定を超える大きな災害。10万円を超える額。1億人を超す人口。

こたえる 057

【答える】解答する。返事をする。

設問に答える。質問に対して的確に答える。名前を呼ばれて答える。

【応える】応じる。報いる。

時代の要請に応える。期待に応える。声援に応える。恩顧に応える。

こむ 058

【混む】混雑する。

電車が混(込)む*。混(込)み合う店内*。人混(込)みを避ける*。

【込む】重なる。入り組む。

負けが込む。日程が込んでいる。仕事が立て込む。手の込んだ細工を施す。

* 「混雑する」意では、元々、多くの人や物が重なるように1か所に集まる様子から「込む」と書かれてきたが、現在は、「混雑」という語との関連から「混む」と書く方が一般的である。

さがす 059

【探す】欲しいものを尋ね求める。

貸家を探す。仕事を探す。講演の題材を探す。他人の粗を探す。

【捜す】所在の分からない物や人を尋ね求める。

うちの中を捜す。犯人を捜す。紛失物を捜す。行方不明者を捜す。

さく 060

【裂く】破る。引き離す。

布を裂く。生木を裂く。二人の仲を裂く。岩の裂け目。切り裂く。

【割く】一部を分け与える。

時間を割く。事件の報道に紙面を割く。警備のために人手を割く。

さげる 061

【下げる】低くする。下に垂らす。

値段を下げる。室温を下げる。問題のレベルを下げる。等級を下げる。軒に下げる。

【提げる】つるすように手に持つ。

大きな荷物を手に提げる。手提げかばんで通学する。手提げ金庫。

さす 062

【差す】挟み込む。かざす。注ぐ。生じる。

腰に刀を差す。抜き差しならない状況にある。傘を差す。日が差す。目薬を差す。差しつ差されつ。顔に赤みが差す。嫌気が差す。魔が差す。

【指す】方向・事物などを明らかに示す。

目的地を指して進む。名指しをする。授業中に何度も指された。指し示す。

【刺す】とがった物を突き入れる。刺激を与える。野球でアウトにする。
針を刺す。蜂に刺される。串刺しにする。鼻を刺す嫌な臭い。
本塁で刺される。

【挿す】細長い物を中に入れる。
花瓶に花を挿す。髪にかんざしを挿す。一輪挿し。

さます・さめる 063

【覚ます・覚める】睡眠や迷いなどの状態から元に戻る。
太平の眠りを覚ます。迷いを覚ます。目が覚める。寝覚めが悪い。

【冷ます・冷める】温度を下げる。高ぶった感情などを冷やす。
湯冷まし。湯が冷める。料理が冷める。熱が冷める。興奮が冷める。

さわる 064

【触る】触れる。関わり合う。
そっと手で触る。展示品に触らない。政治的な問題には触らない。

【障る】害や妨げになる。不快になる。
激務が体に障る。出世に障る。気に障る言い方をされる。

しずまる・しずめる 065

【静まる・静める】動きがなくなり落ち着く。
心が静まる。嵐が静まる。騒がしい場内を静める。気を静める。

【鎮まる・鎮める】押さえ付けて落ち着かせる。鎮座する。
内乱が鎮まる。反乱を鎮める。痛みを鎮める。せきを鎮める薬。神々が鎮まる。

【沈める】水中などに没するようにする。低くする。
船を沈める。ベッドに身を沈める。身を沈めて銃弾をよける。

しぼる 066

【絞る】ねじって水分を出す。無理に出す。小さくする。
手拭いを絞る。知恵を絞る。声を振り絞る。範囲を絞る。音量を絞る。

【搾る】締め付けて液体を取り出す。無理に取り立てる。
乳を搾る。レモンを搾った汁。ゴマの油を搾る。年貢を搾り取られる。

しまる・しめる 067

【締まる・締める】緩みのないようにする。区切りを付ける。
ひもが締まる。帯を締める。ねじを締める。引き締まった顔。心を引き締める。財布のひもを締める。羽交い締め。売上げを月末で締める。申し込みの締め切り。

【絞まる・絞める】首の周りを強く圧迫する。
ネクタイで首が絞まって苦しい。柔道の絞め技。自らの首を絞める発言。

【閉まる・閉める】開いているものを閉じる。
戸が閉まる。カーテンが閉まる。蓋を閉める。店を閉める。扉を閉め切りにする。

すすめる 068

【進める】前や先に動かす。物事を進行させる。
前へ進める。時計を進める。交渉を進める。議事を進める。

【勧める*】そうするように働き掛ける。
入会を勧める。転地を勧める。読書を勧める。辞任を勧める。

【薦める*】推薦する。
候補者として薦める。良書を薦める。お薦めの銘柄を尋ねる。

* 「勧める」と「薦める」の使い分けについては、例えば、「読書」といった行為(本を読む)をするように働き掛けたり、促したり

する場合に「勧める」を用い、「候補者」や「良書」といった特定の人や物がそれにふさわしい、望ましいとして推薦する場合に「薦める」を用いる。

する 069

【刷る】 印刷する。

名刺を刷る。新聞を刷る。版画を刷る。社名を刷り込む。刷り物。

【擦る】 こする。

転んで膝を擦りむく。マッチを擦る。擦り傷。洋服が擦り切れる。

すわる 070

【座る】 腰を下ろす。ある位置や地位に就く。

椅子に座る。上座に座る。社長のポストに座る。

【据わる】 安定する。動かない状態になる。

赤ん坊の首が据わる。目が据わる。腹の据わった人物。

せめる 071

【攻める】 攻撃する。

敵の陣地を一気に攻める。積極的に攻め込む。兵糧攻めにする。質問攻めにする。

【責める】 非難する。苦しめる。

過失を責める。無責任な言動を責める。自らを繰り返し責める。拷問で責められる。

そう 072

【沿う】 長く続いているものや決まりなどから離れないようにする。

川沿いの家。線路に沿って歩く。決定された方針に沿(添)って行動する*。希望に沿(添)う*。

【添う】 そばに付いている。夫婦になる。

母に寄り添って歩く。病人の付き添い。仲むつまじく添い遂げる。連れ添う。

* 「沿う」は「決まりなどから離れないようにする」、「添う」は「そばに付いている」の意で、どちらも「その近くから離れない」という共通の意を持つため、「方針」や「希望」に「そう」という場合には、「沿」と「添」のどちらも当てることができる。

そなえる 073

【備える】 準備する。具備する。

台風に備える。老後の備え。各部屋に消火器を備える。防犯カメラを備えた施設。

【供える】 神仏などの前に物をささげる。

お神酒を供える。霊前に花を供える。鏡餅を供える。お供え物。

たえる 074

【耐える】 苦しいことや外部の圧力などをこらえる。

重圧に耐える。苦痛に耐える。猛暑に耐える。風雪に耐える。困苦欠乏に耐える。

【堪える】 その能力や価値がある。その感情を抑える。

任に堪える。批判に堪える学説。鑑賞に堪えない。見るに堪えない作品。憂慮に堪えない。遺憾に堪えない。

たずねる 075

【尋ねる】 問う。捜し求める。調べる。

道を尋ねる。研究者に尋ねる。失踪した友人を尋ねる。尋ね人。由来を尋ねる。

【訪ねる】 おとずれる。

知人を訪ねる。史跡を訪ねる。古都を訪ねる旅。教え子が訪ねてくる。

たたかう 076

【戦う】武力や知力などを使って争う。勝ち負けや優劣を競う。

敵と戦う。選挙で戦う。優勝を懸けて戦う。意見を戦わせる。


【闘う】困難や障害などに打ち勝とうとする。闘争する。

病気と闘う。貧苦と闘う。寒さと闘う。自分との闘い。労使の闘い。

たつ 077

【断つ】つながっていたものを切り離す。やめる。

退路を断つ。国交を断(絶)つ*。関係を断(絶)つ*。快刀乱麻を断つ。酒を断つ。


【絶つ】続くはずのものを途中で切る。途絶える。

縁を絶つ。命を絶つ。消息を絶つ。最後の望みが絶たれる。交通事故が後を絶たない。


【裁つ】布や紙をある寸法に合わせて切る。

生地を裁つ。着物を裁つ。紙を裁つ。裁ちばさみ。

* 「国交をたつ」や「関係をたつ」の「たつ」については、「つながっていたものを切り離す」意で「断」を当てるが、「続くはずのものを途中で切る」という視点から捉えて、「絶」を当てることもできる。

たつ・たてる 078

【立つ・立てる】直立する。ある状況や立場に身を置く。離れる。成立する。

演壇に立つ。鳥肌が立つ。優位に立つ。岐路に立つ。使者に立つ。席を立つ。見通しが立つ。計画を立てる。手柄を立てる。評判が立つ。相手の顔を立てる。


【建つ・建てる】建物や国などを造る。

家が建つ。ビルを建てる。銅像を建てる。一戸建ての家。国を建てる。都を建てる。


たっとい・たっとぶ・とうとい・とうとぶ 079

【尊い・尊ぶ】尊厳があり敬うべきである。

尊い神。尊い犠牲を払う。神仏を尊ぶ。祖先を尊ぶ。


【貴い・貴ぶ】貴重である。

貴い資料。貴い体験。和をもって貴しとなす。時間を貴ぶ。

たま 080

【玉】宝石。円形や球体のもの。

玉を磨く。玉にきず。運動会の玉入れ。シャボン玉。玉砂利。善玉悪玉。


【球】球技に使うボール。電球。

速い球を投げる。決め球を持っている。ピンポン球。電気の球。


【弾】弾丸。

拳銃の弾。大砲に弾を込める。流れ弾に当たって大けがをする。

つかう 081

【使う】人や物などを用いる。

通勤に車を使う。電力を使う。機械を使って仕事をする。予算を使う。道具を使う。人間関係に神経を使う。頭を使う。人使いが荒い。大金を使う。体力を使う仕事。


【遣う】十分に働かせる。

心を遣(使)う*。気を遣(使)う*。安否を気遣う。息遣いが荒い。心遣い。言葉遣い。仮名遣い。筆遣い。人形遣い。上目遣い。

無駄遣い。金遣い。小遣い銭。

＊ 現在の表記実態としては、「使う」が広く用いられる関係で、「遣う」を動詞の形で用いることは少なく、「○○遣い」と名詞の形で用いることがほとんどである。特に、心の働き、技や金銭などに関わる「○○づかい」の場合に「遣」を当てることが多い。

つく・つける 082

【付く・付ける】 付着する。加わる。意識などを働かせる。

墨が顔に付く。足跡が付く。知識を身に付(着)ける＊。利息が付く。名前を付ける。条件を付ける。味方に付く。付け加える。気を付ける。目に付く。

【着く・着ける】 達する。ある場所を占める。着る。

手紙が着く。東京に着く。船を岸に着ける。車を正面玄関に着ける。席に着く。衣服を身に着ける。

【就く・就ける】 仕事や役職、ある状況などに身を置く。

職に就く。役に就ける。床に就く。緒に就く。帰路に就く。眠りに就く。

＊ 「知識を身につける」の「つける」は、「付着する」意で「付」を当てるが、「知識」を「着る」という比喩的な視点から捉えて、「着」を当てることもできる。

つぐ 083

【次ぐ】 すぐ後に続く。

事件が相次ぐ。首相に次ぐ実力者。富士山に次いで高い山。次の日。

【継ぐ】 後を受けて続ける。足す。

跡を継ぐ。引き継ぐ。布を継ぐ。言葉を継ぐ。継ぎ目。継ぎを当てる。

【接ぐ】 つなぎ合わせる。

骨を接ぐ。新しいパイプを接ぐ。接ぎ木。

つくる 084

【作る】 こしらえる。

米を作る。規則を作る。新記録を作る。計画を作る。詩を作る。笑顔を作る。会社を作る。機会を作る。組織を作る。

【造る】 大きなものをこしらえる。醸造する。

船を造る。庭園を造る。宅地を造る。道路を造る。数寄屋造りの家。酒を造る。

【創る＊】 独創性のあるものを生み出す。

新しい文化を創(作)る。画期的な商品を創(作)り出す。

＊ 一般的には「創る」の代わりに「作る」と表記しても差し支えないが、事柄の「独創性」を明確に示したい場合には、「創る」を用いる。

つつしむ 085

【慎む】 控え目にする。

身を慎む。酒を慎む。言葉を慎む。

【謹む】 かしこまる。

謹んで承る。謹んで祝意を表する。

つとまる・つとめる 086

【勤まる・勤める】 給料をもらって仕事をする。仏事を行う。

この会社は私には勤まらない。銀行に勤める。永年勤め上げた人。勤め人。本堂でお勤めをする。法事を勤める。

【務まる・務める】 役目や任務を果たす。

彼には主役は務まらない。会長が務まるかどうか不安だ。議長を務める。親の務めを果たす。

【努める】 力を尽くす。努力する。

完成に努める。解決に努める。努めて早起きする。

とかす・とく・とける 087

【解かす・解く・解ける】 固まっていたものが緩む。答えを出す。元の状態に戻る。
結び目を解く。ひもが解ける。雪解け*。相手の警戒心を解かす。問題が解ける。緊張が解ける。誤解が解ける。包囲を解く。会長の任を解く。
【溶かす・溶く・溶ける】 液状にする。固形物などを液体に入れて混ぜる。一体となる。
鉄を溶かす。雪や氷が溶(解)ける*。チョコレートが溶ける。砂糖が水に溶ける。絵の具を溶かす。小麦粉を水で溶く。地域社会に溶け込む。
* 「雪や氷がとける」の「とける」については、「雪や氷が液状になる」意で「溶」を当てるが、「固まっていた雪や氷が緩む」と捉えて「解」を当てることもできる。「雪解け」はこのような捉え方で「解」を用いるものである。

ととのう・ととのえる 088

【整う・整える】 乱れがない状態になる。
体制が整う。整った文章。隊列を整える。身辺を整える。呼吸を整える。
【調う・調える】 必要なものがそろう。望ましい状態にする。
家財道具が調う。旅行の支度を調える。費用を調える。味を調える。

とぶ 089

【飛ぶ】 空中を移動する。速く移動する。広まる。順序どおりでなく先に進む。
鳥が空を飛ぶ。海に飛び込む。アメリカに飛ぶ。家を飛び出す。デマが飛ぶ。うわさが飛ぶ。途中を飛ばして読む。飛び級。飛び石。
【跳ぶ】 地面を蹴って高く上がる。
溝を跳ぶ。三段跳び。跳び上がって喜ぶ。跳びはねる*。うれしくて跳び回る。縄跳びをする。跳び箱。
* 「跳」は、常用漢字表に「とぶ」と「はねる」の二つの訓が採られているので、「跳び跳ねる」と表記することができるが、読みやすさを考えて「跳びはねる」と表記することが多い。

とまる・とめる 090

【止まる・止める】 動きがなくなる。
交通が止まる。水道が止まる。小鳥が木の枝に止(留)まる*。笑いが止まらない。息を止める。車を止める。通行止め。止まり木。
【留まる・留める】 固定される。感覚に残る。とどめる。
ピンで留める。ボタンを留める。目に留まる。心に留める。留め置く。局留めで送る。
【泊まる・泊める】 宿泊する。停泊する。
宿直室に泊まる。友達を家に泊める。船が港に泊まる。
* 「小鳥が木の枝にとまる」の「とまる」については、小鳥が飛ぶのをやめて「木の枝に静止する(動きがなくなる)」意で「止」を当てるが、「木の枝にとどまっている(固定される)」という視

点から捉えて、「留」を当てることもできる。

とらえる 091

【捕らえる】取り押さえる。

逃げようとする犯人を捕らえる。獲物の捕らえ方。密漁船を捕らえる。


【捉える】的確につかむ。

文章の要点を捉える。問題の捉え方が難しい。真相を捉える。聴衆の心を捉える。

とる 092

【取る】手で持つ。手に入れる。書き記す。つながる。除く。

本を手に取る。魚を取（捕）る*。資格を取る。新聞を取る。政権を取る。年を取る。メモを取る。連絡を取る。着物の汚れを取る。疲れを取る。痛みを取る。


【採る】採取する。採用する。採決する。

血を採る。きのこを採る。指紋を採る。新入社員を採る。こちらの案を採る。会議で決を採る。


【執る】手に持って使う。役目として事に当たる。

筆を執る。事務を執る。指揮を執る。政務を執る。式を執り行う。


【捕る】つかまえる。

ねずみを捕る。鯨を捕る。外野フライを捕る。生け捕る。捕り物。


【撮る】撮影する。

写真を撮る。映画を撮る。ビデオカメラで撮る。

＊　「魚をとる」の「とる」は「手に入れる」という意で「取」を当てるが、「つかまえる」という視点から捉えて、「捕」を当てることもできる。

ない 093

【無い*】（⇔有る・在る）。存在しない。所有していない。

有ること無いこと言い触らす。無くて七癖。無い袖は振れぬ。無い物ねだり。


【亡い】死んでこの世にいない。

今は亡い人。友人が亡くなる。亡き父をしのぶ。

＊　「今日は授業がない」「時間がない」「金がない」などの「ない」は、漢字で書く場合、「無」を当てるが、現在の表記実態としては、仮名書きの「ない」が一般的である。

なおす・なおる 094

【直す・直る】正しい状態に戻す。置き換える。

誤りを直す。機械を直す。服装を直す。故障を直す。ゆがみが直る。仮名を漢字に直す。


【治す・治る】病気やけがから回復する。

風邪を治す。けがが治る。傷を治す。治りにくい病気。

なか 095

【中】（⇔外）。ある範囲や状況の内側。中間。

箱の中。家の中。クラスの中で一番足が速い。嵐の中を帰る。両者の中に入る。


【仲】人と人との関係。

仲がいい。仲を取り持つ。仲たがいする。話し合って仲直りする。犬猿の仲。

ながい 096

【長い】（⇔短い）。距離や時間などの間隔が大きい。

長い髪の毛。長い道。長い年月。気が長い。枝が長く伸びる。

長続きする。長い目で見る。

【永い】永久・永遠と感じられるくらい続くさま。

永い眠りに就く。永の別れ。永くその名を残す。永のいとまを告げる。末永(長)く契る*。

* 時間の長短に関しては、客観的に計れる「長い」に対して、「永い」は主観的な思いを込めて使われることが多い。「末ながく契る」は、その契りが「永久・永遠と感じられるくらい続くように」という意で「永」を当てるが、客観的な時間の長さという視点から捉えて、「長」を当てることもできる。

ならう 097

【習う】教わる。繰り返して身に付ける。

先生にピアノを習う。英語を習う。習い覚えた技術。習い性となる。見習う。

【倣う】手本としてまねる。

前例に倣う。西洋に倣った法制度。先人のひそみに倣う。右へ倣え。

におい・におう 098

【匂い・匂う】主に良いにおい。

梅の花の匂い。香水がほのかに匂う。

【臭い・臭う】主に不快なにおいや好ましくないにおい。

魚の腐った臭い。生ごみが臭う。ガスが臭う。

のせる・のる 099

【乗せる・乗る】乗り物に乗る。運ばれる。応じる。だます。勢い付く。

バスに乗る。タクシーに乗せて帰す。電車に乗って行く。電波に乗せる。風に乗って飛ぶ。時流に乗る。相談に乗る。口車に乗せられる。図に乗る。

【載せる・載る】積む。上に置く。掲載する。

自動車に荷物を載せる。棚に本を載せる。机に載っている本。新聞に載った事件。雑誌に広告を載せる。名簿に載る。

のぞむ 100

【望む】遠くを眺める。希望する。

山頂から富士を望む。世界の平和を望む。自重を望む。多くは望まない。

【臨む】面する。参加する。対する。

海に臨む部屋。式典に臨む。試合に臨む。厳罰をもって臨む。難局に臨む。

のばす・のびる・のべる 101

【伸ばす・伸びる・伸べる】まっすぐにする。増す。そのものが長くなる。差し出す。

手足を伸ばす。旅先で羽を伸ばす。伸び伸びと育つ。勢力を伸ばす。輸出が伸びる。学力が伸びる。草が伸びる。身長が伸びる。救いの手を差し伸べる。

【延ばす・延びる・延べる】遅らす。つながって長くなる。重複も認め合計する。広げる。

出発を延ばす。開会を延ばす。支払いが延び延びになる。地下鉄が郊外まで延びる。寿命が延びる。終了時間が予定より10分延びた。延べ1万人の観客。金の延べ棒。

のぼる 102

【上る】(⇔下る)。上方に向かう。達する。取り上げられる。

階段を上る。坂を上る*。川を上る。出世コースを上る。上り列車。損害が1億円に上る。話題に上る。うわさに上る。食卓に上る。

【登る】 **自らの力で高い所へと移動する。**

山に登る。木に登る。演壇に登る。崖をよじ登る*。富士山の登り口。

【昇る】 **(⇔降りる・沈む)。一気に高く上がる。**

エレベーターで昇る*。日が昇(上)る*。天に昇(上)る*。高い位に昇る。

* 「坂を上る」「崖をよじ登る」「エレベーターで昇る」の「上る」「登る」「昇る」は、「上の方向に移動する」という意では共通している。この意で使う「上る」は、広く一般に用いるが、「登る」は急坂や山道などを一歩一歩確実に上がっていく様子、「昇る」は一気に上がっていく様子を表すのに用いることが多い。また、「日がのぼる」「天にのぼる」の「のぼる」に「昇」と「上」のどちらも当てることができるのは、このような捉え方に基づくものである。

なお、ケーブルカーなどで山にのぼる場合にも「登」を当てるのは、「登山」という語との関係やケーブルカーなどを自らの足に代わるものとして捉えた見方による。

はえ・はえる 103

【映え・映える】 **光を受けて照り輝く。引き立って見える。**

夕映え。紅葉が夕日に映える。紺のスーツに赤のネクタイが映える。

【栄え・栄える】 **立派に感じられる。目立つ。**

栄えある勝利。見事な出来栄え。見栄えがする。栄えない役回り。

はかる 104

【図る】 **あることが実現するように企てる。**

合理化を図る。解決を図る。身の安全を図る。再起を図る。局面の打開を図る。便宜を図る。

【計る】 **時間や数などを数える。考える。**

時間を計る。計り知れない恩恵。タイミングを計る。頃合いを計って発言する。

【測る】 **長さ・高さ・深さ・広さ・程度を調べる。推測する。**

距離を測る。標高を測る。身長を測る*。水深を測る。面積を測る。血圧を測る。温度を測る。運動能力を測る。測定器で測る。真意を測りかねる。

【量る】 **重さ・容積を調べる。推量する。**

重さを量る。体重を量る*。立体の体積を量る。容量を量る。心中を推し量る。

【謀る】 **良くない事をたくらむ。**

暗殺を謀る。悪事を謀る。会社の乗っ取りを謀る。競争相手の失脚を謀る。

【諮る】 **ある問題について意見を聞く。**

審議会に諮る。議案を委員会に諮る。役員会に諮って決める。

* 「身長と体重をはかる」という場合の「はかる」は、「測定する」と言い換えられることなどから、「量る」よりも「測る」を用いる方が一般的である。

はじまる・はじめ・はじめて・はじめる 105

【初め・初めて】 **ある期間の早い段階。最初。先の方のもの。**

初めはこう思った。秋の初め。年の初め。初めて聞いた話。初めてお目に掛かる。初めての経験。初めからやり直す。初めの曲の方がいい。

【始まる・始め・始める】 開始する。始めたばかりの段階。物事の起こり。主たるもの。

懇親会が始まる。仕事を始める。書き始める。手始め。仕事始め。始めと終わり。国の始め。人類の始め。校長を始め、教職員一同……*。

* 「校長をはじめ、教職員一同……」などという場合の「はじめ」については、多くの人や物の中で「主たるもの」の意で「始」を当てるが、現在の表記実態としては、仮名で書かれることも多い。

はな 106

【花】 植物の花（特に桜の花）。花のように人目を引くもの。

花が咲く。花を生ける。花も実もない。花道を飾る。両手に花。花の都。花形。

【華】 きらびやかで美しい様子。本質を成す最も重要な部分。

華やかに着飾る。華やかに笑う。華々しい生涯。国風文化の華。武士道の華。

はなす・はなれる 107

【離す・離れる】 距離や間隔が広がる。離脱する。

間を離す。ハンドルから手を離す。切り離す。駅から遠く離れた町。離れ島。離れ離れになる。戦列を離れる。職を離れる。

【放す・放れる】 拘束や固定を外す。放棄する。

鳥を放す。魚を川に放す。違法駐車を野放しにする。放し飼い。手放しで褒める。矢が弦を放れる。見放す。

はやい・はやまる・はやめる 108

【早い・早まる・早める】 時期や時刻が前である。時間が短い。予定よりも前になる。

時期が早い。早く起きる。気が早い。早変わり。早口。矢継ぎ早。早まった行動。順番が早まる。出発時間が早まる。開会の時刻を早める。

【速い・速まる・速める】 スピードがある。速度が上がる。

流れが速い。投手の球が速い。テンポが速い。改革のスピードが速まる。回転を速める。脈拍が速まる。足を速める。

はる 109

【張る】 広がる。引き締まる。取り付ける。押し通す。

氷が張る。根が張る。策略を張り巡らす。気が張る。張りのある声。テントを張る。テニスのネットを張る。板張りの床。論陣を張る。強情を張る。片意地を張る。

【貼る】 のりなどで表面に付ける。

ポスターを貼る。切手を貼り付ける。貼り紙。貼り薬。壁にタイルを貼（張）る*。

* 「タイルをはる」の「はる」については、「タイルをのりなどで表面に付ける」という意で「貼」を当てるが、「板張りの床」などと同様、「タイルを壁や床一面に取り付ける（敷き詰める）」意では、「張」を当てることが多い。

ひく 110

【引く】 近くに寄せる。線を描く。参照する。やめる。注意や関心などを向けさせる。

綱を引く。水道を引く。田に水を引く。引き金を引く。風邪を引く。けい線を引く。設計図を引く。辞書を引く。例を引く。

身を引く。人目を引く。同情を引く。

【弾く】弦楽器や鍵盤楽器を奏でる。
ピアノを弾く。バイオリンを弾く。ショパンの曲を弾く。ギターの弾き語り。弾き手。

ふえる・ふやす 111

【増える・増やす】（⇔減る・減らす）。**数や量が多くなる。**
人数が増える。体重が増える。出資が増える。資本金を増やす。仲間を増やす。

【殖える*・殖やす*】財産や動植物が多くなる。
資産が殖える。財産を殖やす。ねずみが殖える。家畜を殖やす。株分けで殖やす。

* 「利殖・繁殖」という語との関係を意識して「殖える・殖やす」と「殖」を当てるが、現在の表記実態としては、「利殖・繁殖」の意で用いる場合も「資産が増える」「家畜を増やす」など、「増」を用いることが多い。

ふく 112

【吹く】空気が流れ動く。息を出す。表面に現れる。
そよ風が吹く。口笛を吹く。鯨が潮を吹（噴）く*。干し柿が粉を吹く。吹き出物。不満が吹（噴）き出す*。汗が吹（噴）き出る*。

【噴く】気体や液体などが内部から外部へ勢いよく出る。
火山が煙を噴く。エンジンが火を噴く。石油が噴き出す。火山灰を噴き上げる。

* 「鯨が潮をふく」は、鯨が呼気とともに海水を体外に出すところに視点を置いた場合は「吹」を、体内から体外に勢いよく出るところに視点を置いた場合は「噴」を当てる。
また、「不満」や「汗」が「表面に現れる」とき、その現れ方の激しさに視点を置いた場合には「噴」を当てることもできる。

ふける 113

【更ける】深まる。
深々と夜が更ける。秋が更ける。夜更かしする。

【老ける】年を取る。
年の割には老けて見える。老け込む。この1、2年で急に老けた。

ふね 114

【船*】比較的大型のもの。
船の甲板。船で帰国する。船旅。親船。船乗り。船賃。船荷。船会社。船出。船酔い。釣り船（舟）**。渡し船（舟）**。

【舟】主に小型で簡単な作りのもの。
舟をこぐ。小舟。ささ舟。丸木舟。助け舟（船）を出す**。

* 「船」は「舟」と比べて、「比較的大型のもの」に対して用いるが、「船旅。船乗り。船賃。船会社。船出」など、「ふね」に関わる様々な語についても広く用いられる。

** 「釣り船」「渡し船」は、動力を使わない小型の「ふね」の場合は、「釣り舟」「渡し舟」と表記することが多い。また、「助けぶね」は救助船の意で使う場合は「助け船」、比喩的に助けとなるものという意で使う場合は「助け舟」と表記することが多い。

ふるう 115

【振るう】盛んになる。勢いよく動かす。
士気が振るう。事業が振るわない。熱弁を振るう。権力を振るう。

【震う】小刻みに揺れ動く。
声を震わせる。決戦を前に武者震いする。思わず身震いする。

【奮う】気力があふれる。

勇気を奮って立ち向かう。奮って御参加ください。奮い立つ。奮い起こす。

ほか 116

【外】ある範囲から出たところ。

思いの外うまく事が運んだ。想像の外の事件が起こる。もっての外。


【他】それとは異なるもの。

他の仕事を探す。この他に用意するものはない。他の人にも尋ねる。

まざる・まじる・まぜる 117

【交ざる・交じる・交ぜる】主に、元の素材が判別できる形で一緒になる。

芝生に雑草が交ざっている。漢字仮名交じり文。交ぜ織り。カードを交ぜる。白髪交じり。子供たちに交ざって遊ぶ。小雨交じりの天気。


【混ざる・混じる・混ぜる】主に、元の素材が判別できない形で一緒になる。

酒に水が混ざる。異物が混じる。雑音が混じる。コーヒーにミルクを混ぜる。セメントに砂を混ぜる。絵の具を混ぜる。

まち 118

【町】行政区画の一つ。人家が多く集まった地域。

町と村。○○町。町役場。町ぐるみの歓迎。城下町。下町。町外れ。


【街】商店が並んだにぎやかな通りや地域。

街を吹く風。学生の街。街の明かりが恋しい。街の声。街角に立つ。

まるい 119

【丸い】球形である。角がない。

丸いボール。地球は丸い。背中が丸くなる。角を丸く削る。丸く収める。


【円い】円の形である。円満である。

円(丸)い窓*。円(丸)いテーブル*。円(丸)く輪になる*。円い人柄。

* 窓やテーブル、輪の形状が円形である場合に「円い」と「円」を当てるが、現在の漢字使用においては、球形のものだけでなく、円形のものに対しても、「丸」を当てることが多い。

まわり 120

【回り】回転。身辺。円筒形の周囲。

モーターの回りが悪い。回り舞台。時計回り。身の回り。胴回り。首回り。


【周り】周囲。周辺。

池の周り。周りの人。周りの目が気になる。学校の周りには自然が残っている。

みる 121

【見る】眺める。調べる。世話する。

遠くの景色を見る。エンジンの調子を見る。顔色を見る。面倒を見る。親を見る。


【診る】診察する。

患者を診る。脈を診る。胃カメラで診る。医者に診てもらう。

もと 122

【下】影響力や支配力の及ぶ範囲。…という状態・状況で。物の下の辺り。

法の下に平等。ある条件の下で成立する。一撃の下に倒した。花の下で遊ぶ。真実を白日の下にさらす。灯台下暗し。足下(元)が悪い*。

【元】物事が生じる始まり。以前。近くの場所。もとで。

口は災いの元。過労が元で入院する。火の元。家元。出版元。元の住所。元首相。親元に帰る。手元に置く。お膝元。元が掛かる。

【本】(⇔末)。**物事の根幹となる部分。**

生活の本を正す。本を絶つ必要がある。本を尋ねる。

【基】基礎・土台・根拠。

資料を基にする。詳細なデータを基に判断する。これまでの経験に基づく。

* 「足もと」の「もと」は、「足が地に着いている辺り」という意で「下」を当てるが、「足が着いている地面の周辺(近くの場所)」という視点から捉えて、「元」を当てることもできる。

や 123

【屋*】建物。職業。屋号。ある性質を持つ人。

長屋に住む。小屋。屋敷。酒屋。八百屋。三河屋。音羽屋。頑張り屋。照れ屋。

【家*】人が生活する住まい。

貸家を探す。狭いながらも楽しい我が家。借家住まいをする。家主。家賃。空き家。

* 「屋」も「家」もどちらも「建物」という意では共通するが、「屋」は、主として、外側から捉えた建物の形状に視点を置いて用い、「家」は、主として、建物を内側から捉えたときの生活空間に視点を置いて用いる。

やさしい 124

【優しい】思いやりがある。穏やかである。上品で美しい。

優しい言葉を掛ける。誰にも優しく接する。気立ての優しい少年。物腰が優しい。

【易しい】(⇔難しい)。**たやすい。分かりやすい。**

易しい問題が多い。誰にでもできる易しい仕事。易しく説明する。易しい読み物。

やぶれる 125

【破れる】引き裂くなどして壊れる。損なわれる。

障子が破れる。破れた靴下。均衡が破れる。静寂が破れる。

【敗れる】負ける。

大会の初戦で敗れる。勝負に敗れる。人生に敗れる。選挙に敗れる。敗れ去る。

やわらかい・やわらかだ 126

【柔らかい・柔らかだ】ふんわりしている。しなやかである。穏やかである。

柔らかい毛布。身のこなしが柔らかだ。頭が柔らかい。柔らかな物腰の人物。物柔らかな態度。

【軟らかい・軟らかだ】(⇔硬い)。**手応えや歯応えがない。緊張や硬さがない。**

軟らかい肉。軟らかな土。地盤が軟らかい。軟らかく煮た大根。軟らかい表現。

よ 127

【世】その時の世の中。

明治の世*。世の中が騒然とする。この世のものとは思えない美しさ。世渡り。世が世ならば。

【代】ある人や同じ系統の人が国を治めている期間。

明治の代*。260年続いた徳川の代。武家の代。

* 「明治のよ」については、「明治時代の世の中」という意では「明治の世」、「明治天皇の治世下にある」という意では「明治の代」と使い分ける。

よい 128

【良い】優れている。好ましい。

品質が良い。成績が良い。手際が良い。発音が良い。今のは良い質問だ。感じが良い。気立てが良い。仲間受けが良い。良い習慣を身に付ける。

【善い】道徳的に望ましい。

善い行い。世の中のために善いことをする。人に親切にするのは善いことである。

よむ 129

【読む】声に出して言う。内容を理解する。推測する。

大きな声で読む。子供に読んで聞かせる。秒読み。この本は小学生が読むには難しい。人の心を読む。手の内を読む。読みが浅い。読みが外れる。

【詠む】詩歌を作る。

和歌や俳句を詠む。一首詠む。歌に詠まれた名所。題に合わせて詠む。

わかれる 130

【分かれる】一つのものが別々の幾つかになる。違いが生じる。

道が二つに分かれる。敵と味方に分かれる。人生の分かれ道。勝敗の分かれ目。意見が分かれる。評価が分かれる。

【別れる】一緒にいた身内や友人などと離れる。

幼い時に両親と別れる。家族と別れて住む。けんか別れになる。物別れに終わる。

わく 131

【沸く】水が熱くなったり沸騰したりする。興奮・熱狂する。

風呂が沸く。湯が沸く。すばらしい演技に場内が沸く。熱戦に観客が沸きに沸いた。

【湧く】地中から噴き出る。感情や考えなどが生じる。次々と起こる。

温泉が湧く。石油が湧き出る。勇気が湧く。疑問が湧く。アイデアが湧く。興味が湧かない。雲が湧く。拍手や歓声が湧く。

わざ 132

【技】技術・技芸。格闘技などで一定の型に従った動作。

技を磨く。技を競う。技に切れがある。柔道の技。技を掛ける。投げ技が決まる。

【業】行いや振る舞い。仕事。

人間業とも思えない。神業。至難の業。軽業。業師。物書きを業とする。

わずらう 133

【煩う】迷い悩む。

卒業後の進路のことで思い煩う。心に煩いがない。

【患う】病気になる。

胸を患う。3年ほど患う。大病を患う。長患いをする。

同音異義語の使い分け

- 音読みが同じで意味が異なるために、使い分けに迷ったり、間違ったりすると思われる語を集めて、五十音順に配列した。
- 中段に意味や使い分けのヒントを、下段にその用例を示した。＊印は「常用漢字表」外の漢字である。
- この項は三省堂編修所で作成したものである。

（三省堂編修所注）

哀惜	悲しむ	哀惜の念に堪えない
愛惜	大切にする	愛惜の品々を手放す
異義	異なる意味	同音で異義の言葉
異議	異なる意見	異議はありませんか
偉業	立派な仕事	偉業を成し遂げる
遺業	死者が残した仕事	父の遺業を継ぐ
意思	考え	本人の意思　意思表示
意志	強い気持ち	意志の強い人　意志薄弱
遺志	生前の考え	故人の遺志を生かす
異状	変化・変調	身体には異状がない
異常	アブノーマル	異常な事態　異常気象
一律	一様	一律に扱う　千編一律
一率	同じ率	一率に増額する
移動	一般的	机を移動させる
異動	人事	人事異動　営業部に異動
引退	職や地位から退く	社長を引退する
隠退	俗世から身を引く	郷里に隠退する
運行	一般的	列車の運行　天体の運行
運航	船舶・航空機	連絡船の運航
営利	金もうけ	営利を目的とする
栄利	名誉と利益	栄利をむさぼる
温情	思いやり	温情あるはからい
恩情	いつくしみ	先生の恩情　恩情を謝す
回顧	顧みる	幼時を回顧する　回顧録
懐古	懐しむ	懐古の情　懐古趣味
会席料理	日本式の宴会で出す料理	
懐石料理	茶の湯の席で出す料理	
開帳	寺院	秘仏を開帳する　出開帳
開張	ばくち	とばく場を開張する
改定	改正	運賃を改定する
改訂	訂正	辞書を改訂する
改締	結び直し	条約を改締する
回答	返事	アンケートに回答する
解答	答え	正しい解答　模範解答
外灯	屋外の電灯	外灯をつける
街灯	街路灯	街灯がともる
回復	一般的	元気回復　失地の回復
快復	病気が治る	御快復を祈る
解放	自由にする	奴隷解放　民族解放運動
開放	開け放す	校庭の開放　門戸開放
科学	サイエンス	自然科学　科学技術
化学	ケミストリー	物理と化学　化学反応
夏季	季節・一般的	夏季特別大廉売
夏期	期間	夏期休暇　夏期講習会
家業	家の職業	家業に精出す　家業専従
稼業	仕事	豆腐屋稼業は朝が早い
格差	格付けの差・一般的	格差是正　賃金格差
較差	最高と最低の差	業種間較差　年較差
学習	一般的	語学の学習　学習指導
学修	修得	学修単位　学修した課程
加重	加え重ねる	刑を加重する　加重平均
過重	重すぎる	過重な労働　責任過重
荷重	限界の重量	荷重に耐える
過小	小さすぎる	過小評価　過小な資本
過少	少なすぎる	所得を過少に申告する
寡少	少ない	寡少勢力
仮説	物理学・化学	仮説を立てる
仮設	数学・論理学	命題の仮設
仮設	仮に設ける	仮設の小屋　仮設停留場
架設	敷設	鉄橋の架設　電話架設費
過程	プロセス・一般的	事件の過程　製造過程

課程	教育	中学の課程　教科課程
科料	刑の名	科料または拘留
過料	行政処分	過料に処する
観	見える	別人の観がある
感	感じる	隔世の感がある
監査	監督検査	会計監査　定期監査
鑑査	美術	出品を鑑査する　無鑑査
観察	注意深く見る	生態を観察する　保護観察
監察	監督検査	行政監察
幹事	世話役	旅行の幹事　同窓会幹事
監事	監査役	学会の監事
観賞	見て楽しむ	景色を観賞する
鑑賞	芸術品を味わう	映画を鑑賞する
感心	感服	出来栄えに感心する
関心	興味	なりゆきに関心を持つ
歓心	喜び	上役の歓心を買う
寒心	憂慮	寒心に堪えない非行問題
歓声	喜びの声	記録達成に歓声をあげる
喚声	叫び声	喚声を上げて突進する
感知	知る	計画を相手に感知された
関知	関係する	当社の関知しないことだ
議員	人	議員の特典　市議会議員
議院	国会	議院の意思　議院規則
機械	複雑なしくみ	工作機械　精密機械
器械	道具	測定器械　器械体操
帰還	任務を終えて	本国に帰還する
帰館	自宅や旅館へ	連日深夜の御帰館

寄港	途中で寄る	横浜に寄港する
帰航	帰る	帰航の途につく
帰港	出発港に戻る	任務を終えて帰港する
規制	統制	営業を規制する　交通規制
規正	公正に	政治資金を規正する
既製	製品	既製の洋服　既製品
既成	存在	既成の事実　既成の概念
期成	やり遂げようとする	反対期成同盟
規定	個々の条項	前項の規定による
規程	規則(の題名)	退職金規程　出張規程
起点	始まる点	起点と終点　鉄道の起点
基点	距離の原点	…を基点として五キロ
急迫	差し迫る	事態が急迫する　情勢急迫
窮迫	困る	生活が窮迫する　財政窮迫
究明	明らかにする	原因を究明する　真相究明
糾明	ただす	犯人を糾明する　罪状糾明
狂喜	夢中で喜ぶ	優勝に狂喜乱舞する
驚喜	驚いて喜ぶ	思わぬ出会いに驚喜する
競争	一般的	販売競争　生存競争
競走	レース	駅伝競走　百メートル競走
共同	いっしょに	共同で行う　共同作業
協同	協力し合って	協同して行う　協同組合
脅迫	刑法	暴行脅迫　脅迫状
強迫	心理	強迫観念に悩む
局限	限る	範囲を局限して考える
極限	限界	極限に達する
極言	極端な言い方	…とまで極言する

局地	限られた土地	局地交渉　局地的な大雨
極地	南北両極の地	極地を探検する　極地法
極致	最上	快楽の極致　美の極致
訓示	職務上・書面	幹部に訓示する　訓示伝達
訓辞	教え・口頭	校長の訓辞を聞く
群集	集まる	群集する大衆　群集心理
群衆	人々	数千の群衆　群衆整理
係数	数学・物理	係数を掛ける　微分係数
計数	算用・数字	計数に明るい人　計数管理
決済	精算	現金で決済する　手形決済
決裁	裁定	部長が決裁する　未決裁
原形	元の形	原形をとどめない
原型	元になる型	胸像の原型　原型を作る
現状	現在の状態	現状を打破する　現状維持
現場	行われた場所	殺人の現場に急行する
原状	元の状態	原状に復する　原状回復
好意	友好心	好意を持つ　好意的
厚意	親切心	厚意を謝す　厚意に甘える
向学	学問に志す	向学心に燃える
好学	学問を好む	好学の士が集まる
後学	後輩・将来	後学のために聞く
交換	取り換える	部品の交換　ちり紙交換
交歓	懇親	留学生との交歓　交歓試合
好機	チャンス	好機を逸する　好機到来
好期	よい時期	登山の好期になる
広言	相手構わず	無遠慮に広言する
公言	表立って言う	公言した手前　天下に公言

巧言	うまい口先	巧言に惑う　巧言令色
広告	宣伝	雑誌の広告　求人広告
公告	公示	官報に公告する　競売公告
考察	一般的	原因を考察する
高察	尊敬して	御高察願います
厚情	親切心	御厚情を感謝いたします
交情	交際	今後とも御交情のほどを
厚生	生活を豊かに	福利と厚生　厚生施設
更生	再起・再建	自力で更生　会社更生法
購読	買って読む	雑誌を購読する　購読料
講読	書物の講義	万葉集の講読
広報	PR	広報活動　広報車
公報	官庁からの報告	選挙公報　戦死の公報
紅葉	赤くなる	カエデが紅葉する
黄葉	黄色くなる	イチョウが黄葉する
勾留	未決	被疑者を勾留する
拘留	刑の名	三十日未満の拘留に処す
五官	器官―目　耳　鼻　皮膚　舌	五官に感じる
五感	感覚―視　聴　臭　触　味	五感が鋭い
固持	しっかり持つ	信念を固持する
固辞	辞退	固辞して引き受けない
今期	決算期	今期の売上げ　今期は欠損
今季	シーズン	今季の首位打者
採決	可否の決定	採決の結果　強行採決
裁決	処分の決定	申請に裁決　裁決に従う
債券	借金の証書	債券の発行　電話債券
債権	貸し手の権利	債権と債務　債権者

最後	おしまい	最後を飾る　最後の願い
最期	死ぬ	壮烈な最期　最期の地
作為	つくりごと	作為の跡がある　無作為
作意	作品の意図	作意がよくわからない
作成	内容を作る	計画を作成　予算案の作成
作製	具体物を作る	受信機を作製する
試案	一般的	試案を作成する　一試案
私案	自分の案	私案にすぎない
思案	考える	思案に余る　思案顔
死角	届かない所	死角に入る　ライトの死角
視角	見える範囲	視角が広い
時期	一般的	紅葉の時期　時期尚早
時機	チャンス	時機を失する　時機到来
志向	意図	志向するところに従う
指向	向かう	一点に指向する　指向性
指示	示す	指示を与える　指示に従う
支持	支える	支持する政党
時世	時代	ありがたい御時世
時勢	成り行き	時勢に順応する
実体	実物	実体がない
実態	実際の状態	使用の実態　実態調査
辞典	ことばが主	国語辞典　英和辞典
字典	文字が主	常用漢字字典　康煕《こうき》字典
事典	事柄が主	百科事典　音楽事典
試問	試験・質問	口頭試問　試問に答える
諮問	意見を聞く	審議会に諮問する
秋季	季節・一般的	秋季大運動会

秋期	期間	秋期講習会
就業	仕事をする	就業規則　就業時間
修業	身に着ける	修業年限　修業証書
終業	終わる	終業と始業　終業時刻
修正	一般的	原文を修正する　修正案
修整	写真	原板を修整する　修整液
周知	知れ渡る	周知の事実　周知徹底させる
衆知	みんなの知恵	衆知を集める
収容	一般的	負傷者を収容する　収容能力
収用	法律・強制的	土地収用法　収用権
終了	一般的	会期を終了する　試合終了
修了	学業	課程を修了する　修了証書
修業	一般的	住み込みで修業中　花嫁修業
修行	仏教・武芸	仏道を修行する　武者修行
粛正	事態が対象	綱紀を粛正する　粛正選挙
粛清	人物が対象	反対派を粛清する　血の粛清
主催	開催	市の主催　展覧会の主催者
主宰	運営管理	会議を主宰　俳誌の主宰者
主席	最高責任者	政府主席　故毛沢東主席
首席	第一位	首席で卒業　代表団首席
主題	テーマ	小説の主題　主題歌
首題	標題	首題の件について…
需要	要求	需要と供給　潜在需要
需用	入用	電力の需用者　需用者負担
春季	季節・一般的	春季大特売　春季攻勢
春期	期間	春期休暇　春期補講
紹介	引き合わせ	友人を紹介する　自己紹介

照会	問い合わせ	残高を照会する　照会中
障害	妨げ	障害の排除　障害物競走
傷害	負傷	傷害致死　傷害事件
少額	額が少ない	多額と少額　少額の貯蓄
小額	額面が小さい	小額紙幣　小額公債
招集	一般的	総会を招集する　休日招集
召集	天皇が	国会を召集する　召集令状
条令	一般的	条令に違反する
条例	法規名	東京都条例　公安条例
初期	初めの時期	初期の症状が表れる
所期	期待	所期の目的を達成する
食料	食べ物	食料品店　生鮮食料品
食糧	主食	食糧不足　食糧の確保
所用	用事	所用のため外出する
所要	入用	所要の金額　所要時間
新規	新しい	新規に始める　新規採用
新奇	珍しい	新奇をてらう　新奇な型
信書	書状	信書の秘密　信書を開く
親書	自筆の書面	親書を携える　親書を頂く
侵食	一般的	隣国が国境を侵食する
浸食	自然が侵す	川の浸食作用
心身	精神と身体	心身鍛錬　心身ともに疲れる
心神	精神	心神耗弱者　心神喪失
人身	からだ	人身事故　人身売買
人心	こころ	人心を惑わす　人心一新
深長	深い	意味深長　深長なニュアンス
慎重	じっくり	慎重に構える　慎重審議

進入	中へ	列車が進入する　進入路
侵入	無理に	敵国に侵入　怪漢が侵入
浸入	水　しみる	濁水が浸入　皮膚から浸入
進路	一般的	将来の進路　進路指導
針路	船舶・航空機	船の針路
推奨	勧める	新製品の推奨　推奨銘柄
推賞	ほめる	推賞に値する業績
制圧	一般的	反対派を制圧する
征圧	病菌	ガンを征圧する
成育	一般的	わが子の成育を見守る
生育	植物	稲の生育　苗が生育する
生気	活気	生気にあふれる　生気回復
正気	正しい気風	天地の正気　正気の歌
精気	魂	万物の精気　精気を集中
生業	職業	生業に励む　農を生業とする
正業	正当な職業	正業に就く　正業に戻る
成型	型で作る	合成樹脂の成型　成型加工
成形	形を作る	陶器の成形　プレスで成形
整形	形や機能を整える	整形外科　整形手術
精根	根気	精根が尽きる　精根不足
精魂	精神	精魂を傾ける　不屈の精魂
正座	上座・正しく座る	正座に着く　正座を崩す
静座	修養	仏前に静座する　食後の静座
製作	一般的	家具を製作する　製作費
制作	芸術	制作に没頭　絵画の制作
精算	詳しい差引計算	概算と精算　運賃の精算
清算	結末をつける	借金の清算　過去の清算

正装	正式な服装	正装の軍人　正装して臨席
盛装	晴れ着	盛装で外出　盛装を凝らす
成長	動物・一般的	子供が成長する　経済成長
生長	植物	木が生長する
正当	正しく当然	正当な理由　正当防衛
正統	正しい系統	正統を継ぐ　正統派
成年	二十歳	成年に達する　未成年
青年	若者	青年団　青年学級
勢力	勢い	勢力を伸ばす　勢力範囲
精力	活動力	精力を傾ける　精力絶倫
節制	控えめ	節制を保つ　酒を節制する
摂生	養生	病後の摂生　不摂生
潜行	一般的	地下に潜行する　敵地潜行
潜航	水中に	深海に潜航する　急速潜航
専有	一人で	専有と共有　専有する土地
占有	所持	他人の占有する物　占有権
専用	その人だけ	専用と共用　社長専用車
占用	占拠使用	道路を占用する　占用料
壮図	壮大な計画	壮図を抱く　壮図空しく
壮途	壮図の門出	壮途に就く　壮途に上る
阻害	妨げる	計画を阻害する　阻害行為
疎外	退ける	自己を疎外する　人間疎外
速成	早く仕上げる	速成を期する　速成講座
促成	成長を促す	促成栽培　促成教育
即製	その場で作る	即製のうどん　即製販売
即断	その場で	即断を下す　即断できない
速断	早まって	速断を戒める　速断するな

即決	その場で	面談の上即決　速戦即決
速決	早まって	速決を避ける
即効	一般的	特に即効がある　即効薬
速効	すぐ	速効と遅効　速効肥料
大系	シリーズ	世界文学大系　化学大系
体系	システム	学問の体系　体系的知識
体形	フォーム	体形が崩れる
体型	タイプ	体型に合わせる　標準体型
対象	オブジェクト	調査の対象　学生を対象に
対照	コントラスト	色の対照　原文と対照する
対称	シンメトリー	左右対称　対称の位置
体制	システム	資本主義体制　非常体制
態勢	身構え	決戦の態勢　協力態勢
体勢	フォーム	崩れた体勢　不利な体勢
退避	一般的	校庭に退避する　退避訓練
待避	交通	急行列車の待避　待避線
探究	きわめる	原因を探究　真理を探究
探求	求める	平和を探求　犯人の探求
丹精	心を込める	丹精したかいがある
丹誠	真心	丹誠込めて育てる
*坦々	平たい	坦々とした道路　平々坦々
淡々	あっさり	淡々たる心境　淡々と語る
徴収	取り立てる	会費を徴収する　税の徴収
徴集	集める	物資を徴集する　馬の徴集
調製	作る	靴を調製する　特別調製品
調整	整える	機械の調整　意見の調整
著名	有名	著名な学者　著名な場所

著明	はっきり	著明な事実　著明な意図
沈静	落ち着く	景気が沈静する
鎮静	落ち着かせる	神経を鎮静させる　鎮静剤
沈痛	心を痛める	沈痛な顔
鎮痛	痛みを鎮める	鎮痛剤を飲む
追究	きわめる	真理を追究する
追求	求める	利潤の追求　幸福の追求
追及	追い詰める	犯人を追及する　責任追及
定形	一定の形	定形を保つ　定形郵便物
定型	一定の型	定型どおり　定型詩
適正	正しい	適正な価格　適正に配置
適性	適した性質	適性のない人　適性検査
転化	変わる	糖分がブドウ糖に転化する
転嫁	他に負わせる	責任を転嫁する
伝染	病気	はしかが伝染する　伝染病
伝線	繊維	ほつれの伝線　靴下の伝線
伝道	宗教	キリスト教の伝道　伝道師
伝導	物理	熱の伝導　電気の伝導
伝動	機械	動力の伝動装置
冬季	季節・一般的	冬季オリンピック
冬期	期間	冬期休暇　冬期特別練成会
同形	形が同じ	同形の車両　同形の窓
同型	型が同じ	同型の器具　同型の靴
同系	系統が同じ	同系の会社　同系に属する
同士	仲間	女同士の集まり　同士打ち
同志	同じ考えの人	同志を募る　同志の人々
動静	様子	動静を探る　最近の動静

動勢	動き方	人口の動勢　世界の動勢
内向	性格	内向性の人　内向型
内攻	病気	病気が内攻する　内攻症状
配水	配る	各戸に配水する　配水管
排水	外へ出す	排水をよくする　排水溝
廃水	汚水	廃水を川へ流す　工場廃水
反抗	手向かう	先生に反抗する　反抗期
反攻	攻め返す	反攻に転じる　反攻作戦
半切	半分に切る	カードを半切にする
半折	書画用紙	半折に書き初めを書く
反面	反対の面	安い反面劣悪だ　反面教師
半面	半分	物の半面だけ見る
微小	小さい	微小な生物　微小な傷
微少	少ない	微少な金額　微少な量
必死	全力で	必死の努力　必死に走る
必至	必ず	成功は必至だ　必至の情勢
表記	書き表す・表書き	漢字表記　表記の住所
標記	見出し・しるし	標記の件につき…
表決	議決権の行使	表決に加わる　表決権
票決	投票で決定	票決に入る　票決の結果
表示	一般的・明示	価格表示　添加物の表示
標示	交通機関	標示に従う　道路標示
標題	題目	書類の標題　講演の標題
表題	書名・作品名	本の表題　詩の表題
不純	純粋でない	不純物　不純な動機
不順	順調でない	不順な気候　生理不順
不信	信用しない	不信の念　不信を抱く

不審	疑わしい	不審な行動　不審な点あり
夫人	妻	夫人同伴　賢夫人
婦人	女性	婦人参政権　貴婦人
敷設	一般的	鉄道を敷設する　機雷敷設
布設	水道	水道を布設する
不断	断えざる	不断の努力　不断の香
普段	平素の	普段からの努力　普段着
不用	用いない	不用品　予算の不用額
不要	いらない	不要の買い物　不急不要
並行	並んで	並行して行う　並行路線
平行	交わらない	平行する直線　平行棒
平衡	つりあい	平衡を保つ　平衡感覚
別条	変わったこと	別条のない毎日
別状	変わった様子	命に別状はない
偏在	一部だけにある	西日本に偏在する
遍在	どこにでもある	全国に遍在する
編集	一般的	雑誌を編集する　編集後記
編修	史書・辞書等	古代史の編修　辞典の編修
編成	一般的	番組の編成　五両編成
編制	集め組織する	学級の編制　戦時編制
変体	異なった形	変体仮名
変態	異常・変わる	変態的　昆虫の変態
報償	償う	報償金　役務に対する報償
報奨	奨励	報奨金　売上げ増の報奨
報賞	賞品	功労者の報賞
褒章	栄典制度	紫綬褒章　紺綬褒章
法令	法律・命令	法令で定める　法令の施行

法例	法令の適用例	商法の法例　適用法例
保険	損害補償制度	火災保険　生命保険
保健	健康保持増進	保健衛生　保健所　保健師
補習	学習	放課後の補習　補習授業
補修	修理	屋根を補修する　補修工事
保証	請け合う	身元を保証する　保証人
保障	守る	身分を保障する　社会保障
補償	償う	損害を補償する　補償金
未到	到達しない	前人未到の記録
未踏	足を入れない	人跡未踏の地
民族	人間集団	民族意識　少数民族
民俗	風俗習慣	民俗芸能　民俗語彙
無常	はかない	無常の人生　諸行無常
無情	情け心がない	無情の雨　ああ無情
夢想	種々考える	夢想にふける　夢想家
無想	何も考えない	無念無想　無想の境地
明快	筋道が明らか	明快に答える　論旨明快
明解	解釈が明らか	明解を与える　明解な注釈
名答	優れた答え	御名答　名答でなく迷答
明答	明確な答え	明答が得られない
野生	自然のままに育つ	野生の馬　野生の植物
野性	自然のままの性質	野性に返る　野性的
遊戯	一般的	室内遊戯　幼稚園の遊戯
遊技	営業許可の娯楽	遊技場
優生	素質改善	優生学
優性	遺伝因子	優性と劣性　優性遺伝
優勢	勢力	優勢な相手　優勢を保つ

雄図	計画	雄図空しく引き返す
雄途	雄図の門出	雄途に就く　雄途に上る
用件	用事	用件を話す　山ほどの用件
要件	重要・必要	要件の処理　成功の要件
要項	必要な事項	要項をメモする　募集要項
要綱	要約した大綱	国語学要綱　講演の要綱
幼児	五、六歳の子供	幼児を預かる　幼児教育
幼時	幼年時代	幼時を回想する
用談	用事の話	用談を済ませる
要談	重要な相談	役員室で要談中　要談あり
用地	一般的	用地を買収する　住宅用地
要地	重要な土地	交通の要地　軍事上の要地
用務	仕事	会社の用務　用務員
要務	重要な任務	要務を帯びて出張する
来期	決算期	来期の売上げ目標
来季	シーズン	来季期待の選手
両用	使い道	切削研磨両用　水陸両用
両様	様式・やり方	両様の解釈　和戦両様
劣性	遺伝因子	優性と劣性　劣性遺伝
劣勢	勢力	劣勢を盛り返す
連係	一般的	連係を保つ　連係動作
連携	連絡提携	連携して事に当たる
労使	労働者と使用者	労使の交渉　労使の代表
労資	労働者と資本家	労資の対立　労資協調
路次	途中	出張の路次　都への路次
路地	狭い道	路地で遊ぶ　路地裏
露地	露天	露地栽培

書き間違いやすい漢字

- 漢字には、読みの同じものや形の似ているものなどが多いが、一般に書き間違いやすいと思われる語を集めて、五十音順に配列した。
- 見出しは現代かなづかい。正しい漢字を太字で示し、誤字の右には×印をつけた。中段の＊印は「常用漢字表」外の漢字である。
- この項は三省堂編修所で作成したものである。

（三省堂編修所注）

あいあいがさ	**相合い傘**で行く	相々×・合々×
あいくるしい	**愛くるしい**少女	愛苦×しい
あいぼう	仕事の**相棒**	合×棒・相坊×
あおにさい	**青二才**のくせに	青二歳×
あくぎょう	**悪行**がやまない	悪業×
あくたい	**悪態**をつく	悪体×
あっせん	仕事を**斡＊旋**する	幹×施×
あっとう	相手を**圧倒**する	圧到×
あて	本人**宛**の手紙	当×て
あとかた	**跡形**もなく焼けた	跡方×
あとづける	発展を**跡付ける**	後×付ける
あやまち	**過ち**を改める	誤×ち
あやまり	**誤り**を正す	過×り
ありかた	基本方針の**在り方**	有×り方
あんじる	**案じる**より産むが…	安×じる
あんぴ	**安否**を尋ねる	安非×
いがい	**意外**な出来事	以×外
いがた	**鋳型**に流し込む	鋳形×
いぎ	**威儀**を正す	威義×
いきしょうてん	**意気衝天**	意気昇×天
いきとうごう	**意気投合**	意気当×合
いきようよう	**意気揚々**	意気洋×々
いくじ	**意気地**がない	意久×地
いくどうおん	**異口同音**	異句×同音
いこん	**遺恨**を晴らす	意×恨
いさい	**異彩**を放つ	偉×彩
いしゅ	**異種**と同種	違×種
いしゅ	**意趣**を晴らす	遺×趣
いせき	**移籍**した選手	移席×
いそがしい	**忙しい**毎日	急×がしい
いちがい	**一概**に言えない	一慨×
いちげん	**一見**の客	一現×
いちどう	**一堂**に会する	一同×
いちようらいふく	**一陽来復**	一陽来福×
いっかくせんきん	**一獲**(攫＊)**千金**を夢みる	一穫×
いっきかせい	**一気呵＊成**にやる	一気加×勢×
いっしどうじん	**一視同仁**	一視同人×
いっしゅうき	**一周忌**の法要	一週×忌
いっしゅうねん	**一周年**記念	一週×年
いっしょ	**一緒**に食事する	一諸×
いっしょうけんめい	**一生懸命**に働く	一生県×命
いっしょくそくはつ	**一触即発**の危機	一触速×発
いっしんどうたい	**一心同体**の間柄	一身×同体
いってつ	老いの**一徹**	一轍×・一撤×
いってんばり	いやだの**一点張り**	一天×張り
いっとうちをぬく	**一頭地を抜く**	一等×地を…
いっぱいちにまみれる	**一敗地にまみれる**	一敗血×に…
いはん	規則に**違反**する	違犯×
いみしんちょう	**意味深長**	深重×・慎重×
いりょく	**威力**を発揮する	偉×力
いわや	**岩屋**にひそむ	岩家×
いんえい	**陰影**に富んだ文章	隠×影
いんご	仲間で使う**隠語**	陰×語
いんさん	**陰惨**な光景	陰酸×
いんじゅんこそく	**因循姑＊息**な方法	因盾×姑息
いんぜん	**隠然**たる勢力	陰×然
いんそつ	児童を**引率**する	引卒×
いんどう	**引導**を渡す	引道×
いんとく	**陰徳**と陽報	隠×徳
いんとく	物資を**隠匿**する	陰×匿・隠得×
いんにんじちょう	**隠忍自重**	陰×忍自重
いんぺい	**隠蔽**された事実	陰×蔽
いんぼう	**陰謀**をたくらむ	隠×謀

うきめ	**憂き目**を見る	浮×き目
うけおう	建築を**請け負う**	受×け負う
うけたまわる	謹んで**承る**	受×け×賜×る
うちょうてん	**有頂天**になる	有頂点×
うのけ	**兎＊の毛**で突いたほど	鵜×の毛
うのめ	**鵜＊の目**鷹＊の目	兎×の目
うるさがた	**うるさ型**の人	うるさ方×
うわずる	声が**上ずる**	浮×わ×ずる
えいし	参議院の**衛視**	衛士×
えいぞう	テレビの**映像**	影×像
エムばん	**M判**のシャツ	M番×
えんえん	**延々**（蜿＊蜒＊）長蛇の列	遠×々
えんがわ	**縁側**に腰掛ける	緑×測×
えんぎ	**縁起**を担ぐ	緑×喜×
えんぜつ	選挙**演説**	演舌×
えんだん	**演壇**に上る	演段×
えんぼう	**遠謀**深慮	遠望×
えんゆうかい	**園遊会**の名士	宴×遊会
おうおう	**往々**にして不在だ	応×々
おうぎ(おくぎ)	**奥義**を究める	奥儀×
おうしん	医者に**往診**を頼む	応×診
おうだ	友人を**殴打**する	欧×打
おうたい	受付で**応対**する	応待×
おうふく	自動車で**往復**する	往複×・往腹×
おおいに	**大いに**遊ぼう	多×いに
おおぜい	**大勢**の人々	多×勢
おおだてもの	財界の**大立て者**	大立て物×
おおもの	政界の**大物**	大者×
おかしらつき	鯛＊の**尾頭付き**	お×頭付き
おかん	風邪で**悪寒**がする	悪感×
おそまき	**遅蒔＊き**ながら	遅巻×き
おちいる	危機に**陥る**	落×ち入×る
おとろえる	勢力が**衰える**	劣×える
おなじみ	**お馴＊染み**の客	同×じみ
おもかげ	**面影**（俤＊）をしのぶ	思×影
おもしろい	**面白い**話を聞く	思×白い
おんき	三百年の**遠忌**	御×忌
おんぎょく	歌舞**音曲**の類	音玉×
おんけん	**穏健**な考え方	温×健
おんこう	**温厚**な性質	温好×
おんこちしん	**温故知新**	温古×知新
おんのじ	七割なら**御の字**	恩×の字
おんぴょうもじ	**音標文字**で示す	音表×文字
がい	志士の**概**がある	慨×
かいき	**怪奇**小説	怪気×
かいき	**回帰**熱　北**回帰**線	回起×
かいきいわい	**快気祝い**	回×気
かいきゅう	**懐旧**の念がつのる	回×旧・壊×旦×
かいてき	**快適**な生活	快的×
かえうた	**替え歌**を歌う	変×・代×え歌
かえりざく	王座に**返り咲く**	帰×り咲く
かくう	**架空**の人物	仮×空
がくしょく	**学殖**豊かな先生	学植×
かくしん	成功を**確信**する	確心×
かくとく	資格を**獲得**する	穫×得
がくぶち	絵を**額縁**に入れる	額緑×
がくれい	**学齢**に達する	学令×
かげのこえ	**陰の声**が教える	影×の声
かげひなた	**陰日向**なく働く	影×日向
かげぼうし	**影法師**を踏む	陰×法師
かげむしゃ	**影武者**が取り巻く	陰×武者
かじ	**鍛冶**屋　刀**鍛冶**	鍛×治×・鍛治×
かしゃく	**仮借**ない孤独感	苛×借
がしんしょうたん	**臥＊薪嘗＊胆**	臥薪嘗炭×
かす	本を**貸す**	借×す
かたがみ	洋裁の**型紙**	形×紙
かたよる	一方に**偏る**	傾×よる
かっこ	**括弧**でくくる	活×孤×
かとうきょうそう	**過当競争**	過等×競走×
かどまつ	正月の**門松**	角×松
かなづかい	**仮名遣い**を直す	仮名遺×い
かひ	**可否**を問う	可非×
かび	**華美**な服装	花×美
かへい	**貨幣**の価値	貸×弊×
がりゅうてんせい	**画竜点睛＊**を欠く	点晴×・天×晴×
かりる	ペンを**借りる**	貸×りる
かわいそう	**可哀相**な子供	可愛×相
かん	**勘**に頼る	感×に頼る
かんいっぱつ	**間一髪**セーフ	間一発×
かんか	誤りを**看過**する	観×過
かんがい	**感慨**にふける	感概×

かんげい　訪問を**歓迎**する　観×仰×
かんこ　**歓呼**の声を上げる　歓乎×
かんこつだったい　**換骨奪胎**の文章　換骨脱×体×
かんしょうちたい　**緩衝地帯**を設ける　暖×衝・間×衝
がんぜん　**眼前**に展開する　顔×前
かんたい　**歓待**を受ける　観×待・勧×待
かんてつ　要求を**貫徹**する　完×徹・貫撤×
かんどころ　**勘所**を押さえる　感×所
かんねん　だめだと**観念**する　感×念
かんぱ　意図を**看破**する　観×破
かんぺき　**完璧**な仕上がり　完壁×
かんぼう　流行性**感冒**　寒×冒
かんぽうやく　**漢方薬**　漢法×薬
かんまん　**緩慢**な動作　緩漫×
かんめい　**感銘**を受ける　肝×銘
かんゆう　保険の**勧誘**　観×誘・歓×誘
かんれき　**還暦**を祝う　環×暦・還歴×
きいっぽん　**生一本**な性格　気×一本
きおく　**記憶**をたどる　気×憶・記臆×
ぎおん　**祇***園の舞妓*　祗×園
きがい　**気概**のない声　気慨×
きがた　靴の**木型**　木形×
きかん　消化・呼吸の**器官**　器管×・機×関×
きかん　連日深夜の御**帰館**　帰還×
ききいっぱつ　**危機一髪**　危機一発×
ききゅう　**危急**存亡の時　機×急
きぐう　**奇遇**に驚く　奇偶×

きけつ　議論の**帰結**する所　帰決×
きけん　**危険**を冒す　危倹×
きげん　**紀元**前　**紀元**元年　記×元
きげん　**機嫌**をそこねる　気×嫌
きこう　**紀行**文　万葉**紀行**　記×行
きこう　不順な**気候**　気侯×
きごこち　**着心地**のよい洋服　気×心地
ぎじ　**疑似**赤痢　擬×似・偽×似
きしゃ　**喜捨**を求める　寄×捨
ぎせい　**犠牲**を払う　議×性×・儀×性×
きせつ　**季節**の変わり目　期×節・李×節
きせん　**機先**を制する　気×先
ぎぞう　**偽造**文書　欺×造
きたい　**奇態**な事件　奇体×
きてき　**汽笛**が鳴る　気×笛
きばん　発展の**基盤**を作る　基磐×
きぼ　**規模**が小さい　規摸×
きまじめ　**生真面目**な性格　気×真面目
ぎまん　相手を**欺瞞***する　偽×瞞
きもいり　先生の**肝煎り**で　肝入×り
きゃっかんてき　**客観的**　客感×的
きゅうえん　**救援**の物資　急×援
きゅうきゅう　**救急**車　**救急**病院　急×救　救求×
きゅうきょう　**窮境**を切り抜ける　窮況×
きゅうくつ　**窮屈**な座席　窮窟×・究×屈
きゅうしゅう　知識を**吸収**する　吸集×・吸拾×
きゅうせんぽう　反対派の**急先鋒***　急先方×

きゅうたい　**旧態**依然として　旧体×
きゅうち　**窮地**に追い込む　究×地
きゅうてんちょっか　**急転直下**の解決　九×天
きゅうやくせいしょ　**旧約聖書**　旧訳×聖書
きょうい　**驚異**の目をみはる　驚威×
きょうか　陣容を**強化**する　強加×
ぎょうかい　鉄鋼**業界**　**業界**紙　業会×
きょうぐう　恵まれた**境遇**　境偶×
きょうこう　**恐慌**を来す　恐荒×
きょうせい　欠点を**矯正**する　矯整×・嬌×正
ぎょうせき　**業績**を上げる　業積×・業蹟×
きょうねん　**享年**七八歳　亨×年
きょうみしんしん　**興味津々**　深×々
きょうらく　**享楽**にふける　興×楽・亨×楽
きょうりょく　仕事に**協力**する　共×力
ぎょかく　**漁獲**量が多い　魚×獲・漁穫×
ぎょぎょう　遠洋**漁業**　魚×業
ぎょしょう　**魚礁**を設ける　漁×礁
ぎょじょう　北洋の**漁場**　魚×場
ぎょせん　**漁船**を建造する　魚×船
ぎょもう　ナイロンの**漁網**　魚×網
きんがわ　**金側**の腕時計　金皮×・金革×
きんけん　**勤倹**貯蓄に励む　勤険×
きんこう　**均衡**が破れる　均衝×
きんじょうとうち　**金城湯池**　湯地×
きんしん　自宅**謹慎**　勤×慎
きんせいひん　**禁制品**の売人　禁製×品

ぐうぜん	**偶然**出会った	遇×然
ぐうはつてき	**偶発的**な事故	遇×発的
くがい	**苦界**に身を沈める	苦海×
くく	**九九**を覚える	九々×
くすだま	**薬玉**を割る	楠×玉
くちきき	先生の**口利き**で	口聞×き
くちく	敵を**駆逐**する	駆遂×
くちょう	**口調**を整える	句×調
くっしん	身体を**屈伸**する	屈身×
くのう	**苦悩**が絶えない	若×脳×
くはい	**苦杯**を喫する	苦敗×
くびじっけん	犯人の**首実検**をする	首実験×
くめん	金を**工面**する	苦×面
くもり	**曇り**のち晴れ	雲×り
くよう	先祖の**供養**をする	供要×
くろうしょう	**苦労性**の人	苦労症×
ぐんしょう	**群小**の零細企業	群少×・郡×小
くんとう	**薫陶**を受ける	訓×陶・薫淘×
くんぷう	五月の**薫風**	勲×風・董×風
ぐんゆう	**群雄**が割拠する	郡×雄
けいき	…を**契機**として	契期×
けいさつしょ	**警察署**	驚×察所×
けいしきてき	**形式的**な挨拶	型×式的
けいしょう	**軽少**な損害	軽小×
けいそつ	**軽率**な行動	軽卒×
けいたい	特異な**形態**	形体×
けいど	**経度**と緯度	径×度

けいとう	学説に**傾倒**する	傾到×
けいふく	意見に**敬服**する	敬伏×
けいぼ	先生を**敬慕**する	敬募×
けいもう	大衆を**啓*蒙**する	啓盲×
けいゆ	大阪**経由**で行く	径×由
けいるい	**係累**が多い	系×累
げきぶつ	**劇物**の取り扱い	激×物
げきやく	**劇薬**を飲む	激×薬
げきらい	相手を**毛嫌い**する	気×謙×い
げきりん	**逆*鱗**に触れる	激×鱗
げざい	**下剤**を掛ける	解×剤
けしん	仏様の**化身**	化神×
けっかい	**決壊**(潰)した堤防	欠×懐×
けっきょく	**結局**だめだった	結極×・決×局
けつじょ	責任感の**欠如**	欠除×
けっしん	次回で**結審**する	決×審
けっせい	**血清**を注射する	血精×
けっせんとうひょう	**決選投票**	決戦×投票
けっそん	**欠損**を埋める	決×損
けつべつ	親友と**決**(*訣)**別**する	袂×別
けつぼう	食糧が**欠乏**する	欠亡×
けつまくえん	**結膜炎**の治療	血×膜炎
けつれつ	交渉が**決裂**する	決烈×・欠×裂
けつろん	**結論**が出る	決×論
げどく	**解毒**剤　**解毒**薬	下×毒
げねつ	***解熱**剤　***解熱**錠	下×熱
けんいん	***牽引**車　***牽引**力	索×引

げんいん	**原因**がわからない	元×困×・源×囚×
けんおん	一日四回の**検温**	験×温
げんか	**原価**を計算する	元×価
けんかい	**見解**を表明する	見界×
げんかしょうきゃく	**減価償却**	原×価消×却
げんご	**原語**で歌う	源×語
けんし	変死体を**検視**する	験×視
げんし	**原資**を確保する	源×資
けんじつ	**堅実**な考え方	健×実
げんしてき	**原始的**な方法	元×始的
げんしゅ	一国の**元首**	元主×
げんじゅうみん	**原住民**の生活	現×住民
げんしょう	人口が**減少**する	減小×
けんしんてき	**献身的**な努力	献心×的
けんせい	敵を**牽*制**する	索×制
げんせい	**原生**林　**原生**動物	源×生
けんせつ	ビルを**建設**する	健×設・建説×
けんぜん	**健全**な精神	建×全
げんせん	**源泉**課税	原×泉
げんぞう	写真を**現像**する	現象×
げんそく	**原則**に従う	元×則
けんとう	**検討**に値する	研×討・験×討
けんびきょう	**顕微鏡**	検×微境×
けんぶん	現場を**検分**する	見×分
けんぼうしょう	**健忘症**	建×忘性×
けんめい	**懸命**に努力する	県×命
けんやく	**倹約**を旨とする	険×約

こういしょう	**後遺症**	後遺×症
こうか	**効果**を上げる	功×果
こうかんしんけい	**交感神経**	交換×神経
こうぎ	教室で**講義**する	講議×
こうきしゅくせい	**綱紀粛正**	網×規×粛清×
ごうきゅう	**剛球**投手	鋼×球
こうけい	**口径**四五センチ	口経×
こうげん	灯台の**光源**	光原×
こうげんれいしょく	**巧言令色**	好×言冷×色
こうこう	病**膏*肓***に入る	膏盲×
こうし	御**厚志**を謝する	好×志
こうしゃく	**侯爵**	候×爵
ごうじょう	**強情**を張る	剛×情
こうせいぶっしつ	**抗生物質**	坑×性×物質
こうせき	**功績**をたたえる	効×績・功積×
ごうそう	**豪壮**な邸宅	豪荘×
こうたい	**交代**　**交替**	更×代　更×替
こうたいし	**皇太子**	皇大×子
こうたいじんぐう	**皇大神宮**	皇太×神宮
ごうたん	**豪胆**(剛胆)な男	強×胆
こうてつ	大臣を**更迭**する	交×送×
こうとうしもん	**口頭試問**	口答×試門×
こうにゅう	資材を**購入**する	講×入
こうばい	**購買**部　**購買**力	購売×・講×買
こうはいち	港の**後背地**	向×背地
こうびん	**幸便**に託する	好×便
こうふく	敵に**降伏**する	降覆×

こうぼく	坑道の**坑木**	杭×木
こうほしゃ	議長の**候補者**	侯×捕×者
こうまん	**高慢**な態度	高漫×
こうめいせいだい	**公明正大**	光×明正大
こうり	**功利**的　**功利**主義	効×利
こうわ	**講**(媾*)**和**条約	購×和
こがいしゃ	**子会社**と親会社	小×会社
こきょう	**故郷**をしのぶ	古×郷
こくそ	暴力事件で**告訴**する	告訴×
こくめい	**克明**に記録する	刻×明
こころよく	**快く**承諾する	心×快く
こじ	**孤児**を収容する	弧×児・狐×児
こぞう	お寺の**小僧**	子×僧
こづかい	お**小遣い**をもらう	小使×い
こどく	**孤独**を味わう	弧×独
こども	**子供**と遊ぶ	小×供
ごへい	**語弊**があるが…	誤×弊・語幣×
こべつほうもん	選挙の**戸別訪問**	個×別訪門×
こもん	会社の**顧問**	顧門×
こゆう	**固有**の性質	個×有
ごらく	**娯楽**の殿堂	誤×楽
こりつ	敵中に**孤立**する	弧×立・狐×立
ごりむちゅう	**五里霧中**	五里夢×中
ごんごどうだん	**言語道断**	言語同×断
こんじょう	**根性**を鍛える	根情×・根生×
こんてい	**根底**から覆る	根低×
さいか	**裁可**を仰ぐ	載×下×・栽×可

さいきかんぱつ	**才気煥発***	才機×換×発
さいくつ	鉱石を**採掘**する	採掘×
ざいげん	**財源**を捜す	財原×
さいこうちょう	**最高潮**に達する	最高調×
さいじき	俳句の**歳時記**	歳事×記
ざいせいちゅう	故人の**在世中**は	在生×中
さいそく	返事を**催促**する	再×捉×
さいだいもらさず	**細大漏らさず**	最×大
さいてい	**最低**の生活	最底×
さいばい	野菜を**栽培**する	裁×倍×
さいばんしょ	**裁判所**	栽×判署×
さいほう	**裁縫**を習う	栽×縫・裁方×
さいりょう	**裁量**の余地なし	採×量
ざせつ	計画が**挫折**する	座×折
さっこん	**昨今**の陽気は	昨近×
さっとう	見物人が**殺到**する	殺倒×
ざんぎゃく	**残虐**な行為	惨×虜×
ざんしん	**斬新**なデザインの車	暫×新・漸×親×
ざんにん	**残忍**な性格	惨×忍
さんび	**酸鼻**を窮める現場	惨×鼻
さんまん	注意が**散漫**だ	散慢×
さんみいったい	**三位一体**	三身×一体
さんをみだす	**算を乱す**	散×を乱す
しあい	野球の**試合**	仕×合
しおけむり	**潮煙**が上がる	塩×煙
しかたがない	**仕方がない**	仕形×
しきゅうしき	**始球式**を行う	試×球式

じく	**字句**を訂正する	辞×句
しげき	**刺激**を与える	刺×激
しげん	**資源**を大切に	資原×
じげん	**次元**が違う 三**次元**	次限×
じこ	**自己**を見失う	自個×・自巳×
しこうさくご	**試行錯誤**	思×考×錯誤
しこうひん	***嗜好品**を贈る	趣×向×品
じさん	弁当を**持参**する	自×参
しそうけんご	**志操堅固**	思×想×堅固
したい	美しい**姿態**	姿体×
しつうはったつ	**四通八達**	四通発×達
じっし	試験を**実施**する	実旋×
じっせき	**実績**を上げる	実積×・実蹟×
してき	ミスを**指摘**する	指適×
してんのう	一門の**四天王**	四天皇×
しとめる	一発で**仕留める**	刺×止×める
しにものぐるい	**死に物狂い**で進む	死に者×狂い
じばん	**地盤**が沈下する	地磐×
しふく	**雌伏**十年	雌服×
しへい	**紙幣**を偽造する	紙弊×
しまつ	きちんと**始末**する	仕×末
じまん	仕上がりを**自慢**する	自漫×
しめい	役員を**指名**する	指命×
じゃくしょう	***弱小**の国々	弱少×
しゃだつ	**洒脱**な人柄	酒×悦×
じゃっかん	***弱冠**二十歳で…	若×冠
しゃれ	**洒落**がうまい	酒×落

しゅうかんし	**週刊誌**を買う	週間×誌
しゅうぎ	開店の**祝儀**	祝義×
しゅうぎょとう	**集魚灯**をつける	集漁×灯
しゅうしふ	**終止符**を打つ	終止譜×
しゅうしゅう	事態を**収拾**する	拾×収×・収捨×
しゅうたい	**醜態**を演じる	醜体×
じゅうにしちょう	**十二指腸**	十二支×腸
しゅうねん	五**周年**の記念日	週×年
しゅうふく	本殿を**修復**する	修覆×
じゅうふく	記事が**重複**する	重復×
しゅかん	**主観**と客観 **主観**的	主感×
じゅぎょう	英語の**授業** **授業**料	受×業
しゅくさつばん	新聞の**縮刷版**	縮冊×版
しゅくしょう	機構を**縮小**する	縮少×
しゅこう	**趣向**を凝らす	趣好×
しゅじい	**主治医**の診断	主事×医
しゅちょう	自治体の**首長**	主×長
しゅっしょしんたい	**出処進退**	出所×進退
しゅと	日本の**首都**は東京	主×都
しゅとけん	**首都圏**の交通網	主×都県×
しゅはん	一味の**主犯**	首×犯
しゅはん	内閣の**首班**	主×班
しゅふ	世界各国の**首府**	主×府
しゅぼうしゃ	事件の**首謀者**	主×媒×者
じゅわき	電話機の**受話器**	受話機×
じゅんかん	血液が**循環**する	巡×環・循還×
じゅんぎょう	地方を**巡業**する	巡行×

じゅんしん	**純真**な心	純心×
じゅんぱい	霊場を**巡拝**する	順×拝
じょうき	**蒸気**を発生させる	蒸汽×
しょうけい	**小憩**ののち出発	小熄×
じょうけい	**情景**の描写	状×景
しょうこ	**証拠**を示す	証固×
しょうこう	**小康**を保つ	少×康
しょうこくみん	**少国民**の教育	小×国民
しょうさ	**小差**で負ける	少×差
しょうじ	**少時**休憩する	小×時
しょうしんしょうめい	**正真正銘**	正真証×明×
じょうたい	正常な**状態**	状×体×・状熊×
じょうだん	**冗談**じゃない	笑×談
じょうてい	委員会に**上程**する	上提×・上呈×
しょうど	大火で**焦土**と化す	焼×土
しょうどう	合併を**唱道**する	称×道
しょうとつ	車が**衝突**する	衡×突
しょうにか	**小児科**の医者	少×児科
しょうねん	**少年**と少女	小×年
しょうばい	**商売**を始める	商買×
じょうひ	**冗費**を省く	剰×費
しょうぶん	損な**性分**	生×分
じょうまん	**冗漫**な説明	冗慢×
しょうみ	**正味**二〇キロ	正身×
しょうゆ	***醤油**で味を付ける	正×油
じょがい	適用を**除外**する	徐×外
しょくさん	**殖産**を図る	植×産

しょくぜん	**食膳**に供する	食前×
しょくもう	**植毛**の手術	殖×毛
しょくりん	山に**植林**する	殖×林
しょこう	**諸侯**の領地	諸候×
じょこう	**徐行**運転	除×行
しょさい	**書斎**の本棚	書斉×
しょし	**初志**を貫徹する	所×思×
じょじょに	**徐々に**動く	除×々
しょせいじゅつ	**処世術**にたける	処生×術
しょばつ	厳重に**処罰**する	所×罰
しょほう	**処方**を誤る　**処方**箋	処法×
しりめつれつ	**支離滅裂**	四×離減×列×
しれい	**指令**を発する	使×令
しんがい	権利を**侵害**する	浸×害
しんかん	**森閑**と静まる	森間×
しんぎ	**真偽**を確かめる	真疑×
しんきいってん	**心機一転**	心気×一転
しんきくさい	**辛気臭い**	心×気臭い
しんきんかん	**親近感**を持つ	身×近感
しんげんち	地震の**震源地**	震原×地
じんじいどう	**人事異動**	人事移×動
しんじつ	**真実**を述べる	信×実
じんせいかん	**人生観**を記す	人世×感×
じんせきみとう	**人跡未踏**の地	人跡未到×
しんぞく	同居の**親族**	親属×
しんたく	**信託**銀行　投資**信託**	信托×
じんちく	**人畜**に無害	人蓄×

しんちょう	**慎重**に計画する	深×長×
しんとう	**浸**(滲*)**透**する	侵×透
しんにん	内閣を**信任**する	信認×
しんぷく	先生に**心服**する	心伏×
しんぼう	**辛抱**が足りない	辛棒×
しんみ	**親身**の指導	親味×
しんみょう	**神妙**な態度	真×妙
しんめい	**身命**を賭して	心×命
しんやくせいしょ	**新約聖書**	新訳×聖書
しんゆう	無二の**親友**	真×友
しんらい	**信頼**を裏切る	親×頼
すいがら	たばこの**吸い殻**	吹×い穀×
すいげんち	**水源地**の森林	水原×池×
すいばん	**水盤**に花を生ける	水磐×
すうき	**数奇**な運命	数寄×
ずがいこつ	**頭蓋骨**の骨折	頭骸×骨
すじょう	**素性**が知れる	素生×・素状×
ずのう	鋭い**頭脳**	頭悩×
せいえい	**精鋭**を率いる	清×英×
せいおん	**静穏**を保つ	静隠×
せいか	芸術の**精華**	精花×
せいかがく	**生化学**の研究	生科×学
せいけいげか	**整形外科**	整型×・成×形
せいし	事態を**正視**する	静×視
せいじゅく	実が**成熟**する	生×熱×
せいしょうねん	**青少年**の団体	青小×年
せいせき	**成績**を上げる	成積×

せいてんはくじつ	**青天白日**	晴×天白日
せいふく	敵を**征服**する	征伏×
ぜいむしょ	**税務署**	税務所×
せいらい	**生来**の病弱	性×来
せいれき	**西暦**紀元	西歴×
せきしゅつ	成分を**析出**する	折×出・拆×出
せきべつ	**惜別**の情	寂×別・借×別
せきをおく	…に**籍を置く**	席×を置く
せっかい	**切開**手術	切解×
せっきょう	信者に**説教**する	説経×
せっしゅう	土地を**接収**する	摂×収・接集×
せっしょう	外国と**折衝**する	接×衝×
せったい	客を**接待**する	接対×・接侍×
ぜったい	**絶対**にありえない	絶体×
ぜったいぜつめい	**絶体絶命**	絶対×絶命
せっぱく	締切日が**切迫**する	接×泊×
せっぱん	利益を**折半**する	切×半
せっぷく	反対派を**説伏**する	説服×
ぜつりん	精力**絶倫**	絶輪×
ぜひ	**是非**を論じる	是否×
せんかい	上空を**旋回**する	施×回
ぜんごさく	**善後策**を講じる	前×後策
せんざい	**潜在**意識	先×在
ぜんじ	**漸次**回復している	暫×時×
ぜんしょ	**善処**を約束する	善所×
ぜんじんみとう	**前人未到**の記録	未踏×
せんせい	**専制**政治　**専制**君主	専政×

ぜんぜん	**全然**わからない	全々×
せんでん	特売の**宣伝**	宣×伝
せんとう	町の**銭湯**へ行く	洗×湯
ぜんときん	**前渡金**を払う	前途×金
せんにゅうかん	**先入観**を持つ	先入感×
せんばん	**旋盤**で加工する	施×盤・旋磐×
せんぷうき	**扇風機**を回す	旋×風器×
せんべつ	**餞*別**を贈る	銭×別
せんぺんいちりつ	**千編（篇*）一律**	千遍×一率×
せんもん	**専門**家 **専門**店	専問×
そうかい	**掃海**作業 **掃海**艇	捜×海
そうけん	**壮健**な身体	壮建×
そうご	**相互**に行う	双×互
そうこう	**装甲**車 **装甲**板	装鋼×
そうごん	**荘厳**な寺院	壮×厳×
ぞうさく	**造作**のいい家	雑×作
そうしそうあい	**相思相愛**	想×思想×愛
そうじょうこうか	**相乗効果**	双×乗功×果
そうじょうせき	**相乗積**	総×乗績×
そうだい	**壮大**な建築物	荘×大
そうたいてき	**相対的**に見て	双×対的
そうちょう	**荘重**な儀式	壮×重
そうへき	学界の**双璧**	双壁×
そうほう	**双方**の言い分	相×方
そうらんざい	**騒乱罪**を適用する	争×乱罪
そうれい	**壮麗**な宮殿	荘×麗
そえん	**疎遠**な間柄	粗×遠
そくざ	**即座**に承知する	速×座
そくじ	**即時**撤去する	速×時
そくしん	計画を**促進**する	速×進
そくせき	**即席**で料理する	速×席
そくせんそっけつ	**速戦即決**	即×戦速×決
ぞっかい	会議を**続開**する	続会×
そっこく	**即刻**解散せよ	速×刻
そっせん	**率先**して行う	卒×先
そっせんきゅうこう	**率先躬*行**	卒×先窮×行
そっとう	会場で**卒倒**する	率×到×
そりん	松の**疎林**が続く	粗×林
そろう	工事の**疎漏**	疏×漏
そんぞく	**尊属**殺人 直系**尊属**	尊族×
たいいんれき	**太陰暦**	大×陰暦
たいき	自宅で**待機**する	侍×期×
たいぎめいぶん	**大義名分**	大議×明×文×
たいぐう	**待遇**が悪い	侍×偶×・対×遇
たいくつ	**退屈**で困る	怠×屈
たいこ	**太古**の遺跡	大×古
たいこ	**太鼓**をたたく	大×鼓
たいこう	計画の**大綱**	大項×・大網×
たいこうしゃ	**対向車**のライト	対行×車
たいこうぼう	**太公望**	大×公望
だいじんぐう	**大神宮**の宮司	太×神宮
たいせいよう	**大西洋**	太×西洋
たいてい	**大抵**は大丈夫だ	大低×
たいねつ	**耐熱**ガラス	対×熱
たいふう	**台（颱*）風**の襲来	大×風
たいへいよう	**太平洋**	大×平洋
たいよう	**大洋**を航海する	太×洋
たいよう	**太陽**系 **太陽**暦	大×陽
たいようしゅう	**大洋州**	太×洋州
だいろっかん	**第六感**が働く	第六官×
だかい	局面を**打開**する	打解×
たかみ	**高み**の見物	高見×
だき	**惰気**満々	随×気・堕×気
たきょう	**他郷**へ働きに出る	他境×
たしせいせい	**多士済々**	多子×斉×々
たしょう	**多少**の点は	多小×
たしょうのえん	**他生の縁**	多×少×・多×生
だせい	**惰性**で生きている	惰勢×・堕×性
たちんぼう	**立ちん坊**	立ちん棒×
たっかん	人生を**達観**する	達感×
だっきゃく	危機を**脱却**する	脱脚×
だっこく	稲を**脱穀**する	脱殻×
だらく	**堕落**した幹部たち	惰×落・随×落
だりょく	**惰力**で走る	堕×力・随×力
だんあつ	**弾圧**に抵抗する	断×圧
たんか	**担架**に乗せる	担荷×
たんぐつ	**短靴**を買う	単×靴
たんてき	**端的**に言えば	単×的・短×的
たんとうちょくにゅう	**単刀直入**	短×刀直入
たんぱくしつ	**蛋*白質**	淡×泊×質
たんぺいきゅう	**短兵急**に言う	単×兵急

ちぐう	**知遇**を得る	知偶×
ちくじ	**逐次**連絡する	遂×次
ちくしょう	**畜生**にも劣る	蓄×生
ちくじょう	**逐条**審議に入る	遂×条
ちくせき	利益を**蓄積**する	畜×積・蓄績×
ちせき	**治績**を調べる	治跡×・治×積×
ちたい	**遅滞**なく取り組む	遅帯×
ちゃくしゅつし	**嫡出子**	摘×出子
ちゃくふく	公金を**着服**する	着腹×
ちゅうけい	伝達を**中継**する	仲×断×
ちゅうこく	**忠告**に逆らう	注×告
ちゅうさい	**仲裁**に入る	中×裁・仲栽×
ちゅうする	天に**沖する**煙	柱×・注×する
ちゅうぶらりん	**宙ぶらりん**	中×ぶらりん
ちょうこうぜつ	**長広舌**を振るう	長口×・講×説×
ちょうしゅう	**聴衆**に訴える	聴集×
ちょうする	意見を**徴する**	聴×する
ちょうだい	**頂戴**の品々	頂載×
ちょうふく	**重複**した説明	重復×
ちょくじょうけいこう	**直情径行**	直情経×行
ちょすいち	**貯水池**のダム	貯水地×
ちょちく	**貯蓄**に励む	貯畜×
ちょっけい	**直径**を測る	直経×
ついおく	**追憶**にふける	追億×
つうへい	役人の**通弊**として	通幣×
つまようじ	**爪*楊枝**	妻×揚×枝
ていか	実力が**低下**する	底×下

ていきょう	無償で**提供**する	堤×共×
ていこう	激しく**抵抗**する	低×抗
ていさい	**体裁**を整える	態×裁・体栽×
ていじょう	記念品を**呈上**する	提×上
ていせい	**帝政**ロシア	帝制×
ていそくすう	**定足数**に達する	定則×数
ていたい	景気が**停滞**する	低×滞
ていとう	**抵当**に入れる	低×当
ていのう	**低能**な学生	低脳×
ていめい	暗雲が**低迷**する	停×迷
てきざい	**適材**を適所に	適才×・敵×財×
てきれいき	結婚**適齢期**	適令×季×
てっかい	提案を**撤回**する	徹×回・撤×回
てっきょ	建物を**撤去**する	徹×去
てっしゅう	テントを**撤収**する	徹×収
てったい	**撤退**を求める	徹×退
てってい	**徹底**を図る　**徹底**的	撤×低×
てっとうてつび	**徹頭徹尾**反対する	撤×頭撤×尾
てっぱい	制度を**撤廃**する	徹×廃・撤癈×
てばなす	宝を**手放す**	手離×す
てらこや	**寺子屋**式の授業	寺小×屋
てんかたいへい	**天下太平**	天下大×平
てんき	…を**転機**として	転期×
でんげん	**電源**を切る	電原×
てんしゅかく	城の**天守閣**	天主×閣
てんじょう	高い**天井**　**天井**裏	天上×
てんじょうむきゅう	**天壌無窮**	天壊×無窮

てんしんらんまん	**天真*爛漫**	天身×・天心×
でんわき	**電話機**の受話器	電話器×
といとしょく	**徒衣徒食**	徒為×徒食
とうかい	**倒壊**（潰）した家屋	到×壊・倒懐×
とうかしたしむ	**灯火親しむ**	灯下×親しむ
どうかせん	**導火線**に点火する	道×火線
とうき	地価が**騰貴**する	謄×貴
どうぎ	**動議**を提出する	動義×
とうげんきょう	**桃源郷**を夢みる	桃原×境×
どうこういきょく	**同工異曲**の案	同巧×委×曲
とうさい	貨物を**搭載**する	塔×裁×・搭戴×
とうししんたく	**投資信託**	投資信托×
とうしゃ	正確に**謄写**する	騰×写
とうじょう	飛行機に**搭乗**する	塔×乗
とうじん	遺産を***蕩尽**する	湯×尽
どうすい	**導水**管　**導水**路	道×水
とうぜん	**当然**のなりゆき	当前×
とうそつ	部下を**統率**する	統卒×
とうてい	**到底**不可能だ	到低×・倒×底
とうのむかし	**疾うの昔**	遠×の昔
どうひょう	**道標**に従って行く	導×標
どうほう	海外の**同胞**	同朋×
とうほん	戸籍**謄本**	騰×本
とうらい	時節**到来**　**到来**物	当×来・倒×来
とおりいっぺん	**通り一遍**の手紙	通り一辺×
ときょうそう	**徒競走**で一着	徒競争×
とくぎ	**特技**のある人	得×技

どくごかん	**読後感**を話す	読後観×
とくしか	**篤志家**の寄付	特×・徳×志家
とくしゅ	**特殊**な形	特種×
どくしょひゃっぺん	**読書百遍**	読書百編×
どくぜつ	**毒舌**を振るう	毒説×
どくせん	利益を**独占**する	独専×
どくそうてき	**独創的**な発明	独想×的
どくだんじょう	彼の**独壇場**だ	独壇上×
とくてん	会員の**特典**	特点×
とくよう	お**徳用**の品　**徳用**米	特×用
としのこう	亀の甲より**年の功**	年の甲×
としょう	川を**渡渉**する	従×渉×
どじょう	**土壌**の改良	土壌×
とつぜんへんい	**突然変異**	突然変移×
とほう	**途方**に暮れる	途法×
どろじあい	**泥仕合い**になる	泥試×合
どんよく	**貪欲**な男	貧×欲
ないじょう	**内情**を探る	内状×
ないぞう	電源を**内蔵**する	内臓×
なかがい	魚の**仲買**	中×買
なや	農家の**納屋**	納家×
なんぎ	悪路で**難儀**する	難義×
なんぎょうくぎょう	**難行苦行**	難業×苦業×
なんこう	交渉が**難航**する	難行×
なんなく	**難なく**合格した	何×なく
にくしん	**肉親**と別れる	肉身×
にくはく	敵に**肉薄**する	肉迫×
にそくさんもん	**二束三文**	二足×三文
にっしんげっぽ	**日進月歩**の科学	日新×月歩
にゅうか	資材が**入荷**する	入貨×
にゅうぎょけん	**入漁権**の確保	入魚×権
にんしょう	**認証**式　**認証**官	任×証
に(じ)んめんじゅうしん	**人面獣心**の男	人面獣身×
にんよう	条件を**認容**する	認用×
ねつげん	**熱源**を確保する	熱原×
ねむる	一人で**眠る**	寝×む×る
ねんしょう	**年少**の者　**年少**組	年小×
のうかんき	**農閑期**の出稼ぎ	農間×季×
のうきぐ	**農機具**の販売	農器×具
のうさつ	**悩殺**ポーズ	脳×殺
のうずい	**脳髄**の活動	脳随×・悩×髄
のうはんき	**農繁期**の作業	農煩×季×
のうふ	**納付**金　**納付**期限	納附×
のきば	**軒端**のつらら	軒場×
のほうず	**野放図**に育てる	野方×図
はいか	**配下**の者	拝×下
はいき	書類を**廃棄**する	癈×棄
はいぐうしゃ	**配偶者**あり	配遇×者
はいし	規約を**廃止**する	癈×止
はいしゅつ	学者が**輩出**する	配×出
ばいしょう	損害を**賠償**する	陪×償×・倍×賞×
ばいしん	**陪審**制度　**陪審**員	倍×審・培×審
はいせき	外資を**排斥**する	排斥×
はいふく	**拝復**	拝複×
ばいよう	菌を**培養**する	倍×養
はかい	**破壊**されたビル	破壌×・破懐×
はくりょく	**迫力**ある試合	薄×力・魄×力
はけん	役員を**派遣**する	派遺×
はつおんびん	**撥*音便**	発×音便
はっき	威力を**発揮**する	発輝×
はっしょう	回教**発祥**の地	発生×
はっぽうさい	**八宝菜**を注文する	八芳×菜
はつらつ	元気**溌*刺***	発×刺×
はつろ	愛情の**発露**	発路×
はてんこう	**破天荒**の事業	破天候×
はなお	下駄の**鼻緒**	花×諸×・鼻尾×
はながた	一座の**花形**	花型×
はながみ	**鼻紙**でかむ	花×紙
はらん	**波乱**(瀾*)万丈	破×乱
はわたり	**刃渡り**二〇センチ	歯×渡り
はんえい	性格を**反映**する	反影×
はんけい	円の**半径**	半経×
ばんじきゅうす	**万事休す**	万事窮×す
はんしょく	菌が**繁殖**する	繁植×
はんしんふずい	**半身不随**	半身不髄×
ばんぜん	**万全**を期する	万善×
はんぷ	特別に**頒布**する	頒付×
はんぷく	練習を**反復**する	反複×
ばんりょくそうちゅう	**万緑叢*中**紅一点	万緑草×中
ひかん	将来を**悲観**する	非感×
ひこう	**非行**をあばく	否×行

ひこうかい　**非公開**の審議　否×公開
ひこうしき　**非公式**の発言　否×公式
ひこうにん　**非公認**の候補者　否×公認
ひじゅん　条約を**批准**する　比×准・批準×
ひそう　**悲壮**な覚悟　悲想×・非×荘×
ひだち　産後の**肥立ち**　日×立ち
ひってき　彼に**匹敵**する者は　匹適×・比×敵
ひてい　うわさを**否定**する　非×定
ひとごと　**人事**のように　人言×
ひなん　相手を**非難**する　否×難
ひにん　事実を**否認**する　非×認
ひのこ　**火の粉**を浴びる　火の子×
ひへい　国が**疲弊**する　疲幣×
びみょう　**微妙**な問題　徴×妙
ひょうしょう　功績を**表彰**する　表賞×
びょうじょう　**病状**を尋ねる　病情×
びんぼう　**貧乏**暇なし　貪×乏・貧棒×
ふうこうめいび　**風光明媚***　風光名×美×
ふうてい　怪しい**風体**の者　風態×
ふかけつ　**不可欠**の要件　不可決×
ふくざつ　**複雑**な事情　復×難×
ふくしゃ　資料を**複写**する　復×写
ふくしん　**腹心**の部下　腹臣×
ふくせい　名画を**複製**する　復×製・複生×
ふくせん　**伏線**を張る　複×線
ふくせん　**複線**の線路　復×線
ふくぞう　**腹蔵**のない意見　腹臓×

ふしぎ　**不思議**な事件　不思儀×
ふしまつ　火の**不始末**　不仕×末
ぶしょ　各人の**部署**　部所×
ふしょうぶしょう　**不承不承**　不性×・不精×
ふしょく　勢力を**扶植**する　扶殖×
ふそくふり　**不即不離**　不則×不離
ふたく　委員会に**付託**する　附×託
ぶつだん　**仏壇**を飾る　仏段×・仏檀×
ふっとう　湯が**沸騰**する　沸謄×
ふはい　**腐敗**した政界　腐廃×
ふへん　**普遍**的　**普遍**性　普偏×・不×変×
ふへんふとう　**不偏不党**　不変×不党
ふわらいどう　**付和雷同**　不×和雷動×
ふんいき　静かな**雰囲気**　零×囲気
ふんがい　汚職に**憤慨**する　憤概×・噴×慨
ふんき　負けて**奮起**する　憤×起・奮気×
ふんきゅう　会議が**紛糾**する　粉×糾
ふんげき　**憤激**して帰る　噴×激
ふんこつさいしん　**粉骨砕身**　紛×骨細×心×
ふんさい　岩石を**粉砕**する　粉細×・紛砕×
ふんしつ　書類を**紛失**する　粉×失
ふんしょく　決算を**粉飾**する　紛×飾
ぶんせき　成分を**分析**する　分折×・分柝×
ふんそう　**紛争**が続発する　粉×争
ふんぱつ　祝儀を**奮発**する　憤×発
ふんぱんもの　**噴飯物**の計画　憤×飯者×
へいがい　**弊害**を除く　幣×害

へいじょう　**平常**の生活　平生×
へいせつ　幼稚園を**併設**する　並×設
へいはつ　余病を**併発**する　並×発
へいふく　**平伏**して謝る　平服×
へんくつ　**偏屈**な性格　変×屈
へんけん　**偏見**を持つ　遍×見・変×見
へんさい　借金を**返済**する　返斉×
ほうがい　**法外**な要求　方×外
ぼうがい　安眠を**妨害**された　防×害
ほうかご　**放課後**の運動　放科×後
ほうがちょう　**奉加帳**を回す　奉賀×帳
ほうかつ　全体を**包括**する　抱×活×
ぼうけん　**冒険**をする　冒検×
ほうこ　資源の**宝庫**　豊×庫
ぼうし　騒音を**防止**する　妨×止
ほうしゃ　神社に**報謝**する　報捨×
ぼうじゃくぶじん　**傍若無人**　暴×若無尽×
ぼうとう　地価が**暴騰**する　暴謄×
ほうねんまんさく　**豊年満作**　豊年万×作
ほうまん　**放漫**な経営　放慢×
ほうもん　新居を**訪問**する　訪門×
ほうよう　**法要**を営む　法養×
ほうれつ　カメラの**放列**　砲×列
ほかく　鯨を**捕獲**する　捕穫×
ほけん　生命**保険**の**保険**料　保検×・保倹×
ぼんさい　**盆栽**をいじる　盆裁×
まぎわ　出発の**間際**　真×際

ますい	**麻酔**を掛ける	魔×酔・麻睡×
まぢか	**間近**に迫る	真×近
まぶか	**目深**にかぶる	真×深
まほうじん	**魔方陣**	魔法×陣
まやく	**麻薬**の中毒	魔×薬
まんじょういっち	**満場一致**	万×場一致
まんせい	**慢性**の中耳炎	漫×性
まんぜん	**漫然**と暮らす	慢×然
まんてん	**満点**の成績	万×点
まんべんなく	**万遍なく**見る	万辺×
まんゆう	諸国を**漫遊**する	慢×遊
みきわめる	限界を**見極める**	見決×める
みせいねん	**未成年**の男子	未青×年
みせや	**店屋**で買う	店家×
みぜん	火事を**未然**に防ぐ	未前×
みつげつ	**蜜月**の思い出	密×月
みっせつ	**密接**な関係	密切×
むがむちゅう	**無我夢中**	無我無×中
むちゅう	**夢中**で走る	無×中
むぼう	**無謀**な行為	無暴×・無媒×
むよう	**無用**の長物	無要×
めいがら	酒の**銘柄**	名×柄
めいぎ	**名義**を変更する	名儀×
めいし	**名刺**を出す	名剌×
めいめい	**銘々**が注意する	名×々
もうかんじゅうそう	**盲管銃創**	盲貫×銃創
もうじゃ	金の**亡者**	妄×者

もくそう	目礼し**目送**する	黙×送
もくひ	**黙秘**する　**黙秘**権	黙否×
もけい	客船の**模型**	模形×
もじばん	**文字盤**の字	文字板×
もちこむ	材料を**持ち込む**	持ち越×む
もはん	**模範**とする人物	摸×範
もよう	**模様**を描く	摸×様
もんぴょう	**門標**を掲げる	門表×
やかたぶね	**屋形船**	家×型×船
やごう	料理屋の**屋号**	家×号
やっき	捜索に**躍起**になる	躍気×
やぬし	横柄な**家主**	屋×主
やね	**屋根**を修理する	家×根
ゆいごん	父の**遺言**　**遺言**状	遺言
ゆうこう	**友好**関係　**友好**的	友交×
ゆうすいち	上流の**遊水池**	遊水地×
ゆうぜん	**友禅**の着物	友染×・友仙×
ゆうそう	**勇壮**なマーチ	雄×荘×
ゆうたい	社長を**勇退**する	優×退
ゆうだい	**雄大**な景色	勇×大
ゆうひ	海外に**雄飛**する	勇×飛
ゆうふく	**裕福**な暮らし	有×福・祐×副×
ゆうもう	**勇猛**な軍人	雄×猛
ゆうよ	支払いを**猶予**する	猶余×・裕×予
ゆるがせ	＊**忽せ**にできない	揺×るがせ
ようぎょじょう	**養魚場**を営む	養漁×場
ようじ	＊**楊枝**でほじくる	揚×枝

ようじゃく	**幼弱**な時期	幼若×
ようしょう	**幼少**のころ	幼小×
ようせい	人材を**養成**する	養生×
よぎない	**余儀ない**事情	余義×・予×儀
よきん	銀行へ**預金**する	予×金
よくせい	行動を**抑制**する	抑勢×
よご	手術の**予後**	余×後
よせい	**余生**を送る	余世×
よだん	**予断**を許さない	余×断
よゆう	**余裕**を持つ	余猶×・予×裕
よろん	＊**輿(世)論**の動向	与×論
らっかん	情勢を**楽観**する	楽感×
りしょく	**利殖**を目的とする	利植×・利食×
りちぎ	**律義(儀)**な人	律気×
りゃくぎ	**略儀**ながら…	略義×
れいぎ	**礼儀**を重んじる	礼義×
れいげん	**霊験**あらたか	霊顕×
れいふじん	**令夫人**を同伴	令婦×人
れきじつ	山中**暦日**なし	歴×日
れんしょ	名前を**連署**する	連書×
れんたい	**連帯**感　**連帯**責任	連体×
ろうこう	＊**老巧**な選手	老功×
ろうぜき	＊**狼藉**を働く	浪×籍×
ローマほうおう	**ローマ法王**	法皇×
ろうれい	**老齢**に達する	老令×
わいきょく	事実を＊**歪曲**する	否×曲
わいろ	**賄賂**を贈る	賄路×

同音の漢字による書きかえ

- 昭和三一年七月五日国語審議会から文部大臣に報告されたもの。
- 教科書や新聞・雑誌などでは広く用いられているが、中には、しっくりしない感じを与えるものもあるのは否めない。
- 平成二二年一一月三〇日内閣告示の「常用漢字表」では「臆」「潰」「賢」などが新たに常用漢字になったが、「憶測」「倒壊」「肝心」など、既に広く用いられているものもある。（三省堂編修所注）

1　当用漢字の使用を円滑にするため、当用漢字表以外の漢字を含んで構成されている漢語を処理する方法の一つとして、表中同音の別の漢字に書きかえることが考えられる。ここには、その書きかえが妥当であると認め、広く社会に用いられることを希望するものを示した。

2　同字で、単に字体の異なるだけのものも掲げてある。（例　糺×明 → 糾明）

3　字音の中には、いわゆる慣用音によったものもある。（例　撒×水 → 散水）

矢印の上は当用漢字表にない漢字で書かれる漢語、下は書きかえである。一字のものは、上の字は下の字に書きかえてさしつかえないことを示す。


（法）　法令用語改正例　　（化）　〃　（化学編）

（物）　学術用語集（物理学編）　　（船）　〃　（船舶工学編）

（土）　〃　（土木工学編）　　（建）　〃　（建築学編）

（鉱）　〃　（採鉱ヤ金学編）　　（医）　医学用語集（第一次選定）

および現在文部省学術用語分科審議会医学用語専門部会で採用のもの。

×…当用漢字表にない漢字
（×のうち、＊は常用漢字、(＊)は常用漢字ではあるが常用音訓にないもの　三省堂編修所注）

あ

愛慾× → 愛欲
闇×(＊) → 暗
安佚× → 安逸
暗翳× → 暗影
暗誦× → 暗唱
按×分 → 案分
闇×(＊)夜 → 暗夜

い

意嚮× → 意向
慰藉×料 → 慰謝料（法）
衣裳× → 衣装
遺蹟× → 遺跡
一挺× → 一丁
陰翳× → 陰影

え

叡×智× → 英知
穎×才 → 英才
焰× → 炎
掩×護 → 援護
苑×地 → 園地（法）

お

臆×＊説 → 憶説
臆×＊測 → 憶測
恩誼× → 恩義

か

誡× → 戒
廻× → 回
外廓× → 外郭（法）
快濶× → 快活
皆既蝕× → 皆既食
誡×告 → 戒告
開鑿× → 開削
廻×送 → 回送
蛔×虫 → 回虫（医）
廻×転 → 回転
恢×復 → 回復
潰×＊滅 → 壊滅
潰×＊乱 → 壊乱
廻×廊 → 回廊
火焰× → 火炎
劃× → 画
廓× → 郭
劃×然 → 画然
廓×大 → 郭大
挌×闘 → 格闘

劃×期的 → 画期的
活潑× → 活発
旱×害 → 干害
間歇× → 間欠
管絃×楽 → 管弦楽
肝腎×* → 肝心
旱×天 → 干天
乾溜× → 乾留(化)

き

畸× → 奇
稀× → 希
気焰× → 気炎
饑×餓 → 飢餓
企劃× → 企画
畸×形 → 奇形
稀×元素 → 希元素
稀×釈 → 希釈(化)
稀×少 → 希少
徽×章 → 記章
奇蹟× → 奇跡
稀×代 → 希代
綺×談 → 奇談
機智× → 機知
吃×水 → 喫水(法)(船)
稀×薄 → 希薄
糺× → 糾
糺×弾 → 糾弾
糺×明 → 糾明
旧蹟× → 旧跡
馭× → 御
兇× → 凶
兇×悪 → 凶悪
饗×応 → 供応(法)
教誨× → 教戒
兇×漢 → 凶漢
兇×器 → 凶器
鞏×固 → 強固
兇×行 → 凶行
兇×刃 → 凶刃
兇×変 → 凶変
兇×暴 → 凶暴
馭×者 → 御者
漁撈× → 漁労
稀×硫酸 → 希硫酸
技倆× → 技量
吟誦× → 吟唱

く

区劃× → 区画
掘鑿× → 掘削(鉱)
訓誡× → 訓戒
燻×製 → 薫製

け

繫×船 → 係船(法)(船)
繫×争 → 係争
繫×属 → 係属(法)
繫×留 → 係留(法)
下剋×上 → 下克上
決潰×* → 決壊
蹶×起 → 決起
月蝕× → 月食
訣×別 → 決別
絃× → 弦
絃×歌 → 弦歌
元兇× → 元凶
嶮×岨× → 険阻
研磨×* → 研摩(鉱)
儼×然 → 厳然

こ

倖× → 幸
宏× → 広
礦× → 鉱
交驩× → 交歓
礦×業 → 鉱業
鯁×骨 → 硬骨
交叉× → 交差(法)
扣×除 → 控除(法)
甦×生 → 更生
礦×石 → 鉱石(鉱)
宏×壮 → 広壮
宏×大 → 広大
香奠× → 香典
昂×騰 → 高騰
広汎×* → 広範
昂×(亢×)奮 → 興奮
弘×報 → 広報(法)
曠×野 → 広野
昂×揚 → 高揚
媾×和 → 講和
強慾× → 強欲
涸×渇 → 枯渇
古稀× → 古希
古蹟× → 古跡
骨骼× → 骨格(動)(医)
雇傭× → 雇用(法)
混淆× → 混交
根柢× → 根底
昏×迷 → 混迷

さ

坐× → 座
醋×酸 → 酢酸(化)
坐×視 → 座視
坐×礁 → 座礁(船)
坐×洲× → 座州
雑沓× → 雑踏
讃× → 賛
三絃× → 三弦
讃×仰 → 賛仰
讃×辞 → 賛辞
撒×水 → 散水
讃×嘆 → 賛嘆
讃×美 → 賛美
撒×布 → 散布

し

色慾× → 色欲
刺戟× → 刺激

史蹟× → 史跡
屍×体 → 死体(医)
七顚×八倒 → 七転八倒
死歿× → 死没
射倖×心 → 射幸心
車輛× → 車両
洲× → 州
輯× → 集
蒐×荷 → 集荷
蒐×集 → 収集
終熄× → 終息
聚×落 → 集落
手蹟× → 手跡
駿×才 → 俊才
陞× → 昇
銷× → 消
銷×夏 → 消夏
銷×却 → 消却(法)
障碍× → 障害(法)
情誼× → 情義
称(賞)讃× → 称(賞)賛
陞×叙 → 昇叙
焦躁× → 焦燥
銷×沈 → 消沈
牆×壁 → 障壁(法)
蒸溜× → 蒸留(化)
書翰× → 書簡
蝕×甚*× → 食尽
食慾× → 食欲(医)
抒×情 → 叙情
試煉× → 試練
鍼×術 → 針術
侵蝕× → 侵食(法)
浸蝕× → 浸食(化)
真蹟× → 真跡
伸暢× → 伸長
滲×透 → 浸透
侵掠× → 侵略
訊×問 → 尋問

す

衰頽× → 衰退

せ

制馭×(禦×) → 制御
棲×(栖×)息 → 生息
性慾× → 性欲(医)
蹟× → 跡
絶讃× → 絶賛
尖×鋭 → 先鋭
全潰*× → 全壊
銓×衡 → 選考
煽×情 → 扇情
洗滌× → 洗浄(法)(医)
戦々兢×々 → 戦々恐々
船艙× → 船倉(船)
尖×端 → 先端
擅×断 → 専断
煽×動 → 扇動
戦歿× → 戦没

そ

沮× → 阻
惣× → 総
象嵌× → 象眼
蒼×惶× → 倉皇
綜×合 → 総合
相剋× → 相克
惣×菜 → 総菜
装釘×(幀×) → 装丁
剿×滅 → 掃滅
簇×生 → 族生
沮×止 → 阻止
疏×水 → 疎水
沮×喪 → 阻喪
疏×通 → 疎通
疏×明 → 疎明(法)

た

褪×色 → 退色
頽×勢 → 退勢
頽×廃 → 退廃
颱×風 → 台風
大慾× → 大欲
奪掠× → 奪略
歎× → 嘆
歎×願 → 嘆願
炭礦× → 炭鉱
端坐× → 端座
短篇× → 短編
煖×房 → 暖房(建)
煖×炉 → 暖炉(建)

ち

智× → 知
智×慧× → 知恵
智×能 → 知能
智×謀 → 知謀
註× → 注
註×解 → 注解
註×釈 → 注釈
註×文 → 注文
長篇× → 長編
沈澱× → 沈殿(化)

て

低徊× → 低回
牴×(觝×)触 → 抵触(法)
鄭×重 → 丁重
叮×嚀× → 丁寧
碇×泊 → 停泊(法)
手帖× → 手帳
顚×倒 → 転倒
顚×覆 → 転覆(法)

と

蹈× → 踏
倒潰*× → 倒壊
蹈×襲 → 踏襲
特輯× → 特集
杜×絶 → 途絶

に

日蝕× → 日食

は

悖×徳 → 背徳
破毀×* → 破棄(法)
曝×露 → 暴露(法)
破摧× → 破砕
醱×酵 → 発酵
薄倖× → 薄幸
抜萃× → 抜粋
叛× → 反
叛×旗 → 反旗
叛×逆 → 反逆
蕃×殖 → 繁殖(法)
蕃×族 → 蛮族
反撥× → 反発
叛×乱 → 反乱

ひ

蜚×語 → 飛語
筆蹟× → 筆跡
病歿× → 病没

ふ

諷×刺 → 風刺
腐蝕× → 腐食
符牒× → 符丁
物慾× → 物欲
腐爛× → 腐乱

へ

篇× → 編
辺疆× → 辺境
編輯× → 編集

ほ

輔× → 補
哺×*育 → 保育
崩潰×* → 崩壊
妨碍× → 妨害
抛×棄 → 放棄(法)
防禦× → 防御
繃×帯 → 包帯(医)
厖×大 → 膨大
庖×丁 → 包丁
抛×物線 → 放物線(物)
輔×佐 → 補佐
鋪×装 → 舗装
歿× → 没
輔×導 → 補導
保姆× → 保母

ま

磨×*滅 → 摩滅(土)

む

無智× → 無知
無慾× → 無欲

め

名誉慾× → 名誉欲
棉×花 → 綿花

も

摸× → 模
妄×*動 → 盲動
摸×索 → 模索

や

野鄙× → 野卑

よ

熔×・鎔× → 溶
鎔×解 → 溶解(鉱)
熔×岩 → 溶岩(鉱)
鎔×鉱炉 → 溶鉱炉(鉱)
熔×接 → 溶接(船)(鉱)
慾× → 欲

ら

落磐× → 落盤(鉱)(法)

り

理窟×* → 理屈
悧×巧 → 利口
理智× → 理知
離叛× → 離反
掠× → 略
掠×奪 → 略奪
俚×謡 → 里謡
諒× → 了
輛× → 両
諒×解 → 了解
諒×承 → 了承
輪廓× → 輪郭

れ

聯× → 連
連繫× → 連係
聯×合 → 連合
連坐× → 連座
聯×想 → 連想
聯×珠 → 連珠
煉×炭 → 練炭(化)
煉×乳 → 練乳(医)
聯×邦 → 連邦
聯×盟 → 連盟
聯×絡 → 連絡
聯×立 → 連立

わ

彎× → 湾
彎×曲 → 湾曲(法)
彎×入 → 湾入

日本新聞協会の、同音の漢字による書きかえ

- 国語審議会報告「同音の漢字による書きかえ」（214ページ）にならって、日本新聞協会の新聞用語懇談会が定めたもの。新聞・雑誌などでは広く用いられている。ここには「新訂　新聞用語集」（昭和四四年七月　同協会刊）から、漢字の書きかえに関するもののみを抜粋した。（その後の改訂で削除・変更されたものもある。）
- 矢印の上は本来の漢字、下はその書きかえ、×は「当用漢字（音訓）表」にない漢字や読みである。（ただし、＊は昭和五六年告示の「常用漢字表」により、⊙は平成二二年告示の「常用漢字表」改定により増えた字。）
- 点線の下には、国語審議会報告「同音の漢字による書きかえ」中の関連事項を掲げた。

（三省堂編修所注）

本来の漢字		書きかえ	関連事項
萎×⊙縮	↓	委縮	
一攫×千金	↓	一獲千金	
臆×⊙病	↓	憶病	憶説　憶測
恰×好	↓	格好	
恰×幅	↓	格幅	
貫禄×	↓	貫録	
義捐×金	↓	義援金	
毀×⊙損	↓	棄損	破棄
気魄×	↓	気迫	
詭×弁	↓	奇弁	
饗×宴	↓	供宴	供応
橋頭堡×	↓	橋頭保	
禁錮×⊙	↓	禁固	
均斉×＊	↓	均整	
燻×蒸	↓	薫蒸	薫製
敬虔×	↓	敬謙	
激昂×	↓	激高	高騰　高揚
眩×惑	↓	幻惑	
勾×⊙引	↓	拘引	
耕耘×機	↓	耕運機	
昂×（亢×）進	↓	高進	高騰　高揚
渾×然	↓	混然	
鑿×岩機	↓	削岩機	開削　掘削
三叉×路	↓	三差路	交差
質種×	↓	質草	
紫斑×⊙	↓	紫班	
駿×足	↓	俊足	俊才
醇×朴×＊	↓	純朴	
饒×舌	↓	冗舌	
食餌×⊙療法	↓	食事療法	
尖×兵	↓	先兵	先鋭　先端
擡×頭	↓	台頭	
抽籤×	↓	抽選	
鳥瞰×図	↓	鳥観図	
廃墟×	↓	廃虚	
波瀾×	↓	波乱	
斑×⊙点	↓	班点	
飄×然	↓	漂然	
披×＊瀝×	↓	披×＊歴	
風光明媚×	↓	風光明美	
敷（布）衍×	↓	敷延	
不恰×好	↓	不格好	
扮×装	↓	粉装	
防遏×	↓	防圧	
捧×持	↓	奉持	
芳醇×	↓	芳純	
堡×塁	↓	保塁	
拇×指	↓	母指	
磨×＊耗	↓	摩耗	摩滅　研摩
脈搏×	↓	脈拍	
名誉毀×⊙損	↓	名誉棄損	破棄
妄×＊執	↓	盲執	盲動
妄×＊想	↓	盲想	〃
妄×＊念	↓	盲念	〃
友誼×	↓	友宜	恩義　情義
優駿×	↓	優俊	俊才
悠×＊然	↓	裕然	
油槽×＊船	↓	油送船	
落伍×	↓	落後	
溜×飲	↓	留飲	乾留　蒸留
了（料）簡	↓	了見	
練（錬）磨×＊	↓	練摩	研摩　摩滅

人名用漢字別表

- 子の名前に用いることのできる文字は、戸籍法と戸籍法施行規則により定められ、このうち、漢字は、常用漢字と人名用漢字別表(「別表第二」)の漢字に制限されている。
- 人名用漢字別表の漢字は、平成二二年の「常用漢字表」改定に伴い、常用漢字表に追加された一二九字を削除、常用漢字表から削除された五字を加え、八六一字となった。その後、別表第二の一に平成二七年一月に「巫」の字、平成二十九年九月に「渾」の字が加えられ八六三字となり、常用漢字二一三六字と合わせて、合計二九九九字の漢字を子の名前に用いることができる(平成三〇年一月現在)。

(三省堂編修所注)

戸籍法　第五十条

①子の名には、常用平易な文字を用いなければならない。

②常用平易な文字の範囲は、法務省令でこれを定める。

戸籍法施行規則　第六十条

戸籍法第五十条第二項の常用平易な文字は、次に掲げるものとする。

一　常用漢字表(平成二十二年内閣告示第二号)に掲げる漢字(括弧書きが添えられているものについては、括弧の外のものに限る。)

二　別表第二に掲げる漢字

三　片仮名又は平仮名(変体仮名を除く。)

別表第二　漢字の表(第六十条関係)

一

丑 丞 乃 之 乎 也 云 亘-亙 些 亦 亥 亨
亮 仔 伊 伍 伽 佃 佑 伶 侃 侑 俄 俠 俣
俐 倭 俱 倦 倖 偲 傭 儲 允 兎 兜 其 冴
凌 凜-凛 凧 凪 凰 凱 函 劉 劫 勁 勺 勿
匁 匡 廿 卜 卯 卿 厨 厩 叉 叡 叢 叶 只
吾 吞 吻 哉 哨 啄 哩 喬 喧 喰 喋 嘩 嘉
嘗 噌 噂 圃 圭 坐 尭-堯 坦 埴 堰 堺 堵
塙 壕 壬 夷 奄 奎 套 娃 姪 姥 娩 嬉 孟
宏 宋 宕 宥 寅 寓 寵 尖 尤 屑 峨 峻 崚
嵯 嵩 嶺 巌-巖 巫 已 巳 巴 巷 巽 帖 幌
幡 庄 庇 庚 庵 廟 廻 弘 弛 彗 彦 彪 彬
徠 忽 怜 恢 恰 恕 悌 惟 惚 悉 惇 惹 惺
惣 慧 憐 戊 或 戟 托 按 挺 挽 掬 捲 捷
捺 捧 掠 揃 摑 摺 撒 撰 撞 播 撫 擢 孜
敦 斐 斡 斧 斯 於 旭 昂 昊 昏 昌 昴 晏
晃-晄 晒 晋 晟 晦 晨 智 暉 暢 曙 曝 曳

朋朔杏杖杜李杭杵杷枇柑柴柘
柊柏柾柚桧｜檜栞桔桂栖桐栗梧
梓梢梛梯桶梶椛梁棲椋椀楯楚
楕椿楠楓椰楢楊榎樺榊榛槙｜槇
槍槌樫槻樟樋橘樽橙檎檀櫂櫛
櫓欣欽歎此殆毅毘毬汀汝汐汲
沌沓沫洸洲洵洛浩浬淵淳渚｜渚
淀淋渥渾湘湊湛溢滉溜漱漕漣
澪濡瀕灘灸灼烏焰焚煌煤煉熙
燕燎燦燭燿爾牒牟牡牽犀狼猪｜
猪獅玖珂珈珊珀玲琢｜琢琉瑛琥
琶琵琳瑚瑞瑶瑳瓜瓢甥甫畠畢
疋疏皐皓眸瞥矩砦砥砧硯碓碗
碩碧磐磯祇祢｜禰祐｜祐祷｜禱禄｜祿
禎｜禎禽禾秦秤稀稔稟稜穣｜穰穹
穿窄窪窺竣竪竺竿笈笹笙笠筈
筑箕箔篇篠簞簾籾粥粟糊紘紗
紐絃紬絆絢綺綜綴緋綾綸縞徽
繫繡纂纏羚翔翠耀而耶耽聡肇
肋肴胤胡脩腔脹膏臥舜舵芥芹

芭芙芦苑茄苔苺茅茉茸茜莞荻
莫莉菅菫菖萄菩萌｜萠萊菱葦葵
萱葺萩董葡蓑蒔蒐蒼蒲蒙蓉蓮
蔭蔣蔦蓬蔓蕎蕨蕉蕃蕪薙蕾蕗
藁薩蘇蘭蝦蝶螺蟬蟹蠟衿袈袴
裡裟裳襖訊訣註詢詫誼諏諄諒
謂諺讃豹貰賑赳跨蹄蹟輔輯輿
轟辰辻迂迄辿迪迦這逞逗逢遥｜
遙遁遼邑祁郁鄭酉醇醐醍醬釉
釘釧銑鋒鋸錘錐錆錫鍬鎧閃閏
閤阿陀隈隼雀雁雛雫霞靖鞄鞍
鞘鞠鞭頁頌頗顚颯饗馨馴馳駕
駿驍魁魯鮎鯉鯛鰯鱒鱗鳩鳶鳳
鴨鴻鵜鵬鷗鷲鷺鷹麒麟麿黎黛
鼎

注　「｜」は、相互の漢字が同一の字種であることを示したものである。

二　亞（亜）　惡（悪）　爲（為）　逸（逸）　榮（栄）　衞（衛）
謁（謁）　圓（円）　緣（縁）　薗（園）　應（応）　櫻（桜）

奧(奥)　横(横)　溫(温)　價(価)　禍(禍)　悔(悔)
海(海)　壞(壊)　懷(懐)　樂(楽)　渴(渇)　卷(巻)
陷(陥)　寬(寛)　漢(漢)　氣(気)　祈(祈)　器(器)
僞(偽)　戲(戯)　虛(虚)　峽(峡)　狹(狭)　響(響)
曉(暁)　勤(勤)　謹(謹)　驅(駆)　勳(勲)　薰(薫)
惠(恵)　揭(掲)　鷄(鶏)　藝(芸)　擊(撃)　縣(県)
儉(倹)　劍(剣)　險(険)　圈(圏)　檢(検)　顯(顕)
驗(験)　嚴(厳)　廣(広)　恆(恒)　黃(黄)　國(国)
黑(黒)　穀(穀)　碎(砕)　雜(雑)　祉(祉)　視(視)
兒(児)　濕(湿)　實(実)　社(社)　者(者)　煮(煮)
壽(寿)　收(収)　臭(臭)　從(従)　澁(渋)　獸(獣)
縱(縦)　祝(祝)　暑(暑)　署(署)　緖(緒)　諸(諸)
敍(叙)　將(将)　祥(祥)　涉(渉)　燒(焼)　奬(奨)
條(条)　狀(状)　乘(乗)　淨(浄)　剩(剰)　疊(畳)
孃(嬢)　讓(譲)　釀(醸)　神(神)　眞(真)　寢(寝)
愼(慎)　盡(尽)　粹(粋)　醉(酔)　穗(穂)　瀨(瀬)
齊(斉)　靜(静)　攝(摂)　節(節)　專(専)　戰(戦)
纖(繊)　禪(禅)　祖(祖)　壯(壮)　爭(争)　莊(荘)
搜(捜)　巢(巣)　曾(曽)　裝(装)　僧(僧)　層(層)
瘦(痩)　騷(騒)　增(増)　憎(憎)　藏(蔵)　贈(贈)

臟(臓)　卽(即)　帶(帯)　滯(滞)　瀧(滝)　單(単)
嘆(嘆)　團(団)　彈(弾)　晝(昼)　鑄(鋳)　著(著)
廳(庁)　徵(徴)　聽(聴)　懲(懲)　鎭(鎮)　轉(転)
傳(伝)　都(都)　嶋(島)　燈(灯)　盜(盗)　稻(稲)
德(徳)　突(突)　難(難)　拜(拝)　盃(杯)　賣(売)
梅(梅)　髮(髪)　拔(抜)　繁(繁)　晚(晩)　卑(卑)
祕(秘)　碑(碑)　賓(賓)　敏(敏)　富(富)　侮(侮)
福(福)　拂(払)　佛(仏)　勉(勉)　步(歩)　峯(峰)
墨(墨)　飜(翻)　每(毎)　萬(万)　默(黙)　埜(野)
彌(弥)　藥(薬)　與(与)　搖(揺)　樣(様)　謠(謡)
來(来)　賴(頼)　覽(覧)　欄(欄)　龍(竜)　虜(虜)
凉(涼)　綠(緑)　淚(涙)　壘(塁)　類(類)　禮(礼)
曆(暦)　歷(歴)　練(練)　鍊(錬)　郞(郎)　朗(朗)
廊(廊)　錄(録)

注　括弧内の漢字は、戸籍法施行規則第六十条第一号に規定する漢字であり、当該括弧外の漢字とのつながりを示すため、参考までに掲げたものである。

現代仮名遣い

- 昭和六一年七月一日内閣告示第一号。この告示により内閣告示「現代かなづかい」(昭和二一年一一月一六日付)は廃止された。
- 旧「現代かなづかい」は「大体、現代語音にもとづいて、現代語をかなで書き表す場合の準則を示したもの」であるが、新「現代仮名遣い」の性格は「**前書き1・2**」以下のとおりである。ただし、両者の内容はほとんど変わらない。
- 旧「現代かなづかい」のきまりは、仮名の表四表・細則三三項目・備考一〇項目などで示されている。新「現代仮名遣い」は、原則五項目(第1)・特例六項目(第2)・付記一項目などで示されている。
- 平成二二年一一月三〇日内閣告示第二号の「常用漢字表」改定に伴い、同日、内閣告示第四号によって一部改正された。
- 原文は横書き。

(三省堂編修所注)

前書き

1　この仮名遣いは、語を現代語の音韻に従って書き表すことを原則とし、一方、表記の慣習を尊重して一定の特例を設けるものである。

2　この仮名遣いは、法令、公用文書、新聞、雑誌、放送など、一般の社会生活において、現代の国語を書き表すための仮名遣いのよりどころを示すものである。

3　この仮名遣いは、科学、技術、芸術その他の各種専門分野や個々人の表記にまで及ぼそうとするものではない。

4　この仮名遣いは、主として現代文のうち口語体のものに適用する。原文の仮名遣いによる必要のあるもの、固有名詞などでこれによりがたいものは除く。

5　この仮名遣いは、擬声・擬態的描写や嘆声、特殊な方言音、外来語・外来音などの書き表し方を対象とするものではない。

6　この仮名遣いは、「ホオ・ホホ(頰)」「テキカク・テッカク(的確)」のような発音にゆれのある語について、その発音をどちらかに決めようとするものではない。

7　この仮名遣いは、点字、ローマ字などを用いて国語を書き表す場合のきまりとは必ずしも対応するものではない。

8　歴史的仮名遣いは、明治以降、「現代かなづかい」(昭和二一年内閣告示第三三号)の行われる以前には、社会一般の基準として行われていたものであり、今日においても、歴史的仮名遣いで書かれた文献などを読む機会は多い。歴史的仮名遣いが、我が国の歴史や文化に深いかかわりをもつものとして、尊重されるべきことは言うまでもない。また、この仮名遣いにも歴史的仮名遣いを受け継いでいるところがあり、この仮名遣いの理解を深める上で、歴史的仮名遣いを知ることは有用である。付表において、この仮名遣いと歴史的仮名遣いとの対照を示すのはそのためである。

本文

凡例

1 原則に基づくきまりを第1に示し、表記の慣習による特例を第2に示した。

2 例は、おおむね平仮名書きとし、適宜、括弧内に漢字を示した。常用漢字表に掲げられていない漢字及び音訓には、それぞれ＊印及び△印をつけた。

第1 語を書き表すのに、現代語の音韻に従って、次の仮名を用いる。

ただし、傍線(原文は下線)を施した仮名は、第2に示す場合にだけ用いるものである。

1 直音

あ	い	う	え	お					
か	き	く	け	こ	が	ぎ	ぐ	げ	ご
さ	し	す	せ	そ	ざ	じ	ず	ぜ	ぞ
た	ち	つ	て	と	だ	ぢ	づ	で	ど
な	に	ぬ	ね	の					
は	ひ	ふ	へ	ほ	ば	び	ぶ	べ	ぼ
					ぱ	ぴ	ぷ	ぺ	ぽ
ま	み	む	め	も					
や		ゆ		よ					
ら	り	る	れ	ろ					
わ				を					

例 あさひ(朝日) きく(菊) さくら(桜) ついやす(費) にわ(庭) ふで(筆) もみじ(紅葉) ゆずる(譲) れきし(歴史) わかば(若葉) えきか(液化) せいがくか(声楽家) さんぽ(散歩)

2 拗《よう》音

きゃ	きゅ	きょ	ぎゃ	ぎゅ	ぎょ
しゃ	しゅ	しょ	じゃ	じゅ	じょ
ちゃ	ちゅ	ちょ	ぢゃ	ぢゅ	ぢょ
にゃ	にゅ	にょ			
ひゃ	ひゅ	ひょ	びゃ	びゅ	びょ
			ぴゃ	ぴゅ	ぴょ
みゃ	みゅ	みょ			
りゃ	りゅ	りょ			

例 しゃかい(社会) しゅくじ(祝辞) かいじょ(解除) りゃくが(略画)

〔注意〕 拗音に用いる「や、ゆ、よ」は、なるべく小書きにする。

3 撥《はつ》音 ん

例 まなんで(学) みなさん しんねん(新年) しゅんぶん(春分)

4 促音 っ

例 はしって(走) かっき(活気) がっこう(学校) せっけん(石＊鹸)

〔注意〕 促音に用いる「つ」は、なるべく小書きにする。

5 長音

(1) ア列の長音

ア列の仮名に「あ」を添える。

例　おかあさん　おばあさん

(2) イ列の長音

イ列の仮名に「い」を添える。

例　にいさん　おじいさん

(3) ウ列の長音

ウ列の仮名に「う」を添える。

例　おさむうございます(寒)　くうき(空気)　ふうふ(夫婦)　うれしゅう存じます　きゅうり　ぼくじゅう(墨汁)　ちゅうもん(注文)

(4) エ列の長音

エ列の仮名に「え」を添える。

例　ねえさん　ええ(応答の語)

(5) オ列の長音

オ列の仮名に「う」を添える。

例　おとうさん　とうだい(灯台)

わこうど(若人)　おうむ

かおう(買)　あそぼう(遊)　おはよう(早)

おうぎ(扇)　ほうる(放)　とう(塔)

よいでしょう　はっぴょう(発表)

きょう(今日)　ちょうちょう(*蝶々)

第2　特定の語については、表記の慣習を尊重して、次のように書く。

1　助詞の「を」は、「を」と書く。

例　本を読む　岩をも通す　失礼をばいたしました

やむをえない　いわんや…をや　よせばよいものを

てにをは

2　助詞の「は」は、「は」と書く。

例　今日は日曜です　山では雪が降りました

あるいは　または　もしくは

いずれは　さては　ついては　ではさようなら　とはいえ

惜しむらくは　恐らくは　願わくは

これはこれは　こんにちは　こんばんは

悪天候もものかは

〔注意〕次のようなものは、この例にあたらないものとする。

いまわの際　すわ一大事

雨も降るわ風も吹くわ　来るわ来るわ　きれいだわ

3　助詞の「へ」は、「へ」と書く。

例　故郷へ帰る　…さんへ　母への便り　駅へは数分

4　動詞の「いう(言)」は、「いう」と書く。

例　ものをいう(言)　いうまでもない　昔々あったという

どういうふうに　人というもの　こういうわけ

5　次のような語は、「ぢ」「づ」を用いて書く。

(1) 同音の連呼によって生じた「ぢ」「づ」

例　ちぢみ(縮)　ちぢむ　ちぢれる　ちぢこまる

つづみ(鼓)　つづら　つづく(続)　つづめる(△約)　つづる(*綴)

〔注意〕「いちじく」「いちじるしい」は、この例にあたらない。

(2) 二語の連合によって生じた「ぢ」「づ」

例　はなぢ(鼻血)　そえぢ(添乳)　もらいぢち　そこぢから

（底力）　ひぢりめん
いれぢえ（入知恵）　ちゃのみぢゃわん
まぢか（間近）　こぢんまり
ちかぢか（近々）　ちりぢり
みかづき（三日月）　たけづつ（竹筒）　たづな（手綱）　ともづな　にいづま（新妻）　けづめ　ひづめ　ひげづら
おこづかい（小遣）　あいそづかし　わしづかみ　こころづくし（心尽）　てづくり（手作）　こづつみ（小包）　ことづて　はこづめ（箱詰）　はたらきづめ　みちづれ（道連）
かたづく　こづく（小突）　どくづく　もとづく　うらづける　ゆきづまる　ねばりづよい
つねづね（常々）　つくづく　つれづれ

なお、次のような語については、現代語の意識では一般に二語に分解しにくいもの等として、それぞれ「じ」「ず」を用いて書くことを本則とし、「せかいぢゅう」「いなづま」のように「ぢ」「づ」を用いて書くこともできるものとする。

例　せかいじゅう（世界中）
いなずま（稲妻）　かたず（固唾）　きずな（*絆）　さかずき（杯）　ときわず　ほおずき　みみずく
うなずく　おとずれる（訪）　かしずく　つまずく　ぬかずく　ひざまずく
あせみずく　くんずほぐれつ　さしずめ　でずっぱり
なかんずく
うでずく　くろずくめ　ひとりずつ
ゆうずう（融通）

〔注意〕次のような語の中の「じ」「ず」は、漢字の音読みでもともと濁っているものであって、上記(1)、(2)のいずれにもあたらず、「じ」「ず」を用いて書く。

例　じめん（地面）　ぬのじ（布地）
ずが（図画）　りゃくず（略図）

6　次のような語は、オ列の仮名に「お」を添えて書く。

例　おおかみ　おおせ（仰）　おおやけ（公）　こおり（氷・△郡）
こおろぎ　ほお（頰・△朴）　ほおずき　ほのお（炎）　とお（十）
いきどおる（憤）　おおう（覆）　こおる（凍）　しおおせる
とおる（通）　とどこおる（滞）　もよおす（催）
いとおしい　おおい（多）　おおきい（大）　とおい（遠）
おおむね　おおよそ

これらは、歴史的仮名遣いでオ列の仮名に「ほ」又は「を」が続くものであって、オ列の長音として発音されるか、オ・オ、コ・オのように発音されるかにかかわらず、オ列の仮名に「お」を添えて書くものである。

付記

次のような語は、エ列の長音として発音されるか、エイ、ケイなどのように発音されるかにかかわらず、エ列の仮名に「い」を添えて書く。

例　かれい　せい（背）
かせいで（稼）　まねいて（招）　春めいて
へい（塀）　めい（銘）　れい（例）
えいが（映画）　とけい（時計）　ていねい（丁寧）

付表

凡例

1 現代語の音韻を目印として、この仮名遣いと歴史的仮名遣いとの主要な仮名の使い方を対照させ、例を示した。
2 音韻を表すのには、片仮名及び長音符号「ー」を用いた。
3 例は、おおむね漢字書きとし、仮名の部分は歴史的仮名遣いによった。常用漢字表に掲げられていない漢字及び音訓には、それぞれ＊印及び△印をつけ、括弧内に仮名を示した。
4 ジの音韻の項には、便宜、拗音の例を併せ挙げた。

現代語の音韻	この仮名遣いで用いる仮名	歴史的仮名遣いで用いる仮名	例
イ	い	い	石 報いる 赤い 意図 愛
		ゐ	井戸 居る 参る 胃 権威
		ひ	貝 合図 費やす 思ひ出 恋しさ
ウ	う	う	歌 馬 浮かぶ 雷雨 機運
		ふ	買ふ 吸ふ 争ふ 危ふい
エ	え	え	柄 枝 心得 見える 栄誉
		ゑ	声 植ゑる 絵 円 知恵
		へ	家 前 考へる 帰る 救へ
	へ	へ	西へ進む
オ	お	お	奥 大人 起きる お話 雑音
		を	男 十日 踊る 青い 悪寒
		ほ	顔 氷 滞る 直す 大きい
		ふ	仰ぐ 倒れる
	を	を	花を見る
カ	か	か	蚊 紙 静か 家庭 休暇
		くわ	火事 歓迎 結果 生活 愉快
ガ	が	が	画家 外国 丸薬 正月 念願
		ぐわ	石垣 学問 岩石 生涯 発芽
ジ	じ	じ	初め こじあける 字 自慢 術語
		ぢ	味 恥ぢる 地面 女性 正直
	ぢ	ぢ	縮む 鼻血 底力 近々 入れ知恵
ズ	ず	ず	鈴 物好き 知らずに 人数 洪水
		づ	水 珍しい 一つづつ 図画 大豆
	づ	づ	鼓 続く 三日月 塩漬け 常々
ワ	わ	わ	輪 泡 声色 弱い 和紙
		は	川 回る 思はず 柔らか ＊琵＊琶(びは)
	は	は	我は海の子 又は
ユー	ゆう	ゆう	勇気 英雄 金融
		ゆふ	夕方
		いう	遊戯 郵便 勧誘 所有
		いふ	都＊邑(といふ)
	いう	いふ	言ふ
オー	おう	おう	負うて 応答 欧米
		あう	桜花 奥義 中央
		あふ	扇 押収 凹凸
		わう	弱う 王子 往来 卵黄
		はう	買はう 舞はう 怖うございます
コー	こう	こう	功績 拘束 公平 気候 振興
		こふ	＊劫(こふ)
		かう	咲かう 赤う かうして 講義 健康
		かふ	甲乙 太＊閤(たいかふ)

		くわう	光線　広大　恐慌　破天荒
ゴー	ごう	ごう	皇后
		ごふ	業　永*劫(えいごふ)
		がう	急がう　長う　強引　豪傑　番号
		がふ	合同
		ぐわう	*轟音(ぐわうおん)
ソー	そう	そう	僧　総員　競走　吹奏　放送
		さう	話さう　浅う　さうして　草案　体操
		さふ	挿話
ゾー	ぞう	ぞう	増加　憎悪　贈与
		ざう	象　蔵書　製造　内臓　仏像
		ざふ	雑煮
トー	とう	とう	弟　統一　冬至　暴投　北東
		たう	峠　勝たう　痛う　刀剣　砂糖
		たふ	塔　答弁　出納
ドー	どう	どう	どうして　銅　童話　運動　空洞
		だう	堂　道路　*葡*萄(ぶだう)
		だふ	問答
ノー	のう	のう	能　農家　濃紺
		のふ	昨日
		なう	死なう　危なうございます　脳　苦悩
		なふ	納入
ホー	ほう	ほう	奉祝　俸給　豊年　霊峰
		ほふ	法会
		はう	葬る　包囲　芳香　解放
		はふ	はふり投げる　はふはふの体　法律
ボー	ぼう	ぼう	某　貿易　解剖　無謀
		ぼふ	正法
		ばう	遊ばう　飛ばう　紡績　希望　堤防
		ばふ	貧乏
ポー	ぽう	ぽう	本俸　連峰
		ぽふ	説法
		ぱう	鉄砲　奔放　立方
		ぱふ	立法
モー	もう	もう	もう一つ　啓*蒙(けいもう)
		まう	申す　休まう　甘う　猛獣　本望
ヨー	よう	よう	見よう　ようございます　用　容易　中庸
		やう	八日　早う　様子　洋々　太陽
		えう	幼年　要領　童謡　日曜
		えふ	紅葉
ロー	ろう	ろう	楼　漏電　披露
		ろふ	かげろふ　ふくろふ
		らう	祈らう　暗う　廊下　労働　明朗
		らふ	候文　*蠟*燭(らふそく)
キュー	きゅう	きゅう	弓術　宮殿　貧窮
		きう	休養　丘陵　永久　要求
		きふ	及第　急務　給与　階級
ギュー	ぎゅう	ぎう	牛乳
シュー	しゅう	しゅう	宗教　衆知　終了
		しう	よろしう　周囲　収入　晩秋
		しふ	執着　習得　襲名　全集
ジュー	じゅう	じゅう	充実　従順　臨終　猟銃
		じう	柔軟　野獣
		じふ	十月　渋滞　墨汁
		ぢゅう	住居　重役　世界中
チュー	ちゅう	ちゅう	中学　衷心　注文　昆虫

		ちう	抽出　鋳造　宇宙　白昼
ニュー	にゅう	にゅう	乳酸
		にう	柔和
		にふ	*埴△生(はにふ)　入学
ヒュー	ひゅう	ひう	△日△向(ひうが)
ビュー	びゅう	びう	誤*謬(ごびう)
リュー	りゅう	りゆう	竜　隆盛
		りう	留意　流行　川柳
		りふ	粒子　建立
キョー	きょう	きよう	共通　恐怖　興味　吉凶
		きやう	兄弟　鏡台　経文　故郷　熱狂
		けう	教育　矯正　絶叫　鉄橋
		けふ	今日　脅威　協会　海峡
ギョー	ぎょう	ぎよう	凝集
		ぎやう	仰天　修行　人形
		げう	今暁
		げふ	業務
ショー	しょう	しよう	昇格　承諾　勝利　自称　訴訟
		しやう	詳細　正直　商売　負傷　文章
		せう	見ませう　小説　消息　少年　微笑
		せふ	交渉
ジョー	じょう	じよう	冗談　乗馬　過剰
		じやう	成就　上手　状態　感情　古城
		ぜう	*饒舌(ぜうぜつ)
		ぢやう	定石　丈夫　市場　令嬢
		でう	箇条
		でふ	一*帖(いちでふ)　六畳
	ぢょう	ぢやう	盆△提△灯(ぼんぢやうちん)

		でう	一本調子
チョー	ちょう	ちよう	徴収　清澄　尊重
		ちやう	腸　町会　聴取　長短　手帳
		てう	調子　朝食　弔電　前兆　野鳥
		てふ	*蝶(てふ)
ニョー	にょう	によう	女房
		ねう	尿
ヒョー	ひょう	ひよう	氷山
		ひやう	拍子　評判　兵糧
		へう	表裏　土俵　投票
ビョー	びょう	びやう	病気　平等
		べう	秒読み　描写
ピョー	ぴょう	ぴよう	結氷　信*憑性(しんぴょうせい)
		ぴやう	論評
		ぺう	一票　本表
ミョー	みょう	みやう	名代　明日　寿命
		めう	妙技
リョー	りょう	りよう	丘陵
		りやう	領土　両方　善良　納涼　分量
		れう	寮　料理　官僚　終了
		れふ	漁　猟

送り仮名の付け方

- 昭和四八年六月一八日内閣告示第二号「送り仮名の付け方」は、平成二二年一一月三〇日内閣告示第二号の「常用漢字表」改定に伴い、同日、内閣告示第三号によって一部改正された。ここには、改正された部分を含めた全文を示した。
- 原文は「本文」のみが横書き。

（三省堂編修所注）

前書き

一　この「送り仮名の付け方」は、法令・公用文書・新聞・雑誌・放送など、一般の社会生活において、「常用漢字表」の音訓によって現代の国語を書き表す場合の送り仮名の付け方のよりどころを示すものである。

二　この「送り仮名の付け方」は、科学・技術・芸術その他の各種専門分野や個々人の表記にまで及ぼそうとするものではない。

三　この「送り仮名の付け方」は、漢字を記号的に用いたり、表に記入したりする場合や、固有名詞を書き表す場合を対象としていない。

「本文」の見方及び使い方

一　この「送り仮名の付け方」の本文の構成は、次のとおりである。

単独の語

1　活用のある語

通則1（活用語尾を送る語に関するもの）

通則2（派生・対応の関係を考慮して、活用語尾の前の部分から送る語に関するもの）

2　活用のない語

通則3（名詞であって、送り仮名を付けない語に関するもの）

通則4（活用のある語から転じた名詞であって、もとの語の送り仮名の付け方によって送る語に関するもの）

通則5（副詞・連体詞・接続詞に関するもの）

複合の語

通則6（単独の語の送り仮名の付け方による語に関するもの）

通則7（慣用に従って送り仮名を付けない語に関するもの）

付表の語

1（送り仮名を付ける語に関するもの）

2（送り仮名を付けない語に関するもの）

二　通則とは、単独の語及び複合の語の別、活用のある語及び活用のない語の別等に応じて考えた送り仮名の付け方に関する基本的な法則をいい、必要に応じ、例外的な事項又は許容的な事項を加えてある。

したがって、各通則には、本則のほか、必要に応じて例外及び許容を設けた。ただし、通則7は、通則6の例外に当たるものであるが、該当する語が多数に上るので、別の通則として立てたものである。

三　この「送り仮名の付け方」で用いた用語の意義は、次のとおりである。

単独の語……………漢字の音又は訓を単独に用いて、漢字一字で書き表す語をいう。

複合の語……………漢字の訓と訓、音と訓などを複合させ、漢字二字以上を用いて書き表す語をいう。

付表の語……………「常用漢字表」の付表に掲げてある語のうち、送り仮名の付け方が問題となる語をいう。

活用のある語……動詞・形容詞・形容動詞をいう。

活用のない語……名詞・副詞・連体詞・接続詞をいう。

本　則……………送り仮名の付け方の基本的な法則と考えられるものをいう。

例　外……………本則には合わないが、慣用として行われていると認められるものであって、本則によらず、これによるものをいう。

許　容……………本則による形とともに、慣用として行われていると認められるものであって、本則以外に、これによってよいものをいう。

四　単独の語及び複合の語を通じて、字音を含む語は、その字音の部分には送り仮名を要しないのであるから、必要のない限り触れていない。

五　各通則において、送り仮名の付け方が許容によることのできる語については、本則又は許容のいずれに従ってもよいが、個々の語に適用するに当たって、許容に従ってよいかどうか判断し難い場合には、本則によるものとする。

本文

単独の語

1　活用のある語

通則1

本則　活用のある語（通則2を適用する語を除く。）は、活用語尾を送る。

〔例〕憤る　承る　書く　実る　催す
生きる　陥れる　考える　助ける
荒い　潔い　賢い　濃い
主だ

例外　(1)　語幹が「し」で終わる形容詞は、「し」から送る。

〔例〕著しい　惜しい　悔しい　恋しい　珍しい

(2)　活用語尾の前に「か」、「やか」、「らか」を含む形容動詞は、その音節から送る。

〔例〕暖かだ　細かだ　静かだ
穏やかだ　健やかだ　和やかだ
明らかだ　平らかだ　滑らかだ　柔らかだ

(3)　次の語は、次に示すように送る。

明らむ　味わう　哀れむ　慈しむ　教わる　脅かす（おどかす）　脅かす（おびやかす）　関わる　食らう　異なる　逆らう　捕まる　群がる　和らぐ　揺する
明るい　危ない　危うい　大きい　少ない　小さい

い　冷たい　平たい
新ただ　同じだ　盛んだ　平らだ　懇ろだ　惨めだ
哀れだ　幸いだ　幸せだ　巧みだ

許容　次の語は、（　）の中に示すように、活用語尾の前の音節から送ることができる。

表す（表わす）　著す（著わす）　現れる（現われる）
行う（行なう）　断る（断わる）　賜る（賜わる）

（注意）　語幹と活用語尾との区別がつかない動詞は、例えば、「着る」、「寝る」、「来る」などのように送る。

通則2

本則　活用語尾以外の部分に他の語を含む語は、含まれている語の送り仮名の付け方によって送る。（含まれている語を〔　〕の中に示す。）

〔例〕　(1)　動詞の活用形又はそれに準ずるものを含むもの。

動かす〔動く〕　照らす〔照る〕
語らう〔語る〕　計らう〔計る〕　向かう〔向く〕
浮かぶ〔浮く〕
生まれる〔生む〕　押さえる〔押す〕　捕らえる〔捕る〕
勇ましい〔勇む〕　輝かしい〔輝く〕　喜ばしい〔喜ぶ〕
晴れやかだ〔晴れる〕
及ぼす〔及ぶ〕　積もる〔積む〕　聞こえる〔聞く〕
頼もしい〔頼む〕
起こる〔起きる〕　落とす〔落ちる〕
暮らす〔暮れる〕　冷やす〔冷える〕
当たる〔当てる〕　終わる〔終える〕　変わる〔変える〕
集まる〔集める〕　定まる〔定める〕　連なる〔連ねる〕　交わる〔交える〕
混ざる・混じる〔混ぜる〕
恐ろしい〔恐れる〕

(2)　形容詞・形容動詞の語幹を含むもの。

重んずる〔重い〕　若やぐ〔若い〕
怪しむ〔怪しい〕　悲しむ〔悲しい〕　苦しがる〔苦しい〕
確かめる〔確かだ〕
重たい〔重い〕　憎らしい〔憎い〕　古めかしい〔古い〕
細かい〔細かだ〕　柔らかい〔柔らかだ〕
清らかだ〔清い〕　高らかだ〔高い〕　寂しげだ〔寂しい〕

(3)　名詞を含むもの。

汗ばむ〔汗〕　先んずる〔先〕　春めく〔春〕
男らしい〔男〕　後ろめたい〔後ろ〕

許容　読み間違えるおそれのない場合は、活用語尾以外の部分について、次の（　）の中に示すように、送り仮名を省くことができる。

〔例〕　浮かぶ（浮ぶ）　生まれる（生れる）　押さえる（押える）　捕らえる（捕える）
晴れやかだ（晴やかだ）
積もる（積る）　聞こえる（聞える）
起こる（起る）　落とす（落す）　暮らす（暮す）　当たる（当る）　終わる（終る）　変わる（変る）

（注意）　次の語は、それぞれ〔　〕の中に示す語を含むものとは考えず、通則1によるものとする。

明るい〔明ける〕　荒い〔荒れる〕　悔しい〔悔いる〕　恋しい〔恋う〕

2　活用のない語

通則3

本則　名詞（通則4を適用する語を除く。）は、送り仮名を付けない。

〔例〕　月　鳥　花　山
男　女
彼　何

例外　(1)　次の語は、最後の音節を送る。

辺り　哀れ　勢い　幾ら　後ろ　傍ら　幸い　幸せ　全て　互い　便り　半ば　情け　斜め　独り　誉れ　自ら　災い

(2)　数をかぞえる「つ」を含む名詞は、その「つ」を送る。

〔例〕　一つ　二つ　三つ　幾つ

通則4

本則　活用のある語から転じた名詞及び活用のある語に「さ」、「み」、「げ」などの接尾語が付いて名詞になったものは、もとの語の送り仮名の付け方によって送る。

〔例〕　(1)　活用のある語から転じたもの。

動き　仰せ　恐れ　薫り　曇り　調べ　届け　願い　晴れ
当たり　代わり　向かい
狩り　答え　問い　祭り　群れ
憩い　愁い　憂い　香り　極み　初め
近く　遠く

(2)　「さ」、「み」、「げ」などの接尾語が付いたもの。

暑さ　大きさ　正しさ　確かさ
明るみ　重み　憎しみ
惜しげ

例外　次の語は、送り仮名を付けない。

謡　虞　趣　氷　印　頂　帯　畳
卸　煙　恋　志　次　隣　富　恥　話　光　舞
折　係　掛（かかり）　組　肥　並（なみ）　巻　割

（注意）　ここに掲げた「組」は、「花の組」、「赤の組」などのように使った場合の「くみ」であり、例えば、「活字の組みがゆるむ。」などとして使う場合の「くみ」を意味するものではない。「光」、「折」、「係」なども、同様に動詞の意識が残っているような使い方の場合は、この例外に該当しない。したがって、本則を適用して送り仮名を付ける。

許容　読み間違えるおそれのない場合は、次の（　）の中に示すように、送り仮名を省くことができる。

〔例〕　曇り（曇）　届け（届）　願い（願）　晴れ（晴）
当たり（当り）　代わり（代り）　向かい（向い）
狩り（狩）　答え（答）　問い（問）　祭り（祭）　群れ

（群）
憩い（憩）

通則5
本則　副詞・連体詞・接続詞は、最後の音節を送る。
〔例〕　必ず　更に　少し　既に　再び　全く　最も
来る　去る
及び　且つ　但し
例外　(1)　次の語は、次に示すように送る。
明くる　大いに　直ちに　並びに　若しくは
(2)　次の語は、送り仮名を付けない。
又
(3)　次のように、他の語を含む語は、含まれている語の送り仮名の付け方によって送る。（含まれている語を〔　〕の中に示す。）
〔例〕　併せて〔併せる〕　至って〔至る〕　恐らく〔恐れる〕　従って〔従う〕　絶えず〔絶える〕　例えば〔例える〕　努めて〔努める〕
辛うじて〔辛い〕　少なくとも〔少ない〕
互いに〔互い〕
必ずしも〔必ず〕

複合の語

通則6
本則　複合の語（通則7を適用する語を除く。）の送り仮名は、その複合の語を書き表す漢字の、それぞれの音訓を用いた単独の語の送り仮名の付け方による。
〔例〕　(1)　活用のある語
書き抜く　流れ込む　申し込む　打ち合わせる　向かい合わせる　長引く　若返る　裏切る　旅立つ
聞き苦しい　薄暗い　草深い　心細い　待ち遠しい　軽々しい　若々しい　女々しい
気軽だ　望み薄だ
(2)　活用のない語
石橋　竹馬　山津波　後ろ姿　斜め左　花便り　独り言　卸商　水煙　目印
田植え　封切り　物知り　落書き　雨上がり　墓参り　日当たり　夜明かし　先駆け　巣立ち　手渡し
入り江　飛び火　教え子　合わせ鏡　生き物　落ち葉　預かり金
寒空　深情け
愚か者
行き帰り　伸び縮み　乗り降り　抜け駆け　作り笑い　暮らし向き　売り上げ　取り扱い　乗り換

え　引き換え　歩み寄り　申し込み　移り変わり
長生き　早起き　苦し紛れ　大写し
粘り強さ　有り難み　待ち遠しさ
乳飲み子　無理強い　立ち居振る舞い　呼び出し電話
次々　常々
近々　深々
休み休み　行く行く

許容　読み間違えるおそれのない場合は、次の（　）の中に示すように、送り仮名を省くことができる。

〔例〕　書き抜く（書抜く）　申し込む（申込む）　打ち合わせる（打ち合せる・打合せる）　向かい合わせる（向い合せる）　聞き苦しい（聞苦しい）　待ち遠しい（待遠しい）

田植え（田植）　封切り（封切）　落書き（落書）　雨上がり（雨上り）　日当たり（日当り）　夜明かし（夜明し）　入り江（入江）　飛び火（飛火）　合わせ鏡（合せ鏡）　預かり金（預り金）

抜け駆け（抜駆け）　暮らし向き（暮し向き）　売り上げ（売上げ・売上）　取り扱い（取扱い・取扱）　乗り換え（乗換え・乗換）　引き換え（引換え・引換）　申し込み（申込み・申込）　移り変わり（移り変り）

有り難み（有難み）　待ち遠しさ（待遠しさ）

立ち居振る舞い（立ち居振舞い・立ち居振舞・立居振舞）　呼び出し電話（呼出し電話・呼出電話）

（注意）「こけら落とし（こけら落し）」、「さび止め」、「洗いざらし」、「打ちひも」のように前又は後ろの部分を仮名で書く場合は、他の部分については、単独の語の送り仮名の付け方による。

通則7

複合の語のうち、次のような名詞は、慣用に従って、送り仮名を付けない。

〔例〕　(1)　特定の領域の語で、慣用が固定していると認められるもの。

ア　地位・身分・役職等の名。

関取　頭取　取締役　事務取扱

イ　工芸品の名に用いられた「織」、「染」、「塗」等。

《博多》織　《型絵》染　《春慶》塗　《鎌倉》彫　《備前》焼

ウ　その他。

書留　気付　切手　消印　小包　振替　切符　踏切

請負　売値　買値　仲買　歩合　両替　割引　組合　手当

倉敷料　作付面積

売上《高》　貸付《金》　借入《金》　繰越《金》　小売《商》　積立《金》　取扱《所》　取扱《注意》　取次《店》　取引《所》　乗換《駅》　乗組《員》　引受《人》　引受《時刻》　引換《券》　《代金》引換　振出《人》　待合《室》

(2)
見積（書）　申込（書）

一般に、慣用が固定していると認められるもの。

奥書　木立　子守　献立　座敷　試合　字引　場合　羽織　葉巻　番組　番付　日付　水引　物置　物語　役割　屋敷　夕立　割合

合図　合間　植木　置物　織物　貸家　敷石　敷地　敷物　立場　建物　並木　巻紙

受付　受取

浮世絵　絵巻物　仕立屋

（注意）

(1)　「（博多）織」、「売上（高）」などのようにして掲げたものは、（　）の中を他の漢字で置き換えた場合にも、この通則を適用する。

(2)　通則7を適用する語は、例として挙げたものだけで尽くしてはいない。したがって、慣用が固定していると認められる限り、類推して同類の語にも及ぼすものである。通則7を適用してよいかどうか判断し難い場合には、通則6を適用する。

付表の語

「常用漢字表」の「付表」に掲げてある語のうち、送り仮名の付け方が問題となる次の語は、次のようにする。

1　次の語は、次に示すように送る。

浮つく　お巡りさん　差し支える　立ち退く　手伝う　最寄り

なお、次の語は、（　）の中に示すように、送り仮名を省くことができる。

差し支える（差支える）　立ち退く（立退く）

2　次の語は、送り仮名を付けない。

息吹　桟敷　時雨　築山　名残　雪崩　吹雪　迷子　行方

敬語の指針

・平成一九年二月二日文化審議会答申から抜粋。

・敬語については、昭和二七年四月一四日に「これからの敬語」（建議）、平成一二年一二月八日に「現代社会における敬意表現」（答申）が国語審議会によって行われているが、平成一七年、文部科学大臣より「敬語に関する具体的な指針の作成について」が諮問され、それを受けたもの。「現代社会における敬意表現」の考え方を引き継ぎ、特に敬語について検討された。

・原文は「第1章　敬語についての考え方」「第2章　敬語の仕組み」「第3章　敬語の具体的な使い方」からなるが、実際の運用にかかわる第2章について省略収録し、その他は項のタイトルを示すなど、三省堂編修所で編集した。

・原文は横書き。

（三省堂編修所注）

第1章　敬語についての考え方（省略）

第1　基本的な認識　（1敬語の重要性　2「相互尊重」を基盤とする敬語使用　3「自己表現」としての敬語使用）

第2　留意すべき事項　（1方言の中の敬語の多様性　2世代や性による敬語意識の多様性　3いわゆる「マニュアル敬語」　4新しい伝達媒体における敬語の在り方　5敬語についての教育）

第2章　敬語の仕組み（抜粋）

第1　敬語の種類と働き

本指針では、敬語を、次の五種類に分けて解説する。

1　尊敬語　（「いらっしゃる・おっしゃる」型）
2　謙譲語Ⅰ　（「伺う・申し上げる」型）
3　謙譲語Ⅱ（丁重語）　（「参る・申す」型）
4　丁寧語　（「です・ます」型）
5　美化語　（「お酒・お料理」型）

これらの五種類は、従来の「尊敬語」「謙譲語」「丁寧語」の三種類とは、以下のように対応する。

五種類		三種類
尊敬語	「いらっしゃる・おっしゃる」型	尊敬語
謙譲語Ⅰ	「伺う・申し上げる」型	謙譲語
謙譲語Ⅱ（丁重語）	「参る・申す」型	
丁寧語	「です・ます」型	丁寧語
美化語	「お酒・お料理」型	

敬語の仕組みは、従来の三種類によっても理解できるが、敬語の働きと適切な使い方をより深く理解するためには、更に詳しくとらえ直す必要がある。そのために、ここでは、五種類に分けて解説するものである。

以下、五種類の敬語の働きについて解説する。

1　尊敬語（「いらっしゃる・おっしゃる」型）

相手側又は第三者の行為・ものごと・状態などについて、その人物を立てて述べるもの。

〈該当語例〉
［行為等（動詞、及び動作性の名詞）］
いらっしゃる、おっしゃる、なさる、召し上がる
お使いになる、御利用になる、読まれる、始められる
お導き、御出席、（立てるべき人物からの）御説明
［ものごと等（名詞）］
お名前、御住所、（立てるべき人物からの）お手紙
［状態等（形容詞など）］
お忙しい、御立派

2　謙譲語Ⅰ（「伺う・申し上げる」型）
自分側から相手側又は第三者に向かう行為・ものごとなどについて、その向かう先の人物を立てて述べるもの。
〈該当語例〉
伺う、申し上げる、お目に掛かる、差し上げる
お届けする、御案内する
（立てるべき人物への）お手紙、御説明

3　謙譲語Ⅱ（丁重語）（「参る・申す」型）
自分側の行為・ものごとなどを、話や文章の相手に対して丁重に述べるもの。
〈該当語例〉
参る、申す、いたす、おる　拙著、小社

4　丁寧語（「です・ます」型）
話や文章の相手に対して丁寧に述べるもの。
〈該当語例〉
です、ます

5　美化語（「お酒・お料理」型）
ものごとを、美化して述べるもの。
〈該当語例〉
お酒、お料理

第2　敬語の形

敬語の形について留意すべき主な点は、次のとおりである。

1　尊敬語

⑴動詞の尊敬語

①動詞の尊敬語の形
「行く→いらっしゃる」のように特定の語形（特定形）による場合と、「お（ご）……になる」（例、読む→お読みになる、利用する→御利用になる）のように広くいろいろな語に適用できる一般的な語形（一般形）を使う場合とがある。

【特定形の主な例】
・いらっしゃる（←行く・来る・いる）
・おっしゃる（←言う）　・なさる（←する）
・召し上がる（←食べる・飲む）
・下さる（←くれる）　・見える（←来る）

【一般形の主な例】
・お（ご）……になる
・……（ら）れる（例：読む→読まれる、利用する→利用される、始める→始められる、来る→来られる）
・……なさる（例：利用する→利用なさる）
・ご……なさる（例：利用する→御利用なさる）

・お（ご）……だ（例：読む→お読みだ、利用する→御利用だ）
・お（ご）……くださる（例：読む→お読みくださる、指導する→御指導くださる）

②可能の意味を添える場合

動詞に可能の意味を添えて、かつ尊敬語にするには、まず尊敬語の形にした上で可能の形にする。

例：召し上がれる、お読みになれる、御利用になれる（まず、「召し上がる」「お読みになる」「御利用になる」の形にした上で、可能の形にする。）

⑵名詞の尊敬語

一般には、「お名前」「御住所」のように、「お」又は「御」を付ける。ただし、「お」「御」のなじまない語もあるので、注意を要する。

このほか、「御地（おんち）」「貴信」「玉稿（ぎょっこう）」のように、「御」「貴」「玉」を付けたり、「御高配」「御尊父（様）」「御令室（様）」のように、「御」とともに「高」「尊」「令」などを加えたりして、尊敬語として使うものがある。ただし、これらのほとんどは書き言葉専用である。

⑶形容詞などの尊敬語

形容詞や形容動詞の場合は、語によっては「お忙しい」「御立派」のように、「お」「御」を付けて尊敬語にすることができる。

また、「お」「御」のなじまない語でも、「（指が）細くていらっしゃる」「積極的でいらっしゃる」のように、「……くていらっしゃる」「……でいらっしゃる」の形で尊敬語にすることができる。「お」「御」を付けられる語の場合は、「お忙しくていらっしゃる」「御立派でいらっしゃる」のように「お」「御」を付けた上で、「……くていらっしゃる」「……でいらっしゃる」の形と併用することもできる。

⑷「名詞＋だ」に相当する尊敬語

「名詞＋だ」に相当する内容を尊敬語で述べる場合は、「先生は努力家でいらっしゃる」のように「名詞＋でいらっしゃる」とする。

2　謙譲語Ⅰ

⑴動詞の謙譲語Ⅰ

①動詞の謙譲語Ⅰの形

「訪ねる→伺う」のように特定の語形（特定形）による場合と、「お（ご）……する」（例：届ける→お届けする、案内する→御案内する）のように広くいろいろな語に適用できる一般的な語形（一般形）を使う場合とがある。

【特定形の主な例】
・伺う（↑訪ねる・尋ねる・聞く）
・申し上げる（↑言う）
・存じ上げる（↑知る）

（注）「存じ上げる」は、「存じ上げている（います、おります）」の形で、「知っている」の謙譲語Ⅰとして使う。ただし、否定の場合は、「存じ上げない」「存じ上げていない（いません、おりません）」とともに、「存じ上げません」も使われる。

・差し上げる（↑上げる）　・頂く（↑もらう）
・お目に掛かる（↑会う）

・お目に掛ける、御覧に入れる(↑見せる)
・拝見する(↑見る)　・拝借する(↑借りる)
【一般形の主な例】
・お(ご)……する　・お(ご)……申し上げる
・……ていただく(例：読む↓読んでいただく、指導する↓指導していただく)
・お(ご)……いただく(例：読む↓お読みいただく、指導する↓御指導いただく)

② 可能の意味を添える場合

動詞に可能の意味を添えて、かつ謙譲語Iにするには、まず謙譲語Iの形にした上で可能の形にする。

例：伺える・お届けできる・御報告できる(まず、「伺う」「お届けする」「御報告する」の形にした上で、可能の形にする。後二者の場合、「する」を「できる」に変えることで、可能の形になる。)

(2) 名詞の謙譲語I

一般には、「(先生への)お手紙」「(先生への)御説明」のように、「お」又は「御」を付ける。ただし、「お」「御」のなじまない語もあるので、注意を要する。

このほか「拝顔」「拝眉」のように、「拝」の付いた謙譲語Iもある。

3 謙譲語II(丁重語)

(1) 動詞の謙譲語II

「参る」などの幾つかの特定の語形のほかには、一般的な語形としては、「……いたす」があるだけである。

【特定形の主な例】
・参る(↑行く・来る)　・申す(↑言う)
・いたす(↑する)　・おる(↑いる)
・存じる(↑知る・思う)
【一般形】
・……いたす(例、利用する↓利用いたす)
【「謙譲語I」兼「謙譲語II」の一般形】

上述の「謙譲語I」兼「謙譲語II」の一般的な語形として「お(ご)……いたす」がある。

(2) 名詞の謙譲語II

「愚見」「小社」「拙著」「弊社」のように、「愚」「小」「拙」「弊」を付けて、謙譲語IIとして使うものがある。ほぼ、書き言葉専用である。

4 丁寧語

「です」「ます」を付ける上で留意を要する点は特にない。(「高いです。」のように形容詞に「です」を付けることについては抵抗を感じる人もあろうが、既にかなりの人が許容するようになってきている。特に「高いですね。」「高いですよ。」「高いですか。」などという形で使うことに抵抗を感じる人はほとんどいないであろう。)

【「形容詞＋ございます」】

「ございます」を形容詞に付ける場合の形の作り方は、次のとおりである。

・「……ａい」の場合
例：「たかい」↓「たこうございます」

・「……i い」の場合
例：「おいしい」→「おいしゅうございます」
・「……u い」の場合
例：「かるい」→「かるうございます」
・「……o い」の場合
例：「おもい」→「おもうございます」
（注）「……e い」という形の形容詞はない。

5 美化語

美化語のほとんどは名詞あるいは「名詞＋する」型の動詞であり、一般に「お酒」「お料理（する）」のように、「お」を付ける。ただし、「お」のなじまない語もあるので、注意を要する。なお、一部には「御祝儀」のように、「御」による美化語もある。

6 二つ以上の種類の敬語にわたる問題

⑴「お」と「御」

「お」あるいは「御」を付けて敬語にする場合の「お」と「御」の使い分けは、「お＋和語」「御＋漢語」が原則である。

【「お＋和語」の例】
「お名前」「お忙しい」（尊敬語）
「お手紙」（立てるべき人からの手紙の場合は「尊敬語」、立てるべき人への手紙の場合は「謙譲語Ⅰ」）
「お酒」（美化語）

【「御＋漢語」の例】
「御住所」「御立派」（尊敬語）
「御説明」（立てるべき人からの説明の場合は「尊敬語」、立てるべき人への説明の場合は「謙譲語Ⅰ」）
「御祝儀」（美化語）

ただし、美化語の場合は、「お料理」「お化粧」など、漢語の前でも「お」が好まれる。また、美化語の場合以外にも、「お加減」「お元気」（いずれも尊敬語で、「お＋漢語」の例）など、変則的な場合もあるので、注意を要する。

なお、以上は名詞・形容詞などの例を挙げたが、動詞の尊敬語の形「お（ご）……になる」「お（ご）……なさる」「お（ご）……くださる」、謙譲語Ⅰの形「お（ご）……する」「お（ご）……申し上げる」、「謙譲語Ⅰ」兼「謙譲語Ⅱ」の形「お（ご）……いたす」などを作る場合についても、「お」「御」の使い分けは、「お＋和語」「御＋漢語」が原則である。また、いずれの場合についても、語によっては「お」「御」のなじまないものもあるので、注意を要する。

⑵「二重敬語」とその適否

一つの語について、同じ種類の敬語を二重に使ったものを「二重敬語」という。例えば、「お読みになられる」は、「読む」を「お読みになる」と尊敬語にした上で、更に尊敬語の「……れる」を加えたもので、二重敬語である。

「二重敬語」は、一般に適切ではないとされている。ただし、語によっては、習慣として定着しているものもある。

【習慣として定着している二重敬語の例】
・（尊敬語）　お召し上がりになる、お見えになる
・（謙譲語Ⅰ）　お伺いする、お伺いいたす、お伺い申し上げる

⑶「敬語連結」とその適否

二つ(以上)の語をそれぞれ敬語にして、接続助詞「て」でつなげたものは、上で言う「二重敬語」ではない。このようなものを、ここでは「敬語連結」と呼ぶことにする。例えば、「お読みになっていらっしゃる」は、「読んでいる」の「読む」を「お読みになる」に、「いる」を「いらっしゃる」にしてつなげたものである。つまり、「読む」「いる」という二つの語をそれぞれ別々に敬語(この場合は尊敬語)にしてつなげたものなので、「二重敬語」には当たらず、「敬語連結」に当たる。

「敬語連結」は、多少の冗長感が生じる場合もあるが、個々の敬語の使い方が適切であり、かつ敬語同士の結び付きに意味的な不合理がない限りは、基本的に許容されるものである。

【許容される敬語連結の例】

・お読みになっていらっしゃる
・お読みになってくださる
・お読みになっていただく
・御案内してさしあげる

【不適切な敬語連結の例】

・伺ってくださる・伺っていただく
・御案内してくださる・御案内していただく

付　敬語との関連で注意すべき助詞の問題

例えば「自分が先生の指導を受けた」という内容を「くださる」あるいは「いただく」を使って述べる場合は、次のいずれかの形を使う。

・先生が(は)私を指導してくださった/御指導くださった。
・私が(は)先生に指導していただいた/御指導いただいた。

ここで「私」を表現しない場合は、次のようになる。

・先生が(は)指導してくださった/御指導くださった。
・先生に指導していただいた/御指導いただいた。

それぞれ、敬語でない形の「くれる」「もらう」に戻して考えれば、助詞が以上のようになるべきことは容易に理解できる。

第3章　敬語の具体的な使い方(省略)

第1　敬語を使うときの基本的な考え方　(1現代の敬語は、相互尊重を基本として使う　2敬語は社会的な立場を尊重して使う　3敬語は「自己表現」として使う　4敬語は過剰でなく適度に使う　5敬語は自分の気持ちにふさわしいものを選んで使う)

第2　敬語の適切な選び方　(1尊敬語にするための形の問題　2尊敬語と謙譲語Iの混同の問題　3謙譲語II(丁重語)に関する問題　4自分側に「お・御」を付ける問題　5「いただく」と「くださる」の使い方の問題　6「させていただく」の使い方の問題)

第3　具体的な場面での敬語の使い方　(1自分や相手の呼び方の問題　2「ウチ・ソト」の関係における問題　3「ねぎらい」と「褒め」の問題　4能力などを直接尋ねることの問題　5依頼の仕方の問題　6いわゆる「マニュアル敬語」の問題　7敬語使用における地域差の問題)

おわりに

公用文における漢字使用等について

- 平成二二年一一月三〇日内閣訓令第一号。同日に告示された「常用漢字表」(内閣告示第二号)の改定に伴い、昭和五六年一〇月一日事務次官等会議申合せを改めたもの。各行政機関が作成する公用文における漢字使用等について定める。
- ここに示されていること以外の事項は、「公用文作成の要領」(244ページ所収)による。
- 原文は横書き。

(三省堂編修所注)

一 漢字使用について

(1) 公用文における漢字使用は、「常用漢字表」(平成二二年内閣告示第二号)の本表及び付表(表の見方及び使い方を含む。)によるものとする。なお、字体については通用字体を用いるものとする。

(2) 「常用漢字表」の本表に掲げる音訓によって語を書き表すに当たっては、次の事項に留意する。

ア 次のような代名詞は、原則として、漢字で書く。

例 俺 彼 誰 何 僕 私 我々

イ 次のような副詞及び連体詞は、原則として、漢字で書く。

例 (副詞)

余り 至って 大いに 恐らく 概して 必ず 必ずしも 辛うじて 極めて 殊に 更に 実に 少なくとも 少し 既に 全て 切に 大して 絶えず 互いに 直ちに 例えば 次いで 努めて 常に 特に 突然 初めて 果たして 甚だ 再び 全く 無論 最も 専ら 僅か 割に

(連体詞)

明くる 大きな 来る 去る 小さな 我が(国)

ただし、次のような副詞は、原則として、仮名で書く。

例 かなり ふと やはり よほど

ウ 次の接頭語は、その接頭語が付く語を漢字で書く場合は、原則として、漢字で書き、その接頭語が付く語を仮名で書く場合は、原則として、仮名で書く。

例 御案内(御＋案内) 御挨拶(御＋挨拶) ごもっとも(ご＋もっとも)

エ 次のような接尾語は、原則として、仮名で書く。

例 げ(惜しげもなく) ども(私ども) ぶる(偉ぶる) み(弱み) め(少なめ)

オ 次のような接続詞は、原則として、仮名で書く。

例 おって かつ したがって ただし ついては ところが ところで また ゆえに

ただし、次の四語は、原則として、漢字で書く。

及び 並びに 又は 若しくは

カ 助動詞及び助詞は、仮名で書く。

例 ない(現地には、行かない。) ようだ(それ以外に方法がないようだ。) ぐらい(二十歳ぐらいの人) だけ(調査しただけである。) ほど(三日ほど経過した。)

キ 次のような語句を、( )の中に示した例のように用いるときは、原則として、仮名で書く。

例　ある(その点に問題がある。)　いる(ここに関係者がいる。)　こと(許可しないことがある。)　できる(だれでも利用ができる。)　とおり(次のとおりである。)　とき(事故のときは連絡する。)　ところ(現在のところ差し支えない。)　とも(説明するとともに意見を聞く。)　ない(欠点がない。)　なる(合計すると一万円になる。)　ほか(そのほか…、特別の場合を除くほか…)　もの(正しいものと認める。)　ゆえ(一部の反対のゆえにはかどらない。)　わけ(賛成するわけにはいかない。)　…かもしれない(間違いかもしれない。)　…てあげる(図書を貸してあげる。)　…ていく(負担が増えていく。)　…ていただく(報告していただく。)　…ておく(通知しておく。)　…てください(問題点を話してください。)　…てくる(寒くなってくる。)　…てしまう(書いてしまう。)　…てみる(見てみる。)　…てよい(連絡してよい。)　…にすぎない(調査だけにすぎない。)　…について(これについて考慮する。)

二　送り仮名の付け方について

(1)　公用文における送り仮名の付け方は、原則として、「送り仮名の付け方」(昭和四八年内閣告示第二号)の本文の通則1から通則6までの「本則」・「例外」、通則7及び「付表の語」(1のなお書きを除く。)によるものとする。

ただし、複合の語(「送り仮名の付け方」の本文の通則7を適用する語を除く。)のうち、活用のない語であって読み間違えるおそれのない語については、「送り仮名の付け方」の本文の通則6の「許容」を適用して送り仮名を省くものとする。なお、これに該当する語は、次のとおりとする。

明渡し　預り金　言渡し　入替え　植付け　魚釣用具　受入れ　受皿　受持ち　受渡し　渦巻　打合せ　打合せ会　打切り　内払　移替え　埋立て　売上げ　売惜しみ　売出し　売場　売払い　売渡し　売行き　縁組　追越し　置場　贈物　帯留　折詰　買上げ　買入れ　買受け　買換え　買占め　買取り　買戻し　買物　書換え　格付　掛金　貸切り　貸金　貸越し　貸倒れ　貸出し　貸付け　借入れ　借受け　借換え　刈取り　缶切　期限付　切上げ　切替え　切下げ　切捨て　切土　切取り　切離し　靴下留　組合せ　組入れ　組替え　組立て　くみ取便所　繰上げ　繰入れ　繰替え　繰越し　繰下げ　繰延べ　繰戻し　差押え　差止め　差引き　差戻し　砂糖漬　下請　締切り　条件付　仕分　据置き　据付け　捨場　座込み　栓抜　備置き　備付け　染物　田植　立会い　立入り　立替え　立札　月掛　付添い　月払　積卸し　積替え　積込み　積出し　積立て　積付け　釣合い　釣鐘　釣銭　釣針　手続　問合せ　届出　取上げ　取扱い　取卸し　取替え　取決め　取崩し　取消し　取壊し　取下げ　取締り　取調べ　取立て　取次ぎ　取付け　取戻し　投売り　抜取り　飲物　乗換え　乗組み

話合い　払込み　払下げ　払出し　払戻し　払渡し　払渡済み　貼付け　引上げ　引揚げ　引受け　引起し　引換え　引込み　引下げ　引締め　引継ぎ　引取り　引渡し　日雇　歩留り　船着場　不払　賦払　振出し　前払　巻付け　巻取り　見合せ　見積り　見習　未払　申合せ　申合せ事項　申入れ　申込み　申立て　申出　持家　持込み　持分　元請　戻入れ　催物　盛土　焼付け　雇入れ　雇主　譲受け　譲渡し　呼出し　読替え　割当て　割増し　割戻し

(2)　(1)にかかわらず、必要と認める場合は、「送り仮名の付け方」の本文の通則2、通則4及び通則6（(1)のただし書の適用がある場合を除く。）の「許容」並びに「付表の語」の1のなお書きを適用して差し支えない。

三　その他

(1)　一及び二は、固有名詞を対象とするものではない。

(2)　専門用語又は特殊用語を書き表す場合など、特別な漢字使用等を必要とする場合には、一及び二によらなくてもよい。

(3)　専門用語等で読みにくいと思われるような場合は、必要に応じて、振り仮名を用いる等、適切な配慮をするものとする。

四　法令における取扱い

法令における漢字使用等については、別途、内閣法制局からの通知による。

公用文作成の要領

- 昭和二七年四月四日内閣閣甲一六号依命通知から抜粋。
- 昭和五六年に「常用漢字表」が内閣告示されたことに伴い、内閣官房注が付され、必要な読み替えや省略がなされた。さらに、昭和六一年「現代仮名遣い」、平成二二年「常用漢字表」改定を受け、文化庁により同様の読み替えあるいは省略が行われたので、これを示した。⦿は平成二二年内閣告示で「常用漢字表」に入った。
- 原文は横書き。

（三省堂編修所注）

第一　用語用字について

一　用語について

1　特殊なことばを用いたり、かたくるしいことばを用いることをやめて、日常一般に使われているやさしいことばを用いる。（×印は、常用漢字表にない漢字であることを示す。）

たとえば

×稟請→申請　　措置→処置・取扱い

救援する→救う　　懇請する→お願いする

一環として→一つとして　　充当する→あてる

即応した→かなった

2　使い方の古いことばを使わず、日常使いなれていることばを用いる。

たとえば
　牙保→周旋・あっせん　彩紋→模様・色模様
3 言いにくいことばを使わず、口調のよいことばを用いる。
たとえば
　拒否する→受け入れない　はばむ→さまたげる
4 音読することばはなるべくさけ、耳で聞いて意味のすぐわかることばを用いる。
たとえば
　橋梁→橋　塵埃→ほこり
　眼瞼→まぶた　充塡する→うめる・つめる
　堅持する→かたく守る　陳述する→のべる
5 音読することばで、意味の二様にとれるものは、なるべくさける。
たとえば
　協調する(強調する　とまぎれるおそれがある。)→歩調を合わせる
　勧奨する(干渉する)→すすめる
　衷心(中心)→心から
　潜行する(先行する)→ひそむ
　出航(出講)→出帆・出発
6 漢語をいくつもつないでできている長いことばは、むりのない略し方をきめる。
たとえば
　経済安定本部→経本　中央連絡調整事務局→連調
7 同じ内容のものを違ったことばで言い表わすことのないように統一する。
たとえば
　提起・起訴・提訴　口頭弁論・対審・公判

二 用字について

1 漢字は、常用漢字表による。
(1) 常用漢字表を使用するにあたっては、特に次のことがらに留意する。
1 (省略)
2 外国の地名・人名および外来語は、かたかな書きにする。(一部省略)
たとえば
　イタリア　スウェーデン　フランス　ロンドン　等
　エジソン　ヴィクトリア　等
　ガス　ガラス　ソーダ　ビール
　ボート　マージャン　マッチ　等
ただし、外来語でも「かるた」「さらさ」「たばこ」などのように、外来語の意識のうすくなっているものは、ひらがなで書いてよい。
3 動植物の名称は、常用漢字表で認めている漢字は使ってもよい。(一部省略)
たとえば
　ねずみ　らくだ　いぐさ　からむし　等
　犬　牛　馬　桑　桜　等
4 (省略)

(2) 常用漢字表で書き表わせないものは、次の標準によって書きかえ、言いかえをする。(言いかえをするときは、「一　用語について」による。)

1 かな書きにする。(一部省略)

たとえば

ア 佃煮→つくだ煮　艀→はしけ
看做す→みなす

イ 漢語でも、漢字をはずしても意味のとおる使いなれたものは、そのままかな書きにする。

たとえば

でんぷん　あっせん　等

ウ 他によい言いかえがなく、または言いかえをしてはふつごうなものは、常用漢字表にはずれた漢字だけをかな書きにする。

たとえば

改竄→改ざん　口腔→口こう

この場合、読みにくければ、音読する語では、横に点をうってもよい(縦書きの場合)。

2 常用漢字表中の、音が同じで、意味の似た漢字で書きかえる。(一部省略)

たとえば

車輛→車両　煽動→扇動　碇泊→停泊
編輯→編集　抛棄→放棄　傭人→用人
聯合→連合　煉乳→練乳

3 同じ意味の漢語で言いかえる。(一部省略)

ア 意味の似ている、用い慣れたことばを使う。

たとえば

印顆→印形　改悛→改心

イ 新しいことばをくふうして使う。

たとえば

罹災救助金→災害救助金　剪除→切除
擾乱→騒乱　溢水→出水　譴責→戒告
瀆職→汚職

4 漢語をやさしいことばで言いかえる。(一部省略)

たとえば

庇護する→かばう　牴触する→ふれる
漏洩する→漏らす　酩酊する→酔う
趾→あしゆび

2 かなは、ひらがなを用いることとする。かたかなは特殊な場合に用いる。

注 1. 地名は、さしつかえのないかぎり、かな書きにしてもよい。
2. 事務用書類には、さしつかえのない限り、人名をかな書きにしてもよい。
3. 外国の地名・人名および外来語・外国語は、かたかな書きにする。
4. 左横書きに用いるかなは、かたかなによることができる。

3 (省略)

三　法令の用語用字について

1　法令の用語用字についても、特にさしつかえのない限り、「一　用語について」および「二　用字について」に掲げた基準による。

2　法令の一部を改正する場合および法令名を引用する場合には、特に、次のような取扱いをする。

(1)　法令の一部を改正する場合について

1　文語体・かたかな書きを用いている法令を改正する場合は、改正の部分が一つのまとまった形をしているときは、その部分は、口語体を用い、ひらがな書きにする。

2　にごり読みをすべきかなに、にごり点をつけていない法令を改正する場合は、改正の部分においては、にごり点をつける。

3　常用漢字表の通用字体を用いていない法令を改正する場合は、改正の部分においては、常用漢字表の通用字体を用いる。

4　旧かな遣いによる口語体を用いている法令を改正する場合は、改正の部分においては、現代仮名遣いを用いる。

5　(省略)

(2)　法令名を引用する場合について

題名のつけられていない法令で、件名のある法令を引用する場合には、件名の原文にかかわらずその件名はひらがなおよび現代仮名遣いによる口語体を用い、漢字は、常用漢字表による。

四　地名の書き表わし方について

1　地名はさしつかえのない限り、かな書きにしてもよい。
地名をかな書きにするときは、現地の呼び名を基準とする。
ただし、地方的なまなりは改める。

2　地名をかな書きにするときは、現代仮名遣いを基準とする。
(ふりがなの場合も含む。)

3　特に、ジ・ヂ、ズ・ヅについては、区別の根拠のつけにくいものは、ジ・ズに統一する。

4　さしつかえのない限り、常用漢字表の通用字体を用いる。
常用漢字表以外の漢字についても、常用漢字表の通用字体に準じた字体を用いてもよい。

五　人名の書き表わし方について

1　人名もさしつかえのない限り、常用漢字表の通用字体を用いる。

2　事務用書類には、さしつかえのない限り、人名をかな書きにしてもよい。人名をかな書きにするときは、現代仮名遣いを基準とする。

第二　文体について

1　公用文の文体は、原則として「である」体を用いる。ただし、公告・告示・掲示の類ならびに往復文書(通達・通知・供覧・回章・伺い・願い・届け・申請書・照会・回答・報告等を含む。)の類はなるべく「ます」体を用いる。

注
1.「だ、だろう、だった」の形は、「である、であろう、であった」の形にする。
2.「まするが、まするけれども」は、「ますが、ますけれども」とする。「ますれば、くださいませ(―まし)」の表現は用いない。
3. 打ち消しの「ぬ」は、「ない」の形にする。「ん」は、「ません」のほかは用いない。「せねば」は、「しなければ」とする。

2 文語脈の表現はなるべくやめて、平明なものとする。

注
1. 口語化の例
これが処理→その処理
せられんことを→されるよう
ごとく・ごとき→のような・のように
進まんとする→進もうとする
貴管下にして→貴管下で(あって)
2.「おもなる・必要なる・平等なる」などの「なる」は、「な」とする。ただし、「いかなる」は用いてもよい。
3.「べき」は、「用いるべき手段」「考えるべき問題」「論ずべきではない」「注目すべき現象」のような場合には用いてもよい。「べく」「べし」の形は、どんな場合にも用いない。「べき」がサ行変格活用の動詞に続くときには、「するべき」としないで「すべき」とする。
4. 漢語につづく、「せられる、せさせる、せぬ」の形は、「される、させる、しない」とする。「せない、せなければ」を用いないで、「しない、しなければ」の形を用いる。
5. 簡単な注記や表などの中では、「あり、なし、同じ」などを用いてもよい。
例「配偶者……あり」
「ムシバ……上一、下なし」
「現住所……本籍地に同じ」

3 文章はなるべくくぎって短くし、接続詞や接続助詞などを用いて文章を長くすることをさける。

4 文の飾り、あいまいなことば、まわりくどい表現は、できるだけやめて、簡潔な、論理的な文章とする。
敬語についても、なるべく簡潔な表現とする。

注
1. 時および場所の起点を示すには、「から」を用いて、「より」は用いない。「より」は、比較を示す場合にだけ用いる。
例 東京から京都まで。
午後1時から始める。
恐怖から解放される。
長官から説明があった。
2. 推量を表わすには「であろう」を用い、「う、よう」を用いない。「う、よう」は意思を表わす場合にだけ用いる。
例 役に立つであろう／そのように思われるであろうか } 推量
対等の関係に立とうとする／思われようとして } 意思
3. 並列の「と」は、まぎらわしいときには最後の語句にもつける。
例 横浜市と東京都の南部との間
4.「ならば」の「ば」は略さない。

5　文書には、できるだけ、一見して内容の趣旨がわかるように、簡潔な標題をつける。また、「通達」「回答」のような、文書の性質を表わすことばをつける。

注　例　公団の性質に関する件
　　　→公団の性質について(依命通達)
　　閣議付議事項の取扱いについて
　　　→1月27日閣甲第19号第8項の責任者について(回答)

6　内容に応じ、なるべく箇条書きの方法をとりいれ、一読して理解しやすい文章とする。

第三　書き方について

執務能率を増進する目的をもって、書類の書き方について、次のことを実行する。

1　一定の猶予期間を定めて、なるべく広い範囲にわたって左横書きとする。

2　左横書きに用いるかなは、かたかなによることができる。

3　左横書きの場合は、特別の場合を除き、アラビア数字を使用する。

注　1. 横書きの文書の中でも「一般に、一部分、一間(ひとま)、三月(みつき)」のような場合には漢字を用いる。
「100億, 30万円」のような場合には、億・万を漢字で書くが、千・百は、たとえば「5千」「3百」としないで、「5,000」「300」と書く。

2. 日付は、場合によっては、「昭和24.4.1」のように略記してもよい。

3. 大きな数は、「5,000」「62,250円」のように三けたごとにコンマでくぎる。

4　タイプライタの活用を期するため、タイプライタに使用する漢字は、常用漢字表のうちから選んださらに少数の常時必要なものに限り、それ以上の漢字を文字盤から取り除くことなどに努める。ぜひとも文字盤にない漢字を使用する必要がある場合には、手書きする。

5　人名・件名の配列は、アイウエオ順とする。

注　1. 文の書き出しおよび行を改めたときには1字さげて書き出す。

2. 句読点は、横書きでは「,」および「。」を用いる。事物を列挙するときには「・」(なかてん)を用いることができる。

3. 同じ漢字をくりかえすときには「々」を用いる。

4. 項目の細別は、たとえば次のような順序を用いる。

(横書きの場合)

第1	1	(1)	ア	(ア)
第2	2	(2)	イ	(イ)
第3	3	(3)	ウ	(ウ)

(縦書きの場合)

第一	一	1	(一)	(1)	ア
第二	二	2	(二)	(2)	イ
第三	三	3	(三)	(3)	ウ

5. 文章のあて名は、たとえば「東京都知事殿」「文部大臣殿」のように官職名だけを書いて、個人名は省くことができる。

新しい「公用文作成の要領」に向けて

・令和三年三月一二日文化審議会国語分科会報告から抜粋。

・昭和二七年四月四日内閣官房長官依命通知別紙「公用文作成の要領」（本書244ページ）の見直しにあたり、必要となる考え方や具体的な対応について提案すべきことをまとめ、その内容を報告したもの。

・国の府省庁で業務上作成される文書の全体を「公用文」とする考え方がある一方で、広報などを目的として国民を対象に直接発せられる文書類やウェブサイト記事なども「公用文」の範囲であるのかとする声もある。この報告は、公用文の範囲を整理したうえで、文書の目的や想定される読み手などに応じた、伝わりやすい文書作成の考え方も示している。

・原文は大部であるため、三省堂編修所で抜粋・編集した。原文末尾には「今後政府内で「公用文作成の要領」の改定が検討される場合に、改定案の例として参照できるよう」要約版が付されている。この要約版「「公用文作成の要領」を改定する場合の例（参考資料）」に、本文内の具体例などを色字・細ゴシック体で追加した。

・原文は横書き。

（三省堂編修所注）

1　基本的な考え方

(1)　公用文作成の在り方

ア　読み手とのコミュニケーションとして捉える

読み手に理解され、信頼され、行動の指針とされる文書を作成する。

イ　多様化する読み手に対応する。広く一般に向けた文書では、義務教育で学ぶ範囲の知識で理解できるように書くよう努める。

ウ　地方公共団体や民間の組織によって活用されることを意識する。

エ　解説・広報等では、より親しみやすい表記を用いてもよい。

オ　有効な手段・媒体を選択し、読み手にとっての利便性に配慮する。

(2)　文書の目的や種類に応じて考える（表「公用文の分類例」参照）

ア　原則として、公用文の表記は法令と一致させる。ただし、文書の目的や種類、想定される読み手に応じた工夫の余地がある。

イ　法令に準ずるような告示・通知等においては、公用文表記の原則に従って書き表す。

ウ　議事録、報道発表資料、白書などの記録・公開資料等では、公用文表記の原則に基づくことを基本としつつ、必要に応じて読み手に合わせた書き表し方を工夫する。

エ　広く一般に向けた解説・広報等では、特別な知識を持たない人にとっての読みやすさを優先し、書き表し方を工夫するとともに、施策への関心を育むよう工夫する。

表）公用文の分類例

大別	具体例	想定される読み手	手段・媒体の例
法令	法律、政令、省令、規則	専門的な知識がある人	官報
告示・通知等	告示・訓令 通達・通知 公告・公示	専門的な知識がある人	官報 府省庁が発する文書
記録・公開資料等	議事録・会見録 統計資料 報道発表資料 白書	ある程度の専門的な知識がある人	専門的な刊行物 府省庁による冊子 府省庁ウェブサイト
解説・広報等	法令・政策等の解説 広報 案内 Q＆A 質問等への回答	専門的な知識を特に持たない人	広報誌 パンフレット 府省庁ウェブサイト 同ＳＮＳアカウント

2 読み手に伝わる公用文作成の条件

(1) 正確に書く

ア 誤りのない正確な文書を作成する。誤りが見つかった場合には、過剰な説明はせず速やかに訂正する。

イ 実効性のある告示・通知等では、公用文の書き表し方の原則に従う。

ウ 基となる情報の内容や意味を損なわない。

エ 関係法令等を適宜参照できるように、別のページやリンク先に別途示す。

オ 厳密さを求めすぎない。文書の目的に照らして必要となる情報の範囲を正確に示す。

(2) 分かりやすく書く

ア 読み手が十分に理解できるように工夫する。

イ 伝えることを絞る。副次的な内容は、別に対応する。

ウ 遠回しな書き方を避け、主旨を明確に示す。

エ 専門用語や外来語をむやみに用いないようにし、読み手に通じる言葉を選ぶ。

オ 図表等によって視覚的な効果を活用する。

カ 正確さとのバランスをとる。

(3) 気持ちに配慮して書く

ア 文書の目的や種類、読み手にふさわしい書き方をする。

イ 読み手が違和感を抱かないように書く。型にはまった考え方に基づいた記述を避ける。

ウ 対外的な文書においては、「です・ます」体を基本として簡潔に敬意を表す。

エ 親しさを伝える。敬意とのバランスを意識し、読み手との適度な距離感をとる。

Ⅰ 表記の原則

「現代仮名遣い」（昭和61年内閣告示第１号）（本書222ページ）による漢字平仮名交じり文を基本とする。

１　漢字の使い方

漢字の使用は、「常用漢字表」（平成22年内閣告示第２号）（本書５ページ）によるものとする。また、その具体的な運用については「公用文における漢字使用等について」（平成22年内閣訓令第１号）（本書242ページ）の「１　漢字使用について」及び「３　その他」によるものとする。

(1)　漢字使用の原則

ア　常用漢字表にある字種（漢字）や音訓を用いる

例　絆（表にない漢字）→きずな、絆《きずな》

活かす（表にない訓）→生かす、活《い》かす

イ　字体は常用漢字表に示された通用字体を用いる

(ア)　特別な事情のない限り常用漢字表に示された通用字体を用いる。

例　隠蔽、補塡、進捗、頰、剝離　等（「蔽、塡、捗、頰、剝」等は用いない。）

謙遜、食餌療法　等（「遜、遡、謎、餌、餅」は許容字体であるが、できれば用いない。）

(イ)　字体・字形に関する印刷文字における習慣や印刷文字と手書き文字との関係等については、常用漢字表の「(付)字体についての解説」及び「常用漢字表の字体・字形に関する指針」（平成28年文化審議会国語分科会報告）（本書149ページ）による。

(ウ)　常用漢字表にない漢字を使う必要が生じた場合には、特別な事情のない限り「表外漢字字体表」（平成12年国語審議会答申）（本書294ページ）に示された印刷標準字体を用いる。

(エ)　外国で用いられる漢字の字体は、その字に対応する通用字体又は印刷標準字体に改める。

ウ　固有名詞（地名・人名）には常用漢字表にない漢字も使うことができる

(ア)　固有名詞は、常用漢字表の適用対象ではない。したがって、地名は通用している書き方を用いる。また、人名は、原則として、本人の意思に基づいた表記を用いる。ただし、必要に応じて振り仮名を用いる。

(イ)　特に差し支えのない場合には、固有名詞についても、常用漢字表の通用字体を用い、また、常用漢字表にない漢字については、表外漢字字体表の印刷標準字体を用いることが望ましい。

エ　ただし、広く一般に向けた解説・広報等においては、読み手に配慮し、漢字を用いることになっている語についても、仮名で書いたり振り仮名を使ったりすることができる。

例　語彙→語彙《い》、語い　　進捗→進捗《ちょく》、進ちょく

若しくは→もしくは　　飽くまで→あくまで

授業の狙い→授業のねらい

(2)　常用漢字表の字種・音訓で書き表せない場合

（※　×印は表にない漢字、△印は表にない音訓）

常用漢字表の字種・音訓で書き表せない語は次のように書く。

ア　仮名で書く

(ア) 訓による語は平仮名で書く。

例　敢えて→あえて　予め→あらかじめ
或いは→あるいは　未だ→いまだ
謳う→うたう　嬉しい→うれしい
概ね→おおむね　自ずから→おのずから
叶う→かなう　叩く→たたく
止める・留める→とどめる　経つ→たつ
為す→なす　則る→のっとる
捗る→はかどる　以て→もって
依る・拠る→よる　宜しく→よろしく
坩堝→るつぼ

(イ) 音による語でも、漢字を用いないで意味の通るものは、そのまま平仮名で書く。

例　斡旋→あっせん　億劫→おっくう
痙攣→けいれん　御馳走→ごちそう
颯爽→さっそう　杜撰→ずさん
石鹸→せっけん　覿面→てきめん
咄嗟→とっさ　煉瓦→れんが

(ウ) 動植物の名称を一般語として書くときには、常用漢字表にないものは仮名で、常用漢字表にあるものは漢字で書く。学術的な名称としては、慣用に従い片仮名で書くことが多い。

例　鼠→ねずみ(ネズミ)　駱駝→らくだ(ラクダ)
薄→すすき(ススキ)　犬(イヌ)
牛(ウシ)　桑(クワ)　桜(サクラ)

イ　音訓が同じで、意味の通じる常用漢字を用いて書く

(ア) 常用漢字表中の同じ訓を持つ漢字を用いて書く。

例　活かす→生かす　威す、嚇す→脅す
伐る、剪る→切る　口惜しい→悔しい
歎く→嘆く　脱ける→抜ける　拓く→開く
解る、判る→分かる　仇→敵　手許→手元
想い→思い　哀しい→悲しい　真に→誠に

(イ) 常用漢字表中の、同じ音を持ち、意味の通じる漢字を用いて書く。

例　車輛→車両　洗滌→洗浄　煽動→扇動
碇泊→停泊　顛覆→転覆　杜絶→途絶
日蝕→日食　編輯→編集　抛棄→放棄
聯合→連合　煉乳→練乳　吉方→恵方
恰好→格好　確乎→確固　義捐金→義援金
醵出金→拠出金　沙漠→砂漠　穿鑿→詮索
脳裡→脳裏

ウ　常用漢字を用いた別の言葉で言い換える

(ア) 常用漢字表にある漢字を用いた言葉で言い換える。

例　隘路→支障、困難、障害　軋轢→摩擦
改悛→改心　干魃→干害　瀆職→汚職
竣工→落成、完工　剪除→切除　捺印→押印
誹謗→中傷、悪口　逼迫→切迫　罹災→被災

論駁→反論、抗論

(イ) 同じ意味の分かりやすい言い方で言い換える。

例 安堵する→安心する、ほっとする
陥穽→落とし穴　狭隘な→狭い　誤謬→誤り
豪奢な→豪華な、ぜいたくな
塵埃→ほこり　脆弱な→弱い、もろい
庇護する→かばう、守る　畢竟→つまるところ
酩酊する→酔う　凌駕する→しのぐ、上回る
漏洩する→漏らす

注：(ア)、(イ)両方の処理ができるものもある。

例 帰趨→動向、成り行き　斟酌→遠慮、手加減

エ 表にない漢字だけを仮名書きにする、又は、振り仮名を付ける

（ウに例示した語でも、文書の目的や想定される読み手の在り方に合わせて、この方法を用いることができる。）

例 改竄→改竄《ざん》、改ざん　絆→絆《きずな》、きずな
牽引→牽《けん》引、けん引　口腔→口腔《こう》、口こう（「こうくう」とも。）
招聘→招聘《へい》、招へい
綴る→綴《つづ》る、つづる　綴じる→綴《と》じる、とじる
酉の市→酉《とり》の市、とりの市

注：化学用語など、片仮名を用いる場合もある。

例 燐酸→リン酸　沃素→ヨウ素　弗素→フッ素

オ 振り仮名は、原則として表にない漢字・音訓のみに付ける

ただし、読み手に配慮して、熟語全体に振り仮名を付すこともある。

文書全体又は章ごとの初出に示すなどの基準を定め、文書内で統一して行うようにする。なお、振り仮名は見出しではなく本文部分に付すのが一般的である。

例 忸怩《じくじ》たる思い　目標へ邁《まい》進する
指揮者を招聘《へい》する　未来を拓《ひら》く

カ 振り仮名が使えない場合には、括弧内に読み方を示すこともできる

その際、熟語についてはその全体の読み方を示す方が読み取りやすい。

例 忸怩（じくじ）たる思い
目標へ邁進（まいしん）する
指揮者を招聘（しょうへい）する
未来を拓（ひら）く

(3) 常用漢字表に使える漢字があっても仮名で書く場合

（※ ×印は表にない漢字、△印は表にない音訓）

書き表そうとする語に使える漢字とその音訓が常用漢字表にある場合には、その漢字を用いて書くのが原則である。ただし、例外として仮名で書くものがある。

ア 仮名で書く

助詞

例 位→くらい（程度）　等→など（例示。「等」は「とう」と読むときに用いる。）　程→ほど（程度）

助動詞

例　～の様だ→～のようだ　（やむを得）無い→ない

動詞・形容詞などの補助的な用法

例　～（し）て行く→～ていく
～（し）て頂く→ていただく
～（し）て下さる→てくださる
～（し）て来る→てくる
～（し）て見る→てみる
～（し）て欲しい→てほしい
～（し）て良い→てよい
（実際の動作・状態等を表す場合は「…街へ行く」「…賞状を頂く」「…贈物を下さる」「…東から来る」「しっかり見る」「資格が欲しい」「声が良い」のように漢字を用いる。）

形式名詞

例　事→こと　時→とき　所・処△→ところ
物・者→もの
（ただし、「事は重大である」「法律の定める年齢に達した時」「家を建てる所」「所持する物」「裁判所の指名した者」のように、具体的に特定できる対象がある場合には漢字で書く。）
中△・内→うち（「…のうち」等。「内に秘める」などは漢字で書く。）
為△→ため
通り→とおり（「通知のとおり…」「思ったとおり」等。「大通り」などは漢字で書く。）
故→ゆえ（「それゆえ…」等。「故あって」などは漢字で書く。）
様→よう（「このような…」等）
訳→わけ（「そうするわけにはいかない」等。「訳あって」などは漢字で書く。）

指示代名詞

例　これ　それ　どれ　ここ　そこ　どこ

漢字の持つ実質的な意味が薄くなっているもの

例　有難う→ありがとう（ただし「有り難い」は漢字で書く。）
今日は→こんにちは　お早う→おはよう　逆様→逆さま

いわゆる当て字や熟字訓（常用漢字表の付表にある語を除く。）

例　何時→いつ　如何→いかん　思惑→思わく
流石→さすが　素晴らしい→すばらしい
煙草→たばこ　一寸→ちょっと
普段→ふだん　滅多→めった
（「明後日（あさって）」「十八番（おはこ）」など、熟字訓が付表に採られていないものは、音読み（「みょうごにち」「じゅうはちばん」）でのみ用いる。訓読みする場合には仮名で書くか振り仮名等を付ける。）

その他

例　共→とも（「…するとともに」等。ただし「彼と共に…」などは漢字で書く。）

イ　仮名書きを基本とするが一部のものは漢字で書く

接続詞

例　さらに（副詞の「更に」「更なる」は漢字で書く。）
しかし　しかしながら
したがって（動詞の「従う」は漢字で書く。）
そして　そうして　そこで　それゆえ
ただし　ところが　ところで
また（副詞の「又」は漢字で書く。）
（漢字を使って書く接続詞）　及び　又は　並びに　若しくは

連体詞

例　あらゆる　ある（～日）　いかなる
いわゆる　この　その　どの
（漢字を使って書く連体詞）　来る（きたる）　去る　当の　我が　等

接頭辞・接尾辞

例　お…（お菓子、お願い）
（「おん（御）」「ご（御）」は漢字で書く（「御中」「御礼」「御挨拶」「御意見」等）。ただし、常用漢字表にない漢字を含む語は仮名書きし「御」も仮名で書く（「ごちそう（御馳走）」「ごもっとも（御尤も）」等）。）
…げ（「惜しげもなく」等）
…とも（「二人とも」等）　…たち（「私たち」等）
…ら（「僕ら」等）　…ぶる（「もったいぶる」等）
…ぶり（「説明ぶり」等）　…み（「有り難み」等）

ウ　動詞、副詞、形容詞は漢字で書くことを基本とするが一部のものは仮名で書く

動詞のうち仮名で書くもの

例　居る→いる　出来る→できる（「利用ができる」。ただし、「出来が良い」などは漢字で書く。）
成る→なる（「1万円になる」。ただし、「歩が金に成る」「本表と付表から成る」などは漢字で書く。）

副詞のうち仮名で書くもの

例　色々→いろいろ　概ね→おおむね
自ずから→おのずから　いかに　いずれ
かなり　ここに　沢山→たくさん
丁度→ちょうど　とても　やがて
余程→よほど　わざと　わざわざ

ある（動詞）・ない（形容詞）

有る・在る→ある、無い→ない（「問題がある」「欠点がない」などは仮名で書く。「有無」の対照、「所在・存在」の意を強調するときは、「財産が有る」「有り・無し」「在り方」「在りし日」「日本はアジアの東に在る」など、漢字で書く。）

エ　常用漢字表にあっても法令に倣い仮名で書く

例　虞→おそれ　且つ→かつ　但し→ただし
但書→ただし書　外・他→ほか　因る→よる

オ　読み手への配慮や社会の慣用に基づいて、仮名を使う場合もある

次に例示するような語を公用文で用いる際には、漢字

を用いて書くことになっているが、一般の社会生活では仮名で表記する場合も多い。解説・広報等においては、分かりやすさや親しみやすい表現を優先する観点から、必要に応じて仮名で書くことがある。

例　接頭辞「御」（御指導→ご指導　御参加→ご参加　等）
　　接続詞（及び→および　又は→または　並びに→ならびに　若しくは→もしくは）
　　副詞（飽くまで→あくまで　余り→あまり　幾ら→いくら　既に→すでに　直ちに→ただちに　何分→なにぶん　正に→まさに　等）

2　送り仮名の付け方

送り仮名の付け方は「送り仮名の付け方」（昭和48年内閣告示第2号）（本書229ページ）によるものとする。また、その具体的な運用については、「公用文における漢字使用等について」（平成22年内閣訓令第1号）（本書242ページ）の「2 送り仮名の付け方について」及び「3 その他」によるものとする。

ただし、広く一般に向けた解説・広報等においては、読み手に配慮し、送り仮名を省いて書くことになっている語についても、送り仮名を省かずに書くことができる。

例　公用文表記の原則：食品売場　期限付の職　解約の手続　雇主責任
　　学校教育で学ぶ表記：食品売り場　期限付きの職　解約の手続き　雇い主責任

3　外来語の表記

外来語の表記は「外来語の表記」（平成3年内閣告示第2号）（本書280ページ）による。「外来語の表記」の第1表によって日本語として広く使われている表記を用いることを基本とし、必要に応じて第2表を用いる。第1表及び第2表にない表記は使用しない。

・日本語として広く使われている表記を用いる
・必要な場合には原語の発音に近づくように書く
・長音は、原則として長音符号を使って書く

なお、片仮名で表記されている人名、地名、外来語の長音に平仮名で振り仮名を付ける必要があるような場合には、便宜的に長音符号をそのまま用いてよい。

例　リチャード《りちゃーど》　メアリー《めありー》　デンマーク《でんまーく》　ポーランド《ぽーらんど》
　　サービス《さーびす》　テーマ《てーま》

4　数字を使う際は、以下の点に留意する

ア　横書きでは、算用数字を使う。
　例　令和2年11月26日　午後2時37分
　　　72％　電話：03-5253-****
イ　大きな数は、三桁ごとにコンマで区切る。
　例　5,000　62,250円　1,254,372人
ウ　兆・億・万の単位は漢字を使う。
　例　101兆4,564億円　1億2,644万3,000人
エ　全角・半角を文書内で統一して使い分ける。
オ　概数は漢数字を使う。
　例　二十余人　数十人　四、五十人
　（算用数字で統一したい場合は、「20人余り」「40～50人」

など書き方を工夫する。）

カ　語の構成用語として用いられる数などは、漢数字を使う。

例　二者択一　千里の道も一歩から　三日坊主
再三再四　幾百　幾千　等
一つ、二つ…　一人、二人…
一日(ついたち)、二日(ふつか)、三日(みっか)…
三権分立　六法全書　七福神　二十四節気
前九年の役　三国干渉　三代目坂田藤十郎
お七夜　七五三　四十九日

キ　縦書きする場合には漢数字を使う。

例　令和二年十一月二十六日　千九百八十三年
二時三十七分　七十二・三パーセント

広報等の縦書きでは、次のような書き方をすることがある。

例　一九八三年　五三人　二時三七分
2時37分　72・3パーセント(又は%)
電話：〇三―五二五三―＊＊＊＊(ゼロを示す場合には「〇」を用いる。)

ク　縦書きされた漢数字を横書きで引用する場合には、原則として算用数字にする。

ただし、元の表記を示すために、漢数字を用いる場合もある。

ケ　算用数字を使う横書きでは「〇か所」「〇か月」と書く(ただし、漢数字を用いる場合には「〇箇所」「〇箇月」のように書く。)。

例　3か所　7か月　何箇月　三箇所　七箇月

(付)

①「以上」「以下」「以前」「以後」の使い方

起算点となる数量や日時などを含む場合に用いる。

例　100人以上／以下＝100人を含んで、100人より多い／少ない人数
5月1日以前／以後＝5月1日を含んで、それより前／後への時間的広がり

②「超える」「未満」「満たない」「前」「後」の使い方

起算点となる数量や日時などを含まない場合に用いる。

例　100人を超える＝100人を含まずに、100人より多い人数
100人未満・100人に満たない＝100人を含まずに、100人より少ない人数
5月1日前／後＝5月1日を含まず、それより前／後への時間的広がり

③起算点による期間の使い分け

起算点に留意して使い分ける。

例　満5年、5か年、5年ぶり、5周年＝まるまる5年。「～年ぶりに開催」の「～年」は、前の開催年の翌年から数えて、今回の開催年を含む
5年目、5年掛かり、5年来、5年越し＝起算の年を含んで5年

5　符号を使う際は、以下の点に留意する

(1)　句読点や括弧の使い方

ア　句点には「。」(マル)読点には「、」(テン)を用いることを原則とする。横書きでは読点に「，」(コンマ)を用いてもよい。ただし、一つの文書内でどちらかに統一する。

イ　「・」(ナカテン)は、並列する語、外来語や人名などの区切り、箇条書の冒頭等に用いる。

例　光の三原色は、赤・緑・青である。
　ケース・バイ・ケース　マルコ・ポーロ
　・項目1　七二・三パーセント

ウ　括弧は()(丸括弧)と「」(かぎ括弧)を用いることを基本とする。()や「」の中に、更に()や「」を用いる場合にも、そのまま重ねて用いる。

例　(平成26(2014)年)
　「「異字同訓」の漢字の使い分け例」

エ　括弧の中で文が終わる場合には、句点(。)を打つ。ただし、引用部分や文以外(名詞、単語としての使用、強調表現、日付等)に用いる場合には打たない。また、文が名詞で終わる場合にも打たない。

例　(以下「基本計画」という。)
　「決める。」と発言した。
　議事録に「決める」との発言があった。
　「決める」という動詞を使う。国立科学博物館(上野)
　「わざ」を高度に体現する。

オ　文末にある括弧と句点の関係を使い分ける。
文末に括弧がある場合、それが部分的な注釈であれば閉じた括弧の後に句点を打つ。

例　当事業は一時休止を決定した。ただし、年内にも再開を予定している(日程は未定である。)。

二つ以上の文、又は、文章全体の注釈であれば、最後の文と括弧の間に句点を打つ。

例　当事業は一時休止を決定した。ただし、年内にも再開を予定している。(別紙として、決定に至った経緯に関する資料を付した。)

広報・解説等では、そこで文が終わっていることがはっきりしている場合に限って、括弧内の句点を省略することがある。

例　年内にも再開を予定しています(日程は未定です)。

カ　【】(隅付き括弧)は、項目を示したり、強調すべき点を目立たせたりする。

例　【会場】文部科学省講堂　【取扱注意】

キ　そのほかの括弧等はむやみに用いず、必要な場合は用法を統一して使用する。

(2)　様々な符号の使い方

ア　解説・広報等においては、必要に応じて「?」「!」を用いてよい。
　なお、「?」「!」の後に文が続く場合には、全角又は半角1文字分空ける。
「?」(疑問符)　疑問や質問、反問を示す。無言で疑問の

意を表す様子を示す　等

例　〇〇法が改正されたのを知っていますか？

　もう発表されているのですか？

「！」（感嘆符）感動や強調、驚きなどを示す　等

例　みんなで遊びに来てください！

　来月20日、開催！　すばらしいお天気！

イ　他の符号を用いる場合には、文書内で用法を統一し、濫用を避ける。

「：」（コロン）　項目とその内容・説明等を区切る。文中の語とその説明とを区切る　等

例　住所：東京都千代田区…

　注：31条のなお書きを指す。

「―」（ダッシュ）　文の流れを切り、間を置く。発言の中断や言いよどみを表す　等

例　昭和56年の次官通知―（又は二つ重ねる「――」）

　これは既に無効であるが――

「-」（ハイフン）　数字やアルファベットによる表記の区切りやつなぎに使う　等

例　〒100-8959　03-5253-＊＊＊＊

「～」（波形）　時間や距離などの起点と終点を表す。「から」「まで」を表す　等

例　10時～12時　東京～京都　価格：3,000円～

　～10月4日

「…」（3点リーダー）　続くものの存在を示す。重ねて項目とページ数や内容をつなぐ　等

6

例　牛、馬、豚、鶏…（又は二つ重ねる「……」）

　第5章……2　材料……鉄

「＊」（アステリスク）文中の語句に付けて、注や補足に導く。補足的事項の頭に付ける　等

例　国際的な基準であるＣＥＦＲ＊を参考にして

「※」（米印又は星）見出し、補足的事項の頭に付けて、目立たせる　等

例　※データは令和元年9月現在

「／」（スラッシュ）　引用文の改行位置を示す。文節など文の区切りを示す。対比する　等

例　…であった。／なお、…　痛む／傷む／悼む

　直流／交流　等

ウ　矢印や箇条書等の冒頭に用いる符号は、文書内で用法を統一して使う。

エ　単位を表す符号を用いる場合は、文書内で用法を統一して使う。

そのほか、以下の点に留意する

ア　文の書き出しや改行したときには、原則として1字下げする。

イ　繰り返し符号は「々」のみを用いる。2字以上の繰り返しはそのまま書く。

例　並々ならぬ　東南アジアの国々

　年々高まっている　正々堂々

ただし、複合語の切れ目に当たる次のような場合には、漢字1字の繰り返しであっても、「々」は使わずそのまま

書く。
例　民主主義　表外漢字字体表　〇〇党党首
また、2字以上の繰り返しは、そのまま書く。
例　ますます　一つ一つ　一人一人　一歩一歩
知らず知らず　繰り返し繰り返し
ウ　項目の細別と階層については、例えば次のような順序を用いる。

(横書きの場合の例)
第1　1　(1)　ア　(ア)
第2　2　(2)　イ　(イ)
第3　3　(3)　ウ　(ウ)

(縦書きの場合の例)
第一　一　1　(一)　(1)　ア
第二　二　2　(二)　(2)　イ
第三　三　3　(三)　(3)　ウ

エ　アルファベットを用いるときには全角・半角を適切に使い分ける。
オ　日本人の姓名をローマ字で示すときには、差し支えのない限り「姓―名」の順に表記する。姓と名を明確に区別させる必要がある場合には、姓を全て大文字とし(YAMADA Haruo)、「姓―名」の構造を示す。
名を1文字目だけで示す場合には、「Yamada H.」「YAMADA H.」「Yamada,H.」などとする。
カ　電子的な情報交換では、内容が意図するとおりに伝わるよう留意する。
キ　読みやすい印刷文字を選ぶ。
ク　略語は元になった用語を示してから用い、必要に応じて説明を添える。
例　クオリティー・オブ・ライフ(Quality of Life。以下「QOL」という。)
ケ　図表を効果的に用いる。図表には分かりやすい位置に標題を付ける。

II　用語の使い方

1　法令・公用文に特有の用語は適切に使用し、必要に応じて言い換える
例　及び　並びに　又は　若しくは
2　専門用語は、語の性質や使う場面に応じて、次のように対応する
ア　言い換える
例　頻回→頻繁に、何回も　埋蔵文化財包蔵地→遺跡
イ　説明を付けて使う
例　罹災証明書(支援を受けるために被災の程度を証明する書類)
ウ　普及を図るべき用語は工夫してそのまま用いる
例　線状降水帯　SDGs
3　外来語は、語の性質や使う場面に応じて、次のように対応する
ア　日本語に十分定着しているものはそのまま使う
例　ストレス　ボランティア　リサイクル
イ　日常使う漢語や和語に言い換える
例　アジェンダ→議題　インキュベーション→起業支

援　インタラクティブ→双方向的　サプライヤー→仕入れ先、供給業者

ウ　分かりやすく言い換えることが困難なものは説明を付ける

例　インクルージョン（多様性を受容し互いに作用し合う共生社会を目指す考え）

多様な人々を受け入れ共に関わって生きる社会を目指す「インクルージョン」は…

エ　日本語として定着する途上のものは使い方を工夫する

例　リスクを取る

→あえて困難な道を行く、覚悟を決めて進む、賭ける

4　専門用語や外来語の説明に当たっては、次の点に留意する

ア　段階を踏んで説明する。

イ　意味がよく知られていない語は、内容を明確にする。

ウ　日常では別の意味で使われる語は、混同を避けるようにする。

5　紛らわしい言葉を用いないよう、次の点に留意する

ア　誤解や混同を避ける

(ア)　同音の言葉による混同を避ける。

(イ)　異字同訓の漢字を使い分ける。

常用漢字表の漢字のうち、異なる漢字でありながら同じ訓を持つもの（答える／応える、作る／造る／創る等）の使い分けに迷うときは、「「異字同訓」の漢字の使い分け例」（平成26年文化審議会国語分科会報告）（本書170ページ）を参考にして、書き分けるとよい。

ただし、必要に応じて仮名で表記してよい。

イ　曖昧さを避ける

(ア)　「から」と「より」を使い分ける。

例　東京から京都まで　午後1時から始める

長官から説明がある　東京より京都の方が寒い

会議の開始時間は午前10時より午後1時からが望ましい

(イ)　程度や時期、期間を表す言葉に注意する。

例　幾つか指摘する→3点指摘する

少人数でよい→3人以上でよい

早めに→1週間以内（5月14日正午まで）に

本日から春休みまで

→春休み開始まで／春休みが終了するまで

(ウ)　「等」「など」の類は慎重に使う。これらの語を用いるときには、具体的に挙げるべき内容を想定しておき、「等」「など」の前には、代表的・典型的なものを挙げる。

ウ　冗長さを避ける

(ア)　表現の重複に留意する。ただし、慣用になっていたり強調などのために用いたりする場合もあるため、一概に誤りとも言えないものがある。

例　諸先生方→諸先生、先生方

各都道府県ごとに

→各都道府県で、都道府県ごとに

第1日目→第1日、1日目

約20名くらい→約20名、20名くらい

(イ) 回りくどい言い方や不要な繰り返しはしない
例　利用することができる↓利用できる
調査を実施した↓調査した
教育費の増加と医療費の増加により
↓教育費と医療費の増加により

6　文書の目的、媒体に応じた言葉を用いる
ア　誰に向けた文書であるかに留意して用語を選択する。
例　喫緊の課題↓すぐに対応すべき重要な課題
可及的速やかに↓できる限り早く
イ　日本語を母語としない人々に対しては平易で親しみやすい日本語(やさしい日本語)を用いる。
ウ　敬語など相手や場面に応じた気遣いの表現を適切に使う。解説・広報等における文末は「です・ます」を基調とし、「ございます」は用いない。また、「申します」「参ります」も読み手に配慮する特別な場合を除いては使わない。ただし、「おります」「いたします」などは必要に応じて用いる。
エ　使用する媒体に応じた表現を用いる。ただし、広報等においても、広い意味での公用文であることを意識して一定の品位を保つよう留意する。

7　読み手に違和感や不快感を与えない言葉を使う
ア　偏見や差別につながる表現を避ける。
イ　特定の用語を避けるだけでなく読み手がどう感じるかを考える。
ウ　過度に規制を加えたり禁止したりすることは慎む。
エ　共通語を用いて書くが、方言も尊重する。

8　そのほか、次の点に留意する
ア　聴き取りにくく難しい漢語を言い換える。
例　橋梁《りょう》↓橋　塵埃《じんあい》↓ほこり　眼瞼《けん》↓まぶた
イ　「漢字1字＋する」型の動詞を多用しない。
例　模する↓似せる　擬する↓なぞらえる
賭する↓賭ける　滅する↓滅ぼす
ウ　重厚さや正確さを高めるには、述部に漢語を用いる。
例　決める↓決定(する)　消える↓消失(する)
語の意味をより正確に表現したいときに、漢語を用いることが有効である場合がある。
例　性質が変わる↓性質が変化する
プログラムが変わる↓プログラムが変更される
街並が変わる↓街並が変容する
ただし、分かりやすさ、親しみやすさを妨げるおそれがあることに留意する。
エ　分かりやすさや親しみやすさを高めるには、述部に訓読みの動詞を用いる。
例　作業が進捗する
↓作業がはかどる、順調に進む、予定どおりに運ぶ
オ　紋切り型の表現(型どおりの表現)は効果が期待されるときにのみ用いる。

III　伝わる公用文のために

1　文体の選択に当たっては、次の点に留意する

ア　文書の目的や相手に合わせ、常体と敬体を適切に選択する。法令、告示、訓令などの文書は常体(である体)を用い、通知、依頼、紹介、回答など、特定の相手を対象とした文書では敬体(です・ます体)を用いる。
イ　一つの文・文書内では、常体と敬体のどちらかで統一する。
ウ　常体では「である・であった」体を用いる。
エ　文語の名残に当たる言い方は、分かりやすい口語体に言い換える。
例　〜のごとく→〜のように
　　進まんとする→進もうとする
　　大いなる進歩→大きな進歩
オ　「べき」は「〜すべき…」の形で使う。「べき」は「用いるべき手段」「考えるべき問題」のような場合には用いるが「べく」「べし」の形は用いない。「べき」がサ行変格活用の動詞(「する」「〜する」)に続くときは、「するべき」としないで「すべき」とする。また、「〜すべき。」で文末を終えずに「〜すべきである」「〜すべきもの」などとする。
(付)広報等で文語調を用いる場合
広報等において何らかの効果を狙って文語調を用いる必要がある場合には、文法どおりに正しく使用する。
2　標題・見出しの付け方に当たっては、次のような工夫をする
ア　標題(タイトル)では主題と文書の性格を示す。また、報告、提案、回答、確認、開催、許可などの言葉を使って文書の性格を示す。
例　「視察について」
→「新国立体育館の視察について」
「予算の執行について」
→「令和2年度文化庁予算の執行状況(報告)」
「文化審議会について」
→「第93回文化審議会(令和2年11月22日)を開催します」
イ　分量の多い文書では見出しを活用し、論点を端的に示す。
ウ　中見出しや小見出しを適切に活用する。
エ　見出しを追えば全体の内容がつかめるようにする。
オ　標題と見出しを呼応させる。
カ　見出しを目立たせるよう工夫する。
3　文の書き方においては、次の点に留意する
ア　一文を短くする。
イ　一文の論点は一つにする。
例　在留外国人数は、約200万人を超えており、中長期的に在留する外国人が増えている。
→在留外国人数は、約200万人を超えている。このうち、中長期的に在留する人が増えている。
ウ　三つ以上の情報を並べるときには箇条書を利用する。
例　国語に関する内閣告示には、常用漢字表、外来語の表記、現代仮名遣い、送り仮名の付け方、ローマ字のつづり方の五つがある。

↓国語に関する内閣告示には、次の五つがある。
・常用漢字表
・外来語の表記
・現代仮名遣い
・送り仮名の付け方
・ローマ字のつづり方

エ 基本的な語順(「いつ」「どこで」「誰が」「何を」「どうした」)を踏まえて書く。
オ 主語と述語の関係が分かるようにする。
カ 接続助詞や中止法(述語の用言を連用形にして、文を切らずに続ける方法)を多用しない。
キ 同じ助詞を連続して使わない。
例 「本年の当課の取組の中心は…」
↓「本年、当課が中心的に取り組んでいるのは」
ク 複数の修飾節が述部に掛かるときには、長いものから示すか、できれば文を分ける。
例 「我が国は、文化遺産国際協力に関する覚書を、文化財の保存修復や国際協力の分野で永年の経験を有するイタリアと締結している。」
↓「我が国は、文化財の保存修復や国際協力の分野で永年の経験を有するイタリアと、文化遺産国際協力に関する覚書を締結している。」
ただし、長い修飾節を含む文は、文を分けることで、より読みやすくなることが多い。
例 「我が国は、文化遺産国際協力に関する覚書をイタリアと締結している。イタリアは、文化財の保存修復や国際協力の分野で永年の経験を有している。」
ケ 受身形をむやみに使わない。
コ 二重否定はどうしても必要なとき以外には使わない。
例 「…しないわけではない」↓「することもある」
「○○を除いて、実現していない」
↓「○○のみ、実現した」
サ 係る語とそれを受ける語、指示語と指示される語は近くに置く。
シ 言葉の係り方によって複数の意味に取れることがないようにする。
例 所得が基準内の同居親族のいる高齢者(「同居親族」と「高齢者」のどちらが「基準内」であるのか判然としない。)
↓同居親族(所得が基準内)のいる高齢者、所得が基準内の高齢者で同居親族のいる者
ス 読点の付け方によって意味が変わる場合があることに注意する。

4 文書の構成に当たっては、次のような工夫をする
ア 文書の性格に応じて構成を工夫する。
イ 結論は早めに示し、続けて理由や詳細を説明する。
ウ 通知等は既存の形式によることを基本とする。
エ 解説・広報等では、読み手の視点で構成を考える。
オ 分量の限度を決めておく。
カ 「下記」「別記」等を適切に活用する。

くぎり符号の使い方

● 「文部省刊行物の表記の基準を示すために編集」された、文部省編「国語の書き表わし方」（昭和二五年一二月刊）の付録より転載。

● 文部省国語調査室で作成した「くぎり符号の使ひ方（案）」（昭和二一年三月）を、簡単に、分かりやすくまとめたものである。

（三省堂編修所注）

くぎり符号は、文章の構造や語句の関係を明らかにするために用いる。

くぎり符号には、次の五種がある。

1　。　まる
2　、　てん
3　・　なかてん
4　（ ）　かっこ
5　「 」『 』　かぎ

1　「。」は、一つの文を完全に言い切ったところに必ず用いる。

「 」および（ ）の中でも、文の終止には「。」を用いる。

「……すること・もの・者・とき・場所」などで終る項目の列記にも「。」を用いる。

ただし、次のような場合には「。」を用いない。

イ　題目・標語など、簡単な語句を掲げる場合。

ロ　事物の名称だけを列記する場合。

〔例〕　左の事項を書いた申請書を提出してください。

一　申請者の氏名・住所
二　建築の目的
三　建築する場所

ハ　言い切ったものを「 」を用いずに「と」で受ける場合。

〔例〕　すべての国民は、健康で文化的な最低限度の生活を営む権利を有すると保障してあるが、現実は必ずしもこの通りでない。

2　「、」は、文の中で、ことばの切れ続きを明らかにしないと、誤解される恐れのあるところに用いる。

〔例〕　その別荘は、そのころのフランスの有名な芸術家たちとよく交際し、また自分自身もすぐれた女の文学者であったジョルジュ＝サンドの所有で、アンというところにあった。

物理では、光の、ある属性が写真にとられ、その動きが見られるようになった。

科学的な、眼球運動の実験調査報告書。

いんげんと、とうもろこしの種子。

そのころの人がどのようであったかは、はっきりわからない。

対等の関係で並ぶ同じ種類の語句の間に用いる。

〔例〕　漢字の制限、かなづかいの改定、口語文の普及が、ようやくその緒についた。

ただし、題目や標語、簡単な語句を並べる場合には付けない。

〔例〕　昭和二四年四月には、「当用漢字字体表の実施に関する件」が、内閣訓令第一号で発表された。
国語の文法や音韻に関する知識を得させる。

3 「・」は、名詞の並列の場合に用いる。
〔例〕対話・講演・演劇・映画・放送などにわたる諸問題については、……
ローマ字のつづり方には、いわゆる訓令式・日本式・標準式の三種がある。
日付や時刻を略して表わす場合に用いる。
〔例〕昭和二五・七・一　午後二・三五
称号を略して表わす場合に用いる。
〔例〕N・H・K　Y・M・C・A
ただし、名詞以外の語句を列挙するとき、数詞を並列する場合は、「・」を用いない。
〔例〕イ　社会的、歴史的考察。
ロ　鳥が三、四羽飛んで行く。
会員は四、五十人です。

4 （ ）は、語句または文の次に、それについて特に注記を加えるときに用いる。
〔例〕外国の地名・人名（中国・朝鮮を除く。）は、かたかなで書く。
教育漢字（八八一字）の選定については、……

5 「 」は、会話または語句を引用するとき、あるいは特に注意を喚起する語句をさしはさむ場合に用いる。
〔例〕イ　「どうぞこちらへ、わたくしが御案内いたします。」と主人がさきに立って歩き出した。
ロ　「国民の権利および義務」に規定された内容について……
ハ　「現代かなづかい」には、次のような「まえがき」がついている。

6 『 』は、「 」の中にさらに語句を引用する場合に用いる。
〔例〕「Aさんの本の中に、『人間は環境の中に生きている』ということが書いてあります。」と先生は静かに語り始めた。

原則として、「?」「!」等の符号は用いない。

くり返し符号の使い方

● 文部省編「国語の書き表わし方」（昭和二五年一二月刊）の付録より転載。
● 文部省国語調査室で作成した「くりかへし符号の使ひ方」（昭和二一年三月）を、簡単に、分かりやすくまとめたものである。
（三省堂編修所注）

くり返し符号は、「々」以外は、できるだけ使わないようにするのが望ましい。

「々」は、漢字一字のくり返しの場合に用いる。

〔例〕人々　国々　年々　日々

ただし、次のような場合には「々」を用いない。

〔例〕民主主義　大学学術局　学生生活課
　　当用漢字字体表

「ゝ」は、一語のなかで、同音をくり返すとき。

〔例〕あゝ　たゝみ　とゝのえる　じゝ

次のような場合は「ゝ」を用いない。

〔例〕バナナ　ココア　かわいい　くまざさ
　　手がかり　そののち　いままで
　　あわてて　そうはいうものの
　　……のことと　……とともに

「ゞ」は一語の中でくり返された下の音が濁るとき。

〔例〕たゞし　かゞみ　すゞり　さゞ波

次のような場合には「ゞ」を用いない。

〔例〕読んだだけ　すべてです

「〱」は、二字のかなをくり返すとき。

〔例〕いろ〱　わざ〱　しみ〲と

ただし、三字以上にわたる場合、および二字以上の漢語や、横書きの場合には用いない。

「〻」は、用いないのを原則とする。

「〃」は、表や簿記などには用いる。

横書きの場合の書き方

● 文部省編「国語の書き表わし方」（昭和二五年一二月刊）の付録より転載。なお、公用文は、特別な場合を除き、左横書きにすることになっている。

● 次ページも参照されたい。　（三省堂編修所注）

1　横書きの場合は、左横書きとする。

2　くり返し符号は、「々」以外は用いない。

3　くぎり符号の使い方は、縦書きの場合と同じである。ただし、横書きの場合は「、」を用いず、「，」を用いる。

4　数字を書く場合は、算用数字を用いる。

〔例〕第38回総会，午後1時開会，4時散会。
　　男子15人，女子8人，合計23人です。

ただし、慣用的な語、または数量的な意味の薄い語は、漢数字を用いる。

〔例〕現在二十世紀の世の中では　「七つのなぞ」
　　一般　一種独特の

横書きの場合の数の書き表し方

● 文部省編「文部省　公文書の書式と文例」(平成元年 12 月)より転載。　(三省堂編修所注)

1　左横書きの文章では, 算用数字(アラビア数字)を用いることを原則とする。

2　数のけたの区切りについては, 三けたごとにコンマ(,)を用いる。

3　小数, 分数, 帯分数を示すには, 原則として下の例による。

例　小　数　　0.375

分　数　　$1/2$　　又は　　$\frac{1}{2}$

帯分数　　$1\,1/2$　　又は　　$1\frac{1}{2}$

4　日付は,「昭和 31 年 4 月 1 日」のように書く。必要があれば,「昭和 31.4.1」などと略して書いてもよい。

5　次の場合には, 漢字を用いることとする。

ア　数の感じの少なくなった場合

例　一般　一部(一部分の意)　一時保留

イ　「ひとつ」「ふたつ」「みっつ」などと読む場合

例　一つずつ　二間続き　三月ごと　五日目

6　次のような場合には, 漢字を用いることができる。

ア　万以上の数を書き表すときの単位として, 最後にのみ用いる場合

例　100 億　　1,000 万

イ　概数を示す場合

例　数十日　　四, 五人　　五, 六十万

ホース
ボートレース
ポーランド(地)
ボーリング　boring
ボクシング
ポケット
ポスター
ボストン(地)
ボタン
ボディー
ホテル
ホノルル(地)
ボランティア
ボルガ／ヴォルガ(地)
ボルテール／ヴォルテール(人)
ポルトガル(地)
ホルマリン

【マ】

マージャン
マイクロホン
マカオ(地)
マッターホーン(地)
マドリード(地)
マニラ(地)
マフラー
マラソン
マンション
マンスフィールド(人)
マンチェスター(地)
マンモス

【ミ】

ミイラ
ミキサー
ミケランジェロ(人)
ミシシッピ(地)
ミシン
ミッドウェー(地)
ミネアポリス(地)
ミュンヘン(地)
ミルウォーキー(地)
ミルクセーキ

【メ】

メーカー
メーキャップ
メーデー
メガホン
メッセージ
メロディー
メロン
メンデル(人)
メンデルスゾーン(人)
メンバー

【モ】

モーター
モーツァルト(人)
モスクワ(地)
モデル
モリエール(人)
モルヒネ
モンテーニュ(人)
モントリオール(地)

【ヤ】

ヤスパース(人)

【ユ】

ユーラシア(地)
ユニホーム
ユングフラウ(地)

【ヨ】

ヨーロッパ(地)
ヨット

【ラ】

ライバル
ライプチヒ(地)
ラジウム
ラジオ
ラファエロ(人)
ランニング
ランプ

【リ】

リオデジャネイロ(地)
リズム
リノリウム
リボン
リュックサック
リレー
リンカーン(人)

【ル】

ルーベンス(人)
ルーマニア(地)
ルクス　lux
ルソー(人)

【レ】

レイアウト
レール
レギュラー
レコード
レスリング
レニングラード(地)
レビュー／レヴュー
レフェリー
レベル
レモンスカッシュ
レンズ
レンブラント(人)

【ロ】

ローマ(地)
ロケット
ロシア(地)
ロダン(人)
ロッテルダム(地)
ロマンス
ロマンチック
ロンドン(地)

【ワ】

ワイマール(地)
ワイヤ
ワシントン(地)
ワックス
ワット(人)

付　前書きの4で過去に行われた表記のことについて述べたが,例えば,明治以来の文芸作品等においては,下記のような仮名表記も行われている。

ヰ:スヰフトの「ガリヷー旅行記」　ヱ:ヱルテル　ヲ:ヲルポール
ヷ:ヷイオリン　ヸ:ヸオロン　ヹ:ヹルレエヌ
ヺ:ヺルガ　ヂ:ケンブリッヂ　ヅ:ワーヅワース

テンポ

【ト】

ドア
ドーナツ
ドストエフスキー(人)
ドニゼッティ(人)
ドビュッシー(人)
トマト
ドライブ
ドライヤー
トラック
ドラマ
トランク
トルストイ(人)
ドレス
ドレフュス(人)
トロフィー
トンネル

【ナ】

ナイアガラ(地)
ナイフ
ナイル(地)
ナトリウム
ナポリ(地)

【ニ】

ニーチェ(人)
ニュース
ニュートン(人)
ニューヨーク(地)

【ネ】

ネーブル
ネオンサイン
ネクタイ

【ノ】

ノーベル(人)
ノルウェー(地)
ノルマンディー(地)

【ハ】

パーティー
バイオリン／ヴァイオリン
ハイキング
ハイドン(人)
ハイヤー
バケツ
バス
パスカル(人)
バター
ハチャトリヤン／ハチャトゥリヤン(人)
バッハ(人)
バッファロー(地)
バドミントン
バトン
バニラ
ハノイ(地)
パラグアイ／パラグァイ(地)
パラフィン
パリ(地)
バルブ
バレエ〔舞踊〕
バレーボール
ハンドル

【ヒ】

ピアノ
ビーナス／ヴィーナス
ビール
ビクトリア／ヴィクトリア(地)
ビスケット
ビスマルク(人)
ビゼー(人)
ビタミン
ビニール
ビバルディ／ヴィヴァルディ(人)
ビュイヤール／ヴュイヤール(人)
ヒューズ
ビルディング
ヒンズー教／ヒンドゥー教
ピンセット

【フ】

ファーブル(人)
ファイル
ファッション
ファラデー(人)
ファン
フィート
フィクション
フィラデルフィア(地)
フィリピン(地)
フィルム
フィレンツェ(地)
フィンランド(地)
プール
フェアバンクス(地)
フェアプレー
ブエノスアイレス(地)
フェルト
フェンシング
フォーク
フォークダンス
フォード(人)
フォーム
フォスター(人)
プディング
フュージョン
フュン島(地)
ブラームス(人)
ブラシ
プラスチック
プラットホーム
プラネタリウム
ブラマンク／ヴラマンク(人)
フランクリン(人)
ブレーキ
フロイト(人)
プログラム
プロデューサー

【ヘ】

ヘアピン
ペイント
ベーカリー
ヘーゲル(人)
ベーコン
ページ
ベール／ヴェール
ベストセラー
ペダル
ベニヤ〔〜板〕
ベランダ
ペリー(人)
ヘリウム
ヘリコプター
ベルサイユ／ヴェルサイユ(地)
ペルシャ／ペルシア(地)
ヘルシンキ(地)
ヘルメット
ベルリン(地)
ペンギン
ヘンデル(人)

【ホ】

ホイットマン(人)
ボウリング〔球技〕

ュータ
コンマ
【サ】
サーカス
サービス
サナトリウム
サハラ(地)
サファイア
サマータイム
サラダボウル
サラブレッド
サンドイッチ
サンパウロ(地)
【シ】
シーボルト(人)
シェーカー
シェークスピア(人)
シェード
ジェットエンジン
シェフィールド(地)
ジェンナー(人)
シドニー(地)
ジブラルタル(地)
ジャカルタ(地)
シャツ
シャッター
シャベル
シャンソン
シャンツェ
シュークリーム
ジュース　juice, deuce
シューベルト(人)
ジュラルミン
ショー
ショパン(人)
シラー(人)
シンフォニー
シンポジウム
【ス】
スイートピー
スイッチ
スイング
スウェーデン(地)
スーツケース
スープ
スカート
スキー
スケート
スケール
スコール
スコップ
スター
スタジアム
スタジオ
スタンダール(人)
スチーム
スチュワーデス
ステージ
ステッキ
ステレオ
ステンドグラス
ステンレス
ストーブ
ストックホルム(地)
ストップウオッチ／ストップウォッチ
スプーン
スペイン(地)
スペース
スポーツ
ズボン
スリッパ
【セ】
セーター
セーラー〔～服〕
セメント
ゼラチン
ゼリー
セルバンテス(人)
セロハン
センター
セントローレンス(地)
【ソ】
ソウル(地)
ソーセージ
ソファー
ソルジェニーツィン(人)
【タ】
ダーウィン(人)
ターナー(人)
ダイジェスト
タイヤ
ダイヤモンド
ダイヤル
タオル
タキシード
タクシー
タヒチ(地)
ダンス
【チ】
チーズ
チーム
チェーホフ(人)
チェーン
チェス
チェック
チケット
チップ
チフス
チャイコフスキー(人)
チューバ／テューバ
チューブ
チューリップ
チュニジア／テュニジア(地)
チョコレート
チロル(地)
【ツ】
ツアー　tour
ツーピース
ツールーズ／トゥールーズ(地)
ツェッペリン(人)
ツンドラ
【テ】
ティー
ディーゼルエンジン
ディズニー(人)
ティチアーノ／ティツィアーノ(人)
ディドロ(人)
テープ
テーブル
デカルト(人)
テキサス(地)
テキスト
デザイン
テスト
テニス
テネシー(地)
デパート
デューイ(人)
デューラー(人)
デュエット
デュッセルドルフ(地)
テレビジョン
テント

【ア】
アーケード
アイスクリーム
アイロン
アインシュタイン(人)
アカデミー
アクセサリー
アジア(地)
アスファルト
アトランティックシティー(地)
アナウンサー
アパート
アフリカ(地)
アメリカ(地)
アラビア(地)
アルジェリア(地)
アルバム
アルファベット
アルミニウム
アンケート

【イ】
イエーツ／イェーツ(人)
イェスペルセン(人)
イエナ(地)
イエローストン(地)
イギリス(地)
イコール
イスタンブール(地)
イタリア(地)
イニング
インタビュー／インタヴュー
インド(地)
インドネシア(地)
インフレーション

【ウ】
ウイークデー
ウィーン(地)
ウイスキー／ウィスキー
ウイット
ウィルソン(人)
ウェールズ(地)
ウエスト　waist
ウエディングケーキ／ウェディングケーキ
ウエハース
ウェブスター(人)
ウォルポール(人)
ウラニウム

【エ】
エイト
エキス
エキストラ
エジソン(人)
エジプト(地)
エチケット
エッフェル(人)
エネルギー
エプロン
エルサレム／イェルサレム(地)
エレベーター／エレベータ

【オ】
オーエン(人)
オーストラリア(地)
オートバイ
オーバーコート
オックスフォード(地)
オフィス
オホーツク(地)
オリンピック
オルガン
オレンジ

【カ】
ガーゼ
カーテン
カード
カーブ
カクテル
ガス
ガソリン
カタログ
カット
カップ
カバー
カムチャツカ(地)
カメラ
ガラス
カリフォルニア(地)
カルシウム
カルテット
カレンダー
カロリー
ガンジー(人)
カンツォーネ

【キ】
ギター
キムチ
キャベツ
キャンデー
キャンプ
キュリー(人)
ギリシャ／ギリシア(地)
キリマンジャロ(地)
キルティング

【ク】
グアテマラ／グァテマラ(地)
クイーン
クイズ
クインテット
クーデター
クーポン
クエスチョンマーク
クオータリー／クォータリー
グラビア
クラブ
グランドキャニオン(地)
クリスマスツリー
グリニッジ(地)
グループ
グレゴリウス(人)
クレジット
クレヨン

【ケ】
ケインズ(人)
ゲーテ(人)
ケープタウン(地)
ケーブルカー
ゲーム
ケンタッキー(地)
ケンブリッジ(地)

【コ】
コーヒー
コールタール
コスチューム
コップ
コピー
コペルニクス(人)
コミュニケーション
コロンブス(人)
コンクール
コンクリート
コンツェルン
コンピューター／コンピ

〔例〕 グラビア　ピアノ　フェアプレー　アジア(地)　イタリア(地)
　ミネアポリス(地)

注１ 「ヤ」と書く慣用のある場合は，それによる。
〔例〕 タイヤ　ダイヤモンド　ダイヤル　ベニヤ板

注２ 「ギリシャ」「ペルシャ」について「ギリシア」「ペルシア」と書く慣用もある。

5　語末(特に元素名等)の -(i)um に当たるものは，原則として「-(イ)ウム」と書く。

〔例〕 アルミニウム　カルシウム　ナトリウム　ラジウム
　サナトリウム　シンポジウム　プラネタリウム

注 「アルミニウム」を「アルミニューム」と書くような慣用もある。

6　英語のつづりの x に当たるものを「クサ」「クシ」「クス」「クソ」と書くか，「キサ」「キシ」「キス」「キソ」と書くかは，慣用に従う。

〔例〕 タクシー　ボクシング　ワックス　オックスフォード(地)
　エキストラ　タキシード　ミキサー　テキサス(地)

7　拗《よう》音に用いる「ヤ」「ユ」「ヨ」は小書きにする。また，「ヴァ」「ヴィ」「ヴェ」「ヴォ」や「トゥ」のように組み合せて用いる場合の「ア」「イ」「ウ」「エ」「オ」も，小書きにする。

8　複合した語であることを示すための，つなぎの符号の用い方については，それぞれの分野の慣用に従うものとし，ここでは取決めを行わない。

〔例〕 ケース　バイ　ケース　　ケース・バイ・ケース　　ケース-バイ-ケース
　マルコ・ポーロ　　マルコ＝ポーロ

付　録

用例集

凡　例　1　ここには，日常よく用いられる外来語を主に，本文の留意事項その２(細則的な事項)の各項に例示した語や，その他の地名・人名の例などを五十音順に掲げた。地名・人名には，それぞれ(地)，(人)の文字を添えた。

2　外来語や外国の地名・人名は，語形やその書き表し方の慣用が一つに定まらず，ゆれのあるものが多い。この用例集においても，ここに示した語形やその書き表し方は，一例であって，これ以外の書き方を否定するものではない。なお，本文の留意事項その２に両様の書き方が例示してある語のうち主なものについては，バイオリン／ヴァイオリンのような形で併せ掲げた。

注　一般的には,「ヒュ」と書くことができる。

〔例〕 ヒューズ

10 「ヴュ」は,外来音ヴュに対応する仮名である。

〔例〕 インタヴュー　レヴュー　ヴュイヤール(人・画家)

注　一般的には,「ビュ」と書くことができる。

〔例〕 インタビュー　レビュー　ビュイヤール(人)

Ⅲ 撥《はつ》音,促音,長音その他に関するもの

1　撥音は,「ン」を用いて書く。

〔例〕 コンマ　シャンソン　トランク　メンバー　ランニング　ランプ
ロンドン(地)　レンブラント(人)

注1　撥音を入れない慣用のある場合は,それによる。

〔例〕 イニング(←インニング)　サマータイム(←サンマータイム)

注2 「シンポジウム」を「シムポジウム」と書くような慣用もある。

2　促音は,小書きの「ッ」を用いて書く。

〔例〕 カップ　シャッター　リュックサック　ロッテルダム(地)　バッハ(人)

注　促音を入れない慣用のある場合は,それによる。

〔例〕 アクセサリー(←アクセッサリー)
フィリピン(地) (←フィリッピン)

3　長音は,原則として長音符号「ー」を用いて書く。

〔例〕 エネルギー　オーバーコート　グループ　ゲーム　ショー　テーブル
パーティー
ウェールズ(地)　ポーランド(地)　ローマ(地)
ゲーテ(人)　ニュートン(人)

注1　長音符号の代わりに母音字を添えて書く慣用もある。

〔例〕 バレエ(舞踊)　ミイラ

注2 「エー」「オー」と書かず,「エイ」「オウ」と書くような慣用のある場合は,それによる。

〔例〕 エイト　ペイント　レイアウト　スペイン(地)　ケインズ(人)
サラダボウル　ボウリング(球技)

注3　英語の語末の -er, -or, -ar などに当たるものは,原則としてア列の長音とし長音符号「ー」を用いて書き表す。ただし,慣用に応じて「ー」を省くことができる。

〔例〕 エレベーター　ギター　コンピューター　マフラー
エレベータ　コンピュータ　スリッパ

4　イ列・エ列の音の次のアの音に当たるものは,原則として「ア」と書く。

〔例〕 クアルテット　クインテット　クエスチョンマーク
クオータリー
カルテット　レモンスカッシュ　キルティング
イコール

注２ 「クァ」は,「クヮ」と書く慣用もある。

4 「グァ」は, 外来音グァに対応する仮名である。

〔例〕 グァテマラ(地)　パラグァイ(地)

注１ 一般的には,「グア」又は「ガ」と書くことができる。

〔例〕 グアテマラ(地)　パラグアイ(地)
ガテマラ(地)

注２ 「グァ」は,「グヮ」と書く慣用もある。

5 「ツィ」は, 外来音ツィに対応する仮名である。

〔例〕 ソルジェニーツィン(人)　ティツィアーノ(人)

注 一般的には,「チ」と書くことができる。

〔例〕 ライプチヒ(地)　ティチアーノ(人)

6 「トゥ」「ドゥ」は, 外来音トゥ, ドゥに対応する仮名である。

〔例〕 トゥールーズ(地)　ハチャトゥリヤン(人)　ヒンドゥー教

注 一般的には,「ツ」「ズ」又は「ト」「ド」と書くことができる。

〔例〕 ツアー(tour)　ツーピース　ツールーズ(地)　ヒンズー教
ハチャトリヤン(人)　ドビュッシー(人)

7 「ヴァ」「ヴィ」「ヴ」「ヴェ」「ヴォ」は, 外来音ヴァ, ヴィ, ヴ, ヴェ, ヴォに対応する仮名である。

〔例〕 ヴァイオリン　ヴィーナス　ヴェール
ヴィクトリア(地)　ヴェルサイユ(地)　ヴォルガ(地)
ヴィヴァルディ(人)　ヴラマンク(人)　ヴォルテール(人)

注 一般的には,「バ」「ビ」「ブ」「ベ」「ボ」と書くことができる。

〔例〕 バイオリン　ビーナス　ベール
ビクトリア(地)　ベルサイユ(地)　ボルガ(地)
ビバルディ(人)　ブラマンク(人)　ボルテール(人)

8 「テュ」は, 外来音テュに対応する仮名である。

〔例〕 テューバ(楽器)　テュニジア(地)

注 一般的には,「チュ」と書くことができる。

〔例〕 コスチューム　スチュワーデス　チューバ　チューブ
チュニジア(地)

9 「フュ」は, 外来音フュに対応する仮名である。

〔例〕 フュージョン　フュン島(地・デンマーク)　ドレフュス(人)

バッファロー(地)　フィリピン(地)　フェアバンクス(地)
カリフォルニア(地)
ファーブル(人)　マンスフィールド(人)　エッフェル(人)
フォスター(人)

注１　「ハ」「ヒ」「ヘ」「ホ」と書く慣用のある場合は，それによる。

〔例〕　セロハン　モルヒネ　プラットホーム　ホルマリン　メガホン

注２　「ファン」「フィルム」「フェルト」等は，「フアン」「フイルム」「フエルト」と書く慣用もある。

6　「デュ」は，外来音デュに対応する仮名である。

〔例〕　デュエット　プロデューサー　デュッセルドルフ(地)　デューイ(人)

注　「ジュ」と書く慣用のある場合は，それによる。

〔例〕　ジュース(deuce)　ジュラルミン

Ⅱ　第２表に示す仮名に関するもの

第２表に示す仮名は，原音や原つづりになるべく近く書き表そうとする場合に用いる仮名で，これらの仮名を用いる必要がない場合は，一般的に，第１表に示す仮名の範囲で書き表すことができる。

1　「イェ」は，外来音イェに対応する仮名である。

〔例〕　イェルサレム(地)　イェーツ(人)

注　一般的には，「イエ」又は「エ」と書くことができる。

〔例〕　エルサレム(地)　イエーツ(人)

2　「ウィ」「ウェ」「ウォ」は，外来音ウィ，ウェ，ウォに対応する仮名である。

〔例〕　ウィスキー　ウェディングケーキ　ストップウォッチ
ウィーン(地)　スウェーデン(地)　ミルウォーキー(地)
ウィルソン(人)　ウェブスター(人)　ウォルポール(人)

注１　一般的には，「ウイ」「ウエ」「ウオ」と書くことができる。

〔例〕　ウイスキー　ウイット　ウエディングケーキ　ウエハース
ストップウオッチ

注２　「ウ」を省いて書く慣用のある場合は，それによる。

〔例〕　サンドイッチ　スイッチ　スイートピー

注３　地名・人名の場合は，「ウィ」「ウェ」「ウォ」と書く慣用が強い。

3　「クァ」「クィ」「クェ」「クォ」は，外来音クァ，クィ，クェ，クォに対応する仮名である。

〔例〕　クァルテット　クィンテット　クェスチョンマーク　クォータリー

注１　一般的には，「クア」「クイ」「クエ」「クオ」又は「カ」「キ」「ケ」「コ」と書くことができる。

5　第２表に示す仮名を用いる必要がない場合は，第１表に示す仮名の範囲で書き表すことができる。

例　イェ→イエ　ウォ→ウオ　トゥ→ツ，ト　ヴァ→バ

6　特別な音の書き表し方については，取決めを行わず，自由とすることとしたが，その中には，例えば，「スィ」「ズィ」「グィ」「グェ」「グォ」「キェ」「ニェ」「ヒェ」「フョ」「ヴョ」等の仮名が含まれる。

留意事項その２(細則的な事項)

以下の各項に示す語例は，それぞれの仮名の用法の一例として示すものであって，その語をいつもそう書かなければならないことを意味するものではない。語例のうち，地名・人名には，それぞれ(地)，(人)の文字を添えた。

Ⅰ　第１表に示す「シェ」以下の仮名に関するもの

1　「シェ」「ジェ」は，外来音シェ，ジェに対応する仮名である。

〔例〕　シェーカー　シェード　ジェットエンジン　ダイジェスト
シェフィールド(地)　アルジェリア(地)
シェークスピア(人)　ミケランジェロ(人)

注　「セ」「ゼ」と書く慣用のある場合は，それによる。

〔例〕　ミルクセーキ　ゼラチン

2　「チェ」は，外来音チェに対応する仮名である。

〔例〕　チェーン　チェス　チェック　マンチェスター(地)　チェーホフ(人)

3　「ツァ」「ツェ」「ツォ」は，外来音ツァ，ツェ，ツォに対応する仮名である。

〔例〕　コンツェルン　シャンツェ　カンツォーネ
フィレンツェ(地)　モーツァルト(人)　ツェッペリン(人)

4　「ティ」「ディ」は，外来音ティ，ディに対応する仮名である。

〔例〕　ティーパーティー　ボランティア　ディーゼルエンジン　ビルディング
アトランティックシティー(地)　ノルマンディー(地)
ドニゼッティ(人)　ディズニー(人)

注１　「チ」「ジ」と書く慣用のある場合は，それによる。

〔例〕　エチケット　スチーム　プラスチック　スタジアム　スタジオ
ラジオ　チロル(地)　エジソン(人)

注２　「テ」「デ」と書く慣用のある場合は，それによる。

〔例〕　ステッキ　キャンデー　デザイン

5　「ファ」「フィ」「フェ」「フォ」は，外来音ファ，フィ，フェ，フォに対応する仮名である。

〔例〕　ファイル　フィート　フェンシング　フォークダンス

第1表

ア	イ	ウ	エ	オ
カ	キ	ク	ケ	コ
サ	シ	ス	セ	ソ
タ	チ	ツ	テ	ト
ナ	ニ	ヌ	ネ	ノ
ハ	ヒ	フ	ヘ	ホ
マ	ミ	ム	メ	モ
ヤ		ユ		ヨ
ラ	リ	ル	レ	ロ
ワ				
ガ	ギ	グ	ゲ	ゴ
ザ	ジ	ズ	ゼ	ゾ
ダ			デ	ド
バ	ビ	ブ	ベ	ボ
パ	ピ	プ	ペ	ポ
キャ		キュ		キョ
シャ		シュ		ショ
チャ		チュ		チョ
ニャ		ニュ		ニョ
ヒャ		ヒュ		ヒョ
ミャ		ミュ		ミョ
リャ		リュ		リョ
ギャ		ギュ		ギョ
ジャ		ジュ		ジョ
ビャ		ビュ		ビョ
ピャ		ピュ		ピョ
ン(撥《はつ》音)				
ッ(促音)				
ー(長音符号)				

			シェ	
			チェ	
ツァ			ツェ	ツォ
	ティ			
ファ	フィ		フェ	フォ
			ジェ	
	ディ			
		デュ		

第2表

			イェ	
	ウィ		ウェ	ウォ
クァ	クィ		クェ	クォ
	ツィ			
		トゥ		
グァ				
		ドゥ		
ヴァ	ヴィ	ヴ	ヴェ	ヴォ
		テュ		
		フュ		
		ヴュ		

留意事項その1(原則的な事項)

1　この『外来語の表記』では，外来語や外国の地名・人名を片仮名で書き表す場合のことを扱う。

2　「ハンカチ」と「ハンケチ」，「グローブ」と「グラブ」のように，語形にゆれのあるものについて，その語形をどちらかに決めようとはしていない。

3　語形やその書き表し方については，慣用が定まっているものはそれによる。分野によって異なる慣用が定まっている場合には，それぞれの慣用によって差し支えない。

4　国語化の程度の高い語は，おおむね第1表に示す仮名で書き表すことができる。一方，国語化の程度がそれほど高くない語，ある程度外国語に近く書き表す必要のある語——特に地名・人名の場合——は，第2表に示す仮名を用いて書き表すことができる。

外来語の表記

- 平成3年6月28日内閣告示第2号。
- 昭和29年3月15日に国語審議会部会報告として「外来語の表記について」が発表されている。しかし，これは内閣告示には至らなかった。
- 国語審議会では，上記の報告をはじめ多くの資料を参考にし，各方面から意見を参照して審議し，平成3年2月7日に文部大臣へ答申した。本告示の内容は，この答申によっている。

（三省堂編修所注）

前　書　き

1　この『外来語の表記』は，法令，公用文書，新聞，雑誌，放送など，一般の社会生活において，現代の国語を書き表すための「外来語の表記」のよりどころを示すものである。

2　この『外来語の表記』は，科学，技術，芸術その他の各種専門分野や個々人の表記にまで及ぼそうとするものではない。

3　この『外来語の表記』は，固有名詞など（例えば，人名，会社名，商品名等）でこれによりがたいものには及ぼさない。

4　この『外来語の表記』は，過去に行われた様々な表記（「付」参照）を否定しようとするものではない。

5　この『外来語の表記』は，「本文」と「付録」から成る。「本文」には「外来語の表記」に用いる仮名と符号の表を掲げ，これに留意事項その1（原則的な事項）と留意事項その2（細則的な事項）を添えた。「付録」には，用例集として，日常よく用いられる外来語を主に，留意事項その2に例示した語や，その他の地名・人名の例などを五十音順に掲げた。

本　　文

「外来語の表記」に用いる仮名と符号の表

1　第1表に示す仮名は，外来語や外国の地名・人名を書き表すのに一般的に用いる仮名とする。

2　第2表に示す仮名は，外来語や外国の地名・人名を原音や原つづりになるべく近く書き表そうとする場合に用いる仮名とする。

3　第1表・第2表に示す仮名では書き表せないような，特別な音の書き表し方については，ここでは取決めを行わず，自由とする。

4　第1表・第2表によって語を書き表す場合には，おおむね留意事項を適用する。

ローマ字のつづり方

- 昭和 29 年 12 月 9 日内閣告示第 1 号による。
- そえがきの〔補注〕は三省堂編修所でつけた。

(三省堂編修所注)

ま え が き

1　一般に国語を書き表わす場合は, 第 1 表に掲げたつづり方によるものとする。

2　国際的関係その他従来の慣例をにわかに改めがたい事情にある場合に限り, 第 2 表に掲げたつづり方によってもさしつかえない。

3　前二項のいずれの場合においても, おおむねそえがきを適用する。

第 1 表〔(　)は重出を示す。〕

a	i	u	e	o			
ka	ki	ku	ke	ko	kya	kyu	kyo
sa	si	su	se	so	sya	syu	syo
ta	ti	tu	te	to	tya	tyu	tyo
na	ni	nu	ne	no	nya	nyu	nyo
ha	hi	hu	he	ho	hya	hyu	hyo
ma	mi	mu	me	mo	mya	myu	myo
ya	(i)	yu	(e)	yo			
ra	ri	ru	re	ro	rya	ryu	ryo
wa	(i)	(u)	(e)	(o)			
ga	gi	gu	ge	go	gya	gyu	gyo
za	zi	zu	ze	zo	zya	zyu	zyo
da	(zi)	(zu)	de	do	(zya)	(zyu)	(zyo)
ba	bi	bu	be	bo	bya	byu	byo
pa	pi	pu	pe	po	pya	pyu	pyo

第 2 表

sha	shi	shu	sho	
		tsu		
cha	chi	chu	cho	
		fu		
ja	ji	ju	jo	
di	du	dya	dyu	dyo
kwa				
gwa				
			wo	

そ え が き

前表に定めたもののほか, おおむね次の各項による。

1　はねる音「ン」はすべて n と書く。

〔補注〕tenki　sannin　sinbun　sanmyaku　denpô

2　はねる音を表わす n と次にくる母音字または y とを切り離す必要がある場合には, n の次に ’ を入れる。

〔補注〕tan’i　gen’in　kin’yôbi　sin’ei

3　つまる音は, 最初の子音字を重ねて表わす。

〔補注〕gakkô　kitte　zassi　syuppatu

4　長音は母音字の上に ^ をつけて表わす。なお, 大文字の場合は母音字を並べてもよい。

〔補注〕obâsan　kûki　ôkii　Oosaka

5　特殊音の書き表わし方は自由とする。

〔補注〕firumu　huirumu　otottsan　otottwan

6　文の書きはじめ, および固有名詞は語頭を大文字で書く。なお, 固有名詞以外の名詞の語頭を大文字で書いてもよい。

〔補注〕Kyô wa kayôbi desu.　Huzisan　Itô-Zirô　Nippon Ginkô
Suzusii Kaze ga huku.

表外漢字における字体の違いとデザインの違い(抜粋)

4 表外漢字だけに適用されるデザイン差について

(漢字使用の実態への配慮から、字体の差と考えなくてもよいと判断したもの)

A 画数の変わらないもの

(1) 接触の位置・有無に関する例

虻 虻 茫 茫 炬 炬 渠 渠 倶 倶

(2) 傾斜, 方向に関する例

芦 芦 篇 篇 闇 闇 蹄 蹄 籠 籠

喰 喰 煎 煎 廟 廟 逞 逞 疼 疼

(3) 点か, 棒(画)かに関する例

茨 茨 灼 灼 蔑 蔑 筑 筑 註 註

(4) 続けるか, 切るかに関する例

薇 薇 頽 頽 譚 譚

(5) 交わるか, 交わらないかに関する例

訛 訛 篝 篝 珊 珊 恢 恢 鵠 鵠

(6) その他

囀 囀 饗 饗 挺 挺 柵 柵

B 画数の変わるもの

(1) 接触の位置に関する例

牙 牙 牙 穿 穿 穿 漑 漑 漑 漑

葦 葦 葦 憐 憐 憐

(2) 続けるか, 切るかに関する例

叟 叟 痩 痩 嘩 嘩 畢 畢

兎 兎 稗 稗 笈 笈

C 特定の字種に適用されるもの(個別デザイン差)

卉・卉 荊・荊 稽・稽 腔・腔 叱・叱

靱・靭・靱 脆・脆 呑・呑 藺・藺

リン	淋	レキ	轢	ロ	魯	ロウ	弄	ロウ	蠟	ワ	窪	ワン	彎
リン	燐*	レン	煉	ロ	濾	ロウ	牢		(蝋)	ワイ	歪		(弯)
リン	鱗*	レン	漣△		(沪)*	ロウ	狼	ロウ	籠*	ワイ	猥		
ル	屢	レン	憐*	ロ	廬	ロウ	榔	ロウ	聾*	ワイ	隈		
レイ	蛉	レン	簾	ロ	櫓	ロウ	瘻	ロク	肋	ワク	或		
レイ	蠣	レン	鰊	ロ	蘆	ロウ	臈○	ロク	勒	わな	罠		
レキ	櫟	レン	攣		(芦)*	ロウ	臘	ロク	漉	ワン	椀		
レキ	礫	ロ	賂	ロ	鷺	ロウ	朧*	ロク	麓	ワン	碗		

Ⅲ　参考(抜粋)

〔「表外漢字における字体の違いとデザインの違い」の見方〕

(「常用漢字表」の「(付)字体についての解説」内,「第1　明朝体のデザインについて」(7ページ参照)と重なる部分は省略した)

1　これは,表外漢字字体表において,字体の違いではなく,デザインの違いと考える字形差を示したものである。

2　ここで取り上げたデザイン差は,表外漢字字体表に掲げられた1022字の中に存在するもののうち,必要と思われる範囲に限って示したもので,字体表に掲げられていない表外漢字にまで及ぶものではない。

3　ここで挙げているデザイン差は,現実に異なる字形がそれぞれ使用されていて,かつ,その実態に配慮すると,字形の異なりを字体の違いと考えなくてもよいと判断したものである。

4　(略)

5　表外漢字だけに適用されるデザイン差項目のうち,「特定の字種に適用されるもの(個別デザイン差)」とは,ここに示した文字にのみ適用するもので,他の文字に及ぼすことはできない。

6　(略)

7　表外漢字だけに適用されるデザイン差の中には,「牙(4画)／牙・牙(5画)」や「兎(7画)／兎(8画)」のように明らかに画数の異なる場合であっても,デザイン差と位置付けているものがある。

8　ここでデザイン差項目として挙げている「はねるか,とめるかに関する例」や「点か,棒(画)かに関する例」であっても,「干」と「于」における縦画のハネの有無,「戍」と「戌」における点か棒(画)かなどは,それによって字種を分けているのであり,そのような場合は,デザイン差には該当しない。

バ	芭	ハン	袢	ヒョウ	瓢	ヘイ	餅△	ホウ	鋒	メイ	瞑	ヨウ	蠅
バ	罵	ハン	絆	ビョウ	屛	ヘイ	斃	ボウ	牟	メイ	謎△	ヨク	沃
バ	蟇	ハン	斑		(屏)	ベイ	袂	ボウ	芒*	メン	麵	ラ	螺
ハイ	胚	ハン	槃	ビョウ	廟*	ヘキ	僻	ボウ	茫*		(麺)	ライ	萊
ハイ	徘	ハン	幡	ヒン	牝	ヘキ	璧	ボウ	虻*	モウ	蒙	ライ	蕾
ハイ	牌*	ハン	攀	ヒン	瀕	ヘキ	襞	ボウ	榜*	モウ	朦	ラク	洛
ハイ	稗*	バン	挽*	ビン	憫	ベツ	蔑*	ボウ	膀*	モチ	勿	ラチ	埒
バイ	狽	バン	磐	ビン	鬢	ベツ	瞥	ボウ	貌	もみ	籾	ラツ	拉
バイ	煤	バン	蕃	フ	斧	ヘン	扁*	ボウ	鉾	モン	悶	ラツ	辣
ハク	帛	ヒ	屁	フ	阜	ヘン	篇*	ボウ	謗*	ヤ	揶	ラン	瀾
ハク	柏	ヒ	庇	フ	訃	ヘン	騙*	ほえる	吠	ヤ	爺	ラン	爛
ハク	剝	ヒ	砒	フ	俯	ベン	娩*	ボク	卜	やり	鑓△	ラン	鸞
ハク	粕	ヒ	脾*	フ	釜	ベン	鞭	ボツ	勃	ユ	喩	リ	狸
ハク	箔	ヒ	痺*	フ	腑	ホ	哺	ボン	梵*	ユ	揄	リ	裡
バク	莫	ヒ	鄙	フ	孵	ホ	圃	マイ	昧	ユ	愈	リ	罹
バク	駁	ヒ	誹	フ	鮒	ホ	蒲	マイ	邁△	ユ	楡	リ	籬
バク	瀑	ヒ	臂	ブ	巫	ボ	戊	ます	枡	ユウ	尤	リク	戮
バク	曝	ビ	枇	ブ	葡	ボ	牡		(桝)*	ユウ	釉	リツ	慄
はたけ	畠	ビ	毘	ブ	撫	ボ	姥	また	俣	ユウ	楢	リャク	掠
ハツ	捌	ビ	梶	ブ	蕪	ボ	菩	マツ	沫	ユウ	猷	リュウ	笠
ハツ	撥	ビ	媚	フウ	諷	ホウ	呆	まで	迄△	ヨ	飫△	リュウ	溜
ハツ	潑	ビ	琵	フツ	祓△	ホウ	彷	マン	曼	ヨ	輿	リュウ	榴
ハツ	醱	ビ	薇*	フン	吻	ホウ	庖	マン	蔓	ヨウ	孕	リュウ	劉
バツ	筏	ビ	靡	フン	扮	ホウ	苞	マン	瞞	ヨウ	妖	リュウ	瘤
バツ	跋	ヒツ	疋	フン	焚	ホウ	疱	マン	饅△	ヨウ	拗	リョ	侶
はなし	噺	ヒツ	畢*	フン	糞	ホウ	捧	マン	鬘	ヨウ	涌	リョウ	梁
ハン	氾	ヒツ	逼△	ヘイ	幷	ホウ	逢△	マン	鰻	ヨウ	痒	リョウ	聊
ハン	汎*	ビュウ	謬		(并)	ホウ	蜂	ミツ	蜜	ヨウ	傭	リョウ	菱
ハン	阪	ヒョウ	豹*	ヘイ	聘	ホウ	蓬△	ム	鵡	ヨウ	熔	リョウ	寥
ハン	叛	ヒョウ	憑	ヘイ	蔽	ホウ	鞄	メイ	冥	ヨウ	瘍	リョウ	蓼

セン 詮
セン 煽＊
セン 箋
セン 撰
セン 箭＊
セン 賤
セン 蟬
セン 癬
ゼン 喘
ゼン 膳
ソ 狙
ソ 疽
ソ 疏
ソ 甦
ソ 楚
ソ 鼠
ソ 遡△
ソ 蘇
ソ 齟
ソウ 爪
ソウ 宋
ソウ 炒
ソウ 叟＊
ソウ 蚤
ソウ 曾
（曽）
ソウ 湊
ソウ 葱
ソウ 搔
（掻）
ソウ 槍
ソウ 漕
ソウ 箏
ソウ 噌
ソウ 瘡
ソウ 瘦＊
（痩）
ソウ 踪
ソウ 艘＊
ソウ 薔
ソウ 甑
ソウ 叢
ソウ 藪
ソウ 躁
ソウ 囃
ソウ 竈
ソウ 鰺
ソク 仄
ソク 捉
ソク 塞
ゾク 粟
そま 杣
ソン 遜△
ソン 噂
ソン 樽
ソン 鱒
タ 侘
タ 咤
タ 詫
ダ 陀
ダ 拿
ダ 荼
ダ 唾
ダ 舵
ダ 楕
ダ 驒
タイ 苔
タイ 殆
タイ 堆
タイ 碓
タイ 腿△
タイ 頹＊
タイ 戴
ダイ 醍
タク 托
タク 鐸
たこ 凧
たすき 襷
タツ 燵△
タン 坦
タン 疸
タン 耽
タン 啖
タン 蛋
タン 毯
タン 湛
タン 痰
タン 綻
タン 憚
タン 歎
タン 簞
タン 譚＊
タン 灘
チ 雉
チ 馳
チ 蜘
チ 緻
チク 筑＊
チツ 膣
チュウ 肘
チュウ 冑
チュウ 紐
チュウ 酎
チュウ 厨
チュウ 蛛
チュウ 註＊
チュウ 誅
チュウ 疇
チュウ 躊
チョ 佇
チョ 楮
チョ 箸
チョ 儲
チョ 瀦
チョ 躇
チョウ 吊
チョウ 帖
チョウ 喋
チョウ 貼
チョウ 牒
チョウ 趙
チョウ 銚
チョウ 嘲＊
チョウ 諜
チョウ 寵＊
チョク 捗
チン 枕
ツイ 槌△
ツイ 鎚△
つじ 辻△
テイ 剃
テイ 挺＊
テイ 釘
テイ 掟
テイ 梯
テイ 逞△＊
テイ 啼＊
テイ 碇
テイ 鼎
テイ 綴
テイ 鄭
テイ 薙
テイ 諦＊
テイ 蹄＊
テイ 鵜
テキ 荻
テキ 擢
デキ 溺
テツ 姪
テツ 轍
テン 辿△
テン 唸
テン 塡
テン 篆
テン 顚
テン 囀＊
テン 纏
デン 佃
デン 淀
デン 澱
デン 臀
ト 兎＊
ト 妬
ト 兜
ト 堵
ト 屠
ト 賭
トウ 宕
トウ 沓
トウ 套
トウ 疼＊
トウ 桶
トウ 淘
トウ 萄
トウ 逗△
トウ 棹
トウ 樋△
トウ 蕩
トウ 鄧
トウ 橙
トウ 濤
トウ 檮
トウ 櫂
トウ 禱△
（祷）
ドウ 撞＊
トク 禿
トク 瀆
とち 栃
トツ 咄
トン 沌
トン 遁△
トン 頓
ドン 呑○
ドン 貪
ニ 邇△
におう 匂
にら 韮
ネ 涅
ネ 禰△
ネツ 捏
ネン 捻
ネン 撚
ノウ 膿
ノウ 囊
ハ 杷
ハ 爬
ハ 琶
ハ 頗
ハ 播

サイ	賽	シ	砥	シャ	洒	シュウ	鍬	ショウ	睫	シン	沁	セイ	甥
サイ	鰓	シ	祠△	シャ	娑	シュウ	繍	ショウ	蛸	シン	芯	セイ	貰
さかき	榊△	シ	翅	シャ	這△		（繡）	ショウ	鉦	シン	呻	セイ	蜻
サク	柵*	シ	舐	シャ	奢	シュウ	蹴	ショウ	摺	シン	宸	セイ	醒
サク	炸	シ	疵	ジャ	闍	シュウ	讐	ショウ	蔣	シン	疹	セイ	錆
サク	窄	シ	趾	シャク	杓*	シュウ	鷲		（蒋）	シン	蜃	セイ	臍
サク	簀	シ	斯	シャク	灼*	ジュウ	廿	ショウ	裳	シン	滲	セイ	瀞
サツ	刹	シ	覗	シャク	綽	ジュウ	揉	ショウ	誦	シン	賑	セイ	鯖
サツ	拶	シ	嗜	シャク	錫	ジュウ	絨	ショウ	漿	シン	鍼	ゼイ	脆○
サツ	紮	シ	滓	ジャク	雀	シュク	粥	ショウ	蕭	ジン	壬	ゼイ	贅
サツ	撒	シ	獅	ジャク	惹	シュツ	戌	ショウ	踵	ジン	訊	セキ	脊
サツ	薩	シ	幟*	シュ	娶	ジュン	閏*	ショウ	鞘	ジン	腎	セキ	戚
サン	珊*	シ	摯	シュ	腫	ジュン	楯	ショウ	篠	ジン	靱○	セキ	晰
サン	餐*	シ	嘴	シュ	諏	ジュン	馴	ショウ	聳	ジン	塵	セキ	蹟
サン	纂	シ	熾*	シュ	鬚	ショ	杵	ショウ	鍾	ジン	儘	セツ	泄
サン	霰	シ	髭	ジュ	呪	ショ	薯	ショウ	醬	ス	笥	セツ	屑
サン	攢	シ	贄	ジュ	竪	ショ	藷		（醤）	スイ	祟	セツ	浙
サン	讃	ジ	而	ジュ	綬	ジョ	汝	ショウ	囁	スイ	膵	セツ	啜
ザン	斬	ジ	峙	ジュ	聚	ジョ	抒	ジョウ	杖	スイ	誰	セツ	楔
ザン	懺	ジ	痔	ジュ	濡	ジョ	鋤	ジョウ	茸	スイ	錐	セツ	截
シ	仔	ジ	餌△	ジュ	襦	ショウ	妾	ジョウ	嘗	スイ	雖	セン	尖
シ	弛	ジク	竺	シュウ	帚	ショウ	哨	ジョウ	擾	ズイ	隋	セン	苫
シ	此	しずく	雫	シュウ	酋	ショウ	秤	ジョウ	攘	ズイ	隧△	セン	穿*
シ	址	シツ	叱○	シュウ	袖	ショウ	娼	ジョウ	饒△	スウ	芻	セン	閃
シ	祀△	シツ	悉	シュウ	羞	ショウ	逍△	ショク	拭	スウ	趨	セン	陝
シ	屍	シツ	蛭	シュウ	葺	ショウ	廂	ショク	埴	すし	鮨	セン	釧
シ	屎	シツ	嫉	シュウ	蒐	ショウ	椒	ショク	蜀	セイ	丼	セン	揃*
シ	柿	シツ	膝	シュウ	箒	ショウ	湘	ショク	蝕△	セイ	凄	セン	煎*
シ	茨*	シツ	櫛*	シュウ	皺	ショウ	竦	ショク	燭	セイ	栖	セン	羨
シ	恣*	シャ	柘	シュウ	輯	ショウ	鈔	ジョク	褥	セイ	棲	セン	腺

カン	嵌	ギ	妓	キョ	欅	くめ	粂	ケン	硯	コウ	杭	コウ	曠
カン	鉗	ギ	祇△	キョウ	匈	ゲ	偈	ケン	腱	コウ	肴	ゴウ	劫
カン	澗	ギ	魏	キョウ	怯	ケイ	荊○	ケン	鍵	コウ	咬	ゴウ	毫
カン	翰	ギ	蟻	キョウ	俠	ケイ	珪	ケン	瞼	コウ	垢	ゴウ	傲
カン	諫	キク	掬	キョウ	脇	ケイ	畦	ケン	鹼	コウ	巷	ゴウ	壕
カン	瞰	キク	麴	キョウ	莢	ケイ	脛		(鹸)	コウ	恍	ゴウ	濠
カン	韓*		(麹)	キョウ	竟*	ケイ	頃	ゲン	呟	コウ	恰	ゴウ	嚙
カン	檻	キツ	吃	キョウ	卿*	ケイ	痙	ゲン	眩	コウ	狡		(噛)
カン	灌	キツ	屹	キョウ	僑	ケイ	詣	ゲン	舷	コウ	桁	ゴウ	轟
ガン	玩	キツ	拮	キョウ	嬌	ケイ	禊△	ゲン	諺	コウ	胱	コク	剋
ガン	雁	ギャク	謔	キョウ	蕎	ケイ	閨	コ	乎	コウ	崗	コク	哭
ガン	翫	キュウ	仇	キョウ	鋏	ケイ	稽○	コ	姑	コウ	梗	コク	鵠*
ガン	頷	キュウ	臼	キョウ	頰	ケイ	頸	コ	狐	コウ	喉	コツ	乞
ガン	癌	キュウ	汲*	キョウ	橿	ケイ	髻	コ	股	コウ	腔○	コツ	忽
ガン	贋	キュウ	灸	キョウ	疆	ケイ	蹊	コ	涸	コウ	蛤	コツ	惚
キ	几	キュウ	咎	キョウ	饗*	ケイ	鮭	コ	菰	コウ	幌	コン	昏
キ	卉○	キュウ	邱	キョク	棘	ケイ	繫	コ	袴	コウ	煌	コン	痕
キ	其	キュウ	柩	キョク	髷	ゲイ	睨	コ	壺	コウ	鉤	コン	渾
キ	祁△	キュウ	笈*	キン	巾	ゲキ	戟	コ	跨	コウ	敲	コン	褌
キ	耆	キュウ	躬	キン	僅	ゲキ	隙	コ	糊	コウ	睾	サ	叉
キ	埼	キュウ	厩*	キン	禽	ケツ	抉	ゴ	醐	コウ	膏	サ	些
キ	悸	キュウ	嗅	キン	饉△	ケツ	頁	ゴ	齬	コウ	閤	サ	嗟
キ	揆	キュウ	舅	ク	狗	ケツ	訣	コウ	亢	コウ	膠	サ	蓑
キ	毀	キョ	炬*	ク	惧*	ケツ	蕨	コウ	勾	コウ	篝*	サ	磋
キ	箕	キョ	渠*	ク	軀	ケン	妍	コウ	叩	コウ	縞	ザ	坐
キ	畿	キョ	裾	ク	懼	ケン	倦	コウ	尻	コウ	薨	ザ	挫
キ	窺	キョ	嘘	グ	俱*	ケン	虔	コウ	吼	コウ	糠	サイ	晒
キ	諱*	キョ	墟	くう	喰*	ケン	捲	コウ	肛	コウ	藁	サイ	柴
キ	徽	キョ	鋸	グウ	寓	ケン	牽	コウ	岡	コウ	鮫	サイ	砦
キ	櫃	キョ	遽△	クツ	窟	ケン	喧	コウ	庚	コウ	壙	サイ	犀

7　漢和辞典などで字源解釈との関係から，
　① 明朝体においても，「4 画くさかんむり」を用いること
　② 漢和辞典における正字体として，「印刷標準字体とされなかった康熙字典の正字体」を掲げること
については，これらを妨げるものではない。
8　「懼」と「惧」のように既に別字意識（使い分け）の生じていると判断できる異体字については別字扱いとした。

・（　）内は，簡易慣用字体。
・＊はデザイン差，○は個別デザイン差，△は 3 部首許容に該当するもの。

ア	啞	イ	彙	エイ	裔	エン	閻	カ	跏	カイ	恢＊	ガク	顎
	（唖）	イ	飴△	エイ	穎	エン	嚥	カ	嘩＊	カイ	晦	ガク	鰐
ア	蛙	イ	謂		（頴）	オ	嗚	カ	瑕	カイ	堺	かし	樫
ア	鴉＊	イキ	閾	エイ	嬰	オウ	凰	カ	榎	カイ	潰	かすり	絣
アイ	埃	イツ	溢	エイ	翳	オウ	嘔	カ	窩	カイ	鞋	カツ	筈
アイ	挨	いわし	鰯	エキ	腋	オウ	鴨	カ	蝦	カイ	諧	カツ	葛
アイ	曖	イン	尹	エツ	曰	オウ	甕	カ	蝸	カイ	檜	カツ	闊
アイ	靄	イン	咽	エン	奄	オウ	襖	カ	鍋	カイ	蟹	かつお	鰹
アツ	軋	イン	殷	エン	宛	オウ	謳	カ	顆	ガイ	咳＊	かや	萱
アツ	斡	イン	淫	エン	怨	オウ	鶯	ガ	牙＊	ガイ	崖	カン	奸
アン	按	イン	隕	エン	俺	オウ	鷗	ガ	瓦	ガイ	蓋	カン	串
アン	庵	イン	蔭	エン	冤＊		（鴎）	ガ	臥	ガイ	漑＊	カン	旱
アン	鞍	ウ	于	エン	袁	オウ	鸚	ガ	俄	ガイ	骸＊	カン	函
アン	闇＊	ウ	迂△	エン	婉	オク	臆＊	ガ	峨	ガイ	鎧	カン	咸
イ	已	ウ	盂	エン	焉	おもかげ	俤	ガ	訝＊	カク	喀	カン	姦
イ	夷	ウ	烏	エン	堰	カ	瓜	ガ	蛾	カク	廓	カン	宦
イ	畏	ウツ	鬱	エン	淵	カ	呵	ガ	衙	カク	摑	カン	柑
イ	韋＊	ウン	云	エン	焰	カ	苛	ガ	駕	カク	攪	カン	竿
イ	帷	ウン	暈	エン	筵	カ	珂	カイ	芥		（撹）	カン	悍
イ	萎	エ	穢	エン	厭	カ	迦△	カイ	乖	ガク	愕	カン	桓
イ	椅	エイ	曳	エン	鳶	カ	訛＊	カイ	廻	ガク	萼	カン	涵
イ	葦＊	エイ	洩	エン	燕	カ	訶	カイ	徊	ガク	諤	カン	菅

4　その他関連事項

(1)　学校教育との関係

表外漢字字体表は,「2　表外漢字字体表の性格」で述べたとおり, 一般の社会生活において表外漢字を使用する場合の字体選択のよりどころとして作成されたものであり, 現在の初等中等教育で行われている漢字学習に直接かかわるものではない。すなわち, 初等中等教育においては, 常用漢字表の枠内で学習するという現行の取扱いを維持することが適当である。

また, 学校教育用の教科書に使用される表外漢字は, 常用漢字表の制定以前から, 人名用漢字は別として基本的にいわゆる康熙字典体が用いられている。したがって, 表外漢字字体表によって現行教科書の漢字字体が変更されることはない。

(2)　情報機器との関係(略)

(3)　各種の基準等(略)

II　字体表

〔字体表の見方〕(抜粋)

1　この表は, 常用漢字とともに使われることが比較的多いと考えられる表外漢字(1022字)について, その印刷標準字体を示すものである。1022字のうち22字については, 併せて簡易慣用字体を示した。

2　字種は, 字音によって五十音順に並べることを原則とした。同音の場合は, おおむね字画の少ないものを先にし, 字音のないものは字訓によった。また, 字音は片仮名, 字訓は平仮名で示した。この表で用いた音訓は配列のための便宜として用いたもので, これによって音訓を規定するものではない。

3　この字体表においては, 明朝体のうちの一種を例に用いて印刷標準字体及び簡易慣用字体を示した。

4　字体表の例示字形は, デザイン差とする複数の字形のうち, 表外漢字字形の使用実態を踏まえて, その一つを掲げたもので, 特に推奨する字形ということではない。

5　3部首(しんにゅう／しめすへん／しょくへん)については, 印刷標準字体として「辶／示／飠」の字形を示してあるが, 現に印刷文字として「辶／ネ／𩙿」の字形を用いている場合においては, これを印刷標準字体の字形に変更することを求めるものではない。これを3部首許容と呼ぶ。「謎」や「榊」など3部首許容に準じるものについても, 同様に「3部首」とした。また, この字体表に掲げられていない表外漢字についても, 現に印刷文字として「辶／ネ／𩙿」の字形を用いているものについては, 3部首許容を適用してよい。

6　「くさかんむり」については, 明治以来の明朝体字形に従い,「3画くさかんむり(艹)」を印刷標準字体と考える。ただし, このことは, 明朝体以外の印刷書体の字形(例えば, 正楷書体における「4画くさかんむり(䒑)」)を制限するものではない。

これらについては，表外漢字字体表においても，常用漢字表に示されている以下のような考え方を基本的に踏襲することとした。例えば，表外漢字の「豖←→豕」／「梗←→梗」などの字形上の違いは，常用漢字表「(付)字体についての解説」の「第1 明朝体活字のデザインについて」で「現在，一般に使用されている各種の明朝体活字(写真植字を含む。)には，同じ字でありながら，微細なところで形の相違の見られるものがある。しかし，それらの相違は，いずれも活字設計上の表現の差，すなわち，デザインの違いに属する事柄であって，字体の違いではないと考えられるものである。」と位置付けられたデザインの違いに該当すると考える。

ただし，現行の各種明朝体字形を検討した結果，表外漢字における「字体の違い及びデザインの違い」を考えていくには，常用漢字表に掲げられている項目だけではなく，常用漢字と表外漢字とを区別して，表外漢字だけに適用する「デザイン差該当項目」を新たに立てることが，現実的な対応として望ましいだろうと判断した。具体的には，常用漢字表の「明朝体活字のデザインについて」に分類して示されたデザイン差の該当項目に追加するものとして，「「牙←→牙←→牙」などの２画目・３画目にかかわるもの」，「「芦←→芦」などの戶・戸にかかわるもの」，「「喰←→喰」などのつくりの３画目の縦・横にかかわるもの」及び「「茨←→茨」などの４画目・５画目にかかわるもの」などを立てた。これらは，主として，

① 字体の定義である「文字の骨組み」という観点から見て，当該の字形差がそれに当たるものであるか否か。

② 手書き字形としてだけでなく，戦前から，活字字形として存在していたものであるか否か。

③ 現在の明朝体字形の実態として，デザイン差と位置付けることが妥当であるか否か。

という点から見て特に問題がないと考えたものを掲げたものである。そのために，「牙(４画)／牙・牙(５画)」のように画数の異なるものであっても，「デザイン差」に位置付けたものがある。なお，字体表には，デザイン差とされる字形のうち，その一つを例示字形として示した。

ここで示す「デザイン差該当項目」は，現に使われている表外漢字の明朝体字形に対して，印刷標準字体と字体が異なっているとは考えなくてもよいものを示したものである。

⑶ 印刷文字字形(明朝体字形)と筆写の楷書字形との関係

表外漢字における印刷文字字形と筆写の楷書字形との相違は，常用漢字以上に大きく，常用漢字表でいう字体の違いに及ぶものもあるので，この点については特に留意する必要がある。そのような字形の相違のうち，幾つかを例として掲げるが，これは，手書き上の習慣に従って筆写することを，この字体表が否定するものではないことを具体的に示すためである。(以下略)

でもない。

表外漢字の使用に際しては，印刷標準字体を優先的に用いることを原則とするが，必要に応じて，印刷標準字体に替えて簡易慣用字体を用いることは差し支えない。簡易慣用字体を用いるかどうかについては，個々の事情や状況を勘案した上で，個別に判断すべき事柄と考える。

なお，この字体表の適用は，芸術その他の各種専門分野や個々人の漢字使用にまで及ぶものではなく，従来の文献などに用いられている字体を否定するものでもない。また，現に地名・人名などの固有名詞に用いられている字体にまで及ぶものでもない。

⑵　対象とする表外漢字の選定について

常用漢字及び常用漢字の異体字は対象外としてあるが，常用漢字の異体字であっても「阪(坂)」や「堺(界)」などは対象漢字とした。

戸籍法施行規則で定めている人名用漢字については既に述べたように，各分野での取扱い方及び漢字出現頻度数調査の結果などから見て，常用漢字に準じて扱うことが妥当であると判断した。

その上で，前述の２回の漢字出現頻度数調査の結果から，日常生活の中で目にする機会の比較的多い，使用頻度の高い表外漢字を対象漢字として取り上げた。

なお，表外漢字字体表に示されていない表外漢字の字体については，基本的に印刷文字としては，従来，漢和辞典等で正字体としてきた字体によることを原則とする。これは，常用漢字の字体に準じた略体化を及ぼすことで新たな異体字を作り出すことに対して，十分慎重にすべきであるという趣旨である。

⑶　表外漢字字体表における字体の示し方

表外漢字字体表においては，明朝体を例に用いて，印刷標準字体及び簡易慣用字体を示すこととした。

3　字体・書体・字形にかかわる問題とその基本的な考え方

⑴　字体・書体・字形について

字体については，常用漢字表に示されている「字体は文字の骨組みである」という考え方を踏襲する。

この字体の具体化に際し，視覚的な特徴となって現れる一定のスタイルの体系が書体である。書体には，印刷文字で言えば，明朝体，ゴシック体，正楷書体，教科書体等がある。

字体，書体のほかに字形という語があるが，これは印刷文字，手書き文字を問わず，目に見える文字の形そのものを総称して言う場合に用いる。

なお，この字体表でいう手書き文字とは，主として，楷書(楷書に近い行書を含む。)で書かれた字形を対象として用いているものである。

⑵　「字体の違い」と「デザインの違い」との関係

字を除けば，3％弱にすぎない。ただし，字種（異なり文字数）では5000字近くある。このように使用頻度が低く，しかも字種の多い表外漢字が，文字ごとに，いわゆる康熙字典体と略字体とを持つならば，表外漢字の字体にかかわる問題は極めて複雑になる。

また，小学校・中学校・高等学校の教科書や各種の辞典類においても，人名用漢字を除く表外漢字の字体に関しては，いわゆる康熙字典体を原則としている。

国語審議会は，上述の表外漢字字体の使用実態を踏まえ，この実態を混乱させないことを最優先に考えた。この結果，表外漢字字体表では，漢字字体の扱いが，当用漢字字体表及び常用漢字表で略字体を採用してきた従来の施策と異なるものとなっている。

この考え方は，同様の意味で，常用漢字の字体をいわゆる康熙字典体に戻すことを否定するものである。

⑶　常用漢字表の意義と表外漢字字体表の位置付け

ワープロ等の普及によって，多数の漢字が簡単に打ち出せるようになった現在，常用漢字表の存在意義がなくなったのではないかという見方もある。

しかし，このことは一般の社会生活における漢字使用の目安を定めている常用漢字表の意義を損なうものではない。むしろ，簡単に漢字が打ち出されることによって漢字の多用化傾向が強まる中では，常用漢字表の意義は，かえって高まっていると考えるべきである。

常用漢字表は「現代の国語を書き表す場合の漢字使用の目安」を示したものであるという趣旨から明らかなように，ある程度の表外漢字使用を想定したものとなっている。今回作成した表外漢字字体表は，この常用漢字表で想定しているような表外漢字について字体の標準を示したものである。表外漢字字体表によって，印刷文字における印刷標準字体及び簡易慣用字体を定めたことは，表外漢字使用における字体の混乱を軽減し，常用漢字とともに表外漢字を使用していく場合の字体選択のよりどころとなるものである。

2　表外漢字字体表の性格

⑴　表外漢字字体表の作成目的及び適用範囲

表外漢字字体表は，法令，公用文書，新聞，雑誌，放送等，一般の社会生活において表外漢字を使用する場合の字体選択のよりどころを，印刷文字（情報機器の画面上で使用される文字や字幕で使用される文字などのうち，印刷文字に準じて考えることのできる文字を含む。）を対象として示すものである。

この字体表では，常用漢字とともに使われることが比較的多いと考えられる表外漢字（1022字）を特定し，その範囲に限って，印刷標準字体を示した。また，そのうちの22字については，簡易慣用字体を併せて示した。ただし，この表は，常用漢字表を拡張しようとするものではなく，この表にない表外漢字の使用を制限するもの

す増大すると判断したためである。

⑵　表外漢字字体表作成に当たっての基本的な考え方

今回作成した表外漢字字体表は，⑴で述べたような一部の印刷文字字体に見られる字体上の問題を解決するために，常用漢字表の制定時に見送られた「法令，公用文書，新聞，雑誌，放送等，一般の社会生活において表外漢字を使用する場合の字体選択のよりどころ」を示そうとするものである。

この字体表には，印刷標準字体と簡易慣用字体の２字体を示した。印刷標準字体には，「明治以来，活字字体として最も普通に用いられてきた印刷文字字体であって，かつ，現在においても常用漢字の字体に準じた略字体以上に高い頻度で用いられている印刷文字字体」及び「明治以来，活字字体として，康熙《こうき》字典における正字体と同程度か，それ以上に用いられてきた俗字体や略字体などで，現在も康熙字典の正字体以上に使用頻度が高いと判断される印刷文字字体」を位置付けた。これらは康熙字典に掲げる字体そのものではないが，康熙字典を典拠として作られてきた明治以来の活字字体（以下「いわゆる康熙字典体」という。）につながるものである。また，簡易慣用字体には，印刷標準字体とされた少数の俗字体・略字体等は除いて，現行のJIS規格や新聞など，現実の文字生活で使用されている俗字体・略字体等の中から，使用習慣・使用頻度等を勘案し，印刷標準字体と入れ替えて使用しても基本的には支障ないと判断し得る印刷文字字体を位置付けた。ここで，略字体等とは，筆写の際に用いられる種々の略字や筆写字形のことではなく，主として常用漢字の字体に準じて作られた印刷文字字体のことである。ただし，例えば，常用漢字の「歩」に合わせて表外漢字の「捗」を「捗」としたような略字体でないものも含まれている。この簡易慣用字体の選定に当たっては，字体問題の将来的な安定という観点から，特に慎重に検討を行った。

表外漢字字体表は，次に示す２回の頻度数調査の結果に基づき，現実の文字使用の実態を踏まえて作成したものである。すなわち，第１回は，凸版印刷・大日本印刷・共同印刷による『漢字出現頻度数調査』（平成９年，文化庁，調査対象漢字総数は３社合計で37,509,482字）であり，第２回は，凸版印刷・読売新聞による『漢字出現頻度数調査⑵』（平成12年，文化庁，調査対象漢字総数は凸版印刷33,301,934字，読売新聞25,310,226字）である。この２回の調査で明らかになったことは，一般の人々の文字生活において大きな役割を果たしている書籍類の漢字使用の実態として，字体に関しては，主として，常用漢字及び人名用漢字においてはその字体が，人名用漢字以外の表外漢字においてはいわゆる康熙字典体が用いられていることである。

上記２回の調査結果から見ると，現代の文字生活において，漢字使用に占める表外漢字の割合は決して高いものではない。凸版印刷による２回の調査資料では，常用漢字の1945字だけで，延べ漢字数のおよそ96％を占めるという結果が出ている。さらに，人名用漢字を加えると97％強になる。表外漢字については，人名用漢

表外漢字字体表

- 第21期国語審議会「表外漢字字体表試案」(平成10年6月報告)をうけ，平成12年12月8日に第22期国語審議会から文部大臣に答申されたものである。部首の許容など，平成22年告示の「常用漢字表」と関係する。
- ここに掲げたのは，「表外漢字字体表」の「前文」などの抜粋，及び「字体表」を編集したものである。　(三省堂編修所注)

[はじめに] (抜粋)

本答申として示す「表外漢字字体表」は，一般の社会生活において，表外漢字を使用する場合の「字体選択のよりどころ」となることを目指して，次のような基本方針に基づき作成したものである。

現実の印刷文字の使用状況について分析・整理し，表外漢字の字体に関する基本的な考え方を提示するとともに，併せて印刷標準字体を示す。印刷標準字体とは，印刷文字において標準とすべき字体であることを明示するために用いた名称である。 なお，この字体表は，手書き文字を対象とするものではない。

Ⅰ　前文(抜粋)

1　表外漢字の字体に関する基本的な認識

(1)　従来の漢字施策と表外漢字の字体問題

ワープロ等の急速な普及によって，表外漢字が簡単に打ち出せるようになり，常用漢字表制定時の予想をはるかに超えて，表外漢字の使用が日常化した。そこに，昭和58(1983)年のJIS規格の改正による字体の変更，すなわち，鴎(←鷗)，祷(←禱)，涜(←瀆)のような略字体が一部採用され，括弧内の字体がワープロ等から打ち出せないという状況が重なった。この結果，一般の書籍類で用いられている字体とワープロ等で用いられている字体との間に字体上の不整合が生じた。現時点では，ワープロ等から括弧内の字体が打ち出せない状況は基本的に変わっていない。

上述のような状況の下で，表外漢字の字体が問題とされるようになったが，この問題は，①一般の書籍類や教科書などで用いられている「鷗」や「瀆」がワープロ等から打ち出せないこと，②仮に「鴎」と「鷗」の両字体を打ち出すことができたとしても，どちらの字体を標準と考えるべきかの「字体のよりどころ」がないこと，の2点にまとめられる。現時点で，国語審議会が表外漢字字体表を作成したのは，この問題が既に一般の文字生活に大きな影響を与えているだけでなく，今後予想される情報機器の一層の普及によって，表外漢字における標準字体確立の必要性がますま

1977年 4月15日　初版発行
1981年 12月10日　第二版発行
1986年 11月10日　第三版発行
1991年 12月10日　第四版発行
2005年 2月 1日　第五版発行
2011年 5月 1日　第六版発行
2015年 1月15日　第七版発行
2018年 3月10日　第八版発行
2021年 7月20日　第九版発行

新しい国語表記ハンドブック　第九版

二〇二四年六月一〇日　第四刷発行

編　者――三省堂編修所
発行者――株式会社三省堂　代表者　瀧本多加志
印刷者――三省堂印刷株式会社
発行所――株式会社三省堂
〒一〇二―八三七一
東京都千代田区麹町五丁目七番地二
電話（〇三）三二三〇―九四一一
https://www.sanseido.co.jp/

〈9版新国語表記・336pp.〉
落丁本・乱丁本はお取り替えいたします。
ISBN978-4-385-21145-9

本書の内容に関するお問い合わせは、弊社ホームページの「お問い合わせ」フォーム(https://www.sanseido.co.jp/support/)にて承ります。

装丁　志岐デザイン事務所

常用漢字表　音訓索引

- 漢字の肩に付いている数字は,「学年別漢字配当表」の配当学年。平成 29 年 3 月の小学校学習指導要領の改定により, 変更となったものについては矢印 ↳ を付し, 新旧の学年を示した。
- 色の 小 中 高 は,「音訓の小・中・高等学校段階別割り振り表」(文部科学省初等中等教育局)に示されている各学校段階の割り振り。平成 29 年 3 月の小学校学習指導要領の改定に伴い変更となったものについては矢印 → を付し, 新旧の学校段階を示した。

【あ】

ア	亜		中	12
アイ	哀		中	12
	挨		中	12
	愛	4	小	12
	曖		中	12
あい	相	3	小	63
	藍		中	96
あいだ	間	2	小	22
あ-う	会	2	小	19
	合	2	小	38
	遭		中	64
あお	青	1	小	58
あお-い	青	1	小	58
あお-ぐ	仰		中	28
あか	赤	1	小	60
あか-い	赤	1	小	60
あ-かす	飽		中	89
	明	2	小	91
あかつき	暁		中	29
あか-らむ	赤	1	小	60
	明	2	小	91
あか-らめる	赤	1	小	60
あ-かり	明	2	小	91
あ-がる	挙	4	小	27
	上	1	小	53
	揚		中	94
あか-るい	明	2	小	91
あか-るむ	明	2	小	91
あき	秋	2	小	48
あきな-う	商	3	中	52
あき-らか	明	2	小	91
あきら-める	諦		中	72
あ-きる	飽		中	89
アク	悪	3	小	12
	握		中	12
あ-く	開	3	小	19
	空	1	小	30
	明	2	小	91
あ-くる	明	2	小	91
あ-ける	開	3	小	19
	空	1	小	30
	明	2	小	91
あ-げる	挙	4	小	27
	上	1	小	53
	揚		中	94
あご	顎		中	21
あこが-れる	憧		中	53
あさ	朝	2	小	70
	麻		中	90
あざ	字	1	中	45
あさ-い	浅	4	小	61
あざけ-る	嘲		中	70
あざむ-く	欺		中	25
あざ-やか	鮮		中	62
あし	脚		中	25
	足	1	小	64
あじ	味	3	小	91
あじ-わう	味	3	小	91
あず-かる	預	5↳6	小	94
あず-ける	預	5↳6	小	94
あせ	汗		中	22
あせ-る	焦		高	53
あそ-ぶ	遊	3	小	94
あたい	価	5	高	17
	値	6	中	68
あた-える	与		中	94
あたた-か	温	3	小	16
	暖	6	小	68
あたた-かい	温	3	小	16
	暖	6	小	68
あたた-まる	温	3	小	16
	暖	6	小	68
あたた-める	温	3	小	16
	暖	6	小	68
あたま	頭	2	小	75
あたら-しい	新	2	小	56
あた-り	辺	4	小	87
あ-たる	当	2	小	74
アツ	圧	5	小	12
あつ-い	厚	5	小	37
	暑	3	小	51
	熱	4	小	78
あつか-う	扱		中	12
あつ-まる	集	3	小	49
あつ-める	集	3	小	49
あ-てる	宛		中	12
	充		高	49
	当	2	小	74
あと	後	2	小	35
	痕		中	39
	跡		中	60
あな	穴	6	小	32
あなど-る	侮		高	84
あに	兄	2	小	30
あね	姉	2	小	44
あば-く	暴	5	高	89
あば-れる	暴	5	小	89
あ-びせる	浴	4	小	95

あ-びる	浴	4	小	95
あぶ-ない	危	6	小	23
あぶら	脂		中	44
	油	3	小	93
あま	雨	1	小	14
	天	1	小	73
	尼		中	77
あま-い	甘		中	21
あま-える	甘		中	21
あま-す	余	5	小	94
あま-やかす	甘		中	21
あま-る	余	5	小	94
あみ	網		中	92
あ-む	編	5	小	87
あめ	雨	1	小	14
	天	1	高	73
あや-うい	危	6	中	23
あや-しい	怪		中	19
	妖		中	94
あや-しむ	怪		中	19
あやつ-る	操	6	中	64
あや-ぶむ	危	6	中	23
あやま-ち	過	5	高	18
あやま-つ	過	5	高	18
あやま-る	誤	6	小	35
	謝	5	中	46
あゆ-む	歩	2	小	87
あら-い	荒		中	37
	粗		中	62
あら-う	洗	6	小	61
あらし	嵐		中	12
あ-らす	荒		中	37
あらそ-う	争	4	小	63
あら-た	新	2	小	56
あらた-まる	改	4	小	19
あらた-める	改	4	小	19
あらわ-す	現	5	小	34
	著	6	中	70
	表	3	小	83
あらわ-れる	現	5	小	34
	表	3	小	83
あ-る	在	5	小	41
	有	3	小	93
ある-く	歩	2	小	87
あ-れる	荒		中	37
あわ	泡		中	88
あわ-い	淡		中	67
あ-わす	合	2	小	38
あ-わせる	合	2	小	38
あわ-せる	併		中	86
あわ-ただしい	慌		中	38
あわ-てる	慌		中	38
あわ-れ	哀		中	12
あわ-れむ	哀		中	12
アン	安	3	小	12
	案	4	小	12
	暗	3	小	12
	行	2	高	36

【い】

イ	以	4	小	12
	衣	4	小	12
	位	4	小	12
	囲	4↳5	小	12
	医	3	小	12
	依		中	12
	委	3	小	12
	威		中	12
	為		中	12
	畏		中	12
	胃	4↳6	小	12
	尉		中	12
	異	6	小	12
	移	5	小	12
	萎		中	12
	偉		中	12
	椅		中	13
	彙		中	13
	意	3	小	13
	違		中	13
	維		中	13
	慰		中	13
	遺	6	小	13
	緯		中	13
	易	5	小	14
	唯		高	93
い	井	↳4	中→小	57
い-う	言	2	小	34
いえ	家	2	小	17
い-える	癒		中	93
い-かす	生	1	小	58
いか-る	怒		中	74
イキ	域	6	小	13
いき	粋		中	57
	息	3	小	65
いきお-い	勢	5	小	59
いきどお-る	憤		高	85
い-きる	生	1	小	58
イク	育	3	小	13
い-く	行	2	小	36
	逝		高	59
いく	幾		中	24
いくさ	戦	4	中	61
いけ	池	2	小	68
い-ける	生	1	小	58
いこ-い	憩		中	31
いこ-う	憩		高	31
いさぎよ-い	潔	5	高	32
いさ-む	勇	4	小	93
いし	石	1	小	60
いしずえ	礎		高	63
いずみ	泉	6	小	61
いそが-しい	忙		中	89
いそ-ぐ	急	3	小	26
いた	板	3	小	81
いた-い	痛	6	小	71
いだ-く	抱		中	88
いた-す	致		中	68
いただき	頂	6	小	70
いただ-く	頂	6	小	70
いた-む	傷	6	中	53
	痛	6	小	71
	悼		高	75
いた-める	傷	6	中	53
	痛	6	小	71
いた-る	至	6	小	43
イチ	一	1	小	13
	壱		中	13
いち	市	2	小	43
いちじる-しい	著	6	中	70
イツ	一	1	小	13
	逸		中	13
いつ	五	1	小	35
いつく-しむ	慈		高	45
いつ-つ	五	1	小	35
いつわ-る	偽		中	25

読み	漢字	学年	区分	頁
いと	糸	1	小	43
いとな-む	営	5	小	14
いど-む	挑		中	70
いな	稲		中	75
	否	6	高	81
いぬ	犬	1	小	32
いね	稲		中	75
いのち	命	3	小	91
いの-る	祈		中	24
いばら	茨	↳4	中→小	13
いま	今	2	小	39
いまし-める	戒		中	19
い-まわしい	忌		高	24
い-む	忌		高	24
いも	芋		中	13
いもうと	妹	2	小	90
いや	嫌		中	33
いや-しい	卑		高	82
いや-しむ	卑		高	82
いや-しめる	卑		高	82
い-やす	癒		中	93
い-る	居	5	小	27
	射	6	小	46
	煎		中	61
	鋳		中	70
	入	1	小	77
	要	4	中	94
い-れる	入	1	小	77
いろ	色	2	小	54
いろど-る	彩		高	40
いわ	岩	2	小	23
いわ-う	祝	4	小	50
イン	引	2	小	13
	印	4	小	13
	因	5	小	13
	咽		中	13
	姻		中	13
	員	3	小	13
	院	3	小	13
	淫		中	13
	陰		中	13
	飲	3	小	13
	隠		中	13
	韻		中	13
	音	1	中	16
【う】				
ウ	右	1	小	13
	宇	6	小	14
	羽	2	中	14
	雨	1	小	14
	有	3	中	93
う-い	憂		高	94
うい	初	4	高	51
うえ	上	1	小	53
う-える	飢		中	24
	植	3	小	54
うお	魚	2	小	27
うかが-う	伺		中	43
う-かぶ	浮		中	84
う-かべる	浮		中	84
う-かる	受	3	小	48
う-かれる	浮		中	84
う-く	浮		中	84
うけたまわ-る	承	5↳6	中	52
う-ける	受	3	小	48
	請		中	59
うご-かす	動	3	小	76
うご-く	動	3	小	76
うし	牛	2	小	27
うじ	氏	4	中	43
うしな-う	失	4	小	46
うし-ろ	後	2	小	35
うす	臼		中	26
うず	渦		中	18
うす-い	薄		中	80
うす-まる	薄		中	80
うす-める	薄		中	80
うす-らぐ	薄		中	80
うす-れる	薄		中	80
うた	唄		中	14
	歌	2	小	18
うたい	謡		高	95
うた-う	歌	2	小	18
	謡		高	95
うたが-う	疑	6	小	25
うち	内	2	小	77
ウツ	鬱		中	14
う-つ	撃		中	32
	打	3	小	66
	討	6	中	75
うつく-しい	美	3	小	82
うつ-す	移	5	小	12
	映	6	小	14
	写	3	小	46
うった-える	訴		中	63
うつ-る	移	5	小	12
	映	6	小	14
	写	3	小	46
うつわ	器	4	中	25
うで	腕		中	100
うと-い	疎		高	62
うと-む	疎		高	62
うなが-す	促		中	65
うね	畝		中	14
うば-う	奪		中	67
うぶ	産	4	高	42
うま	馬	2	小	78
う-まる	埋		中	90
う-まれる	産	4	小	42
	生	1	小	58
うみ	海	2	小	19
う-む	産	4	小	42
	生	1	小	58
うめ	梅	4	小	79
う-める	埋		中	90
う-もれる	埋		中	90
うやうや-しい	恭		高	28
うやま-う	敬	6	小	31
うら	浦		中	14
	裏	6	小	96
うらな-う	占		中	61
うら-む	恨		中	39
うら-めしい	恨		中	39
うらや-ましい	羨		中	61
うらや-む	羨		中	61
う-る	得	4↳5	中	76
	売	2	小	79
うるお-う	潤		中	51
うるお-す	潤		中	51
うるし	漆		中	46
うる-む	潤		中	51
うるわ-しい	麗		高	98
うれ-い	愁		高	49
	憂		中	94

うれ-える	愁	高	49
	憂	中	94
う-れる	熟[6]	中	50
	売[2]	小	79
うわ	上[1]	小	53
う-わる	植[3]	小	54
ウン	運[3]	小	14
	雲[2]	小	14

【え】

エ	依	高	12
	回[2]	高	18
	会[2]	高	19
	絵[2]	小	19
	恵	中	31
え	江	中	36
	餌	中	45
	重[3]	中→小	49
	柄	中	86
エイ	永[5]	小	14
	泳[3]	小	14
	英[4]	小	14
	映[6]	小	14
	栄[4]	小	14
	営[5]	小	14
	詠	中	14
	影	中	14
	鋭	中	14
	衛[5]	小	14
えが-く	描	中	83
エキ	易[5]	小	14
	疫	中	14
	益[5]	小	14
	液[5]	小	14
	駅[3]	小	14
	役[3]	中	93
えさ	餌	中	45
えだ	枝[5]	小	44
エツ	悦	中	14
	越	中	15
	謁	中	15
	閲	中	15
え-む	笑[4]	中	52
えら-い	偉	中	12
えら-ぶ	選[4]	小	62
えり	襟	中	29
え-る	獲	中	21
	得[4↳5]	小	76
エン	円[1]	小	15
	延[6]	小	15
	沿[6]	小	15
	炎	中	15
	怨	高	15
	宴	中	15
	媛[↳4]	中	15
	援	中	15
	園[2]	小	15
	煙	中	15
	猿	中	15
	遠[2]	小	15
	鉛	中	15
	塩[4]	小	15
	演[5]	小	15
	縁	中	15
	艶	高	15

【お】

オ	悪[3]	高	12
	汚	中	15
	和[3]	高	100
お	緒	中	51
	小[1]	小	51
	尾	中	82
	雄	中	94
お-いる	老[4]	小	99
オウ	王[1]	小	15
	凹	中	15
	央[3]	小	16
	応[5]	小	16
	往[5]	小	16
	押	高	16
	旺	中	16
	欧	中	16
	殴	高	16
	桜[5]	高	16
	翁	中	16
	奥	高	16
	横[3]	小	16
	皇[6]	小	37
	黄[2]	小	38
お-う	生[1]	中	58
	追[3]	小	71
	負[3]	小	84
おうぎ	扇	中	61
お-える	終[3]	小	48
おお	大[1]	小	66
おお-い	多[2]	小	65
おお-いに	大[1]	小	66
おお-う	覆	中	85
おお-きい	大[1]	小	66
おお-せ	仰	高	28
おおやけ	公[2]	中	35
おか	岡[↳4]	中→小	16
	丘	中	26
おか-す	侵	中	55
	犯[5]	中	81
	冒	中	89
おが-む	拝[6]	小	79
おき	沖[↳4]	中→小	69
おぎな-う	補[6]	小	87
お-きる	起[3]	小	24
オク	屋[3]	小	16
	億[4]	小	16
	憶	中	16
	臆	中	16
お-く	置[4]	小	69
おく	奥	中	16
おく-らす	遅	中	69
おく-る	送[3]	小	63
	贈	中	64
おく-れる	後[2]	中	35
	遅	中	69
お-こす	起[3]	小	24
おこ-す	興[5]	高	38
おごそ-か	厳[6]	中	34
おこた-る	怠	中	66
おこな-う	行[2]	小	36
お-こる	起[3]	小	24
おこ-る	興[5]	高	38
	怒	中	74
お-さえる	押	中	16
おさ-える	抑	中	95
おさな-い	幼[6]	小	94
おさ-まる	治[4]	小	45
	収[6]	小	48
	修[5]	小	48
	納[6]	小	78
おさ-める	治[4]	小	45

【か】

	皆	中	19
	械[4]	小	19
	絵[2]	小	19
	開[3]	小	19
	階[3]	小	19
	塊	中	19
	楷	中	19
	解[5]	小	19
	潰	中	19
	壊	中	19
	懐	中	19
	諧	中	20
	街[4]	中	20
かい	貝[1]	小	20
ガイ	外[2]	小	20
	劾	中	20
	害[4]	小	20
	崖	中	20
	涯	中	20
	街[4]	小	20
	慨	中	20
	蓋	中	20
	該	中	20
	概	中	20
	骸	中	20
かいこ	蚕[6]	小	42
か-う	交[2]	中	36
	飼[5]	小	44
	買[2]	小	79
かえ-す	帰[2]	小	24
	返[3]	小	87
かえり-みる	顧	中	35
	省[4]	中	59
か-える	換	中	22
	替	中	66
	代[3]	小	67
	変[4]	小	87
かえ-る	帰[2]	小	24
	返[3]	小	87
かお	顔[2]	小	23
かお-り	香[↳4]	中→小	37
かお-る	薫	中	30
	香[↳4]	中→小	37
かか-える	抱	中	88
かか-げる	掲	中	31
かがみ	鏡[4]	小	28
かがや-く	輝	中	25
かかり	掛	中	21
	係[3]	小	31
か-かる	架	中	17
	掛	中	21
	懸	中	33
かか-る	係[3]	小	31
かか-わる	関[4]	小	23
かき	垣	中	20
	柿	中	20
かぎ	鍵	中	33
かぎ-る	限[5]	小	34
カク	画[2]	小	18
	各[4]	小	20
	角[2]	小	20
	拡[6]	小	20
	革[6]	小	20
	格[5]	小	20
	核	中	20
	殻	中	20
	郭	中	20
	覚[4]	小	20
	較	中	20
	隔	中	20
	閣[6]	小	20
	確[5]	小	20
	獲	中	21
	嚇	中	21
	穫	中	21
	客[3]	中	25
か-く	欠[4]	小	32
	書[2]	小	51
	描	中	83
か-ぐ	嗅	中	26
ガク	学[1]	小	21
	岳	中	21
	楽[2]	小	21
	額[5]	小	21
	顎	中	21
かく-す	隠	中	13
かく-れる	隠	中	13
かげ	陰	中	13
	影	中	14
がけ	崖	中	20
か-ける	架	中	17
	掛	中	21
	駆	中	30
	欠[4]	小	32
	懸	中	33
	賭	中	74
かげ-る	陰	中	13
かご	籠	中	99
かこ-う	囲[4↳5]	小	12
かこ-む	囲[4↳5]	小	12
かさ	傘	中	42
かざ	風[2]	小	85
かさ-なる	重[3]	小	49
かさ-ねる	重[3]	小	49
かざ-る	飾	中	55
かしこ-い	賢	中	33
かしら	頭[2]	中	75
か-す	貸[5]	小	66
かず	数[2]	小	57
かぜ	風[2]	小	85
かせ-ぐ	稼	中	18
かぞ-える	数[2]	小	57
かた	潟[↳4]	中→小	21
	形[2]	小	30
	型[4↳5]	小	31
	肩	中	32
	片[6]	小	87
	方[2]	小	88
かた-い	堅	中	33
	固[4]	小	34
	硬	中	38
	難[6]	高	77
かたき	敵[5↳6]	中	73
かたち	形[2]	小	30
かたな	刀[2]	小	74
かたまり	塊	中	19
かた-まる	固[4]	小	34
かたむ-く	傾	中	31
かたむ-ける	傾	中	31
かた-める	固[4]	小	34
かたよ-る	偏	中	87
かた-らう	語[2]	小	35
かた-る	語[2]	小	35
かたわ-ら	傍	高	89
カツ	括	中	21
	活[2]	小	21
	喝	中	21
	渇	高	21

	割	6	中	21
	葛		中	21
	滑		中	21
	褐		中	21
	轄		中	21
カッ	合	2	小	38
か-つ	且		中	21
	勝	3	小	52
ガツ	月	1	小	32
ガッ	合	2	小	38
かつ-ぐ	担	6	高	67
かて	糧		高	97
かど	角	2	小	20
	門	2	中	93
かな	金	1	小	29
かな-しい	悲	3	小	82
かな-しむ	悲	3	小	82
かな-でる	奏	6	高	63
かなめ	要	4	小	94
かなら-ず	必	4	小	83
かね	金	1	小	29
	鐘		中	53
か-ねる	兼		中	33
かの	彼		中	81
かぶ	株	6	小	21
かべ	壁		中	86
かま	釜		中	21
	鎌		中	21
	窯		中	95
かま-う	構	5	小	38
かま-える	構	5	小	38
かみ	紙	2	小	44
	上	1	小	53
	神	3	小	55
	髪		中	80
かみなり	雷		中	96
かめ	亀		中	24
かも-す	醸		高	54
かよ-う	通	2	小	71
から	殻		中	20
	空	1	小	30
	唐		中	75
がら	柄		中	86
から-い	辛		中	55
か-らす	枯		中	35
からだ	体	2	小	66
から-まる	絡		高	96
から-む	絡		高	96
から-める	絡		高	96
か-り	狩		中	47
かり	仮	5	小	17
か-りる	借	4	小	47
か-る	刈		中	21
	駆		中	30
	狩		中	47
かる-い	軽	3	小	31
かれ	彼		中	81
か-れる	枯		中	35
かろ-やか	軽	3	中	31
かわ	河	5	小	17
	革	6	中	20
	川	1	小	61
	皮	3	小	81
がわ	側	4	小	65
かわ-かす	乾		中	22
かわ-く	渇		中	21
	乾		中	22
か-わす	交	2	中	36
かわら	瓦		中	18
か-わる	換		中	22
	替		中	66
	代	3	小	67
	変	4	小	87
カン	干	6	小	21
	刊	5	小	21
	甘		中	21
	汗		中	22
	缶		中	22
	完	4	小	22
	肝		中	22
	官	4	小	22
	冠		中	22
	巻	6	小	22
	看	6	小	22
	陥		中	22
	乾		中	22
	勘		中	22
	患		中	22
	貫		中	22
	寒	3	小	22
	喚		中	22
	堪		高	22
	換		中	22
	敢		中	22
	棺		中	22
	款		中	22
	間	2	小	22
	閑		中	22
	勧		中	22
	寛		中	22
	幹	5	小	22
	感	3	小	22
	漢	3	小	22
	慣	5	小	23
	管	4	小	23
	関	4	小	23
	歓		中	23
	監		中	23
	緩		中	23
	憾		中	23
	還		中	23
	館	3	小	23
	環		中	23
	簡	6	小	23
	観	4	小	23
	韓		中	23
	艦		中	23
	鑑		中	23
	甲		中	36
かん	神	3	中	55
ガン	丸	2	小	23
	含		中	23
	岸	3	小	23
	岩	2	小	23
	玩		中	23
	眼	5	小	23
	頑		中	23
	顔	2	小	23
	願	4	小	23
	元	2	小	33
かんが-える	考	2	小	36
かんが-みる	鑑		高	23
かんば-しい	芳		高	88
かんむり	冠		中	22

【き】

キ	企		中	23
	伎		中	23

音訓	漢字	学年	段階	頁
	危	6	小	23
	机	6	中	24
	気	1	小	24
	岐	↳4	中	24
	希	4	小	24
	忌		中	24
	汽	2	小	24
	奇		中	24
	祈		中	24
	季	4	小	24
	紀	4↳5	小	24
	軌		中	24
	既		中	24
	記	2	小	24
	起	3	小	24
	飢		中	24
	鬼		中	24
	帰	2	小	24
	基	5	小	24
	寄	5	小	24
	規	5	小	24
	亀		中	24
	喜	4↳5	小	24
	幾		中	24
	揮	6	小	24
	期	3	小	24
	棋		中	25
	貴	6	小	25
	棄		中	25
	毀		中	25
	旗	4	小	25
	器	4	小	25
	畿		中	25
	輝		中	25
	機	4	小	25
	騎		中	25
	己	6	中	34
き	黄	2	小	38
	生	1	中	58
	木	1	小	90
ギ	技	5	小	25
	宜		中	25
	偽		中	25
	欺		中	25
	義	5	小	25
	疑	6	小	25
	儀		中	25
	戯		中	25
	擬		中	25
	犠		中	25
	議	4	小	25
き-える	消	3	小	52
キク	菊		中	25
き-く	効	5	小	37
	聴		中	71
	聞	2	小	86
	利	4	高	96
き-こえる	聞	2	小	86
きざ-し	兆	4	高	70
きざ-す	兆	4	高	70
きざ-む	刻	6	小	39
きし	岸	3	小	23
きず	傷	6	小	53
きず-く	築	5	小	69
き-せる	着	3	小	69
きそ-う	競	4	中	28
きた	北	2	小	90
きた-える	鍛		中	68
きた-す	来	2	中	95
きたな-い	汚		中	15
きた-る	来	2	中	95
キチ	吉		中	25
キツ	吉		中	25
	喫		中	25
	詰		高	25
きぬ	絹	6	小	33
きば	牙		中	18
きび-しい	厳	6	小	34
き-まる	決	3	小	32
きみ	君	3	小	30
き-める	決	3	小	32
きも	肝		中	22
キャ	脚		高	25
キャク	却		中	25
	客	3	小	25
	脚		中	25
ギャク	逆	5	小	25
	虐		中	26
キュウ	九	1	小	26
	久	5	小	26
	及		中	26
	弓	2	中	26
	丘		中	26
	旧	5	小	26
	休	1	小	26
	吸	6	小	26
	朽		中	26
	臼		中	26
	求	4	小	26
	究	3	小	26
	泣	4	中	26
	急	3	小	26
	級	3	小	26
	糾		中	26
	宮	3	小	26
	救	4↳5	小	26
	球	3	小	26
	給	4	小	26
	嗅		中	26
	窮		中	27
ギュウ	牛	2	小	27
キョ	去	3	小	27
	巨		中	27
	居	5	小	27
	拒		中	27
	拠		中	27
	挙	4	小	27
	虚		中	27
	許	5	小	27
	距		中	27
ギョ	魚	2	小	27
	御		中	27
	漁	4	小	27
きよ-い	清	4	小	59
キョウ	凶		中	27
	共	4	小	27
	叫		中	27
	狂		中	27
	京	2	小	27
	享		中	27
	供	6	小	27
	協	4	小	27
	況		中	27
	峡		中	27
	挟		高	28
	狭		高	28
	恐		中	28
	恭		中	28

	胸[6]	小	28
	脅	中	28
	強[2]	小	28
	教[2]	小	28
	郷[6]	小	28
	境[5]	小	28
	橋[3]	小	28
	矯	中	28
	鏡[4]	小	28
	競[4]	小	28
	響	中	28
	驚	中	28
	兄[2]	小	30
	経[5]	中	31
	香↳4	高	37
	興[5]	小	38
ギョウ	仰	中	28
	暁	高	29
	業[3]	小	29
	凝	中	29
	形[2]	小	30
	行[2]	小	36
キョク	曲[3]	小	29
	局[3]	小	29
	極[4]	小	29
ギョク	玉[1]	小	29
きよ-まる	清[4]	小	59
きよ-める	清[4]	小	59
きら-う	嫌	中	33
きり	霧	中	91
き-る	斬	中	42
	切[2]	小	60
	着[3]	小	69
き-れる	切[2]	小	60
きわ	際[5]	高	41
きわ-まる	窮	高	27
	極[4]	中	29
きわ-み	極[4]	中	29
きわ-める	究[3]	中	26
	窮	高	27
	極[4]	中	29
キン	巾	中	29
	斤	中	29
	均[5]	小	29
	近[2]	小	29
	金[1]	小	29
	菌	中	29
	勤[6]	小	29
	琴	中	29
	筋[6]	小	29
	僅	中	29
	禁[5]	小	29
	緊	中	29
	錦	中	29
	謹	中	29
	襟	高	29
	今[2]	中	39
ギン	吟	中	30
	銀[3]	小	30

【く】

ク	九[1]	小	26
	久[5]	高	26
	宮[3]	高	26
	供[6]	高	27
	区[3]	小	30
	句[5]	小	30
	苦[3]	小	30
	駆	中	30
	庫[3]	高	35
	口[1]	小	35
	工[2]	小	35
	功[4]	高	36
	紅[6]	中	37
	貢	高	37
グ	具[3]	小	30
	惧	中	30
	愚	中	30
く-いる	悔	中	19
クウ	空[1]	小	30
く-う	食[2]	小	54
グウ	宮[3]	中	26
	偶	中	30
	遇	中	30
	隅	中	30
くき	茎	中	31
くさ	草[1]	小	63
くさ-い	臭	中	48
くさ-らす	腐	中	84
くさり	鎖	中	40
くさ-る	腐	中	84
くさ-れる	腐	中	84
くし	串	中	30
くじら	鯨	中	32
くず	葛	高	21
くず-す	崩	中	88
くすり	薬[3]	小	93
くず-れる	崩	中	88
くせ	癖	中	86
くだ	管[4]	小	23
くだ-く	砕	中	40
くだ-ける	砕	中	40
くだ-さる	下[1]	小	16
くだ-す	下[1]	小	16
くだ-る	下[1]	小	16
くち	口[1]	小	35
くちびる	唇	中	55
く-ちる	朽	中	26
クツ	屈	中	30
	掘	中	30
	窟	中	30
くつ	靴	中	18
くつがえ-す	覆	高	85
くつがえ-る	覆	高	85
くに	国[2]	小	39
くば-る	配[3]	小	79
くび	首[2]	小	47
くま	熊↳4	中→小	30
くみ	組[2]	小	62
く-む	酌	高	47
	組[2]	小	62
くも	雲[2]	小	14
くも-る	曇	中	77
くや-しい	悔	中	19
く-やむ	悔	中	19
くら	倉[4]	小	63
	蔵[6]	中	64
くら-い	暗[3]	小	12
くらい	位[4]	小	12
く-らう	食[2]	高	54
く-らす	暮[6]	小	88
くら-べる	比[5]	小	81
く-る	繰	中	30
	来[2]	小	95
くる-う	狂	中	27
くる-おしい	狂	中	27
くる-しい	苦[3]	小	30
くる-しむ	苦[3]	小	30

読み	漢字	学年	区分	頁
	厳	6	小	34

【こ】

読み	漢字	学年	区分	頁
コ	去	3	小	27
	拠		中	27
	虚		高	27
	己	6	小	34
	戸	2	小	34
	古	2	小	34
	呼	6	小	34
	固	4	小	34
	股		中	34
	虎		中	34
	孤		中	34
	弧		中	34
	故	5	小	35
	枯		中	35
	個	5	小	35
	庫	3	小	35
	湖	3	小	35
	雇		中	35
	誇		中	35
	鼓		中	35
	錮		中	35
	顧		中	35
こ	黄	2	中	38
	子	1	小	43
	小	1	小	51
	粉	4→5	小	85
	木	1	小	90
ゴ	期	3	高	24
	御		中	27
	五	1	小	35
	互		中	35
	午	2	小	35
	呉		中	35
	後	2	小	35
	娯		中	35
	悟		中	35
	碁		中	35
	語	2	小	35
	誤	6	小	35
	護	5	小	35
こ-い	濃		中	78
こい	恋		中	99
こい-しい	恋		中	99
コウ	格	5	高	20
	仰		中	28
	後	2	小	35
	口	1	小	35
	工	2	小	35
	公	2	小	35
	勾		中	35
	孔		中	36
	功	4	小	36
	巧		中	36
	広	2	小	36
	甲		中	36
	交	2	小	36
	光	2	小	36
	向	3	小	36
	后	6	小	36
	好	4	小	36
	江		中	36
	考	2	小	36
	行	2	小	36
	坑		中	36
	孝	6	小	36
	抗		中	36
	攻		中	36
	更		中	36
	効	5	小	37
	幸	3	小	37
	拘		中	37
	肯		中	37
	侯		中	37
	厚	5	中	37
	恒		中	37
	洪		中	37
	皇	6	小	37
	紅	6	小	37
	荒		中	37
	郊		中	37
	香	→4	中	37
	候	4	小	37
	校	1	小	37
	耕	5	小	37
	航	4→5	小	37
	貢		中	37
	降	6	小	37
	高	2	小	37
	康	4	小	37
	控		高	38
	梗		中	38
	黄	2	中	38
	喉		中	38
	慌		高	38
	港	3	小	38
	硬		中	38
	絞		高	38
	項		中	38
	溝		中	38
	鉱	5	小	38
	構	5	小	38
	綱		中	38
	酵		中	38
	稿		中	38
	興	5	小	38
	衡		中	38
	鋼	6	小	38
	講	5	小	38
	購		中	38
	耗		高	92
こ-う	乞		中	38
	請		高	59
	恋		中	99
こう	神	3	高	55
ゴウ	強	2	中	28
	郷	6	中	28
	業	3	高	29
	号	3	小	38
	合	2	小	38
	拷		中	38
	剛		中	39
	傲		中	39
	豪		中	39
こうむ-る	被		中	82
こえ	声	2	小	58
	肥	5	小	82
こ-える	越		中	15
	超		中	70
	肥	5	小	82
こおり	氷	3	小	83
こお-る	凍		中	74
こ-がす	焦		中	53
こ-がれる	焦		中	53
コク	克		中	39
	告	4→5	小	39

	谷[2]	中	39
	刻[6]	小	39
	国[2]	小	39
	黒[2]	小	39
	穀[6]	小	39
	酷	中	39
	石[1]	中	60
ゴク	極[4]	中	29
	獄	中	39
こ-げる	焦	中	53
こご-える	凍	中	74
ここの	九[1]	小	26
ここの-つ	九[1]	小	26
こころ	心[2]	小	55
こころざし	志[5]	小	43
こころざ-す	志[5]	小	43
こころ-みる	試[4]	小	44
こころよ-い	快[5]	小	19
こし	腰	中	95
こ-す	越	中	15
	超	中	70
こた-え	答[2]	小	75
こた-える	応[5]	小	16
	答[2]	小	75
コツ	滑	中	21
	骨[6]	小	39
こと	異[6]	小	12
	琴	中	29
	言[2]	小	34
	事[3]	小	45
	殊	中	47
ことぶき	寿	中	48
ことわ-る	断[5]	小	68
こな	粉[4↳5]	小	85
この-む	好[4]	小	36
こば-む	拒	中	27
こぶし	拳	中	33
こま	駒	中	39
こま-か	細[2]	小	40
こま-かい	細[2]	小	40
こま-る	困[6]	小	39
こ-む	込	中	39
	混[5]	小	39
こめ	米[2]	小	86
こ-める	込	中	39
こ-もる	籠	中	99
こ-やし	肥[5]	小	82
こ-やす	肥[5]	小	82
こよみ	暦	中	98
こ-らしめる	懲	中	71
こ-らす	凝	中	29
	懲	中	71
こ-りる	懲	中	71
こ-る	凝	中	29
ころ	頃	中	39
ころ-がす	転[3]	小	73
ころ-がる	転[3]	小	73
ころ-げる	転[3]	小	73
ころ-す	殺[4↳5]	小	42
ころ-ぶ	転[3]	小	73
ころも	衣[4]	中	12
こわ	声[2]	中	58
こわ-い	怖	中	84
こわ-す	壊	中	19
こわ-れる	壊	中	19
コン	金[1]	小	29
	建[4]	高	32
	献	中	33
	今[2]	小	39
	困[6]	小	39
	昆	中	39
	恨	中	39
	根[3]	小	39
	婚	中	39
	混[5]	小	39
	痕	中	39
	紺	中	39
	魂	中	39
	墾	中	39
	懇	中	39
ゴン	勤[6]	高	29
	権[6]	高	33
	言[2]	小	34
	厳[6]	高	34

【さ】

サ	左[1]	小	40
	佐[↳4]	中→小	40
	沙	中	40
	査[5]	小	40
	砂[6]	小	40
	唆	中	40
	差[4]	小	40
	詐	中	40
	鎖	中	40
	再[5]	小	40
	作[2]	小	41
	茶[2]	中	69
ザ	座[6]	小	40
	挫	中	40
サイ	才[2]	小	40
	再[5]	小	40
	災[5]	小	40
	妻[5]	小	40
	采	中	40
	砕	中	40
	宰	中	40
	栽	中	40
	彩	中	40
	採[5]	小	40
	済[6]	小	40
	祭[3]	小	40
	斎	中	40
	細[2]	小	40
	菜[4]	小	40
	最[4]	小	41
	裁[6]	小	41
	債	中	41
	催	中	41
	塞	中	41
	歳	中	41
	載	中	41
	際[5]	小	41
	財[5]	中	41
	殺[4↳5]	高	42
	西[2]	小	58
	切[2]	中	60
さい	埼[↳4]	中→小	41
ザイ	在[5]	小	41
	材[4]	小	41
	剤	中	41
	財[5]	小	41
	罪[5]	小	41
さいわ-い	幸[3]	小	37
さえぎ-る	遮	中	46
さか	逆[5]	小	25
	酒[3]	小	47
	坂[3]	小	81

さかい	境	5	小	28
さか-える	栄	4	小	14
さが-す	捜		中	63
	探	6	小	67
さかずき	杯		中	79
さかな	魚	2	小	27
さかのぼ-る	遡		中	63
さか-らう	逆	5	小	25
さか-る	盛	6	中	59
さ-がる	下	1	小	16
さか-ん	盛	6	中	59
さき	崎	↳4	中→小	41
	先	1	小	61
サク	作	2	小	41
	削		中	41
	昨	4	小	41
	柵		中	41
	索		中	41
	策	6	小	41
	酢		中	41
	搾		高	41
	錯		中	41
	冊	6	高	41
さ-く	割	6	中	21
	咲		中	41
	裂		中	99
さくら	桜	5	小	16
さぐ-る	探	6	中	67
さけ	酒	3	小	47
さげす-む	蔑		中	87
さけ-ぶ	叫		中	27
さ-ける	避		中	82
	裂		中	99
さ-げる	下	1	小	16
	提	5	中	72
ささ-える	支	5	小	43
さ-さる	刺		中	43
さ-す	差	4	小	40
	刺		中	43
	指	3	小	44
	挿		中	63
さず-かる	授	5	中	48
さず-ける	授	5	中	48
さそ-う	誘		中	94
さだ-か	定	3	高	72
さだ-まる	定	3	小	72
さだ-める	定	3	小	72
さち	幸	3	中	37
サツ	冊	6	小	41
	札	4	小	41
	刷	4	小	41
	刹		高	42
	拶		中	42
	殺	4↳5	小	42
	察	4	小	42
	撮		中	42
	擦		中	42
サッ	早	1	中	63
ザツ	雑	5	小	42
さと	里	2	小	96
さと-す	諭		中	93
さと-る	悟		中	35
さば-く	裁	6	小	41
さび	寂		中	47
さび-しい	寂		中	47
さび-れる	寂		中	47
さま	様	3	小	95
さ-ます	覚	4	小	20
	冷	4	小	98
さまた-げる	妨		中	89
さむ-い	寒	3	小	22
さむらい	侍		中	45
さ-める	覚	4	小	20
	冷	4	小	98
さら	更		中	36
	皿	3	小	42
さ-る	去	3	小	27
さる	猿		中	15
さわ	沢		中	67
さわ-ぐ	騒		中	64
さわ-やか	爽		中	63
さわ-る	障	6	高	53
	触		中	55
サン	三	1	小	42
	山	1	小	42
	参	4	小	42
	桟		中	42
	蚕	6	小	42
	惨		中	42
	産	4	小	42
	傘		高	42
	散	4	小	42
	算	2	小	42
	酸	5	小	42
	賛	5	小	42
ザン	惨		高	42
	残	4	小	42
	斬		中	42
	暫		中	43

【し】

シ	士	4↳5	小	43
	子	1	小	43
	支	5	小	43
	止	2	小	43
	氏	4	小	43
	仕	3	小	43
	史	4↳5	小	43
	司	4	小	43
	四	1	小	43
	市	2	小	43
	矢	2	高	43
	旨		中	43
	死	3	小	43
	糸	1	小	43
	至	6	小	43
	伺		高	43
	志	5	小	43
	私	6	小	43
	使	3	小	43
	刺		中	43
	始	3	小	43
	姉	2	中	44
	枝	5	高	44
	祉		中	44
	肢		中	44
	姿	6	小	44
	思	2	小	44
	指	3	小	44
	施		中	44
	師	5	小	44
	恣		中	44
	紙	2	小	44
	脂		中	44
	視	6	小	44
	紫		中	44
	詞	6	小	44
	歯	3	小	44

	嗣	中	44
	試[4]	小	44
	詩[3]	小	44
	資[5]	小	44
	飼[5]	小	44
	誌[6]	小	44
	雌	中	44
	摯	中	44
	賜	高	44
	諮	中	44
	示[5]	中	44
	次[3]	中	45
	自[2]	小	45
ジ	仕[3]	高	43
	示[5]	小	44
	字[1]	小	45
	寺[2]	小	45
	次[3]	小	45
	耳[1]	中	45
	自[2]	小	45
	似[5]	中	45
	児[4]	小	45
	事[3]	小	45
	侍	中	45
	治[4]	小	45
	持[3]	小	45
	時[2]	小	45
	滋[↳4]	中	45
	慈	中	45
	辞[4]	小	45
	磁[6]	小	45
	餌	高	45
	璽	中	45
	除[6]	中	51
	地[2]	小	68
じ	路[3]	小	99
しあわ-せ	幸[3]	小	37
しいた-げる	虐	高	26
し-いる	強[2]	中	28
しお	塩[4]	小	15
	潮[6]	小	70
しか	鹿[↳4]	中→小	45
しか-る	叱	中	46
シキ	式[3]	小	45
	識[5]	小	45
	色[2]	小	54
	織[5]	小	55
ジキ	食[2]	高	54
	直[2]	小	71
し-く	敷	中	84
ジク	軸	中	45
しげ-る	茂	中	92
しず	静[4]	小	59
しず-か	静[4]	小	59
しずく	滴	中	73
しず-まる	静[4]	小	59
	鎮	高	71
しず-む	沈	中	71
しず-める	静[4]	小	59
	沈	中	71
	鎮	高	71
した	下[1]	小	16
	舌[5↳6]	小	61
した-う	慕	中	88
したが-う	従[6]	小	49
したが-える	従[6]	小	49
した-しい	親[2]	小	56
した-しむ	親[2]	小	56
したた-る	滴	高	73
シチ	七[1]	小	45
	質[5]	中	46
シツ	叱	中	46
	失[4]	小	46
	室[2]	小	46
	疾	中	46
	執	中	46
	湿	中	46
	嫉	中	46
	漆	中	46
	質[5]	小	46
ジツ	実[3]	小	46
	日[1]	小	77
ジッ	十[1]	小	49
しな	品[3]	小	83
し-ぬ	死[3]	小	43
しの-ばせる	忍	中	78
しの-ぶ	忍	中	78
しば	芝	中	46
しば-る	縛	中	80
しぶ	渋	中	50
しぶ-い	渋	中	50
しぶ-る	渋	中	50
しぼ-る	絞	中	38
	搾	中	41
しま	島[3]	小	75
し-まる	絞	中	38
	締	中	72
	閉[6]	小	86
し-み	染[6]	高	61
し-みる	染[6]	高	61
しめ-す	示[5]	小	44
	湿	中	46
し-める	絞	中	38
	占	中	61
	締	中	72
	閉[6]	小	86
しめ-る	湿	中	46
しも	下[1]	小	16
	霜	中	64
シャ	砂[6]	中	40
	写[3]	小	46
	社[2]	小	46
	車[1]	小	46
	舎[5]	小	46
	者[3]	小	46
	射[6]	小	46
	捨[6]	小	46
	赦	中	46
	斜	中	46
	煮	高	46
	遮	中	46
	謝[5]	小	46
ジャ	邪	中	46
	蛇	中	47
シャク	尺[6]	小	47
	借[4]	小	47
	酌	中	47
	釈	中	47
	爵	中	47
	石[1]	小	60
	赤[1]	高	60
	昔[3]	中	60
ジャク	若[6]	中	47
	弱[2]	小	47
	寂	中	47
	着[3]	高	69
シュ	手[1]	小	47
	主[3]	小	47

	守[3]	小	47
	朱	中	47
	取[3]	小	47
	狩	中	47
	首[2]	小	47
	殊	中	47
	珠	中	47
	酒[3]	小	47
	腫	中	47
	種[4]	小	48
	趣	中	48
	修[5]	中	48
	衆[6]	高	49
ジュ	寿	中	48
	受[3]	小	48
	呪	中	48
	授[5]	小	48
	需	中	48
	儒	中	48
	樹[6]	小	48
	就[6]	高	49
	従[6]	高	49
シュウ	執	中	46
	収[6]	小	48
	囚	中	48
	州[3]	小	48
	舟	中	48
	秀	中	48
	周[4]	小	48
	宗[6]	小	48
	拾[3]	中	48
	秋[2]	小	48
	臭	中	48
	修[5]	小	48
	袖	高	48
	終[3]	小	48
	羞	中	49
	習[3]	小	49
	週[2]	小	49
	就[6]	小	49
	衆[6]	小	49
	集[3]	小	49
	愁	中	49
	酬	中	49
	醜	中	49
	蹴	中	49
	襲	中	49
	祝[4]	高	50
ジュウ	拾[3]	中	48
	十[1]	小	49
	汁	中	49
	充	中	49
	住[3]	小	49
	柔	中	49
	重[3]	小	49
	従[6]	小	49
	渋	中	50
	銃	中	50
	獣	中	50
	縦[6]	小	50
	中[1]	小	69
シュク	叔	中	50
	祝[4]	小	50
	宿[3]	小	50
	淑	中	50
	粛	中	50
	縮[6]	小	50
ジュク	塾	中	50
	熟[6]	小	50
シュツ	出[1]	小	50
ジュツ	述[5]	小	50
	術[5]	小	50
シュン	俊	中	50
	春[2]	小	50
	瞬	中	50
	旬	中	50
ジュン	旬	中	50
	巡	中	50
	盾	中	50
	准	中	50
	殉	中	51
	純[6]	小	51
	循	中	51
	順[4]	小	51
	準[5]	小	51
	潤	中	51
	遵	中	51
ショ	処[6]	小	51
	初[4]	小	51
	所[3]	小	51
	書[2]	小	51
	庶	中	51
	暑[3]	小	51
	署[6]	小	51
	緒	中	51
	諸[6]	小	51
ジョ	女[1]	小	51
	如	中	51
	助[3]	小	51
	序[5]	小	51
	叙	中	51
	徐	中	51
	除[6]	小	51
ショウ	従[6]	高	49
	小[1]	小	51
	升	中	52
	少[2]	小	52
	召	中	52
	匠	中	52
	床	中	52
	抄	中	52
	肖	中	52
	尚	中	52
	招[5]	小	52
	承[5→6]	小	52
	昇	中	52
	松[4]	小	52
	沼	高	52
	昭[3]	小	52
	宵	高	52
	将[6]	小	52
	消[3]	小	52
	症	中	52
	祥	中	52
	称	中	52
	笑[4]	中	52
	唱[4]	小	52
	商[3]	小	52
	渉	中	52
	章[3]	小	52
	紹	中	52
	訟	中	52
	勝[3]	小	52
	掌	中	52
	晶	中	52
	焼[4]	中	53
	焦	中	53
	硝	中	53

	粧	中	53
	詔	中	53
	証[5]	小	53
	象[4→5]	小	53
	傷[6]	小	53
	奨	中	53
	照[4]	小	53
	詳	中	53
	彰	中	53
	障[6]	小	53
	憧	中	53
	衝	中	53
	賞[4→5]	小	53
	償	中	53
	礁	中	53
	鐘	中	53
	上[1]	高	53
	井[→4]	中	57
	正[1]	小	58
	生[1]	小	58
	声[2]	高	58
	姓	中	58
	性[5]	中	58
	青[1]	高	58
	政[5]	高	58
	星[2]	中	58
	省[4]	小	59
	清[4]	高	59
	精[5]	中	59
	相[3]	中	63
	装[6]	中	64
ジョウ	上[1]	小	53
	丈	中	53
	冗	中	54
	条[5]	小	54
	状[5]	小	54
	乗[3]	小	54
	城[6→4]	小	54
	浄	中	54
	剰	中	54
	常[5]	小	54
	情[5]	小	54
	場[2]	小	54
	畳	中	54
	蒸[6]	小	54
	縄[→4]	中	54
	壌	中	54
	嬢	中	54
	錠	中	54
	譲	中	54
	醸	中	54
	成[4]	高	58
	盛[6]	高	59
	静[4]	中	59
	定[3]	小	72
ショク	色[2]	小	54
	拭	高	54
	食[2]	小	54
	植[3]	小	54
	殖	中	54
	飾	中	55
	触	中	55
	嘱	中	55
	織[5]	高	55
	職[5]	小	55
ジョク	辱	中	55
しら	白[1]	小	79
しら-べる	調[3]	小	71
しり	尻	中	55
しりぞ-く	退[5→6]	小	66
しりぞ-ける	退[5→6]	小	66
し-る	知[2]	小	68
しる	汁	中	49
しるし	印[4]	小	13
しる-す	記[2]	小	24
しろ	城[6→4]	小	54
	代[3]	中	67
	白[1]	小	79
しろ-い	白[1]	小	79
シン	心[2]	小	55
	申[3]	中	55
	伸	中	55
	臣[4]	小	55
	芯	中	55
	身[3]	小	55
	辛	中	55
	侵	中	55
	信[4]	小	55
	津	高	55
	神[3]	小	55
	唇	高	55
	娠	中	55
	振	中	55
	浸	中	55
	真[3]	小	55
	針[6]	小	56
	深[3]	小	56
	紳	中	56
	進[3]	小	56
	森[1]	小	56
	診	中	56
	寝	中	56
	慎	中	56
	新[2]	小	56
	審	中	56
	震	中	56
	薪	中	56
	親[2]	小	56
	請	高	59
ジン	臣[4]	小	55
	神[3]	小	55
	人[1]	小	56
	刃	高	56
	仁[6]	小	56
	尽	中	56
	迅	中	56
	甚	高	56
	陣	中	57
	尋	中	57
	腎	中	57

【す】

ス	子[1]	小	43
	主[3]	高	47
	守[3]	小	47
	須	中	57
	数[2]	高	57
	素[5]	中	62
す	酢	中	41
	州[3]	中	48
	巣[4]	小	63
ズ	事[3]	高	45
	図[2]	小	57
	豆[3]	小	74
	頭[2]	小	75
スイ	出[1]	中	50
	水[1]	小	57
	吹	中	57

	垂[6]	小	57
	炊	中	57
	帥	中	57
	粋	中	57
	衰	中	57
	推[6]	小	57
	酔	中	57
	遂	中	57
	睡	中	57
	穂	高	57
す-い	酸[5]	高	42
ズイ	随	中	57
	髄	中	57
スウ	枢	中	57
	崇	中	57
	数[2]	小	57
す-う	吸[6]	小	26
すえ	末[4]	小	91
す-える	据	中	57
す-かす	透	中	75
すがた	姿[6]	小	44
すき	隙	中	32
すぎ	杉	中	57
す-ぎる	過[5]	小	18
す-く	好[4]	小	36
	透	中	75
すく-う	救[4↳5]	小	26
すく-ない	少[2]	小	52
すぐ-れる	優[6]	中	94
すけ	助[3]	中	51
す-ける	透	中	75
すこ-し	少[2]	小	52
す-ごす	過[5]	小	18
すこ-やか	健[4]	中	33
すじ	筋[6]	小	29
すず	鈴	中	98
すず-しい	涼	中	97
すす-む	進[3]	小	56
すず-む	涼	中	97
すす-める	勧	中	22
	進[3]	小	56
	薦	中	62
すそ	裾	中	57
すた-る	廃	中	79
すた-れる	廃	中	79
すで-に	既	中	24
す-てる	捨[6]	小	46
すな	砂[6]	小	40
すべ-て	全[3]	小	62
す-べる	統[5]	高	75
すべ-る	滑	中	21
す-まう	住[3]	小	49
す-ます	済[6]	小	40
	澄	中	71
すみ	隅	中	30
	炭[3]	小	67
	墨	中	90
すみ-やか	速[3]	中	65
す-む	済[6]	小	40
	住[3]	小	49
	澄	中	71
す-る	刷[4]	小	41
	擦	中	42
するど-い	鋭	中	14
す-れる	擦	中	42
す-わる	据	中	57
すわ-る	座[6]	中	40
スン	寸[6]	小	57

【せ】

セ	施	高	44
	世[3]	小	58
せ	瀬	中	57
	背[6]	小	79
ゼ	是	中	57
セイ	歳	中	41
	情[5]	高	54
	井[↳4]	高	57
	世[3]	小	58
	正[1]	小	58
	生[1]	小	58
	成[4]	小	58
	西[2]	小	58
	声[2]	小	58
	制[5]	小	58
	姓	中	58
	征	中	58
	性[5]	小	58
	青[1]	小	58
	斉	中	58
	政[5]	小	58
	星[2]	小	58
	牲	中	58
	省[4]	小	59
	凄	中	59
	逝	中	59
	清[4]	小	59
	盛[6]	中	59
	婿	高	59
	晴[2]	小	59
	勢[5]	小	59
	聖[6]	小	59
	誠[6]	小	59
	精[5]	小	59
	製[5]	小	59
	誓	中	59
	静[4]	小	59
	請	中	59
	整[3]	小	59
	醒	中	59
せい	背[6]	小	79
ゼイ	税[5]	小	59
	説[4]	高	61
セキ	寂	高	47
	夕[1]	中	59
	斥	中	60
	石[1]	小	60
	赤[1]	小	60
	昔[3]	高	60
	析	中	60
	席[4]	小	60
	脊	中	60
	隻	中	60
	惜	中	60
	戚	中	60
	責[5]	小	60
	跡	中	60
	積[4]	小	60
	績[5]	小	60
	籍	中	60
せき	関[4]	小	23
セチ	節[4]	高	60
セツ	刹	中	42
	殺[4↳5]	高	42
	切[2]	小	60
	折[4]	小	60
	拙	中	60
	窃	中	60

	接[5]	小	60
	設[5]	小	60
	雪[2]	小	60
	摂	中	60
	節[4]	小	60
	説[4]	小	61
ゼツ	舌[5→6]	中	61
	絶[5]	小	61
ぜに	銭[5→6]	中	62
せば-まる	狭	中	28
せば-める	狭	中	28
せま-い	狭	中	28
せま-る	迫	中	79
せ-める	攻	中	36
	責[5]	小	60
せ-る	競[4]	高	28
セン	千[1]	小	61
	川[1]	中	61
	仙	中	61
	占	中	61
	先[1]	小	61
	宣[6]	小	61
	専[6]	小	61
	泉[6]	小	61
	浅[4]	中	61
	洗[6]	小	61
	染[6]	中	61
	扇	中	61
	栓	中	61
	旋	中	61
	船[2]	小	61
	戦[4]	小	61
	煎	中	61
	羨	高	61
	腺	中	62
	詮	中	62
	践	中	62
	箋	中	62
	銭[5→6]	小	62
	潜	中	62
	線[2]	小	62
	遷	中	62
	選[4]	小	62
	薦	中	62
	繊	中	62
	鮮	中	62
ゼン	全[3]	小	62
	前[2]	小	62
	善[6]	小	62
	然[4]	小	62
	禅	中	62
	漸	中	62
	膳	中	62
	繕	中	62

【そ】

ソ	狙	中	62
	阻	中	62
	祖[5]	小	62
	租	中	62
	素[5]	小	62
	措	中	62
	粗	中	62
	組[2]	小	62
	疎	中	62
	訴	中	63
	塑	中	63
	遡	高	63
	礎	中	63
	想[3]	高	64
ゾ	曽	中	63
ソウ	宗[6]	中	48
	双	中	63
	壮	中	63
	早[1]	小	63
	争[4]	小	63
	走[2]	小	63
	奏[6]	小	63
	相[3]	小	63
	荘	中	63
	草[1]	小	63
	送[3]	小	63
	倉[4]	小	63
	捜	中	63
	挿	中	63
	桑	高	63
	巣[4]	高	63
	掃	中	63
	曹	中	63
	曽	中	63
	爽	中	63
	窓[6]	小	63
	創[6]	小	63
	喪	中	64
	痩	高	64
	葬	中	64
	装[6]	小	64
	僧	中	64
	想[3]	小	64
	層[6]	小	64
	総[5]	小	64
	遭	中	64
	槽	中	64
	踪	中	64
	操[6]	小	64
	燥	中	64
	霜	高	64
	騒	中	64
	藻	中	64
	贈	中	64
そ-う	沿[6]	小	15
	添	中	73
ゾウ	雑[5]	小	42
	象[4→5]	小	53
	造[5]	小	64
	像[5]	小	64
	増[5]	小	64
	憎	中	64
	蔵[6]	小	64
	贈	中	64
	臓[6]	小	64
そうろう	候[4]	高	37
そ-える	添	中	73
ソク	塞	中	41
	即	中	64
	束[4]	小	64
	足[1]	小	64
	促	中	65
	則[5]	小	65
	息[3]	小	65
	捉	中	65
	速[3]	小	65
	側[4]	小	65
	測[5]	小	65
ゾク	俗	中	65
	族[3]	小	65
	属[5]	小	65
	賊	中	65

	続[4]	小	65
そこ	底[4]	小	72
そこ-なう	損[5]	中	65
そこ-ねる	損[5]	中	65
そそ-ぐ	注[3]	小	69
そそのか-す	唆	高	40
そだ-つ	育[3]	小	13
そだ-てる	育[3]	小	13
ソツ	卒[4]	小	65
	率[5]	中	65
そで	袖	中	48
そと	外[2]	小	20
そな-える	供[6]	小	27
	備[5]	小	82
そな-わる	備[5]	小	82
その	園[2]	中	15
そ-まる	染[6]	小	61
そむ-く	背[6]	中	79
そむ-ける	背[6]	中	79
そ-める	初[4]	中	51
	染[6]	小	61
そら	空[1]	小	30
そ-らす	反[3]	小	80
そ-る	反[3]	小	80
ソン	存[6]	小	65
	村[1]	小	65
	孫[4]	小	65
	尊[6]	小	65
	損[5]	小	65
	遜	中	65
ゾン	存[6]	小	65
【た】			
タ	他[3]	小	65
	多[2]	小	65
	汰	中	66
	太[2]	小	66
た	手[1]	中	47
	田[1]	小	73
ダ	蛇	中	47
	打[3]	小	66
	妥	中	66
	唾	中	66
	堕	中	66
	惰	中	66
	駄	中	66
タイ	太[2]	小	66
	対[3]	小	66
	体[2]	小	66
	耐	中	66
	待[3]	小	66
	怠	中	66
	胎	中	66
	退[5→6]	小	66
	帯[4]	小	66
	泰	中	66
	堆	中	66
	袋	高	66
	逮	中	66
	替	中	66
	貸[5]	中	66
	隊[4]	小	66
	滞	中	66
	態[5]	小	66
	戴	中	66
	大[1]	小	66
	代[3]	小	67
	台[2]	小	67
ダイ	大[1]	小	66
	代[3]	小	67
	台[2]	小	67
	第[3]	小	67
	題[3]	小	67
	弟[2]	小	72
	内[2]	中	77
たい-ら	平[3]	小	86
た-える	堪	中	22
	絶[5]	小	61
	耐	中	66
たお-す	倒	中	74
たお-れる	倒	中	74
たか	高[2]	小	37
たか-い	高[2]	小	37
たが-い	互	中	35
たか-まる	高[2]	小	37
たか-める	高[2]	小	37
たがや-す	耕[5]	小	37
たから	宝[6]	小	88
たき	滝	中	67
たきぎ	薪	中	56
タク	宅[6]	小	67
	択	中	67
	沢	中	67
	卓	中	67
	拓	中	67
	託	中	67
	濯	中	67
	度[3]	中	74
た-く	炊	中	57
ダク	諾	中	67
	濁	中	67
だ-く	抱	中	88
たぐ-い	類[4]	小	98
たく-み	巧	中	36
たくわ-える	蓄	中	69
たけ	岳	中	21
	丈	中	53
	竹[1]	小	69
たし-か	確[5]	小	20
たし-かめる	確[5]	小	20
た-す	足[1]	小	64
だ-す	出[1]	小	50
たす-かる	助[3]	小	51
たす-ける	助[3]	小	51
たずさ-える	携	中	31
たずさ-わる	携	中	31
たず-ねる	尋	中	57
	訪[6]	小	88
たたか-う	戦[4]	小	61
	闘	中	76
ただ-し	但	中	67
ただ-しい	正[1]	小	58
ただ-す	正[1]	小	58
ただ-ちに	直[2]	小	71
たたみ	畳	中	54
たた-む	畳	中	54
ただよ-う	漂	中	83
タツ	達[4]	小	67
た-つ	建[4]	小	32
	裁[6]	中	41
	絶[5]	小	61
	断[5]	中	68
	立[1]	小	96
たつ	竜	中	97
ダツ	脱	中	67
	奪	中	67
たっと-い	貴[6]	中	25
	尊[6]	小	65

たっと-ぶ	貴[6]	中	25
	尊[6]	小	65
たて	縦[6]	小	50
	盾	中	50
たてまつ-る	奉	高	88
た-てる	建[4]	小	32
	立[1]	小	96
たと-える	例[4]	小	98
たな	棚	中	67
たに	谷[2]	小	39
たね	種[4]	小	48
たの-しい	楽[2]	小	21
たの-しむ	楽[2]	小	21
たの-む	頼	中	96
たの-もしい	頼	中	96
たば	束[4]	小	64
たび	度[3]	中	74
	旅[3]	小	97
た-べる	食[2]	小	54
たま	球[3]	小	26
	玉[1]	小	29
	弾	中	68
	霊	高	98
たまご	卵[6]	小	96
たましい	魂	中	39
だま-る	黙	中	93
たまわ-る	賜	中	44
たみ	民[4]	中	91
ため-す	試[4]	中	44
た-める	矯	高	28
たも-つ	保[5]	小	87
た-やす	絶[5]	小	61
たよ-り	便[4]	小	87
たよ-る	頼	中	96
た-らす	垂[6]	小	57
た-りる	足[1]	小	64
た-る	足[1]	小	64
だれ	誰	中	67
た-れる	垂[6]	小	57
たわむ-れる	戯	高	25
たわら	俵[5→6]	小	83
タン	丹	中	67
	旦	中	67
	担[6]	小	67
	単[4]	小	67
	炭[3]	小	67
	胆	中	67
	探[6]	小	67
	淡	中	67
	短[3]	小	68
	嘆	中	68
	端	中	68
	綻	中	68
	誕[6]	小	68
	鍛	中	68
	壇	高	68
	反[3]	中	80
ダン	旦	中	67
	団[5]	小	68
	男[1]	小	68
	段[6]	小	68
	断[5]	小	68
	弾	中	68
	暖[6]	小	68
	談[3]	小	68
	壇	中	68

【ち】

チ	治[4]	小	45
	質[5]	高	46
	地[2]	小	68
	池[2]	小	68
	知[2]	小	68
	値[6]	小	68
	恥	中	68
	致	中	68
	遅	中	69
	痴	中	69
	稚	中	69
	置[4]	小	69
	緻	中	69
ち	血[3]	小	32
	千[1]	小	61
	乳[6]	中	77
ちい-さい	小[1]	小	51
ちか-い	近[2]	小	29
ちか-う	誓	中	59
ちが-う	違	中	13
ちが-える	違	中	13
ちから	力[1]	小	97
ちぎ-る	契	高	31
チク	竹[1]	小	69
	畜	中	69
	逐	中	69
	蓄	中	69
	築[5]	小	69
ちち	乳[6]	小	77
	父[2]	小	84
ちぢ-まる	縮[6]	小	50
ちぢ-む	縮[6]	小	50
ちぢ-める	縮[6]	小	50
ちぢ-らす	縮[6]	小	50
ちぢ-れる	縮[6]	小	50
チツ	秩	中	69
	窒	中	69
チャ	茶[2]	小	69
チャク	着[3]	小	69
	嫡	中	69
チュウ	中[1]	小	69
	仲[4]	中	69
	虫[1]	小	69
	沖[→4]	高	69
	宙[6]	小	69
	忠[6]	小	69
	抽	中	69
	注[3]	小	69
	昼[2]	小	69
	柱[3]	小	69
	衷	中	69
	酎	中	69
	鋳	中	70
	駐	中	70
チョ	緒	中	51
	著[6]	小	70
	貯[4→5]	小	70
チョウ	重[3]	小	49
	丁[3]	小	70
	弔	中	70
	庁[6]	小	70
	兆[4]	小	70
	町[1]	小	70
	長[2]	小	70
	挑	中	70
	帳[3]	小	70
	張[5]	小	70
	彫	中	70
	眺	中	70
	釣	高	70

	頂	6	小	70
	鳥	2	小	70
	朝	2	小	70
	貼		中	70
	超		中	70
	腸	4→6	小	70
	跳		中	70
	徴		中	70
	嘲		中	70
	潮	6	小	70
	澄		高	71
	調	3	小	71
	聴		中	71
	懲		中	71
チョク	直	2	小	71
	勅		中	71
	捗		中	71
ち-らかす	散	4	小	42
ち-らかる	散	4	小	42
ち-らす	散	4	小	42
ち-る	散	4	小	42
チン	沈		中	71
	珍		中	71
	朕		中	71
	陳		中	71
	賃	6	小	71
	鎮		中	71

【つ】

ツ	通	2	高	71
	都	3	小	73
つ	津		中	55
ツイ	対	3	中	66
	追	3	小	71
	椎		中	71
	墜		中	71
つい-える	費	4→5	中	82
つい-やす	費	4→5	中	82
ツウ	通	2	小	71
	痛	6	小	71
つか	塚		中	71
つか-う	遣		中	33
	使	3	小	43
つか-える	仕	3	小	43
つ-かす	尽		中	56
つか-まえる	捕		中	87
つか-まる	捕		中	87
つ-かる	漬		中	71
つか-れる	疲		中	82
つか-わす	遣		中	33
つき	月	1	小	32
つぎ	次	3	小	45
つ-きる	尽		中	56
つ-く	就	6	中	49
	着	3	小	69
	突		中	76
	付	4	小	84
つ-ぐ	継		中	31
	次	3	小	45
	接	5	高	60
つくえ	机	6	小	24
つ-くす	尽		中	56
つぐな-う	償		中	53
つく-る	作	2	小	41
	創	6	小	63
	造	5	小	64
つくろ-う	繕		中	62
つ-ける	就	6	中	49
	着	3	小	69
	漬		中	71
	付	4	小	84
つ-げる	告	4→5	小	39
つた-う	伝	4	小	73
つた-える	伝	4	小	73
つたな-い	拙		中	60
つた-わる	伝	4	小	73
つち	土	1	小	74
つちか-う	培		高	79
つつ	筒		中	75
つづ-く	続	4	小	65
つづ-ける	続	4	小	65
つつし-む	謹		中	29
	慎		中	56
つつみ	堤		中	72
つづみ	鼓		高	35
つつ-む	包	4	小	88
つど-う	集	3	中	49
つと-まる	勤	6	小	29
	務	5	小	91
つと-める	勤	6	小	29
	努	4	小	74
	務	5	小	91
つな	綱		中	38
つね	常	5	小	54
つの	角	2	小	20
つの-る	募		中	87
つば	唾		中	66
つばさ	翼		中	95
つぶ	粒		中	97
つぶ-す	潰		中	19
つぶ-れる	潰		中	19
つぼ	坪		中	71
つま	妻	5	小	40
	爪		中	71
つ-まる	詰		中	25
つみ	罪	5	小	41
つ-む	詰		中	25
	積	4	小	60
	摘		中	72
つむ-ぐ	紡		高	89
つめ	爪		中	71
つめ-たい	冷	4	小	98
つ-める	詰		中	25
つ-もる	積	4	小	60
つや	艶		中	15
つゆ	露		中	99
つよ-い	強	2	小	28
つよ-まる	強	2	小	28
つよ-める	強	2	小	28
つら	面	3	高	92
つら-なる	連	4	小	99
つらぬ-く	貫		中	22
つら-ねる	連	4	小	99
つ-る	釣		中	70
つる	弦		高	34
	鶴		中	72
つるぎ	剣		中	33
つ-れる	連	4	小	99

【て】

て	手	1	小	47
デ	弟	2	中	72
テイ	体	2	中	66
	丁	3	中	70
	低	4	小	72
	呈		中	72
	廷		中	72
	弟	2	中	72

	定[3]	小	72
	底[4]	小	72
	抵	中	72
	邸	中	72
	亭	中	72
	貞	中	72
	帝	中	72
	訂	中	72
	庭[3]	小	72
	逓	中	72
	停[4→5]	小	72
	偵	中	72
	堤	中	72
	提[5]	小	72
	程[5]	小	72
	艇	中	72
	締	中	72
	諦	中	72
デイ	泥	高	72
テキ	的[4]	小	72
	笛[3]	小	72
	摘	中	72
	滴	中	73
	適[5]	小	73
	敵[5→6]	小	73
デキ	溺	中	73
テツ	迭	中	73
	哲	中	73
	鉄[3]	小	73
	徹	中	73
	撤	中	73
てら	寺[2]	小	45
て-らす	照[4]	小	53
て-る	照[4]	小	53
で-る	出[1]	小	50
て-れる	照[4]	小	53
テン	天[1]	小	73
	典[4]	小	73
	店[2]	小	73
	点[2]	小	73
	展[6]	小	73
	添	中	73
	転[3]	小	73
	塡	中	73
	殿	中	73
デン	田[1]	小	73
	伝[4]	小	73
	殿	中	73
	電[2]	小	73
【と】			
ト	図[2]	小	57
	斗	中	73
	吐	中	73
	妬	中	73
	徒[4]	小	73
	途	中	73
	都[3]	小	73
	渡	中	74
	塗	中	74
	賭	高	74
	土[1]	小	74
	度[3]	高	74
	登[3]	小	75
	頭[2]	高	75
と	戸[2]	小	34
	十[1]	小	49
ド	土[1]	小	74
	奴	中	74
	努[4]	小	74
	度[3]	小	74
	怒	中	74
と-い	問[3]	小	93
トウ	刀[2]	小	74
	冬[2]	小	74
	灯[4]	小	74
	当[2]	小	74
	投[3]	小	74
	豆[3]	小	74
	東[2]	小	74
	到	中	74
	逃	中	74
	倒	中	74
	凍	中	74
	唐	中	75
	島[3]	小	75
	桃	中	75
	討[6]	小	75
	透	中	75
	党[6]	小	75
	悼	中	75
	盗	中	75
	陶	中	75
	塔	中	75
	搭	中	75
	棟	中	75
	湯[3]	小	75
	痘	中	75
	登[3]	小	75
	答[2]	小	75
	等[3]	小	75
	筒	中	75
	統[5]	小	75
	稲	中	75
	踏	中	75
	糖[6]	小	75
	頭[2]	小	75
	謄	中	76
	藤	中	76
	闘	中	76
	騰	中	76
	道[2]	高	76
	読[2]	小	76
	納[6]	中	78
と-う	問[3]	小	93
ドウ	同[2]	小	76
	洞	中	76
	胴	中	76
	動[3]	小	76
	堂[4→5]	小	76
	童[3]	小	76
	道[2]	小	76
	働[4]	小	76
	銅[5]	小	76
	導[5]	小	76
	瞳	中	76
とうげ	峠	中	76
とうと-い	貴[6]	中	25
	尊[6]	小	65
とうと-ぶ	貴[6]	中	25
	尊[6]	小	65
とお	十[1]	小	49
とお-い	遠[2]	小	15
とお-す	通[2]	小	71
とお-る	通[2]	小	71
と-かす	解[5]	小	19
	溶	中	95
とき	時[2]	小	45

【な】

なや-む	悩	中	78
なら-う	習[3]	小	49
	倣	高	88
な-らす	慣[5]	小	23
	鳴[2]	小	92
なら-びに	並[6]	小	86
なら-ぶ	並[6]	小	86
なら-べる	並[6]	小	86
な-る	成[4]	小	58
	鳴[2]	小	92
な-れる	慣[5]	小	23
なわ	縄↳4	中→小	54
	苗	中	83
ナン	男[1]	小	68
	南[2]	小	77
	軟	中	77
	難[6]	小	77
	納[6]	高	78
なん	何[2]	小	17

【に】

ニ	児[4]	中	45
	仁[6]	中	56
	二[1]	小	77
	尼	高	77
	弐	中	77
に	荷[3]	小	17
にい	新[2]	中→小	56
に-える	煮	中	46
にお-う	臭	中	48
	匂	中	77
にが-い	苦[3]	小	30
に-がす	逃	中	74
にが-る	苦[3]	小	30
にぎ-る	握	中	12
ニク	肉[2]	小	77
にく-い	憎	中	64
にく-しみ	憎	中	64
にく-む	憎	中	64
にく-らしい	憎	中	64
に-げる	逃	中	74
にご-す	濁	中	67
にご-る	濁	中	67
にし	西[2]	小	58
にじ	虹	中	77
にしき	錦	中	29
にせ	偽	高	25
ニチ	日[1]	小	77
にな-う	担[6]	高	67
にぶ-い	鈍	中	77
にぶ-る	鈍	中	77
ニャク	若[6]	高	47
に-やす	煮	中	46
ニュウ	柔	中	49
	入[1]	小	77
	乳[6]	小	77
ニョ	女[1]	中	51
	如	高	51
ニョウ	女[1]	高	51
	尿	中	78
に-る	似[5]	小	45
	煮	中	46
にわ	庭[3]	小	72
にわとり	鶏	中	32
ニン	人[1]	小	56
	任[5]	小	78
	妊	中	78
	忍	中	78
	認[6]	中	78

【ぬ】

ぬ-う	縫	中	89
ぬ-かす	抜	中	80
ぬ-かる	抜	中	80
ぬ-く	抜	中	80
ぬ-ぐ	脱	中	67
ぬぐ-う	拭	中	54
ぬ-ける	抜	中	80
ぬ-げる	脱	中	67
ぬし	主[3]	小	47
ぬす-む	盗	中	75
ぬの	布[5]	小	84
ぬま	沼	中	52
ぬ-る	塗	中	74

【ね】

ね	音[1]	小	16
	根[3]	小	39
	値[6]	小	68
ネイ	寧	中	78
ねが-う	願[4]	小	23
ね-かす	寝	中	56
ねこ	猫	中	83
ねた-む	妬	中	73
ネツ	熱[4]	小	78
ねば-る	粘	中	78
ねむ-い	眠	中	91
ねむ-る	眠	中	91
ねら-う	狙	中	62
ね-る	寝	中	56
	練[3]	小	99
ネン	然[4]	小	62
	年[1]	小	78
	念[4]	小	78
	捻	中	78
	粘	中	78
	燃[5]	小	78
ねんご-ろ	懇	高	39

【の】

の	野[2]	小	93
ノウ	悩	中	78
	納[6]	小	78
	能[5]	小	78
	脳[6]	小	78
	農[3]	小	78
	濃	中	78
のが-す	逃	中	74
のが-れる	逃	中	74
のき	軒	中	33
のこ-す	残[4]	小	42
のこ-る	残[4]	小	42
の-せる	載	中	41
	乗[3]	小	54
のぞ-く	除[6]	小	51
のぞ-む	望[4]	小	89
	臨[6]	中	98
のち	後[2]	小	35
のど	喉	中	38
ののし-る	罵	中	79
の-ばす	延[6]	小	15
	伸	中	55
の-びる	延[6]	小	15
	伸	中	55
の-べる	延[6]	小	15
	述[5]	小	50
	伸	中	55
のぼ-す	上[1]	中	53

読み	漢字	学年	区分	ページ
	離		中	96
	話	2	小	100
はな-つ	放	3	小	88
はなは-だ	甚		中	56
はなは-だしい				
	甚		中	56
はな-れる	放	3	小	88
	離		中	96
はね	羽	2	小	14
は-ねる	跳		中	70
はは	母	2	小	87
はば	幅		中	85
はば-む	阻		高	62
はぶ-く	省	4	小	59
はま	浜		中	83
はや-い	早	1	小	63
	速	3	小	65
はやし	林	1	小	98
は-やす	生	1	小	58
はや-まる	早	1	小	63
	速	3	小	65
はや-める	早	1	小	63
	速	3	小	65
はら	原	2	小	34
	腹	6	小	85
はら-う	払		中	85
は-らす	腫		中	47
	晴	2	小	59
はり	針	6	小	56
は-る	張	5	小	70
	貼		中	70
はる	春	2	小	50
は-れる	腫		中	47
	晴	2	小	59
ハン	反	3	小	80
	半	2	小	81
	氾		中	81
	犯	5	小	81
	帆		中	81
	汎		中	81
	伴		中	81
	判	5	小	81
	坂	3	高	81
	阪	↳4	中	81
	板	3	小	81
	版	5	小	81
	班	6	小	81
	畔		中	81
	般		中	81
	販		中	81
	斑		中	81
	飯	4	小	81
	搬		中	81
	煩		中	81
	頒		中	81
	範		中	81
	繁		中	81
	藩		中	81
	凡		高	90
バン	伴		中	81
	判	5	小	81
	板	3	小	81
	晩	6	小	81
	番	2	小	81
	蛮		中	81
	盤		中	81
	万	2	中	91

【ひ】

読み	漢字	学年	区分	ページ
ヒ	比	5	小	81
	皮	3	小	81
	妃		中	81
	否	6	小	81
	批	6	小	81
	彼		中	81
	披		中	82
	肥	5	小	82
	非	5	小	82
	卑		中	82
	飛	4	小	82
	疲		中	82
	秘	6	小	82
	被		中	82
	悲	3	小	82
	扉		高	82
	費	4↳5	小	82
	碑		中	82
	罷		中	82
	避		中	82
	泌		高	83
ひ	火	1	小	17
	灯	4	高	74
	日	1	小	77
	氷	3	高	83
ビ	尾		中	82
	眉		高	82
	美	3	小	82
	備	5	小	82
	微		中	82
	鼻	3	中	82
ひい-でる	秀		高	48
ひ-える	冷	4	小	98
ひか-える	控		中	38
ひがし	東	2	小	74
ひかり	光	2	小	36
ひか-る	光	2	小	36
ひき	匹		中	82
ひき-いる	率	5	小	65
ひ-く	引	2	小	13
	弾		中	68
ひく-い	低	4	小	72
ひく-まる	低	4	小	72
ひく-める	低	4	小	72
ひ-ける	引	2	小	13
ひざ	膝		中	82
ひさ-しい	久	5	小	26
ひじ	肘		中	82
ひそ-む	潜		中	62
ひたい	額	5	小	21
ひた-す	浸		中	55
ひだり	左	1	小	40
ひた-る	浸		中	55
ヒツ	匹		中	82
	必	4	小	83
	泌		中	83
	筆	3	小	83
ひつじ	羊	3	小	94
ひと	一	1	小	13
	人	1	小	56
ひと-しい	等	3	小	75
ひと-つ	一	1	小	13
ひとみ	瞳		中	76
ひと-り	独	5	小	76
ひび-く	響		中	28
ひま	暇		中	18
ひめ	姫		中	83
ひ-める	秘	6	中	82
ひ-や	冷	4	小	98

ひ-やかす	冷[4]	小	98
ヒャク	百[1]	小	83
ビャク	白[1]	高	79
ひ-やす	冷[4]	小	98
ヒョウ	拍	中	79
	氷[3]	小	83
	表[3]	小	83
	俵[5→6]	小	83
	票[4]	小	83
	評[5]	小	83
	漂	中	83
	標[4]	小	83
	兵[4]	高→小	86
ビョウ	苗	高	83
	秒[3]	小	83
	病[3]	小	83
	描	中	83
	猫	高	83
	平[3]	小	86
ひら	平[3]	小	86
ひら-く	開[3]	小	19
ひら-ける	開[3]	小	19
ひ-る	干[6]	中	21
ひる	昼[2]	小	69
ひるがえ-す	翻	高	90
ひるがえ-る	翻	高	90
ひろ-い	広[2]	小	36
ひろ-う	拾[3]	小	48
ひろ-がる	広[2]	小	36
ひろ-げる	広[2]	小	36
ひろ-まる	広[2]	小	36
ひろ-める	広[2]	小	36
ヒン	品[3]	小	83
	浜	中	83
	貧[5]	中	83
	賓	中	83
	頻	中	83
ビン	貧[5]	小	83
	敏	中	83
	瓶	中	83
	便[4]	小	87
【ふ】			
フ	不[4]	小	83
	夫[4]	小	84
	父[2]	小	84
	付[4]	小	84
	布[5]	小	84
	扶	中	84
	府[4]	小	84
	怖	中	84
	阜[→4]	中→小	84
	附	中	84
	訃	中	84
	負[3]	小	84
	赴	中	84
	浮	中	84
	婦[5]	小	84
	符	中	84
	富[5→4]	小	84
	普	中	84
	腐	中	84
	敷	高	84
	膚	中	84
	賦	中	84
	譜	中	84
	風[2]	高	85
	歩[2]	高	87
ブ	不[4]	小	83
	侮	中	84
	武[5]	小	84
	部[3]	小	84
	舞	中	84
	分[2]	小	86
	歩[2]	中	87
	奉	中	88
	無[4]	小	91
フウ	夫[4]	中	84
	富[5→4]	高	84
	封	中	85
	風[2]	小	85
ふえ	笛[3]	小	72
ふ-える	殖	中	54
	増[5]	小	64
ふか-い	深[3]	小	56
ふ-かす	更	高	36
ふか-まる	深[3]	小	56
ふか-める	深[3]	小	56
フク	伏	中	85
	服[3]	小	85
	副[4]	小	85
	幅	中	85
	復[5]	小	85
	福[3]	小	85
	腹[6]	小	85
	複[5]	小	85
	覆	中	85
ふ-く	拭	中	54
	吹	中	57
	噴	中	85
ふく-む	含	中	23
ふく-める	含	中	23
ふく-らむ	膨	中	89
ふく-れる	膨	中	89
ふくろ	袋	中	66
ふ-ける	更	高	36
	老[4]	高	99
ふさ	房	中	89
ふさ-がる	塞	中	41
ふさ-ぐ	塞	中	41
ふし	節[4]	小	60
ふじ	藤	中	76
ふ-す	伏	中	85
ふせ-ぐ	防[5]	小	89
ふ-せる	伏	中	85
ふた	蓋	中	20
	双	中	63
	二[1]	小	77
ふだ	札[4]	小	41
ぶた	豚	中	77
ふたた-び	再[5]	小	40
ふた-つ	二[1]	小	77
ふち	縁	中	15
フツ	払	高	85
	沸	中	85
ブツ	仏[5]	小	85
	物[3]	小	85
ふで	筆[3]	小	83
ふと-い	太[2]	小	66
ふところ	懐	高	19
ふと-る	太[2]	小	66
ふな	舟	中	48
	船[2]	小	61
ふね	舟	中	48
	船[2]	小	61
ふ-まえる	踏	中	75
ふみ	文[1]	中	86
ふ-む	踏	中	75

ふもと	麓	中	100
ふ-やす	殖	中	54
	増[5]	小	64
ふゆ	冬[2]	小	74
ふ-る	降[6]	小	37
	振	中	55
ふる-い	古[2]	小	34
ふ-るう	振	中	55
ふる-う	震	中	56
	奮[6]	小	85
ふる-える	震	中	56
ふる-す	古[2]	小	34
ふ-れる	触	中	55
	振	中	55
フン	粉[4↳5]	小	85
	紛	中	85
	雰	中	85
	噴	中	85
	墳	中	85
	憤	中	85
	奮[6]	小	85
	分[2]	小	86
ブン	分[2]	小	86
	文[1]	小	86
	聞[2]	小	86

【へ】

べ	辺[4]	小	87
ヘイ	病[3]	高	83
	丙	中	86
	平[3]	小	86
	兵[4]	小	86
	併	中	86
	並[6]	中	86
	柄	高	86
	陛[6]	小	86
	閉[6]	小	86
	塀	中	86
	幣	中	86
	弊	中	86
	蔽	中	86
	餅	中	86
ベイ	米[2]	小	86
ヘキ	壁	中	86
	璧	中	86
	癖	中	86
へだ-たる	隔	中	20
へだ-てる	隔	中	20
ベツ	別[4]	小	87
	蔑	中	87
べに	紅[6]	小	37
へび	蛇	中	47
へ-らす	減[5]	小	34
へ-る	経[5]	小	31
	減[5]	小	34
ヘン	片[6]	中	87
	辺[4]	小	87
	返[3]	小	87
	変[4]	小	87
	偏	中	87
	遍	中	87
	編[5]	小	87
ベン	弁[5]	小	87
	便[4]	小	87
	勉[3]	小	87

【ほ】

ホ	歩[2]	小	87
	保[5]	小	87
	哺	中	87
	捕	中	87
	補[6]	小	87
	舗	中	87
ほ	火[1]	高	17
	穂	中	57
	帆	中	81
ボ	母[2]	小	87
	募	中	87
	墓[5]	小	88
	慕	中	88
	暮[6]	中	88
	簿	中	88
	模[6]	小	92
ホウ	封	中	85
	方[2]	小	88
	包[4]	小	88
	芳	中	88
	邦	中	88
	奉	中	88
	宝[6]	小	88
	抱	中	88
	放[3]	小	88
	法[4]	小	88
	泡	中	88
	胞	中	88
	俸	中	88
	倣	中	88
	峰	中	88
	砲	中	88
	崩	中	88
	訪[6]	小	88
	報[5]	小	88
	蜂	中	89
	豊[5]	小	89
	飽	中	89
	褒	高	89
	縫	中	89
ボウ	亡[6]	小	89
	乏	中	89
	忙	中	89
	坊	中	89
	妨	中	89
	忘[6]	中	89
	防[5]	小	89
	房	中	89
	肪	中	89
	某	中	89
	冒	中	89
	剖	中	89
	紡	中	89
	望[4]	小	89
	傍	中	89
	帽	中	89
	棒[6]	小	89
	貿[5]	小	89
	貌	中	89
	暴[5]	小	89
	膨	中	89
	謀	中	90
	妄	高	92
ほうむ-る	葬	高	64
ほう-る	放[3]	小	88
ほお	頬	中	90
ほか	外[2]	小	20
	他[3]	小	65
ほが-らか	朗[6]	中	99
ホク	北[2]	小	90
ボク	木[1]	小	90

	朴	中	90
	牧[4]	小	90
	睦	中	90
	僕	中	90
	墨	中	90
	撲	中	90
	目[1]	中	92
ほこ	矛	中	91
ほこ-る	誇	中	35
ほころ-びる	綻	中	68
ほし	星[2]	小	58
ほ-しい	欲[6]	中	95
ほ-す	干[6]	小	21
ほそ-い	細[2]	小	40
ほそ-る	細[2]	小	40
ほたる	蛍	中	31
ホツ	発[3]	中	80
ホッ	法[4]	高	88
ボツ	没	中	90
	勃	中	90
ボッ	坊	中	89
ほっ-する	欲[6]	高	95
ほど	程[5]	中	72
ほとけ	仏[5]	小	85
ほどこ-す	施	中	44
ほね	骨[6]	小	39
ほのお	炎	中	15
ほま-れ	誉	中	94
ほ-める	褒	中	89
ほら	洞	中	76
ほり	堀	中	90
ほ-る	掘	中	30
	彫	中	70
ほろ-びる	滅	中	92
ほろ-ぼす	滅	中	92
ホン	反[3]	高	80
	本[1]	小	90
	奔	中	90
	翻	中	90
ボン	煩	高	81
	凡	中	90
	盆	中	90

【ま】

マ	麻	中	90
	摩	中	90
	磨	中	90
	魔	中	90
ま	間[2]	小	22
	真[3]	小	55
	馬[2]	高→小	78
	目[1]	高	92
マイ	米[2]	小	86
	毎[2]	小	90
	妹[2]	中	90
	枚[6]	小	90
	昧	中	90
	埋	中	90
まい	舞	中	84
まい-る	参[4]	小	42
ま-う	舞	中	84
まえ	前[2]	小	62
ま-かす	負[3]	小	84
まか-す	任[5]	小	78
まか-せる	任[5]	小	78
まかな-う	賄	中	100
ま-がる	曲[3]	小	29
まき	巻[6]	小	22
	牧[4]	中	90
まぎ-らす	紛	中	85
まぎ-らわしい	紛	中	85
まぎ-らわす	紛	中	85
まぎ-れる	紛	中	85
マク	幕[6]	小	90
	膜	中	91
ま-く	巻[6]	小	22
まくら	枕	中	91
ま-ける	負[3]	小	84
ま-げる	曲[3]	小	29
まご	孫[4]	小	65
まこと	誠[6]	中	59
まさ	正[1]	小	58
まさ-る	勝[3]	中	52
ま-ざる	交[2]	小	36
	混[5]	小	39
まじ-える	交[2]	小	36
ま-じる	交[2]	小	36
	混[5]	小	39
まじ-わる	交[2]	小	36
ま-す	増[5]	小	64
ます	升	中	52
まず-しい	貧[5]	小	83
ま-ぜる	交[2]	小	36
	混[5]	小	39
また	股	中	34
	又	中	91
またた-く	瞬	高	50
まち	街[4]	小	20
	町[1]	小	70
マツ	末[4]	小	91
	抹	中	91
ま-つ	待[3]	小	66
まつ	松[4]	小	52
まった-く	全[3]	小	62
まつ-り	祭[3]	小	40
まつりごと	政[5]	高	58
まつ-る	祭[3]	小	40
まと	的[4]	小	72
まど	窓[6]	小	63
まど-う	惑	中	100
まなこ	眼[5]	中	23
まな-ぶ	学[1]	小	21
まぬか-れる	免	高	92
まね-く	招[5]	小	52
まぼろし	幻	中	34
まめ	豆[3]	小	74
まも-る	守[3]	小	47
まゆ	繭	中	33
	眉	中	82
まよ-う	迷[5]	小	92
まる	丸[2]	小	23
まる-い	円[1]	小	15
	丸[2]	小	23
まる-める	丸[2]	小	23
まわ-す	回[2]	小	18
まわ-り	周[4]	小	48
まわ-る	回[2]	小	18
マン	万[2]	小	91
	満[4]	小	91
	慢	中	91
	漫	中	91

【み】

ミ	眉	中	82
	未[4]	小	91
	味[3]	小	91
	魅	中	91

み	三[1]	小	42
	実[3]	小	46
	身[3]	小	55
み-える	見[1]	小	32
みが-く	磨	中	90
みき	幹[5]	小	22
みぎ	右[1]	小	13
みことのり	詔	高	53
みさお	操[6]	高	64
みさき	岬	中	91
みささぎ	陵	高	97
みじか-い	短[3]	小	68
みじ-め	惨	高	42
みず	水[1]	小	57
みずうみ	湖[3]	小	35
みずか-ら	自[2]	小	45
みせ	店[2]	小	73
み-せる	見[1]	小	32
みぞ	溝	中	38
み-たす	満[4]	小	91
みだ-す	乱[6]	小	96
みだ-ら	淫	高	13
みだ-れる	乱[6]	小	96
みち	道[2]	小	76
みちび-く	導[5]	小	76
み-ちる	満[4]	小	91
ミツ	密[6]	小	91
	蜜	中	91
み-つ	三[1]	小	42
みつ-ぐ	貢	高	37
みっ-つ	三[1]	小	42
みと-める	認[6]	小	78
みどり	緑[3]	小	97
みな	皆	中	19
みなと	港[3]	小	38
みなみ	南[2]	小	77
みなもと	源[6]	小	34
みにく-い	醜	中	49
みね	峰	中	88
みの-る	実[3]	小	46
みみ	耳[1]	小	45
みや	宮[3]	小	26
ミャク	脈[4→5]	小	91
みやこ	都[3]	小	73
ミョウ	妙	中	91
	名[1]	小	91
	命[3]	中	91
	明[2]	小	91
	冥	高	92
み-る	見[1]	小	32
	診	中	56
ミン	民[4]	小	91
	眠	中	91

【む】

ム	武[5]	小	84
	謀	高	90
	矛	中	91
	務[5]	小	91
	無[4]	小	91
	夢[5]	小	91
	霧	中	91
む	六[1]	小	99
むい	六[1]	小	99
む-かう	向[3]	小	36
むか-える	迎	中	32
むかし	昔[3]	小	60
むぎ	麦[2]	小	80
む-く	向[3]	小	36
むく-いる	報[5]	中	88
む-ける	向[3]	小	36
むこ	婿	中	59
む-こう	向[3]	小	36
むさぼ-る	貪	中	77
むし	虫[1]	小	69
む-す	蒸[6]	中	54
むずか-しい	難[6]	小	77
むす-ぶ	結[4]	小	32
むすめ	娘	中	91
む-つ	六[1]	小	99
むっ-つ	六[1]	小	99
むな	胸[6]	中	28
	棟	高	75
むね	胸[6]	小	28
	旨	高	43
	棟	中	75
むら	群[5→4]	小	30
	村[1]	小	65
むらさき	紫	中	44
む-らす	蒸[6]	中	54
む-れ	群[5→4]	小	30
む-れる	群[5→4]	小	30
	蒸[6]	中	54
むろ	室[2]	中	46

【め】

め	芽[4]	小	18
	雌	中	44
	女[1]	中	51
	目[1]	小	92
メイ	名[1]	小	91
	命[3]	小	91
	明[2]	小	91
	迷[5]	中	92
	冥	中	92
	盟[6]	小	92
	銘	中	92
	鳴[2]	小	92
めぐ-む	恵	中	31
めぐ-る	巡	中	50
めし	飯[4]	小	81
め-す	召	中	52
めす	雌	中	44
めずら-しい	珍	中	71
メツ	滅	中	92
メン	免	中	92
	面[3]	小	92
	綿[5]	小	92
	麺	中	92

【も】

モ	茂	中	92
	模[6]	小	92
も	喪	中	64
	藻	中	64
モウ	亡[6]	高	89
	望[4]	中	89
	毛[2]	小	92
	妄	中	92
	盲	中	92
	耗	中	92
	猛	中	92
	網	中	92
もう-ける	設[5]	小	60
もう-す	申[3]	小	55
もう-でる	詣	中	31
も-える	燃[5]	小	78
モク	木[1]	小	90

	目[1]	小	92
	黙	中	93
もぐ-る	潜	中	62
も-しくは	若[6]	高	47
も-す	燃[5]	小	78
もち	餅	中	86
もち-いる	用[2]	小	94
モツ	物[3]	小	85
も-つ	持[3]	小	45
もっと-も	最[4]	小	41
もっぱ-ら	専[6]	中	61
もてあそ-ぶ	弄	中	99
もと	下[1]	中	16
	基[5]	中	24
	元[2]	小	33
	本[1]	小	90
もとい	基[5]	高	24
もど-す	戻	中	98
もと-める	求[4]	小	26
もど-る	戻	中	98
もの	者[3]	小	46
	物[3]	小	85
もも	桃	中	75
も-やす	燃[5]	小	78
もよお-す	催	中	41
も-らす	漏	中	99
も-り	守[3]	中	47
もり	森[1]	小	56
も-る	盛[6]	小	59
	漏	中	99
も-れる	漏	中	99
モン	文[1]	小	86
	聞[2]	高	86
	門[2]	小	93
	紋	中	93
	問[3]	小	93
【や】			
ヤ	冶	中	93
	夜[2]	小	93
	野[2]	小	93
や	屋[3]	小	16
	家[2]	小	17
	矢[2]	小	43
	八[1]	小	80
	弥	中	93
やかた	館[3]	小	23
ヤク	疫	高	14
	益[5]	高	14
	厄	中	93
	役[3]	小	93
	約[4]	小	93
	訳[6]	小	93
	薬[3]	小	93
	躍	中	93
や-く	焼[4]	小	53
や-ける	焼[4]	小	53
やさ-しい	易[5]	小	14
	優[6]	中	94
やしな-う	養[4]	小	95
やしろ	社[2]	小	46
やす-い	安[3]	小	12
やす-まる	休[1]	小	26
やす-む	休[1]	小	26
やす-める	休[1]	小	26
や-せる	痩	中	64
や-つ	八[1]	小	80
やっ-つ	八[1]	小	80
やど	宿[3]	小	50
やと-う	雇	中	35
やど-す	宿[3]	小	50
やど-る	宿[3]	小	50
やなぎ	柳	中	97
やぶ-る	破[5]	小	78
やぶ-れる	破[5]	小	78
	敗[4]	小	79
やま	山[1]	小	42
やまい	病[3]	小	83
やみ	闇	中	93
や-む	病[3]	中	83
や-める	辞[4]	中	45
やわ-らか	柔	中	49
	軟	中	77
やわ-らかい	柔	中	49
	軟	中	77
やわ-らぐ	和[3]	中	100
やわ-らげる	和[3]	中	100
【ゆ】			
ユ	由[3]	小	93
	油[3]	小	93
	喩	中	93
	愉	中	93
	諭	中	93
	輸[5]	小	93
	癒	中	93
	遊[3]	高	94
ゆ	湯[3]	小	75
ユイ	遺[6]	中	13
	由[3]	高	93
	唯	中	93
ユウ	右[1]	小	13
	由[3]	小	93
	友[2]	小	93
	有[3]	小	93
	勇[4]	小	93
	幽	中	94
	悠	中	94
	郵[6]	小	94
	湧	中	94
	猶	中	94
	裕	中	94
	遊[3]	小	94
	雄	中	94
	誘	中	94
	憂	中	94
	融	中	94
	優[6]	小	94
ゆ-う	結[4]	中	32
ゆう	夕[1]	小	59
ゆえ	故[5]	中	35
ゆか	床	中	52
ゆき	雪[2]	小	60
ゆ-く	行[2]	小	36
	逝	高	59
ゆ-さぶる	揺	中	95
ゆ-すぶる	揺	中	95
ゆ-する	揺	中	95
ゆず-る	譲	中	54
ゆた-か	豊[5]	小	89
ゆだ-ねる	委[3]	小	12
ゆび	指[3]	小	44
ゆみ	弓[2]	小	26
ゆめ	夢[5]	小	91
ゆ-らぐ	揺	中	95
ゆ-る	揺	中	95
ゆる-い	緩	中	23
ゆ-るぐ	揺	中	95

ゆる-す	許[5]	小	27
ゆる-む	緩	中	23
ゆる-める	緩	中	23
ゆる-やか	緩	中	23
ゆ-れる	揺	中	95
ゆ-わえる	結[4]	中	32

【よ】

ヨ	与	中	94
	予[3]	小	94
	余[5]	小	94
	誉	中	94
	預[5→6]	小	94
よ	四[1]	小	43
	世[3]	小	58
	代[3]	小	67
	夜[2]	小	93
よ-い	善[6]	小	62
	良[4]	小	97
よい	宵	中	52
ヨウ	幼[6]	小	94
	用[2]	小	94
	羊[3]	小	94
	妖	中	94
	洋[3]	小	94
	要[4]	小	94
	容[5]	小	94
	庸	中	94
	揚	中	94
	揺	中	95
	葉[3]	小	95
	陽[3]	小	95
	溶	中	95
	腰	高	95
	様[3]	小	95
	瘍	中	95
	踊	中	95
	窯	高	95
	養[4]	小	95
	擁	中	95
	謡	中	95
	曜[2]	小	95
よ-う	酔	中	57
よう	八[1]	小	80
ヨク	抑	中	95
	沃	中	95
	浴[4]	小	95
	欲[6]	小	95
	翌[6]	小	95
	翼	中	95
よこ	横[3]	小	16
よご-す	汚	中	15
よご-れる	汚	中	15
よし	由[3]	高	93
よ-せる	寄[5]	小	24
よそお-う	装[6]	高	64
よ-つ	四[1]	小	43
よっ-つ	四[1]	小	43
よ-ぶ	呼[6]	小	34
よ-む	詠	高	14
	読[2]	小	76
よめ	嫁	中	18
よ-る	因[5]	高	13
	寄[5]	小	24
よる	夜[2]	小	93
よろこ-ぶ	喜[4→5]	小	24
よわ-い	弱[2]	小	47
よわ-まる	弱[2]	小	47
よわ-める	弱[2]	小	47
よわ-る	弱[2]	小	47
よん	四[1]	小	43

【ら】

ラ	拉	中	95
	裸	中	95
	羅	中	95
ライ	来[2]	小	95
	雷	中	96
	頼	中	96
	礼[3]	高	98
ラク	楽[2]	小	21
	絡	中	96
	落[3]	小	96
	酪	中	96
ラツ	辣	中	96
ラン	乱[6]	小	96
	卵[6]	中	96
	覧[6]	小	96
	濫	中	96
	藍	高	96
	欄	中	96

【り】

リ	吏	中	96
	利[4]	小	96
	里[2]	小	96
	理[2]	小	96
	痢	中	96
	裏[6]	中	96
	履	中	96
	璃	中	96
	離	中	96
リキ	力[1]	小	97
リク	陸[4]	小	96
リチ	律[6]	高	96
リツ	率[5]	小	65
	立[1]	小	96
	律[6]	小	96
	慄	中	97
リャク	略[5]	小	97
リュウ	立[1]	高	96
	柳	中	97
	流[3]	小	97
	留[5]	小	97
	竜	中	97
	粒	中	97
	隆	中	97
	硫	中	97
リョ	侶	中	97
	旅[3]	小	97
	虜	中	97
	慮	中	97
リョウ	漁[4]	小	27
	了	中	97
	両[3]	小	97
	良[4]	小	97
	料[4]	小	97
	涼	中	97
	猟	中	97
	陵	中	97
	量[4]	小	97
	僚	中	97
	領[5]	小	97
	寮	中	97
	療	中	97
	瞭	中	97
	糧	中	97
	霊	高	98

リョク	力[1]	小	97
	緑[3]	小	97
リン	林[1]	小	98
	厘	中	98
	倫	中	98
	輪[4]	小	98
	隣	中	98
	臨[6]	小	98
	鈴	中	98

【る】

ル	流[3]	高	97
	留[5]	小	97
	瑠	中	98
ルイ	涙	中	98
	累	中	98
	塁	中	98
	類[4]	小	98

【れ】

レイ	令[4]	小	98
	礼[3]	小	98
	冷[4]	小	98
	励	中	98
	戻	高	98
	例[4]	小	98
	鈴	中	98
	零	中	98
	霊	中	98
	隷	中	98
	齢	中	98
	麗	中	98
レキ	暦	中	98
	歴[4→5]	小	99
レツ	列[3]	小	99
	劣	中	99
	烈	中	99
	裂	中	99
レン	恋	中	99
	連[4]	小	99
	廉	中	99
	練[3]	小	99
	錬	中	99

【ろ】

ロ	呂	中	99
	炉	中	99
	賂	中	99
	路[3]	小	99
	露	中	99
ロウ	糧	高	97
	露	中	99
	老[4]	小	99
	労[4]	小	99
	弄	中	99
	郎	中	99
	朗[6]	小	99
	浪	中	99
	廊	中	99
	楼	中	99
	漏	中	99
	籠	高	99
ロク	緑[3]	高	97
	六[1]	小	99
	録[4]	小	100
	麓	中	100
ロン	論[6]	小	100

【わ】

ワ	和[3]	小	100
	話[2]	小	100
わ	我[6]	中	18
	輪[4]	小	98
ワイ	賄	中	100
わか-い	若[6]	小	47
わ-かす	沸	中	85
わ-かつ	分[2]	小	86
わ-かる	分[2]	小	86
わ-かれる	分[2]	小	86
わか-れる	別[4]	小	87
わき	脇	中	100
ワク	惑	中	100
わ-く	沸	中	85
	湧	中	94
わく	枠	中	100
わけ	訳[6]	小	93
わ-ける	分[2]	小	86
わざ	技[5]	中	25
	業[3]	中	29
わざわ-い	災[5]	中	40
わず-か	僅	中	29
わずら-う	患	高	22
	煩	中	81
わずら-わす	煩	中	81
わす-れる	忘[6]	小	89
わた	綿[5]	小	92
わたくし	私[6]	小	43
わたし	私[6]	小	43
わた-す	渡	中	74
わた-る	渡	中	74
わら-う	笑[4]	小	52
わらべ	童[3]	中	76
わり	割[6]	小	21
わ-る	割[6]	小	21
わる-い	悪[3]	小	12
われ	我[6]	小	18
わ-れる	割[6]	小	21
ワン	湾	中	100
	腕	中	100

常用漢字表　総画索引

卒 65	岬 91	抵 72	泡 88	促 65	建 32
卓 67	幸 37	拝 79	油 93	俗 65	弧 34
参 42	底 72	拍 79	炎 15	便 87	後 35
取 47	店 73	披 82	炊 57	保 87	待 66
受 48	府 84	抱 88	炉 99	侶 97	律 96
叔 50	延 15	抹 91	采 40	冠 22	荒 37
呼 34	弦 34	拉 95	版 81	削 41	茨 13
呪 48	弥 93	放 88	物 85	前 62	草 63
周 48	往 16	易 14	牧 90	則 65	荘 63
味 91	径 31	旺 16	狙 62	勅 71	茶 69
命 91	征 58	昆 39	玩 23	勃 90	逆 25
和 100	彼 81	昇 52	画 18	勇 93	送 63
固 34	英 14	昔 60	的 72	単 67	退 66
国 39	苛 17	明 91	直 71	南 77	追 71
垂 57	芽 18	服 85	盲 92	卑 82	逃 92
坪 71	苦 30	果 17	知 68	卸 16	迷 37
夜 93	茎 31	枝 44	祈 24	厚 37	郊 37
奇 24	若 47	松 52	祉 44	厘 98	郎 99
奈 77	苗 83	枢 57	空 30	叙 51	限 34
奉 88	茂 92	析 60	突 76	哀 12	怨 15
奔 90	述 50	枕 91	者 46	咽 13	急 26
委 12	迭 73	東 74	育 13	咲 41	思 44
妻 40	迫 79	杯 79	肩 32	品 83	怠 66
姉 44	邪 46	板 81	股 34	垣 20	怒 74
始 43	邸 72	枚 90	肯 37	型 31	悔 19
姓 58	阻 62	林 98	肢 44	城 54	恒 37
妬 73	附 84	枠 100	肥 82	変 87	恨 39
妹 90	忠 69	欧 16	肪 89	契 31	括 21
学 21	念 78	武 84	虎 34	奏 63	挟 28
季 24	怪 19	歩 87	表 83	威 12	拷 38
宛 12	性 58	殴 16	金 29	姻 13	挫 42
官 22	怖 84	毒 76	長 70	姿 44	指 44
宜 25	所 51	泳 14	門 93	孤 34	持 45
実 46	房 89	沿 15	阜 84	客 25	拾 48
宗 48	承 52	河 17	雨 14	室 46	拭 54
宙 69	押 16	泣 26	青 58	宣 61	挑 70
定 72	拐 19	況 27	非 82	専 61	故 35
宝 88	拡 20	治 45	斉 58	封 85	政 58
尚 52	拒 27	沼 52	**【9画】**	屋 16	施 44
居 27	拠 27	注 69	乗 54	峡 27	映 14
屈 30	拘 37	泥 72	亭 72	峠 76	昨 41
届 76	招 52	波 78	係 31	巻 22	春 50
岳 21	拙 60	泊 79	侯 37	帥 57	昭 52
岩 23	拓 67	泌 83	俊 50	帝 72	是 57
岸 23	担 67	沸 85	信 55	幽 94	星 58
岡 16	抽 69	法 88	侵 55	度 74	昼 69

脅	28	剩	54	菌	29	教	28	眼	23	責	60
脇	100	副	85	菜	40	敗	79	眺	70	貪	77
脂	44	勘	22	著	70	斜	46	祭	40	販	81
脊	60	動	76	逸	13	斬	42	票	83	貧	83
胴	76	務	91	週	49	断	68	移	12	救	46
能	78	喝	21	進	56	旋	61	窓	63	転	73
脈	91	啓	31	逮	66	族	65	窒	69	軟	77
致	68	商	52	郭	20	曹	63	章	52	酔	57
航	37	唱	52	郷	28	曽	63	第	67	釈	47
般	81	唾	66	都	73	望	89	笛	72	野	93
蚊	18	問	93	部	84	械	19	符	84	釣	70
蚕	42	唯	93	郵	94	梗	38	粗	62	閉	86
衰	57	域	13	陰	13	巣	63	粘	78	雪	60
袖	48	基	24	険	33	梨	77	粒	97	斎	40
被	82	埼	41	陳	71	欲	95	経	31	頃	39
記	24	執	46	陶	75	殻	20	紺	39	頂	70
訓	30	堆	66	陪	79	淫	13	細	40	魚	27
託	67	堂	76	陸	96	液	14	終	48	鳥	70
討	75	培	79	隆	97	涯	20	紹	52	鹿	45
貢	37	堀	90	陵	97	渇	21	紳	56	麻	90
財	41	婚	39	悪	12	渓	31	組	62	黄	38
起	24	婆	79	患	22	混	39	累	98	黒	39
軒	33	婦	84	悠	94	済	40	羞	49	亀	24
辱	55	寄	24	惧	30	渋	50	習	49	**【12画】**	
酌	47	寂	47	惨	42	淑	50	翌	95	偉	12
酒	47	宿	50	情	54	渉	52	脚	25	傘	42
酎	69	密	91	惜	60	深	56	脱	67	備	82
配	79	尉	12	悼	75	清	59	脳	78	傍	89
針	56	崖	20	戚	60	淡	67	骸	34	割	21
釜	21	崎	41	掛	21	添	73	船	61	創	63
隻	60	崇	57	掘	30	涼	97	舶	80	勤	29
飢	24	崩	88	掲	31	爽	63	虚	27	勝	52
馬	78	常	54	控	38	猫	83	蛍	31	募	87
骨	39	帳	70	採	40	猛	92	蛇	47	博	80
高	37	康	37	捨	46	猟	97	術	50	営	14
鬼	24	庶	51	授	48	率	65	袋	66	喚	24
竜	97	庸	94	推	57	球	26	規	24	喜	24
【11画】		強	28	据	57	現	34	視	44	喫	25
乾	22	張	70	接	60	理	96	許	27	喉	38
偽	25	粛	50	措	62	瓶	83	訟	52	善	62
偶	30	彩	40	掃	63	産	42	設	60	喪	64
健	33	彫	70	探	67	異	12	訪	88	喩	93
側	65	得	76	捻	78	略	97	訳	93	圏	33
停	72	萎	12	排	79	痕	39	豚	77	堪	22
偵	72	菓	18	描	83	盛	59	貨	18	堅	33
偏	87	菊	25	救	26	盗	75	貫	22	場	54

煎	61	誇	35	境	28	熊	30	酸	42	遵	51
煩	81	詩	44	塾	50	獄	39	銀	30	選	62
献	33	試	44	増	64	瑠	98	銃	50	遷	62
猿	15	詳	53	墨	90	疑	25	銭	62	慰	13
痴	69	誠	59	奪	67	瘍	95	銅	76	慶	31
盟	92	詮	62	嫡	69	磁	45	銘	92	憂	94
睡	57	誉	94	寡	18	碑	82	閣	20	慮	97
督	76	話	100	察	42	穀	39	関	23	憬	31
睦	90	豊	89	寧	78	種	48	閥	80	憧	53
碁	35	資	44	層	64	稲	75	雑	42	憤	85
禁	29	賊	65	彰	53	端	68	雌	44	戯	32
禍	18	賃	71	徴	70	罰	80	需	48	撃	32
禅	62	賂	99	徳	76	箇	18	静	59	摯	44
福	85	賄	100	蔑	87	管	23	領	97	摩	90
稚	69	跡	60	遮	46	算	42	餌	45	撮	42
窟	30	践	62	遡	63	箋	62	餅	86	撤	73
罪	41	跳	70	遭	64	精	59	駅	14	撲	90
署	51	路	99	遜	65	維	13	駆	30	敵	73
置	69	較	20	適	73	綱	38	駄	66	敷	84
節	60	載	41	隠	13	緒	51	髪	80	暫	43
継	31	辞	45	際	41	総	64	魂	39	暴	89
絹	33	農	78	障	53	綻	68	鳴	92	横	16
続	65	酬	49	態	66	綿	92	鼻	82	権	33
義	25	酪	96	慕	88	網	92	【15画】		槽	64
群	30	鉛	15	慣	23	緑	97	億	16	標	83
羨	61	鉱	38	憎	64	練	99	儀	25	歓	23
聖	59	鉄	73	慢	91	聞	86	舗	87	潰	19
腫	47	鉢	80	摘	72	腐	84	劇	32	潟	21
腎	57	鈴	98	旗	25	膜	91	勲	30	潔	32
腺	62	雅	18	暮	88	蜜	91	器	25	潤	51
腸	70	電	73	暦	98	製	59	嘱	55	潜	62
腹	85	雷	96	概	20	複	85	嘲	70	潮	70
腰	95	零	98	構	38	語	35	噴	85	澄	71
艇	72	靴	18	模	92	誤	35	墜	71	熟	50
虞	16	頑	23	様	95	誌	44	墳	85	熱	78
虜	97	頓	77	歌	18	誓	59	審	56	璃	96
蜂	89	頒	81	歴	99	説	61	寮	97	畿	25
裏	96	預	94	演	15	読	76	導	76	監	23
褐	21	飼	44	漁	27	認	78	履	96	盤	81
裾	57	飾	55	漆	46	誘	94	幣	86	確	20
裸	95	飽	89	漸	62	豪	39	弊	86	稼	18
解	19	鼓	35	漬	71	貌	89	影	14	稽	31
触	55	【14画】		滴	73	踊	95	徹	73	稿	38
該	20	像	64	漂	83	辣	96	蔵	64	穂	57
詰	25	僕	90	漫	91	酵	38	蔽	86	窮	27
詣	31	僚	97	漏	99	酷	39	遺	13	窯	95